A Literatura no Brasil

Afrânio Coutinho

Foi professor, fundador, diretor, organizador da
Faculdade de Letras da Universidade Federal
do Rio de Janeiro (UFRJ).

Criou e presidiu a Oficina Literária Afrânio Coutinho (OLAC),
localizada em sua residência,
com uma biblioteca de 100 mil volumes.

Afrânio Coutinho
DIREÇÃO

Eduardo de Faria Coutinho
CODIREÇÃO

A Literatura no Brasil

2

Era Barroca e Era Neoclássica

global
editora

© Afrânio dos Santos Coutinho, 1996

8ª Edição, Global Editora, São Paulo 2023

Jefferson L. Alves – diretor editorial
Jiro Takahashi – editor executivo
Flávio Samuel – gerente de produção
Jefferson Campos – assistente de produção
Victor Burton – capa
A2 Comunicação – projeto gráfico e diagramação
Danilo David – arte-final

Dados Internacionais de Catalogação na Publicação (CIP)
(Câmara Brasileira do Livro, SP, Brasil)

A Literatura no Brasil : volume 2 : parte II : era barroca e era neoclássica / direção Afrânio Coutinho ; codireção Eduardo de Faria Coutinho. – 8. ed. – São Paulo, SP : Global Editora, 2023. – (A literatura no Brasil ; 2)

ISBN 978-65-5612-380-6 (obra completa)
ISBN 978-65-5612-363-9

1. Literatura brasileira - História e crítica I. Coutinho, Afrânio. II. Coutinho, Eduardo de Faria. III. Série.

22-130483   CDD-B869.09

Índices para catálogo sistemático:
1. Literatura brasileira : História e crítica   B869.09

Eliete Marques da Silva - Bibliotecária - CRB-8/9380

Obra atualizada conforme o
NOVO ACORDO ORTOGRÁFICO DA LÍNGUA PORTUGUESA

global editora

Global Editora e Distribuidora Ltda.
Rua Pirapitingui, 111 — Liberdade
CEP 01508-020 — São Paulo — SP
Tel.: (11) 3277-7999
e-mail: global@globaleditora.com.br

 globaleditora.com.br   @globaleditora

 /globaleditora   @globaleditora

 /globaleditora   /globaleditora

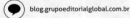 blog.grupoeditorialglobal.com.br

 Direitos reservados.
Colabore com a produção científica e cultural.
Proibida a reprodução total ou parcial desta
obra sem a autorização do editor.

Nº de Catálogo: **2042**

"Tudo pelo Brasil, e para o Brasil."
GONÇALVES DE MAGALHÃES

"Since the best document of the soul of nation is its literature, and since the latter is nothing but its language as this is written down by elect speakers, can we perhaps not hope to grasp the spirit of a nation in the language of its outstanding works of literature?"
LEO SPITZER

"Não há dúvida que uma literatura, sobretudo uma literatura nascente, deve principalmente alimentar-se dos assuntos que lhe oferece a sua região; mas não estabelecemos doutrinas tão absolutas que a empobreçam. O que se deve exigir do escritor, antes de tudo, é certo sentimento íntimo, que o torne homem do seu tempo e do seu país, ainda quando trate de assuntos, no tempo e no espaço."
MACHADO DE ASSIS

Este tratado de história literária complementa a Enciclopédia de Literatura Brasileira, *dirigida por Afrânio Coutinho e J. Galante de Sousa.*

São Paulo, agosto de 1997

SUMÁRIO

A LITERATURA NO BRASIL

VOLUME 2

PLANO GERAL DA OBRA (Seis volumes)..............................

SEGUNDA PARTE
ESTILOS DE ÉPOCA
Era barroca

10. O BARROCO 4
11. AS ORIGENS DA POESIA 42
12. A LITERATURA JESUÍTICA 59
13. ANTÔNIO VIEIRA 82
14. GREGÓRIO DE MATOS.. 114
15. O MITO DO UFANISMO 126
16. A ORATÓRIA SACRA 163
17. O MOVIMENTO ACADEMISTA...................................... 171
BIBLIOGRAFIA SOBRE O BARROCO 189

Era neoclássica

18. NEOCLASSICISMO E ARCADISMO. O ROCOCÓ................. 200
19. A LITERATURA DO SETECENTOS 217
20. O ARCADISMO NA POESIA LÍRICA, ÉPICA E SATÍRICA......... 223
21. PROSADORES NEOCLÁSSICOS 274
22. DO NEOCLASSICISMO AO ROMANTISMO 279

PLANO GERAL DA OBRA
(Seis volumes)

VOLUME 1

PRELIMINARES

Prefácio da Primeira Edição (1955)
A questão da história literária. A crise de métodos. Conceitos. Relações com a crítica. Métodos histórico e estético. Tipos de história literária. A periodização. Conceito de geração. Comparação entre as artes. Historiografia e estilística. Estilo individual e estilo de época. Periodizações brasileiras. Definição e caracteres da literatura brasileira. Influências estrangeiras. Conceito, plano e caracteres da obra.
Afrânio Coutinho

Prefácio da Segunda Edição (1968)
Revisão da história literária. Conceito literário da obra. Que é estético. A obra literária em si. Estética e Nova Crítica. Periodização por estilos literários. História literária é trabalho de equipe. Conciliação entre a História e a Crítica. História e Literatura. Autonomia Literatura. Literatura e vida. Arte e social. A Crítica e o problema do Método. O método positivo. A Crítica não é gênero literário. A Nova Crítica. Para a crítica estética. Equívocos sobre a Nova Crítica. Forma e conteúdo.

Espírito profissional. Princípios no Princípio. Concepção estilística. O demônio da cronologia. Vantagens da periodização estilística. O início da literatura brasileira. Literatura colonial. O Barroco. Bibliografia.
Afrânio Coutinho

Prefácio da Terceira Edição (1986)
Encerramento do Modernismo e início do Pós-Modernismo. As vanguardas. Novos rumos da Literatura Brasileira. Autonomia e Identidade Literárias.
Afrânio Coutinho

Prefácio da Quarta Edição (1997)
1. LITERATURA BRASILEIRA (INTRODUÇÃO)
Origem. Barroco. A literatura jesuítica. Neoclassicismo, Arcadismo, Rococó. Nativismo. Romantismo. Realismo-Naturalismo. Parnasianismo. Simbolismo. Impressionismo. Regionalismo. Sincretismo e transição. Modernismo. Gêneros Literários. Lirismo. Ficção. Teatro. Crônica. Crítica. Outros gêneros. Caráter do nacionalismo brasileiro.
Afrânio Coutinho

Primeira Parte
GENERALIDADES

2. O PANORAMA RENASCENTISTA
Que é o Renascimento. Mudanças operadas. O humanismo em Portugal.
Hernâni Cidade

3. A LÍNGUA LITERÁRIA
A transplantação da língua portuguesa e a expressão literária no Brasil-colônia. A consolidação de uma norma linguística escrita. A feição brasileira da língua portuguesa e os movimentos literários: a polêmica nativista no Romantismo; a posição dos escritores e o purismo dos gramáticos no RealismoNaturalismo; a língua literária no Modernismo e sua plenitude e maturidade pósmodernista.
Wilton Cardoso

4. O FOLCLORE: LITERATURA ORAL E LITERATURA POPULAR
Colheita e fontes da literatura oral. Importação europeia. Os contos. As lendas e os mitos. A poesia. O desafio. A modinha. Os autos populares. Os jogos infantis. A novelística.
Câmara Cascudo

5. A ESCOLA E A LITERATURA
A educação na história da literatura. O ensino colonial. Missionários e civilizadores. O aprendizado da língua. Meios de transmissão de cultura. Escola humanística. D. João VI. Ensino superior. Tradição literária do ensino.
Fernando de Azevedo

6. O ESCRITOR E O PÚBLICO
A criação literária e as condições da produção. Literatura, sistema vivo de obras. Dependência do público. Diversos públicos brasileiros. Literatura e política. Nativismo e associações. Indianismo. Independência. O Estado e os grupos dirigentes. Escritor e massa. Tradição e auditório.
Antonio Candido

7. A LITERATURA E O CONHECIMENTO DA TERRA
Literatura de ideias e literatura de imaginação. Literatura ufanista. Retratos do Brasil. Política e letras. Modernismo e folclore. Nacionalismo linguístico.
Wilson Martins

8. GÊNESE DA IDEIA DE BRASIL
A descoberta do mundo novo aos olhos dos europeus renascentistas. Pero Vaz de Caminha e sua *Carta*. O mito do paraíso terrestre. A catequese dos índios. A antologia cultural e a revelação do Brasil. A exaltação da nova terra. Visão edênica. As repercussões na Europa. Primeiras descrições.
Sílvio Castro

9. FORMAÇÃO E DESENVOLVIMENTO DA LÍNGUA NACIONAL BRASILEIRA
Período de formação. Pontes culturais. Os jesuítas. Humanismo novo-mundista. Os indígenas. Processos linguísticos. Consolidação do sistema: séc. XVII. A reação lusófila: Pombal, o Arcadismo, as escolas régias, o séc. XIX. O Modernismo e a língua brasileira. Enfraquecimento da norma gramatical. Conclusão.
José Ariel Castro

VOLUME 2

SEGUNDA PARTE

ESTILOS DE ÉPOCA

Era barroca

10. O BARROCO
Ciclo dos descobrimentos. Quinhentismo português. Mito do Ufanismo. Caráter barroco da literatura dos séculos XVI a XVIII. O termo classicismo. O conceito da imitação. Gregório de Matos e a imitação. O primeiro escritor brasileiro: Anchieta. O Barroco, etimologia, conceito, caracteres, representantes. Barroco no Brasil. O Maneirismo.

Afrânio Coutinho

11. AS ORIGENS DA POESIA
Raízes palacianas da poesia brasileira. Anchieta. A sombra da Idade Média. Os Cancioneiros. Poesia épico-narrativa: a *Prosopopeia*. Início do Barroco. *A Fênix Renascida. Júbilos da América.* Início do Arcadismo.

Domingos Carvalho da Silva

12. A LITERATURA JESUÍTICA
O jesuíta. O teatro hierático medieval e o auto. A estética jesuítica. O Barroco. Gil Vicente. Anchieta. A língua tupi. A obra anchietana. Nóbrega.

Armando Carvalho

13. ANTÔNIO VIEIRA
Vieira brasileiro. As transformações da língua portuguesa. O estilo de Vieira. O barroquismo de Vieira. A arte de pregar. Traços estilísticos. Pensamento e estilo. Alegorismo. Antíteses. Hipérbole. Originalidade.

Eugênio Gomes

14. GREGÓRIO DE MATOS
O Recôncavo no século XVII. Barroquismo. Gregório e a sátira. Visualismo. Estilo Barroco. Caracteres Barrocos.

Segismundo Spina

15. O MITO DO UFANISMO
Aspectos do Barroquismo brasileiro. O ufanismo. Botelho de Oliveira e o Barroco. Polilinguismo. Cultismo. Estilo barroco de Botelho. Nuno Marques Pereira e a narrativa barroca.

Eugênio Gomes

Relação do Naufrágio

Cândido Jucá Filho

16. A ORATÓRIA SACRA
Importância da oratória na Colônia. O Barroquismo. Eusébio de Matos. Antônio de Sá. Características estilísticas.

Carlos Burlamáqui Kopke

17. O MOVIMENTO ACADEMICISTA
Papel das academias no movimento cultural da Colônia. Barroco acadêmico. Principais manifestações, cronologia e variedades do movimento academicista. Academia Brasílica dos Esquecidos. Academia Brasílica dos Renascidos. Academia dos Seletos. Academia Científica. Academia dos Felizes.

José Aderaldo Castelo

Era neoclássica

18. NEOCLASSICISMO E
    ARCADISMO. O ROCOCÓ
O Classicismo e as escolas neoclássicas. Correntes racionalistas e "ilustradas". O Brasil do século XVIII. A diferenciação e consolidação da vidana Colônia. O surgimento de novos cânones. A origem da Arcádia e a influência dos árcades italianos. A Arcádia lusitana. Os "árcades sem arcádias". O Rococó.
Afrânio Coutinho

19. A LITERATURA DO SETECENTOS
O Setecentismo: Neoclassicismo e reação antibarroca. A ideologia da época. O Iluminismo. A ideia de Natureza. O Bom Selvagem. Pré-romantismo.
António Soares Amora

20. O ARCADISMO NA POESIA
    LÍRICA, ÉPICA E SATÍRICA
O lirismo arcádico. O Rococó. Cláudio, Gonzaga, Alvarenga, Caldas Barbosa, Sousa Caldas; poesia narrativa: Basílio. Durão. *As Cartas Chilenas*. Melo Franco.
Waltensir Dutra

21. PROSADORES NEOCLÁSSICOS
Matias Aires, Silva Lisboa, Sotero.
Cândido Jucá Filho

22. DO NEOCLASSICISMO
    AO ROMANTISMO
Hipólito, Mont'Alverne, João Francisco Lisboa.
Luiz Costa Lima

VOLUME 3

Segunda Parte

ESTILOS DE ÉPOCA

Era romântica

23. O MOVIMENTO ROMÂNTICO
Origens do movimento. Definição e história da palavra. O Pré-romantismo. A imaginação romântica. Estado de alma romântico. Caracteres e qualidades gerais e formais. Os gêneros. As gerações românticas. O Romantismo no Brasil: origem, períodos, caracteres. O indianismo. Significado e legado.
Afrânio Coutinho

24. OS PRÓDROMOS DO ROMANTISMO
Início do Romantismo. O Arcadismo e o Préromantismo. A vida literária na Colônia. A era de D. João VI: a renovação cultural nos diversos aspectos. José Bonifácio. Borges de Barros. A imprensa. As revistas literárias. Maciel Monteiro. Gonçalves de Magalhães.
José Aderaldo Castelo

25. GONÇALVES DIAS E O INDIANISMO
Gonçalves Dias e o Romantismo. O Indianismo: origem e diversos tipos. O lirismo gonçalvino. O poeta dramático e o poeta épico. Linguagem poética. Intenções e exegese. A poética de Gonçalves Dias. Originalidade e influências. *Sextilhas de Frei Antão*. Prosa poemática. Contemporâneos e sucessores. Bittencourt Sampaio, Franklin Dória, Almeida Braga, Bruno Seabra, Joaquim Serra, Juvenal Galeno.
Cassiano Ricardo

26. O INDIVIDUALISMO ROMÂNTICO
Ultrarromantismo e individualismo lírico. Álvares de Azevedo. Imaginação, psicologia, subjetivismo. O byronismo. Junqueira Freire, Casimiro de Abreu, Fagundes Varela,

Bernardo Guimarães, Aureliano Lessa, Laurindo Rabelo, Francisco Otaviano.
Álvares de Azevedo (*Eugênio Gomes*)
Junqueira Freire (*Eugênio Gomes*)
Casimiro de Abreu (*Emanuel de Morais*)
Fagundes Varela (*Waltensir Dutra*)

27. CASTRO ALVES
Antecessores. A década de 1870. Hugoanismo. Pedro Luís, Tobias Barreto, Vitoriano Palhares, Luís Delfino. A poesia e a poética de Castro Alves. Realismo. Narcisa Amália, Machado de Assis, Quirino dos Santos, Carlos Ferreira, Siqueira Filho, Melo Morais Filho. Sousândrade.

Fausto Cunha

28. JOSÉ DE ALENCAR E A FICÇÃO ROMÂNTICA
Romantismo e Romance. Precursores. O primeiro romance brasileiro. Lucas José de Alvarenga, Pereira da Silva, Justiniano José da Rocha, Varnhagen, Joaquim Norberto, Teixeira e Sousa, Macedo, Alencar. A obra alencariana: romances urbano, histórico, regionalista. Bernardo Guimarães, Franklin Távora, Taunay, Machado de Assis. Características estruturais do romance romântico: influências da literatura oral, do teatro, do folhetim. Características temáticas: solidão, lealdade, amor e morte, natureza, nacionalidade. Legado do romance romântico.

Heron de Alencar

29. A CRÍTICA LITERÁRIA ROMÂNTICA
Origens. O ideário crítico: sentimento da natureza; ideias da nacionalidade e originalidade: Santiago Nunes Ribeiro, Joaquim Norberto. Indianismo. Macedo Soares, José de Alencar. Definição de "escritor brasileiro". Início da historiografia literária. Literatura da fase colonial. Problema da periodização. Sociedades e periódicos. Machado de Assis crítico: sua doutrina estética, sua prática. Outros críticos.

Afrânio Coutinho

30. MANUEL ANTÔNIO DE ALMEIDA
Romantismo ou Realismo? Influência de Balzac. Obra picaresca, influência espanhola. *As Memórias* e *O Guarani*. O Romantismo dominante. Fortuna da obra.

Josué Montello

VOLUME 4

Segunda Parte
ESTILOS DE ÉPOCA
Era realista

31. REALISMO. NATURALISMO. PARNASIANISMO
Movimentos literários do século XIX. Critério de periodização literária. Realismo e Naturalismo. Sistema de ideias da época: o materialismo, o cientificismo, o determinismo. Estética e poética do Realismo e do Naturalismo: definição e caracteres. O Parnasianismo. Histórico da situação no Brasil. As academias. Introdução das novas correntes no Brasil.

Afrânio Coutinho

32. A CRÍTICA NATURALISTA E POSITIVISTA
Ideário crítico da era materialista. Fundo filosófico: Comte, Taine, Spencer. Positivismo, evolucionismo, monismo, mecanicismo, determinismo, ambientalismo, cientificismo. A geração de 70 e a renovação brasileira. A Escola do Recife. Rocha Lima, Capistrano de Abreu, Araripe Júnior, Sílvio Romero.

Afrânio Coutinho

José Veríssimo (*Moisés Vellinho*)

Outros críticos: Franklin Távora, Valentim Magalhães. A herança romeriana. A História Literária: Ronald de Carvalho, Artur Mota. João Ribeiro. Impressionismo crítico.

Afrânio Coutinho

33. A FICÇÃO NATURALISTA
Origens do Naturalismo no Brasil: Inglês de Sousa, Aluísio Azevedo, Celso Magalhães, José do Patrocínio. Do Realismo ao Naturalismo: de Balzac a Zola. Influxo da ciência. A polêmica naturalista no Brasil. Papel de Eça de Queirós. Anticlericalismo, combate ao preconceito racial, à escravidão, à monarquia e ao puritanismo da sociedade em relação ao problema sexual. Aluísio Azevedo, Inglês de Sousa. Júlio Ribeiro. Adolfo Caminha. Outros naturalistas. Naturalismo e regionalismo.

Josué Montello

34. A RENOVAÇÃO PARNASIANA NA POESIA
A reação antirromântica. Poesia filosófico-científica. Teixeira de Sousa, Prado Sampaio, Martins Júnior. Poesia realista urbana: Carvalho Júnior, Teófilo Dias, Afonso Celso, Celso Magalhães. Poesia realista agreste: Bruno Seabra, Ezequiel Freire. Poesia socialista: Lúcio de Mendonça, Fontoura Xavier, Valentim Magalhães. Advento do Parnasianismo: Artur de Oliveira, Machado de Assis, Gonçalves Crespo, Luís Guimarães; Alberto de Oliveira, Raimundo Correia, Olavo Bilac, Vicente de Carvalho; Machado de Assis, Luís Delfino, B. Lopes. Poetas menores e epígonos: Rodrigo Otávio, Artur Azevedo, Filinto de Almeida, Silva Ramos, Mário de Alencar, João Ribeiro, Guimarães Passos. Venceslau de Queirós, Emílio de Meneses, Zeferino Brasil, Augusto de Lima, Luís Murat, Raul Pompeia, Francisca Júlia, Magalhães de Azeredo, Goulart de Andrade. Características da forma parnasiana.

Péricles Eugênio da Silva Ramos

35. MACHADO DE ASSIS
Importância do escritor, sua vocação artística. Atitude em face das escolas literárias. As fases de sua evolução estética. O poeta. Os primeiros romances: desenvolvimento do seu processo narrativo. Contar a essência do homem. Os grandes romances. O contista.

Barreto Filho

36. RAUL POMPEIA
Formação e iniciação literárias. Classificação. Impressionismo. Técnica da composição. Doutrina estética e processo de captação da realidade. Prosa artística: os Goncourts. Visualismo: influência da pintura. A técnica da miniatura. Estilo.

Eugênio Gomes

37. JOAQUIM NABUCO. RUI BARBOSA
O Parnasianismo na prosa: a oratória, o gosto pelo estilo requintado. Joaquim Nabuco e a campanha abolicionista. Nabuco escritor, estilista, pensador, orador.

Luís Viana Filho

Rui Barbosa e a campanha republicana. Rui, político ou homem de letras. O escritor, o orador, o homem público. A reação vernaculizante e a pureza da língua. Primado da eloquência. Missão social. Mestre da arte de falar e escrever.

Luís Delgado

38. EUCLIDES DA CUNHA
Definição de Euclides e de *Os sertões*. Obra de arte da linguagem, epopeia em prosa. Realismo, espírito científico. O estilo euclidiano. O poeta e o ficcionista em *Os sertões*. Seu senso do coletivo, a obsessão da palavra. Expressionismo e impressionismo. Interpretação do Brasil.

Franklin de Oliveira

39. LIMA BARRETO. COELHO NETO
O Naturalismo retardatário. Lima Barreto: o homem na obra. Conflito entre a estética e a revolução. O romancista. Sentimento de inferioridade racial e social.

Eugênio Gomes

Coelho Neto: posição do escritor. Obsessão com o Brasil. Seu realismo. A sua teoria da palavra, seu vocabulário. Retrato nacional.

Otávio de Faria

40. O REGIONALISMO NA FICÇÃO
Conceito de Regionalismo: evolução da ideia de incorporação do *genius loci* à literatura. Regionalismo e Realismo. As rwwwegiões culturais e os ciclos literários regionais. Influência das regiões no desenvolvimento da literatura brasileira. Ciclos: nortista, nordestino, baiano, central, paulista, gaúcho.

Afrânio Coutinho

Ciclo nortista
Caracteres. Fases: naturalista, com Inglês de Sousa e Veríssimo; do "inferno verde", com Euclides, Alberto Rangel; ufanista, com Raimundo Moraes, Carlos Vasconcelos, Alfredo Ladislau, Lívio Cesar, Jorge H. Hurly; modernista, com Abguar Bastos, Lauro Palhano, Dalcídio Jurandir, Eneida de Morais, Araújo Lima, Gastão Cruls, Osvaldo Orico, Francisco Galvão, Viana Moog, Peregrino Júnior, Aurélio Pinheiro, Ramaiana de Chevalier, Oséas Antunes, Nélio Reis, Ildefonso Guimarães, Lindanor Celina, Odilo Costa Filho. Ferreira de Castro.

Peregrino Júnior

Ciclo nordestino
Caracteres. Franklin Távora e a "Literatura do Norte". Adolfo Caminha, Rodolfo Teófilo, Antônio Sales, Domingos Olímpio, Araripe Júnior, Emília de Freitas, Pápi Júnior, Francisca Clotilde, Oliveira Paiva, Ana Facó, Fonseca Lobo, Gustavo Barroso, Teotônio Freire, Carneiro Vilela, Faria Neves Sobrinho, Zeferino Galvão, Olímpio Galvão, Mário Sete, Lucílio Varejão, Carlos D. Fernandes.

Aderbal Jurema

Ciclo baiano
Características: As diversas áreas: san-franciscana, cacaueira, garimpo, pastoreio, alambique, praia. Rosendo Muniz Barreto, Xavier Marques, Lindolfo Rocha, Fábio Luz, Cardoso de Oliveira, Afrânio Peixoto, Anísio Melhor, Nestor Duarte, Martins de Oliveira, Rui Santos, Dias da Costa, Jorge Amado, Clóvis Amorim, Herberto Sales, James Amado, Emo Duarte, Elvira Foepell, Santos Morais. (Adonias Filho).

Adonias Filho

Ciclo central
Características: Bernardo Guimarães, Felício dos Santos, Afonso Arinos, Avelino Fóscolo, Aldo Luís Delfino dos Santos, Amadeu de Queirós, João Lúcio, Abílio Velho Barreto, Godofredo Rangel, Aristides Rabelo, Afonso da Silva Guimarães, Guimarães Rosa, Mário Palmério, Nelson de Faria, Carvalho Ramos, Bernardo Élis, José J. Veiga, Gastão de Deus, Ivan Americano, Veiga Neto, Pedro Gomes de Oliveira, Domingos Félix de Sousa, Eli Brasiliense.

Wilson Lousada

Ciclo paulista
Garcia Redondo, Batista Cepelos, José Agudo, Ezequiel Freire, Monteiro Lobato, Veiga Miranda, Amando Caiubi, Valdomiro Silveira, Cornélio Pires, Albertino Moreira, Jerônimo Osório, Oliveira e Sousa, Leôncio de Oliveira, Salviano Pinto, Léo Vaz, Hilário Tácito. Os modernistas.

Edgard Cavalheiro

Ciclo gaúcho
Caldre Fião, Bernardino dos Santos, Apolinário Porto Alegre, Aquiles Porto Alegre, Alberto Cunha, Carlos Jansen, Oliveira Belo, Alcides Maia, Roque Calage, Simões Lopes Neto, Darci Azambuja, Ciro Martins, Érico Veríssimo, Ivan Pedro Martins, Contreiras Rodrigues, Otelo Rosa, Vieira Pires, Viana Moog.

Augusto Cesar Meyer

Era de transição

41. SIMBOLISMO. IMPRESSIONISMO. MODERNISMO
Uma literatura em mudança: oposição Parnasianismo – Simbolismo. Valorização do Simbolismo e sua influência. Origens do Simbolismo. Definição e caracteres. Cronologia do Simbolismo no Brasil: os diversos grupos e figuras. Impressionismo: gênese, caracteres, influências. O Impressionismo no Brasil. A incorporação do nacional à literatura. Desintegração e aventura: preparação do Modernismo: antecedentes europeus e nacionais. Expressionismo. O "moderno" em literatura: definição e caracteres. A Revolução Moderna no Brasil: definição, antecedentes, eclosão. A Semana da Arte Moderna. Futurismo e Modernismo. Modernismos brasileiro, português e hispanoamericano. Graça Aranha. Os grupos e correntes do Modernismo. Regionalismo. Gilberto Freyre. As revistas e os manifestos teóricos. Cronologia e caracteres do Modernismo. Mário de Andrade. Saldo e legado do movimento: problema da língua; poesia; ficção; crônica; teatro; crítica.

Afrânio Coutinho

42. PRESENÇA DO SIMBOLISMO
A explosão Cruz e Sousa. A primeira e a segunda gerações simbolistas. No Paraná, Minas Gerais, Bahia. Nestor Vítor, Gustavo Santiago, Oliveira Gomes, Colatino Barroso, Antônio Austregésilo, Neto Machado, Carlos Fróis, Artur de Miranda, Silveira Neto, Tibúrcio de Freitas, Saturnino de Meireles, Félix Pacheco, Carlos D. Fernandes, Gonçalo Jácome. Narciso Araújo, Pereira da Silva, Paulo Araújo, Cassiano Tavares Bastos, Castro Meneses, Rocha Pombo, Gonzaga Duque, Mário Pederneiras, Lima Campos, Dario Veloso, Emiliano Perneta, Silveira Neto, Guerra Duval, Júlio César da Silva, Leopoldo de Freitas, Venceslau de Queirós, Batista Cepelos, Jacques D'Avray, José Severiano de Resende, Alphonsus de Guimaraens, Viana do Castelo, Edgard Mata, Adolfo Araújo, Mamede de Oliveira, Pedro Kilkerry, Francisco Mangabeira, Álvaro Reis, Durval de Morais, Astério de Campos, Marcelo Gama, Ernâni Rosas, Eduardo Guimarães. O poema em prosa: Raul Pompeia. A ficção simbolista: Virgílio Várzea, Alfredo de Sarandi, Graça Aranha, Rocha Pombo, G. Duque. O teatro simbolista. Legado do Movimento.

Andrade Murici

43. O IMPRESSIONISMO NA FICÇÃO
O Impressionismo: caracteres. Penetração no Brasil. A ficção impressionista: Raul Pompeia, Graça Aranha, Adelino Magalhães. Influências e repercussões.

Xavier Placer

44. A CRÍTICA SIMBOLISTA
Os críticos do Simbolismo. Nestor Vítor. A crítica de arte: Gonzaga Duque, Colatino Barroso. Outros críticos: Gustavo Santiago, Frota Pessoa, Elíseo de Carvalho, Pedro do Couto, Severiano de Rezende, Tristão da Cunha, Felix Pacheco.

Andrade Murici

45. SINCRETISMO E TRANSIÇÃO: O PENUMBRISMO
O fenômeno da transição em história literária. Sincretismo. Epígonos do Parnasianismo e do Simbolismo. Penumbrismo. Ronald de Carvalho, Mário Pederneiras, Gonzaga Duque, Lima Campos, Álvaro Moreira, Felipe D'Oliveira, Eduardo Gu marães, Homero Prates, Guilherme de Almeida, Ribeiro Couto. (Rodrigo Otávio Filho).

Rodrigo Otávio Filho

46. SINCRETISMO E TRANSIÇÃO: O NEOPARNASIANISMO
Os epígonos do Parnasianismo e o Neoparnasianismo. Júlia Cortines, Francisca Júlia,

Carlos Magalhães de Azeredo, Belmiro Braga, Amadeu Amaral, Luís Carlos, Martins Fontes, Humberto de Campos, Da Costa e Silva, Artur de Sales, Gilca Machado, Hermes Fontes, Augusto dos Anjos, Raul de Leôni, Olegário Mariano, Adelmar Tavares, Batista Cepelos, Catulo Cearense, Luís Edmundo, Múcio Leão, Nilo Bruzzi, Bastos Tigre, José Albano.

Darci Damasceno

47. A REAÇÃO ESPIRITUALISTA
A Reação Espiritualista e seus antecedentes. A Companhia de Jesus e o humanismo espiritualista. A educação na Colônia. Desenvolvimento das Letras. Sentido religioso da vida. Espiritualismo definido e indefinido. Romantismo: ecletismo e sentimentalismo espiritual. A Escola do Recife e a desespiritualização da inteligência. A Questão Religiosa. Início da Reação Espiritualista: Carlos de Laet, Padre Júlio Maria. No Simbolismo. Farias Brito. No Pré-Modernismo. No Modernismo. Leonel Franca, Jackson de Figueiredo. O grupo de *Festa*. Durval de Morais. O espiritualismo contemporâneo. (Alceu Amoroso Lima).

Alceu Amoroso Lima

VOLUME 5

Segunda Parte

ESTILOS DE ÉPOCA
Era modernista

48. A REVOLUÇÃO MODERNISTA
Antecedentes do Movimento Modernista. Atualização das letras nacionais. A Guerra de 1914. Os futuristas de 1920. A palavra "futurismo". A Semana de Arte Moderna de 1922: organização, realizações. Depois da Semana: consequências e repercussão. Os diversos grupos modernistas: "Antropofagia", "Pau-Brasil", "Verdamarelo", "Anta". Congresso Brasileiro de Regionalismo, no Recife, 1926. Principais livros do Modernismo. Encerramento do ciclo revolucionário: 1930.

Mário da Silva Brito

49. O MODERNISMO NA POESIA
Modernismo em poesia: definição. Fase da ruptura: a geração de 1922. Periodização. A Semana de Arte Moderna. Diretrizes da Renovação. Futurismo. Grupo paulista: "Pau-Brasil", "Verdamarelo", "Anta", "Antropofagia". Mário de Andrade. Oswald de Andrade. Menotti del Picchia, Guilherme de Almeida. Sérgio Milliet. Cassiano Ricardo. Raul Bopp. Luís Aranha. Rodrigues de Abreu. Grupo carioca: Manuel Bandeira. Ronald de Carvalho. Álvaro Moreira. Ribeiro Couto. Felipe D'Oliveira. Manuel de Abreu. Grupo de *Festa*: Tasso da Silveira. Murilo Araújo. Cecília Meireles. Francisco Karam. Grupo mineiro: *A Revista*. Carlos Drummond de Andrade. Emílio Moura. Abgar Renault. João Alphonsus. Pedro Nava. Grupo *Verde*: Ascânio Lopes. Rosário Fusco. Enrique de Resende. Guilhermino César. Francisco Peixoto. Grupo gaúcho: Augusto Meyer. Grupo do Nordeste: Ascenso Ferreira. Joaquim Cardoso. Gilberto Freyre. Câmara Cascudo. Jorge Fernandes. Jorge de Lima. Grupo baiano: Eugênio Gomes. Carvalho Filho. Hélio Simões. Pinto de Aguiar, Godofredo Filho. Sosígenes Costa. Expansão do Modernismo: Américo Facó. Dante Milano. Edgard Braga. Segunda fase: Augusto Frederico Schmidt. Murilo Mendes. Vinícius de Morais, Mário Quintana. Henriqueta Lisboa. Geração de 45:

XVI

Bueno de Rivera. João Cabral. Domingos Carvalho da Silva. Geraldo Vidigal. José Paulo Moreira da Fonseca. Geir Campos. Lêdo Ivo. Maria da Saudade Cortesão. Péricles Eugênio da Silva Ramos. Concretismo: Haroldo de Campos. Augusto de Campos. Décio Pignatari. Ronaldo Azevedo. Ferreira Gullar. A forma da poesia moderna.

Péricles Eugênio da Silva Ramos

50. VANGUARDAS
Concretismo. Neoconcretismo (*Albertus da Costa Marques*)
Poesia-Práxis *(Mário Chamie)*
Poema-Processo *(Álvaro Sá)*
Arte-Correio (*Joaquim Branco*)

51. O MODERNISMO NA FICÇÃO
 I. Antecedentes:
 As duas linhagens da ficção brasileira: legado do século XIX. O Modernismo. Pioneiros do ciclo nordestino: Franklin Távora, José do Patrocínio, Rodolfo Teófilo, Oliveira Paiva, Domingos Olímpio, Gustavo Barroso, Mário Sette. Outros precursores do regionalismo modernista. O romance carioca do Modernismo. Adelino Magalhães. Classificação da ficção modernista: corrente social e territorial; corrente psicológica e costumista. A explosão modernista. Rachel de Queirós. Gastão Cruls. Marques Rebelo. Ciro dos Anjos.

Afrânio Coutinho

 II. Experimentalismo:
 Mário de Andrade, Oswald de Andrade, Menotti del Picchia, Plínio Salgado, Alcântara Machado (*Dirce Côrtes Riedel*)
 Ribeiro Couto (*J. Alexandre Barbosa*)

 III. Regionalismo:
 José Américo, José Lins do Rego, Jorge Amado (*Luiz Costa Lima*)
 Graciliano Ramos (*Sônia Brayner*)
 IV. Psicologismo e Costumismo:
 José Geraldo Vieira (*Antônio Olinto*)
 Cornélio Pena (*Adonias Filho*)
 Érico Veríssimo (*Antônio Olinto*)
 Lúcio Cardoso (*Walmir Ayala*)
 Otávio de Faria (*Adonias Filho*)
 Josué Montello (*Bandeira de Melo*)

 V. Instrumentalismo:
 Guimarães Rosa (*Franklin de Oliveira*)
 Clarice Lispector, Adonias Filho (*Luiz Costa Lima*)

 VI. Situação e Perspectivas:
 José Cândido de Carvalho, Herberto Sales, Mário Palmério, Bernardo Élis, Jorge Medauar, Ascendino Leite, Macedo Miranda, Geraldo França de Lima, João Antônio, Rubem Fonseca, José Louzeiro, Nélida Piñon, Samuel Rawet, Osman Lins, Autran Dourado, Jorge Moutner, Dalton Trevisan, José J. Veiga, Geraldo Ferraz, Assis Brasil.

Ivo Barbieri

52. A CRÍTICA MODERNISTA
A crítica e o Modernismo. As várias gerações e os gêneros modernistas. A crítica sociológica. Tristão de Athayde. João Ribeiro e Nestor Vítor. As Revistas. A crítica Social. Mário de Andrade. Outros críticos. A crítica estética. Eugênio Gomes.

Wilson Martins

A Nova Crítica. Congressos de Crítica. Movimento editorial.

Afrânio Coutinho

VOLUME 6

Terceira Parte
RELAÇÕES E PERSPECTIVAS

53. NOTA EXPLICATIVA
Divisão da obra. Características. Conceitos sociológico e estético. Literatura literária. O valor da História Literária.
Afrânio Coutinho

54. EVOLUÇÃO DA LITERATURA DRAMÁTICA
Inícios do teatro: os jesuítas, Anchieta. Alencar, Martins Pena, Gonçalves de Magalhães. No Naturalismo: França Júnior, Artur Azevedo, Machado de Assis, Roberto Gomes, Coelho Neto, Cláudio de Sousa. Joracy Camargo, Oswald de Andrade. O teatro moderno. A renovação: o Teatro Estudante; Pascoal Carlos Magno, Guilherme Figueiredo, Oduvaldo Viana, Magalhães Júnior, Ariano Suassuna, Jorge Andrade, Dias Gomes, Millôr Fernandes, Nelson Rodrigues, Silveira Sampaio. O teatro infantil: Maria Clara Machado. Lúcia Benedetti. Os atores: João Caetano, Apolônia Pinto, Leopoldo Fróes, Procópio Ferreira, Cacilda Becker, Maria Della Costa, Tônia Carrero, Fernanda Montenegro, Sérgio Cardoso, Paulo Autran, Jardel Filho. Dulcina de Morais. Principais companhias.
Décio de Almeida Prado

55. EVOLUÇÃO DO CONTO
Primeiras manifestações. No Romantismo: Álvares de Azevedo, B. Guimarães. Machado de Assis: sua técnica. No Naturalismo: Aluísio Azevedo, Medeiros e Albuquerque, Coelho Neto, Domício da Gama, Artur Azevedo. Regionalistas: Valdomiro Silveira, Afonso Arinos, Simões Lopes Neto, Alcides Maia, Darci Azambuja, Telmo Vergara, Viriato Correia, Gustavo Barroso, Eduardo Campos, Monteiro Lobato, Carvalho Ramos. No Modernismo: Adelino Magalhães, Mário de Andrade, Alcântara Machado, Ribeiro Couto, João Alphonsus, Marques Rebelo, Guimarães Rosa. Novas tendências.
Herman Lima

56. LITERATURA E JORNALISMO
No jornalismo político: a era da Independência. A era regencial. O Segundo Reinado. A imprensa acadêmica. A propaganda republicana. A era republicana. Polemistas e planfetários.
Américo Jacobina Lacombe

57. ENSAIO E CRÔNICA
Ensaio e crônica — gêneros literários. Definição e caracteres. Conceito de crônica. A crônica e o jornal. Histórico e evolução da crônica — Romantismo. Francisco Otaviano, Manuel Antônio de Almeida, José de Alencar, Machado de Assis, França Júnior, Pompeia, Bilac, Coelho Neto, João do Rio, João Luso, José do Patrocínio Filho, Humberto de Campos, Orestes Barbosa, Álvaro Moreira e a *Fon-Fon*. Berilo Neves, Osório Borba. Genolino Amado, Benjamim Costallat. Henrique Pongetti, Peregrino Júnior, Manuel Bandeira, Antônio de Alcântara Machado, Carlos Drummond de Andrade, Rachel de Queiroz, Rubem Braga. Classificação da crônica. Problemas da crônica: linguagem e estilo, crônica e reportagem, literatura e filosofia. Autonomia do gênero. Importância na literatura brasileira. Outros gêneros afins: oratória, cartas, memórias, diários, máximas, biografia. Gilberto Amado, Lúcio Cardoso.
Afrânio Coutinho

58. LITERATURA E FILOSOFIA
Incapacidade para os estudos filosóficos. Ausência de correntes de pensamento. Filosofia e Literatura. Século XIX, marco inicial. A independência intelectual. Romantismo. Silvestre

Pinheiro Ferreira, Gonçalves de Magalhães, Mont'Alverne, Eduardo Ferreira França, Tobias Barreto, Soriano de Sousa, Sílvio Romero. Os Positivistas. Capistrano de Abreu, Euclides da Cunha, Farias Brito, Jackson de Figueiredo, Vicente Licínio Cardoso, Graça Aranha, Paulo Prado, Tristão de Athayde, Euríalo Canabrava, Miguel Reale, Artur Versiane Veloso. *Revista Brasileira de Filosofia. Kriterion.*

Evaristo de Morais Filho

59. LITERATURA E ARTES
Os estilos de época. Inter-relações das artes. Barroco e Pós-Barroco. Neoclassicismo. Romantismo, Realismo, Parnasianismo. Impressionismo e Simbolismo. Modernismo.

José Paulo Moreira da Fonseca

60. LITERATURA E PENSAMENTO JURÍDICO
O século XVIII e a transformação jurídica do Estado. A vinculação da literatura com o direito. O arcadismo mineiro e os ideais jurídicos da burguesia. Gonzaga. *As Cartas Chilenas* e os Direitos Humanos. As eleições e a ideia da representação e assentimento popular. O constitucionalismo liberal. José Bonifácio. As faculdades de Direito de Recife e São Paulo focos de produção literária. Escritores e juristas. Rui Barbosa.

Afonso Arinos de Melo Franco

61. LITERATURA INFANTIL
Que é Literatura Infantil? Fontes. Folclore. Evolução e principais autores e obras. O século XIX e a moderna literatura infantil. Uso na educação. Aparecimento no Brasil: Livros didáticos e traduções. Diversos gêneros. Monteiro Lobato. Teatro infantil. Literatura religiosa. Histórias em quadrinhos. Revistas e jornais.

Renato Almeida

62. O VERSO: PERMANÊNCIA E EVOLUÇÃO
Debate histórico: a metrificação. Os tipos de verso. As regras. Do Barroco ao Simbolismo. O Modernismo e a mudança no sistema. Conclusões.

Mário Chamie

CONCLUSÃO

63. O PÓS-MODERNISMO NO BRASIL
Pós-Modernismo e a produção literária brasileira do século XX: Guimarães Rosa, Clarice Lispector, João Cabral de Melo Neto. A ficção brasileira dos anos 70 e 80: José J. Veiga, Murilo Rubião, Lygia Fagundes Telles, Nélida Piñon, Edla van Steen, Maria Alice Barroso. O Poema-Processo e a Arte-Postal.

Eduardo de Faria Coutinho

64. A NOVA LITERATURA BRASILEIRA
(O romance, a poesia, o conto)
Definição e situação da nova literatura brasileira. O ano de 1956: a poesia concreta, Geraldo Ferraz, Guimarães Rosa. No Romance: Herberto Sales, José Cândido de Carvalho, Osman Lins, Autran Dourado. Os novos. Adonias Filho, Clarice Lispector. Na Poesia: João Cabral. Poesia Concreta: Décio Pignatari, Haroldo de Campos, Augusto de Campos, Ferreira Gullar, José Lino Grunewald, Reinaldo Jardim, Ronaldo Azeredo. Edgard Braga, Pedro Xisto. Invenção. Poesia-Práxis: Mário Chamie. PoemasProcesso: Wladimir Dias Pino. No Conto: Samuel Rawet, Dalton Trevisan, José J. Veiga, José Louzeiro, Luís Vilela, Jorge Medauar, Rubem Fonseca, José Edson Gomes, Louzada Filho.

Assis Brasil

65. A NOVA LITERATURA
(Década de 80 / Anos 90)
Escritores de maior atividade nesse período. Escritores veteranos

pós-modernistas. Romancistas e contistas mais novos. Poetas veteranos em atividade. Poetas de província. Poetas novos com ligação com as vanguardas. A Poesia Alternativa dos anos 80.

Assis Brasil

66. VISÃO PROSPECTIVA DA LITERATURA NO BRASIL

Uma história predominantemente nacional. A crise da transição. Morfologia da exaustão. Emergência da paraliteratura. A voragem do consumo. A crônica. Alternativas vanguardistas. O signo radical. Indicações prospectivas.

Eduardo Portella

67. HISTORIOGRAFIA LITERÁRIA EM NOVO RUMO

Posição desta obra na historiografia literária brasileira. As várias fases da história literária no Brasil: a antológica e bibliográfica, a historicista, a sociológica. Varnhagen. Sílvio Romero. Outros historiadores. Orientação estética: *A Literatura no Brasil*, um compromisso anti-romeriano. Sua posição, suas características, suas consequências. O ensino literário. A crítica e a história literária.

Afrânio Coutinho

68. AINDA E SEMPRE A LITERATURA BRASILEIRA

As teorias das origens. A expressão da Literatura Brasileira. Nossa Literatura. Independência literária. Uma literatura emancipada. Raízes culturais. O Barroco na América.

Afrânio Coutinho

69. AINDA E SEMPRE A LÍNGUA BRASILEIRA

Língua Portuguesa. Denominação da língua. Que é Língua Brasileira? Ensino da Língua. O professor de Língua. O processo de descolonização. Busca de identidade. Nossa língua. Por uma filologia brasileira. A revolução linguística. A nossa língua. O Português do Brasil. A língua que falamos. A língua do Brasil. O idioma e a constituição. Purismo e classe. Purismo linguístico.

Afrânio Coutinho

70. VISÃO FINAL

O "neoparnasianismo" da geração de 45. A procura de novos cânones. As revistas de vanguarda. A fase transitória dos congressos. As décadas de 50 e 60 – *Grande sertão: veredas*. A nova feição da crítica. A Poesia Alternativa pós-60. Fim do Modernismo.

Afrânio Coutinho

BIOBIBLIOGRAFIA DOS COLABORADORES

Aderbal Jurema. Adonias Filho. Afonso Arinos de Melo Franco. Afrânio Coutinho. Albertus Marques. Alceu Amoroso Lima. Américo Jacobina Lacombe. Álvaro de Sá. Andrade Murici. Antonio Candido. Antônio Olinto. Antônio Soares Amora. Armando Carvalho. Assis Brasil. Augusto Meyer. Bandeira de Melo. Barreto Filho. Cândido Jucá Filho. Carlos Burlamáqui Kopke. Cassiano Ricardo. Darci Damasceno. Décio de Almeida Prado. Dirce Côrtes Riedel. Domingos Carvalho da Silva. Edgard Cavalheiro. Eduardo de Faria Coutinho. Eduardo Portella. Emanuel de Morais. Eugênio Gomes. Evaristo de Morais Filho. Fausto Cunha. Fernando de Azevedo. Franklin de Oliveira. Herman Lima. Hernâni Cidade. Heron de Alencar. Ivo Barbieri. João Alexandre Barbosa. José Aderaldo Castelo. José Ariel Castro. José Paulo Moreira da Fonseca. Josué Montello. Luís da Câmara Cascudo. Luiz Costa Lima. Luís Delgado. Luís Viana Filho. Mário Chamie. Mário da Silva Brito. Matoso Câmara Jr. Moisés Vellinho. Otávio de Faria. Peregrino Júnior. Péricles Eugênio da Silva Ramos. Renato Almeida. Rodrigo Otávio Filho. Segismundo Spina. Sílvio Castro. Sonia Brayner. Xavier Placer. Walmir Ayala. Waltensir Dutra. Wilson Lousada. Wilson Martins. Wilton Cardoso.

ÍNDICE DE NOMES, TÍTULOS E ASSUNTOS

A LITERATURA NO BRASIL

Neste Volume
PARTE II / *ESTILOS DE ÉPOCA*
Era barroca / Era neoclássica

No Volume 1
PRELIMINARES
PARTE I / *GENERALIDADES*

No Volume 3
PARTE II / *ESTILOS DE ÉPOCA*
Era romântica

No Volume 4
PARTE II / *ESTILOS DE ÉPOCA*
Era realista/ Era de transição

No Volume 5
PARTE II / *ESTILOS DE ÉPOCA*
Era modernista

No Volume 6
PARTE III / *RELAÇÕES E PERSPECTIVAS*
CONCLUSÃO
Biobibliografia dos Colaboradores
Índice de Nomes, Títulos e Assuntos

Segunda Parte
ESTILOS DE ÉPOCA
Era barroca

10. *Afrânio Coutinho*
O BARROCO

Ciclo dos descobrimentos. Quinhentismo português. Mito do Ufanismo. Caráter barroco da literatura dos séculos XVI a XVII. O termo classicismo. O conceito da imitação. Gregório de Matos e a imitação. O primeiro escritor brasileiro: Anchieta. O Barroco, etimologia, conceito, caracteres, representantes. Barroco no Brasil. O Maneirismo.

I. DA EXPANSÃO AO UFANISMO

1. Ao *ciclo dos descobrimentos* da literatura portuguesa do século XVI, definido por Fidelino de Figueiredo como "o conjunto de obras que têm por objetivo os descobrimentos marítimos e as suas consequências morais e políticas",[1] pertencem as primeiras manifestações literárias da Colônia brasileira.

O quinhentismo português constitui-se, consoante ainda a lição do historiador, da combinação de elementos medievais, clássicos e nacionais. Os elementos medievais são: a velha métrica, as origens e a estrutura do teatro vicentino, a história por crônicas de reis e a novela de cavalaria; os elementos clássicos, de importação, principalmente italiana: o teatro clássico, comédia e tragédia, o romance e a écloga pastorais, a nova métrica com suas variedades de forma, e a epopeia; os elementos nacionais: o movimento interno do teatro vicentino, ou o mundo que nele se agita; a historiografia, ou narração dos grandes feitos coloniais e crônica da expansão; a epopeia, transformada por Camões de gênero clássico em instrumento da ideia nacional, os gêneros novos, ligados às narrativas das descobertas, como as relações de naufrágios e os roteiros de viajantes.

O conhecimento da literatura produzida nos três primeiros séculos da vida colonial mostra que ela se incluiu em algum desses itens ou obedece à inspiração dos motivos que dominaram o ciclo dos descobrimentos, precisamente a contribuição mais original dos portugueses à literatura universal, aliás fundamentada, em boa parte, nos sólidos motivos econômicos: a caça ao escravo, a conquista de novas terras, mercados e fontes de riqueza, a expansão do comércio. Dele irromperam as primeiras forças que aqui se expressaram sob roupagem literária; dele derivaram as "primeiras letras" brasileiras. A essa literatura de expansão e descobrimento se ligam os primeiros livros escritos por portugueses ou brasileiros, no

Brasil, ou acerca de fatos, coisas e homens da Colônia: a obra dos jesuítas, seja a parte tipicamente literária, lírica ou dramática, seja o acervo de cartas e informes em torno das condições da Colônia, é um capítulo da expansão espiritual portuguesa; a literatura de viajantes e descobridores, os roteiros náuticos, os relatos de naufrágios, as descrições geográficas e sociais, as descrições da natureza e do selvagem (que Sílvio Romero definiu como as duas tendências principais da literatura brasileira no século XVI), as tentativas de epopeias com assunto local, são outros tantos episódios desse ramo brasileiro da literatura de expansão ultramarina do quinhentismo português, tão bem estudada por Hernâni Cidade.[2]

A primeira grande manifestação dessas forças é a formação do mito do ufanismo, tendência à exaltação lírica da terra ou da paisagem, espécie de crença num eldorado ou "paraíso terrestre", como lhe chamou Rocha Pita pela primeira vez, e que constituirá uma linha permanente da literatura brasileira de prosa e verso. Pero Vaz de Caminha, Anchieta, Nóbrega, Cardim, Bento Teixeira, Gândavo, Gabriel Soares de Sousa, Fernandes Brandão, Rocha Pita, Vicente do Salvador, Botelho de Oliveira, Itaparica, Nuno Marques Pereira, são exemplos da série de cantores da "cultura e opulência", ou autores de "diálogos das grandezas", que constituem essa singular literatura de catálogo e exaltação dos recursos da terra prometida. Essa literatura, diga-se de passagem, não deveria estar longe de emergir de motivos econômicos de valorização da terra aos olhos europeus.

A maioria dessas obras não pertence à literatura no sentido estrito, e sua importância decorre de participarem desse ciclo de literatura do descobrimento e de se inclinarem para a terra brasílica, na ânsia, que domina a consciência do brasileiro do século XVII, de conhecê-la, de revelá-la, de expandi-la. Se buscarmos a sua valoração por exclusivos critérios estéticos, salta à vista a sua qualidade inferior, excetuados raros momentos. Por isso, a posição que lhes é reservada na história literária há que limitar-se à mera anotação de suas relações com o estilo de vida e de arte característico do tempo. É fenômeno encontradiço na história da literatura serem testemunho mais flagrante da época as obras medíocres do que os grandes livros. De direito, porém, o lugar de relevo que merecem é na história da cultura e da historiografia, ou das ideias sociais, pois constituem os marcos ao longo da estrada que seguiram a consciência da terra comum, o espírito insurgente, o senso histórico e o sentimento da nacionalidade, em uma palavra, a brasilidade, desde aqueles primeiros tempos em formação. Delas é que proveio o conhecimento dos fatores geográficos, econômicos e sociais sobre que se erigiu a civilização brasileira. As repercussões dessa literatura de conhecimento da terra são de importância indisfarçável, em toda a literatura de imaginação, mas sua análise não compete aos instrumentos literários, que apenas as registram.

Com expressarem, no entanto, o mito ufanista, essas obras não refogem à impregnação do estilo artístico em vigor na época. Em verdade, a literatura brasileira emerge da literatura ocidental do barroquismo. Foi sob o signo do barroco definido não só como um estilo de arte, mas também como um complexo cultural, que nasceu a literatura brasileira. Senão vejamos o que ocorre com a literatura jesuítica, com a obra ufanista, mas de sentido literário, de Botelho de Oliveira e Nuno Marques Pereira, bem assim com a de Vieira e Gregório, com a descendência do primeiro na oratória sagrada, e com a família de poetas e prosadores das academias. Se a inteligência brasileira começou a expressar-se na forma de "literatura de conhecimento" (De Quincey), a "literatura de poder" desponta aqui e ali, embora só mais tarde adquirindo categoria estética.

Destarte, justifica-se o estudo dos principais autores que possuem sentido estético, nessa fase da literatura brasileira. São expressões, algumas delas bastante representativas, do Barroco literário, e como tal hão que ser analisadas e valoradas. Valem como testemunhos de um estilo artístico, cujos caracteres e sinais espelham fielmente, como provam os estudos sobre eles agora executados. Mas a impregnação barroca é tão profunda nos escritores do período que a ela não escapam inclusive os historiadores e pensadores. Exemplos típicos são os casos de Rocha Pita e Frei Vicente do Salvador, cuja prosa reflete a contaminação barroca, mormente nos seus aspectos de menor qualidade.

Os gêneros literários então mais cultivados são o diálogo, a poesia lírica, a epopeia, ao lado da historiografia e da meditação pedagógica, das quais o Barroco retira o máximo partido, misturando o mitológico ao descritivo, o alegórico ao realista, o narrativo ao psicológico, o guerreiro ao pastoral, o solene ao burlesco, o patético ao satírico, o idílico ao dramático, sem falar no mestiçamento da linguagem, já iniciada como imposição da própria obra de evangelização e da nova sensibilidade linguística, de que decorrerá a diferenciação de um estilo brasileiro.

2. O reconhecimento do caráter barroco na definição da literatura produzida no Brasil dos meados do século XVI ao final do século XVIII subverte a classificação tradicional dessa literatura, impondo-se uma nova periodização, de cunho estilístico. Aliás, como disse F. Simone em relação à literatura universal, o conceito de Barroco realizou a dissolução do esquema historiográfico tradicional.

Na dependência dos critérios vigentes em historiografia literária portuguesa, na qual os escritores quinhentistas, seiscentistas e setecentistas são habitualmente definidos como clássicos, costuma denominarem-se clássicos os autores brasileiros do mesmo período, a despeito da variedade de tipos da poesia, por exemplo, que atravessa diferentes zonas de influência, como a palaciana, a clássica, a barroca, a arcádica.

Portanto, nada mais impróprio. A palavra Classicismo, de tão difícil conceituação, chega a ser absurda quando usada para rotular manifestações literárias díspares como o renascentismo, o seiscentismo e o setecentismo, incluindo figuras como Camões, Vieira e os arcádios. Essa etiqueta impediu-nos até agora de ver claro as diferenças estilísticas entre as diversas manifestações desse longo período que vai do final da Idade Média até o Romantismo. Em verdade, chamar de clássico esse período da literatura brasileira é emprestar ao epíteto um sentido vago, baseando-o apenas no fato de serem os escritores do tempo imitadores dos clássicos antigos, o mais impreciso dos sentidos que se pode ligar à expressão; até mesmo o sentido puramente laudatório de escritor modelar é inadequado, pois, com raríssimas exceções, esses autores não podem ser assim considerados nos primeiros séculos da vida brasileira.

Se quisermos dar aos termos literários um valor crítico preciso; se, como no caso das definições periódicas, desejarmos que possuam validade objetiva não somente como um padrão de julgamento, senão também como um conceito histórico-estético para a caracterização dos espécimes artísticos de um período, é-nos forçoso restringir-lhes o sentido, tornando-os equivalentes às obras ou fatos concretos que tentam definir, sem o que, como ensina Whitmore,[3] o termo falha em fazer-nos pensar mais claramente acerca do fenômeno em causa. E fazê-los fundamentados, como insiste Whitmore, na inspeção e conhecimento dos fatos à custa de uma teoria e de atos críticos.

De modo geral, o termo Classicismo é usado para designar o movimento, iniciado na Renascença, de restauração das formas e valores do mundo antigo, mormente dos séculos de Péricles e Augusto, considerados os modelos da perfeição artística e filosófica. Mas o movimento variou conforme o país, o que o torna impreciso, do ponto de vista crítico. As várias literaturas europeias adotaram-no com significado diverso, sendo que a algumas nem pode ser aplicado, como a espanhola. O Classicismo italiano é renascentista, nos séculos XV e XVI; o Classicismo francês, luisquatorziano, o apogeu da atitude clássica, é racionalista, regulador, domado; o inglês é Neoclassicismo; o chamado Classicismo português, dos séculos XVI a XVIII, compreende a mistura de elementos renascentistas e barrocos, e por último arcádicos. Que é afinal o Classicismo, a julgar por essas experiências? Que valor definitório tem o conceito? Na própria literatura francesa, em que o termo é moeda corrente no vocabulário crítico, talvez seja mais lícito falar, como acentua Lebègue,[4] de classicismos, no plural, do que em Classicismo, levando-se em conta as diversas ondas do chamado Classicismo, desde Malherbe, a Chapelain, a Boileau, a Perrault, a Fénelon, fenômeno que foi acentuado por Adam.[5] De qualquer modo, de Goethe, a Sainte-Beuve, a André Gide, a T. S. Eliot, o conceito permanece envolto em nebulosidade.

Importa, pois, sem abandonar o termo Classicismo, limitá-lo a determinado uso. Procurando definir a noção; Henri Peyre[6] coloca-se na tradição crítica francesa, para a qual o Classicismo por excelência é o francês.[7] Encara-o como a produção literária e artística da França entre 1600 e 1690. Mas estuda os diversos sentidos do termo, apontando os seguintes: 1) Autores destinados ao uso em "classe"; 2) Autores modelares, os "melhores", os grandes autores de todas as literaturas, e por isto usados em classe; 3) Os clássicos ou escritores da Antiguidade.

A estes sentidos há que ajuntar: 4) Os autores que imitam os clássicos, que são seus adeptos ou seguem suas lições (neoclássicos); 5) Certas épocas culturais que alcançaram perfeição superior; mais ou menos inspiradas pela Antiguidade clássica; 6) Conjunto de caracteres estéticos definindo o estilo cultural, artístico e literário de um período.

Este último significado é o único a comunicar validade crítica ao conceito, restringindo-o à definição e caracterização do sistema de normas artísticas e culturais de um momento determinado do processo histórico. Consoante essa doutrina, em história das artes e da literatura, estilo clássico, estilo barroco e estilo romântico são formas diversas da realização artística, corporificadas em precisos momentos históricos. Cumpre à crítica distingui-las e delimitar as áreas respectivas de ação, graças à identificação dos seus sistemas de normas.[8]

3. É fácil inferir-se da definição de arte e literatura clássicas, à luz da conceituação de Wölfflin,[9] que a literatura brasileira da fase colonial não pode ser interpretada como clássica, nem o período como de Classicismo, a menos que sejam empregados esses termos para indicar apenas a norma, geral na época, da imitação dos modelos da Antiguidade, o que nada define.

Os três primeiros séculos da literatura no Brasil, já que propriamente não houve Renascimento, mostram a intercorrência de estilos artísticos, o barroco, o neoclássico e o arcádico, formas de fisionomia estética bem caracterizada por sinais e princípios dominantes, que constituíram manchas espaciais e temporais, entrosando-se, misturando-se, e interpenetrando-se, às vezes somando-se, nem sempre sucedendo-se e delimitando-se segundo cronologia exata. O Barroquismo nasce com as primeiras vozes jesuítas, penetra os séculos XVII e XVIII, manifestando-se pela poesia e prosa ufanista, pela poesia crioula de Gregório de Matos, pela parenética de Vieira e seus descendentes, pela prosa e poesia das academias, e atinge mesmo o começo do século XIX, sob um mimetismo de decadência. Enquanto isso, no século XVIII, Neoclassicismo e Arcadismo dividem o gosto rococó, e dificilmente podemos separar as suas manifestações, que se mesclam, ao longo desse século, com os elementos do Barroquismo. O século XVIII sobretudo, reflete essa confusão, entrecruzamento e interação de estilos.

A propósito dessa definição dos estilos artísticos e literários no Brasil colonial, deve-se pôr em relevo o fato de que há formas superiores e inferiores, e de que o Barroco literário brasileiro, por exemplo, salvo alguns casos isolados, é expressão de arte menor, ao contrário do Barroco nas artes plásticas, nas quais atingiu um nível dos mais puros e elevados.

4. A compreensão da literatura brasileira produzida nos períodos barroco, neoclássico e arcádico exige a fixação prévia de um conceito estético que

regulou a criação literária durante toda a época situada entre o Renascimento e o Romantismo, conceito que só este derradeiro movimento logrou destronar: a imitação. Por influência das teorias românticas, o crítico moderno foi desarmado da justa perspectiva para a avaliação da literatura renascentista e barroca. É que, pela supervalorização do indivíduo, divinizou-se a originalidade da criação, passando a crer-se na origem exclusivamente subjetiva da poesia, que deveria ter na inspiração interior a fonte única de criatividade. Era outra a doutrina que inspirava os poetas do Renascimento e do Barroco. Nos séculos de quinhentos, seiscentos e setecentos, a norma geral da criação literária era a da imitação. Mesmo quando reagiam contra o Renascimento, como os escritores barrocos, não deixaram de respeitar a regra. Diferentemente do romântico, a um poeta daqueles períodos não era suficiente a inspiração para o êxito e a perfeição poética. Era mister fundir originalidade com tradição para atingir a intenção do poeta.

Talvez nenhuma época literária deveu mais às doutrinas e regras estéticas, pelo que se faz necessário, para o seu estudo e interpretação, o exame do pano de fundo de teoria literária que a norteou.[10] Essa norma decorria do próprio sistema educacional vigente, baseado nas famosas *Litterae Humaniores*. Nele exercia papel fundamental a retórica, através da obra dos retóricos clássicos — Aristóteles, Isócrates, Cícero, Horácio, Quintiliano. A tradição retórica dominou a época como uma sólida corrente de interpretação e crítica, tanto quanto de formação intelectual e literária, cujo objetivo precípuo era ensinar a falar e escrever com persuasão. Havia mesmo uma identificação ou confusão entre a retórica, a lógica e a poética, de que Ramus foi o símbolo. Por influência dessa tradição, a regra da imitação constituiu o denominador comum da literatura então produzida. A imitação era regra retórica e pedagógica por excelência, e não se confundia com plágio. O princípio normativo da imitação dos modelos foi admitido pacificamente pelos mestres da retórica heleno-romana, não como um processo inferior, mas como uma disciplina formadora através da qual se emulavam as virtudes dos grandes autores. Essa tradição sobretudo romana foi reafirmada durante a Idade Média e penetrou os tempos modernos pela palavra dos humanistas, tornando-se um princípio fundamental da teoria literária renascentista e barroca. De imitação da natureza, concebida como o motor gerador das coisas, o espírito normativo dos romanos transformou o conceito em disciplina retórica de imitação de autores modelares, que, nos tempos modernos, se confundiram com os clássicos antigos, isto é, em vez de ir à natureza, imitavam-se os que já haviam, de modo excelente, imitado a natureza. Assim, como acentua Jack, era, à luz do credo clássico, uma atividade digna, num momento em que a obra de arte não significa um esforço de autoexpressão ou de manifestação de uma personalidade, e imitar não implicava motivo de inferioridade ou plágio, como habitualmente pensa o crítico moderno. É revelar falta de senso de perspectiva transferir os atuais padrões de julgamento, criados à sombra de diferente doutrina estética, para o estudo e aferição da literatura de uma época informada pela norma da imitação, base da pedagogia literária ortodoxa. Nenhum gênio literário do Renascimento, do Barroco e do Neoclassicismo, escapa ao tributo: Shakespeare, Montaigne, Cervantes, Góngora, Quevedo... Há páginas inteiras de Sêneca em Montaigne, e seria tempo perdido pretender rastrear os passos de Sêneca e Plutarco em Shakespeare.

Por não se colocarem dentro da doutrina vigente na época, por não a relacionarem com a teoria crítica do tempo, que é diversa, no particular, da que vigora depois do Romantismo, certas interpretações da literatura seiscentista e setecentista brasileira têm incorrido em falha de julgamento, o mesmo fato que ocorre com os críticos da literatura inglesa da fase augusta (1660-1750), como assinala Ian Jack. Naquele tempo era motivo de superioridade e não de inferioridade artística (como se pensa hoje, após a supervalorização da originalidade e do gênio individual que o Romantismo infundiu na mentalidade literária ocidental) um escritor mostrar que imitava um modelo da Antiguidade. E, nessa imitação, havia toda uma gama de tons, desde a simples inspiração até a glosa, até mesmo a tradução. E se não houve escritor, por maior que fosse a sua categoria, que fugisse à regra, por que relutarmos em aplicar o mesmo critério à compreensão da literatura brasileira daquela fase? Porventura as imunidades prevalecem apenas para os estrangeiros, enquanto os nossos poucos valores do tempo merecem o apodo de plagiários? O equívoco é tanto mais grave quanto esquecemos o papel relevante que teve retórica no ensino, em toda a América Latina, até em pleno século XIX.

Vítima desse erro de perspectiva é Gregório de Matos, acusado por uma linha de críticos brasileiros como um simples copista de Góngora e Quevedo, esquecendo-se do que estes dois mesmos gênios devem, através da imitação, aos modelos antigos.[11]

A questão gregoriana merece atenção mais cuidadosa, a partir do reconhecimento da imitação, como norma estética do período, exemplo típico de como o conhecimento da teoria literária que informa uma época auxilia a sua interpretação. Além disso, é mister levar em conta o problema da autenticidade dos textos que lhe são atribuídos. Como se sabe, os seus poemas foram recolhidos em códices manuscritos por copistas que podem ter-lhe atribuído a autoria de produções de outrem. Não se deve, portanto, imputar a responsabilidade total por essas apropriações, sem atentar para as condições da vida intelectual no tempo, quando não havia imprensa na Colônia, e para a inexistência de rigor na transcrição dos textos, na questão da originalidade e do direito de autor. Acima de tudo, sem considerar o papel onipresente da doutrina da imitação. Dessa maneira, sobram razões para o respeito pela parte positiva e elevada de sua contribuição. Numa época em que quase tudo à volta era pigmeu, as letras brasileiras, pela sua voz, já falam por si mesmas, com a originalidade mestiça, a que o Barroquismo emprestou toda a sorte de artifícios e meios de realização eficiente. Se ele imitou, e sem dúvida o fez, estava na boa doutrina retórica do tempo, nem podia fugir, por outro lado, ao caráter de reflexo que eram, e ainda são, as letras do novo continente.[12]

5. A investigação acerca das origens da literatura brasileira suscita o problema, que poderá parecer ocioso, de quando e com quem ela começa, se no século XVI ou XVII, se com Anchieta, Bento Teixeira, Gregório ou Botelho. Em verdade, não é fácil fixar os primeiros vagidos do nativismo, do instinto insurrecional antiluso, do sentimento de brasilidade ou da formação de uma consciência nacional. É de crer que esse sentimento se firmou e foi tomando corpo desde o momento em que, ao contato com a nova realidade, um homem novo foi surgindo dentro do colono.

Se é impossível marcar o início do sentimento nativista em um documento escrito, cabe à história literária, todavia, decidir quais os textos que testemunham o alvorecer da preocupação estética, no que, aliás, têm porfiado os que trataram do assunto, Sílvio Romero, José Veríssimo, Afrânio Peixoto, Érico Veríssimo.

Com a valorização da literatura jesuítica, já agora amplamente conhecida, avulta o significado da obra de Anchieta, situado o doce evangelizador do gentio como o fundador da literatura brasileira. Já era também este o parecer de Afrânio Peixoto, para quem a literatura anchietana é a primeira "para" brasileiros ou no Brasil, em pleno século XVI, quando o que se escreve é literatura informativa "sobre" o Brasil para a Europa.[13] Descontada a literatura de conhecimento da terra, escrita por viajantes e curiosos, dentro do esquema antes referido, é natural que sobressaia a obra de Anchieta, a qual, se não possui valor estético de primeira categoria, encarada na sua situação histórica é a mais alta que o espírito barroco produziu na América em seu tempo.

A partir de São Vicente, onde Martim Afonso de Sousa fundara, em 1532, uma florescente plantação de cana-de-açúcar e para onde fora mandado Anchieta, estabelecendo-se no Colégio que ajudou Nóbrega a instalar no planalto de Piratininga, germe da cidade de São Paulo, a frágil vida intelectual na Colônia acompanhou a marcha dos diversos centros sociais, Bahia, Pernambuco, Rio de Janeiro, Vila Rica, São Paulo, cuja importância, por sua vez, esteve relacionada com os ciclos do açúcar, pau-brasil, fumo, ouro, diamantes, café, que caracterizam a evolução da economia brasileira.

II. BARROCO LITERÁRIO

1. A etimologia de "Barroco" tem suscitado muita controvérsia. Acreditam uns na origem ibérica, espanhola — "barrueco", ou portuguesa — "barroco", designando uma pérola de superfície irregular. Para outros, como Agostinho de Campos (*Glossário*, p. 55), a forma "barroco" é, não só a original, como a legitimamente lusa, em vez da afrancesada "baroco". Em 1888, Wölfflin propôs

outra doutrina: ligado à escolástica, é um termo mnemônico para evocar um dos modos da 2ª figura do silogismo (b A r O c O), na qual a menor é particular e negativa. Com este sentido, o primeiro uso da palavra remonta a Montaigne (*Essais*, I, cap. 25), que a empregou ao lado de "baralipton", para ironizar a escolástica. Nos séculos XVI e XVII, o epíteto significava um modo de raciocínio que confundia o falso e o verdadeiro, uma argumentação estranha e viciosa, evasiva e fugidia, que subvertia as regras do pensamento. Originalmente, portanto, é negativo, pejorativo, sinônimo de bizarro, extravagante, artificial, ampuloso, monstruoso, visando a designar, menoscabando, a arte seiscentista, interpretada dessa maneira, como forma de decadência da arte renascentista ou clássica. Este o uso do conceito pela crítica neoclássica e arcádica, o qual penetrou o século XIX. Como salienta Calcaterra, a palavra entrou para o vocabulário corrente, com o sentido pejorativo original, na filosofia: ideia barroca, argumentação barroca, pensamento barroco; em arte: imagem barroca, figura barroca; apóstrofe barroca. Assim, o conceito com seu sentido pejorativo, teve curso especialmente no terreno das artes plásticas e visuais designando a arte e a estética do período subsequente ao Renascimento, interpretada como forma degenerada dessa arte, expressa na perda da clareza, pureza, elegância de linhas, e no uso de toda a sorte de ornatos e distorções, que resultaram num estilo impuro, alambicado e obscuro. Um autor recente, entretanto, Gilbert Highet, parece dar preferência à antiga explicação da pérola irregular, por ter, a seu ver, antes sentido estético do que intelectual, acentuando, todavia, que em ambas as explicações existe como ideia dominante o sentido de irregularidade, tensão, esforço, dificuldade, características do barroco.

Foi Burckhardt, o famoso historiador da cultura, quem iniciou a revisão da questão barroca (no *Cicerone*, de 1855), mas deve-se a Wölfflin (1864-1945) a sua definitiva reformulação à luz dos novos princípios que introduziu para a interpretação da história da arte. De 1879, quando foi por primeira vez agitada a questão, até 1929, data em que se considera como incorporado o conceito no vocabulário crítico, graças aos trabalhos de Wölfflin, a arte barroca foi revalidada, não mais concebendo-se como uma expressão degenerada, antes como forma peculiar de um período da história da cultura moderna com valor estético e significado próprios, do mesmo modo que o termo recebeu definição precisa, introduzido no uso corrente da crítica de arte e literatura, e, recentemente, nos manuais de história da cultura e da literatura.

A teoria wölffliniana de análise formal das artes, base da transformação operada no estudo do barroco, consiste no estabelecimento de alguns princípios fundamentais, que definem a passagem do tipo de representação táctil para o visual, isto é, da arte renascentista para a barroca.[14] Desta maneira:

1) O Barroco representa não um declínio, mas o desenvolvimento natural do Classicismo renascentista para um estilo posterior.

2) Esse estilo, diferentemente do clássico, já não é táctil, porém visual, isto é, não admite perspectivas não visuais, e não revela sua arte, mas a dissimula.

3) A mudança executa-se consoante uma lei interna e os estágios de seu desenvolvimento em qualquer obra podem ser demonstrados graças a cinco categorias.

Renascimento
1) linear — sentida pela mão.
2) composta em plano, de jeito a ser sentida.
3) partes coordenadas de igual valor.
4) fechada, deixando fora o observador.
5) claridade absoluta.

Barroco
1) pictórica — seguida pela vista.
2) composta em profundidade, de jeito a ser seguida.
3) partes subordinadas a um conjunto.
4) aberta, colocando dentro o observador.
5) claridade relativa.

Essa teoria da definição dos estilos artísticos teve aplicação à literatura, e já o próprio Wölfflin sugeriu tal consequência ao contrastar o *Orlando furioso*, de Ariosto, à *Jerusalém libertada*, de Tasso, como as obras que exprimiam no plano literário a oposição entre o Renascimento e o Barroco. Mas, como assinala René Wellek,[15] só depois de 1914 o termo foi tendo divulgação na crítica literária para definir as obras de século XVII. Da Alemanha, onde o suíço Wölfflin exercia o magistério (Munique), a teoria difundiu-se atraindo eruditos e historiadores literários já então preocupados com direções novas para a historiografia literária, que a libertassem do positivismo e do determinismo sócio-histórico do século XIX, os quais se sentiram seduzidos pela ênfase que Wölfflin, no seu livro básico (1915), emprestava à caracterização da forma e aos critérios de diferenciação dos estilos. E assim, mostra Wellek, depois de 1921-1922, a adoção do termo é larga pelos críticos e historiadores literários, sobretudo alemães, porém logo depois pelos de todas as nacionalidades, suíços, escandinavos, italianos, espanhóis, ingleses, norte-americanos e franceses (estes últimos até há pouco os mais relutantes).

Dessa maneira, define-se como Barroco o período literário subsequente ao Renascimento, equivalente ao século XVII, embora não estritamente, podendo-se adotar como limites as datas de 1580 e 1680, com variações de acordo com os países. Renascimento, Barroco e Neoclassicismo foram três períodos que se sucederam, segundo Friederich,[16] como a tese, a antítese e a síntese, "pois foi somente o Classicismo da França depois de 1660 que logrou unir, em uma harmoniosa obra-prima (e.g., Andrômaca de Racine), a mitologia pagã da Antiguidade e o fervor cristão da Idade Média, as duas visões opostas da vida que os escritores do Renascimento e do Barroco respectivamente em vão tentaram reconciliar em sua arte".

Assim, a periodização de cunho estilístico da literatura moderna compreende o Renascimento (séculos XV a XVI), o Barroco (séculos XVI a XVII), o Neoclassicismo com o Iluminismo e o Racionalismo (séculos XVII a XVIII), o Romantismo (séculos XVIII a XIX), o Realismo-Naturalismo (séculos XIX a XX), o Simbolismo e o Modernismo (séculos XIX a XX).

Na verdade, a linha humanista, racionalista, antropocêntrica, que o Renascimento iniciou, ressuscitando o culto da Antiguidade, continua com o Neoclassicismo e o Iluminismo dos séculos XVII e XVIII e com o Realismo-Naturalismo do século XIX. Durante os três primeiros séculos modernos, processa-se a formação do credo neoclássico em literatura; do Renascimento, passando pelo Barroco, que diminuiu o seu ímpeto reagindo contra ele em nome da liberdade, da irregularidade e da emoção, invade o Neoclassicismo no final do século XVII.

A aplicação do conceito de Barroco à periodização moderna esclarece, precisamente, a posição daquele estágio intermediário entre o Renascimento (até 1580 mais ou menos) e a fase neoclássica (depois de 1680). Havia uma etapa não identificada, e foram os trabalhos de Wölfflin que puseram um termo à confusão, dando relevo, o que é mais importante, à produção artística e literária daquela fase.[17] Eram inconfundíveis os estilos de vida renascentista e seiscentista, e não seria justo qualificar de clássico o estilo literário e artístico da época de seiscentos. Mediante suas categorias críticas, Wölfflin delimitou nitidamente as formas de vida quinhentistas e seiscentistas: a linear e a pictórica, a fechada e a aberta, a múltipla e a unitária, a plana e a profunda, a clara e a obscura. Seu formalismo foi o critério novo que dissociou os dois sistemas de normas que regularam as maneiras de ser e agir dos homens naquelas seções de tempo. Graças a ele, é-nos possível identificar o período renascentista, pelas suas formas de vida e manifestações artísticas, que o separam do período barroco, por sua vez caracterizado por formas peculiares de existência e cultura, por um estilo próprio de vida e de arte, pensamento, ação, religiosidade, governo, divertimento, guerra, prosa e verso. Verificou-se que o período oferece perfeita unidade, expressa não somente no paralelismo entre as várias artes e a literatura, mas também nas diversas outras formas de vida, o que levou os historiadores da cultura a adotar o termo Barroco para designar "as manifestações mais variadas da civilização no século XVII" (R. Wellek).[18]

O Renascimento caracterizou-se pelo predomínio da linha reta e pura, pela clareza e nitidez de contornos. O Barroco tenta a conciliação, a incorporação, a fusão (o fusionismo é a sua tendência dominante) do ideal medieval, espiritual, supraterreno, com os novos valores que o Renascimento pôs em voga: o humanismo, o gosto das coisas terrenas, as satisfações mundanas e carnais. A estratégia pertenceu à Contrarreforma, no intuito, consciente ou inconsciente, de combater o moderno espírito absorvendo-o no que tivesse de mais aceitável.

Daí nasceu o Barroco, novo estilo de vida, que traduz em suas contradições e distorções o caráter dilemático da época, na arte, filosofia, religião, literatura.

Assim compreendida, a era barroca forma um estágio entre o Renascimento, do seio do qual e em reação ao qual emergiu, e o Neoclassicismo, pelo qual se prolonga e no qual se dissolve. Posto que se possa delimitar em grosso o período, é mister insistir em que as épocas históricas não se separam umas das outras segundo contornos nítidos, mas interpenetram-se, imbricam-se, à maneira das manchas de óleo, pois os sistemas de normas que regulam sua vida não começam e acabam de maneira abrupta. No caso do Barroco, há uma grande mancha, cujo núcleo está no século XVII, mas cujos contornos são constituídos de saliências e reentrâncias, e cujo próprio inferior é pontilhado de vacúolos ou falhas; do mesmo modo, nos períodos vizinhos podem-se descobrir metástases barrocas, sem falar nas variantes locais de iniciação e término, aqui as formas barrocas se realizando antes que ali. Em suma, os estilos vizinhos, expressões de estados de espírito diversos, coexistem muita vez, misturando-se, podendo-se identificar as suas formas e sombras nesse ou naquele escritor, e até numa mesma obra ou autor, que são, destarte, clássicos e barrocos a um só tempo. No caso do Barroco francês, por exemplo, o classicismo só se tornou possível mercê da luta contra o Barroquismo, como ocorre com Racine. Leo Spitzer chega a definir o Classicismo como um Barroco domado.[19]

O conceito de Barroco proporciona, pois, uma perspectiva nova, graças à qual é possível a compreensão da literatura do século XVII, para cuja interpretação eram insuficientes e falseantes os conceitos de Renascimento e Classicismo. Muitas manifestações literárias daquele tempo ficavam fora de classificação e interpretação, pois não se enquadravam dentro das fórmulas tradicionais e eram, por isso, relegadas para segundo plano, como formas inferiores, ou intermediárias de arte. O Barroco preenche o vácuo existente entre o Renascimento e o Classicismo,[20] definindo obras diversas que refletem um estado de espírito comum, em todas as literaturas nacionais modernas.[21]

Por conseguinte, o termo Barroco, originário da história e da crítica de artes, supre a crítica e a historiografia literárias com mais um conceito de conteúdo estético. Com resolver em definitivo o problema da classificação e avaliação da literatura seiscentista, que refoge à conceituação renascentista e neoclássica, o Barroco oferece a vantagem de ser um termo de sentido estético, indo assim ao encontro dos esforços atuais por dar autonomia à história literária em relação à história política e social. O conceito de Barroco vem favorecer a renovação metodológica e conceitual que caracteriza o estado atual da historiografia literária, e que forceja por comunicar-lhe uma orientação estético-literária, contrariamente às correntes decimononistas de cunho historicista, positivista e naturalista. Tendências renovadoras que procuram dar relevo sobretudo à crítica, abolindo o divórcio entre ela e a história ou a erudição literária, colocando-as a serviço da primeira, na explicação da obra de arte em si mesma pela análise de suas características intrínsecas. Em mãos de críticos armados dos métodos da moderna estilologia e da análise estrutural ou textual, em busca do valor literário em si próprio, o conceito de Barroco tem-se revelado extremamente profícuo, esclarecendo fenômenos estilísticos até agora obscuros e resistentes à interpretação. Citem-se a propósito os estudos de Leo Spitzer, Karl Vossler, Damaso Alonso, Morris Croll, Helmut Hatzfeld e outros, que lançaram luz sobre os meandros do estilo seiscentista.

Assim ganha terreno a adoção do termo à medida que se procede também e se divulga a sua clarificação conceitual. René Wellek, ao concluir seu estudo sobre o Barroco em literatura, não esconde suas preferências pelo conceito:

> A despeito de muitas ambiguidades e incertezas quanto à extensão, avaliação e conteúdo preciso do termo Barroco, ele tem desempenhado e continuará a desempenhar importante função. Situou de maneira bem clara o problema da periodização e de um estilo irradiante; realçou as analogias entre as literaturas de diferentes países e entre as várias artes. Continua pois como o termo adequado para designar o estilo que surgiu depois do renascentista e precedeu o neoclássico (...) O Barroco é um termo de sentido estético que auxilia a compreensão da literatura do tempo e que concorrerá para romper a dependência da história literária para com a periodização derivada da história política e social. Quaisquer que sejam os defeitos do termo (...), ele abre o caminho para a síntese, afasta nosso espírito da mera acumulação de observações e fatos e prepara o terreno para a futura história da literatura concebida como uma arte.

De um simples adjetivo de sentido pejorativo, a palavra evoluiu, portanto, para um conceito avaliativo, baseado não em critério subjetivo porém na análise e descrição de traços específicos, de natureza intrínseca e estilística, encontrados em manifestações artísticas e literárias de determinada época. E daí para um conceito histórico, etiqueta de um período ou estágio da cultura ocidental, equivalente ao século XVII, e designando as artes, ciências e vida social compreendidas no seu limite.

Assinale-se, contudo, que para ter validade crítica e doutrinária o conceito não deve ser usado, como querem alguns defensores de um panbarroquismo (Eugênio D'Ors), para designar um tipo de expressão que pode ocorrer em qualquer cultura e em diversos momentos como uma tendência universal e permanente, uma constante histórica. Seria destruir por completo o conceito aplicá-lo à definição de manifestações distantes do século XVII, onde, e somente, as condições espirituais foram convenientes para o seu desenvolvimento, fazendo com que o aspecto formal encarnasse um estado de espírito que se ajustava à maravilha. Este é um ponto relevante, o da limitação do sentido da expressão.[22] Pois o Barroco é a adequação de um estilo ao clima espiritual e ao conteúdo ideológico de uma época determinada, o século XVII. Esse o

Barroco histórico, concreto, estilo estético e estilo histórico-cultural, ao qual se deve reduzir o uso da expressão a fim de que ela tenha precisão e sentido universal, e utilidade no vocabulário crítico, já que se procura definir um fenômeno universal.

Os diversos tipos de organização formal correspondem, como demonstra T. M. Greene, em *The Arts and the Art of Criticism* (p. 379), a um distinto interesse e visão do mundo. E acrescenta: "Foi porque o artista barroco viu o mundo e interpretou a vida a seu modo ele gradualmente desenvolveu essas formas estilísticas que mais efetivamente o capacitaram a exprimir o que ele deseja exprimir; as formas eram ditadas pela intenção do artista."

Destarte, no conceito de Barroco estão implícitas a definição de um período histórico-estético e a identificação do estilo que o caracteriza. É um critério estético, na análise e compreensão das obras seiscentistas. Ao designá-las como barrocas formulamos de logo uma perspectiva de compreensão e um padrão de julgamento, abarcando de maneira justa e total o fenômeno lítero-artístico da época. Indicamos o que as caracteriza esteticamente, quais as constantes literárias do período, as componentes do seu estilo, diferençando-as nitidamente das obras renascentistas e neoclássicas. Falar em Barroco e Barroquismo literário "é sugerir um complexo de valores estético-literários inconfundíveis no que tange à caracterização da obra literária, nas suas qualidades intrínsecas, no seu estilo, nas suas motivações, como também no seu conteúdo ideológico."[23]

2. O Barroco é, portanto, o estilo artístico e literário, e mais do que isso, o estilo de vida que encheu o período compreendido entre o final do século XVI e o século XVIII, e de que participaram todos os povos do Ocidente. Há uma atmosfera cultural comum naquela época, expressa num estilo, que se faz sentir mais intensamente nesse ou noutro ponto, graças a circunstâncias históricas ou de temperamento nacional. Quaisquer que sejam essas diferenças nacionais ou individuais na expressão do fenômeno barroco, há entre as diversas manifestações uma índole e atributos comuns, que fazem dele um fenômeno universal durante o século XVII.

Para a teoria moderna o Barroco é um conceito amplo, com um âmbito que abarca as manifestações variadas e diferentes conforme o país, outrora conhecidas pelos termos locais de *Conceitismo e Culteranismo* (Espanha e Portugal), *Marinismo* e *Seiscentismo* (Itália), *Eufuísmo* (Inglaterra), *Preciosismo* (França), *Silesianismo* (Alemanha), muitas delas formas imperfeitas ou não desenvolvidas. *Barroco* tem a vantagem de ser um termo único, além de traduzir, por si próprio as características estéticas e estilísticas que a época encerra.

Prossegue entre os críticos e eruditos a clarificação conceitual do Barroco, à medida que a palavra cada vez mais se fixa no vocabulário crítico internacional. O que está fora de dúvida é a unidade interna do movimento, a identidade de seus ideais estéticos, a sua homogeneidade, as suas características comuns a todas as manifestações artísticas: pintura, escultura, arquitetura, música, poesia, prosa.

De maneira geral, o Barroco é um estilo identificado com uma ideologia,[24] e sua unidade resulta de atributos morfológicos a traduzir um conteúdo espiritual, uma ideologia.

A ideologia barroca foi fornecida pela Contrarreforma e pelo Concílio de Trento, a que se deve o colorido peculiar da época em arte, pensamento, religião, concepções sociais e políticas. Se encararmos a Renascença como um movimento de rebelião na arte, filosofia, ciência, literatura — contra os ideais da civilização medieval, ao lado de uma revalorização da Antiguidade clássica, não somente quanto às suas formas de arte, mas também no que concerne à sua filosofia racionalista e à sua concepção pagã e humanista do mundo, que instalou o antropocentrismo moderno —, podemos compreender o Barroco como uma contrarreação a essas tendências sob a direção da Contrarreforma católica, numa tentativa de reencontrar o fio perdido da tradição cristã, procurando exprimi-la sob novos moldes intelectuais e artísticos. Esse duelo entre o elemento cristão legado da Idade Média, e o elemento pagão, racionalista e humanista, instaurado pelo Renascimento sob o influxo da Antiguidade, enche a Era Moderna, até que no final do século XVIII, por meio do Filosofismo, do Iluminismo e da Revolução Francesa, a corrente racionalista logrou a supremacia. A linha da tradição cristã, medieval, manteve-se sob forma latente, subterrânea, veio à tona com o Barroco, cuja cultura opôs um dique à onda racionalista, sem contudo anulá-la, para afinal ceder. São, por isso, o dualismo, a oposição ou as oposições, contrastes e contradições, o estado de conflito e tensão, oriundos do duelo entre o espírito cristão, antiterreno, teocêntrico, e o espírito secular, racionalista, mundano, que caracterizam a essência do espírito barroco.[25] Daí uma série de antíteses — ascetismo e mundanidade, carne e espírito, sensualismo e misticismo, religiosidade e erotismo, realismo e idealismo, naturalismo e ilusionismo, céu e terra, verdadeiras dicotomias ou "conflitos de tendências antitéticas" (Meissner), "violentas desarmonias" (Wellek), tradutoras da tensão entre as formas clássicas e o *ethos* cristão, entre as tradições medievais e o crescente espírito secularista inaugurado pelo Renascimento. A alma barroca é composta desse dualismo, desse estado de tensão e conflito, exprimindo uma gigantesca tentativa de conciliação de dois polos considerados então inconciliáveis e opostos: a razão e a fé. O movimento era de fundo religioso, visando a restaurar os valores medievais de vida contra a corrente renascentista. Ao mesmo tempo, contudo, o homem ocidental não mais se conformava em abrir mão das virtualidades da vida terrena que o humanismo renascentista e o alargamento espacial da Terra lhe revelaram. Por isso o conflito entre o ideal de fuga e renúncia do mundo e as atrações e solicitações terrenas. Diante do dilema, em vez da impossível destruição, tentou a conciliação, a incorporação, a absorção. Era essa uma tendência, possivelmente geral, que a Igreja Católica bem compreendeu, captou e tentou dirigir, com sabedoria, através da Contrarreforma, e de que o espírito jesuíta é a encarnação.

A Contrarreforma opôs a concepção do "homem aberto", voltado para o Céu, à ideia renascentista do "homem fechado", limitado à Terra, ao que correspondem, em artes e letras, as formas abertas e fechadas da teoria wölffliniana. O racionalismo renascentista interceptara a escada de Jacó que une o homem a Deus. A Contrarreforma retorna à "linha vertical do medievalismo", como diz Stephen Gilman, reafirmando a ligação do homem com o divino rompida pelo Renascimento. O homem barroco é um saudoso da religiosidade medieval, que a Igreja logrou reinspirar nele pelos artifícios artísticos e pela revanche dinâmica da Contrarreforma, redespertando os terrores do Inferno e as ânsias da eternidade. Mas é, ao mesmo tempo, um seduzido pelas solicitações terrenas e pelos valores do mundo — amor, dinheiro, luxo, posição, aventura, que a Renascença, o Humanismo e as descobertas marítimas e invenções modernas puseram em relevo. Desse conflito, desse dualismo é impregnada a arte barroca.

De modo que o Barroquismo é resultante da contrarreação espiritual ao Renascimento humanista e racionalista. A teoria da origem contrarreformista do Barroco e da sua conexão com a ideologia do movimento tridentino e com a ação da Companhia de Jesus, a ponto de se cognominar o estilo barroco de estilo jesuítico, é sustentada por diversos estudiosos do fenômeno, como Weisbach, Weibel, McComb, Hatzfeld. Segundo este último, é a Espanha a pátria do Barroco, dela se tendo difundido para o resto da Europa, a Itália em primeiro lugar, o que explica o fato de ter sido na Espanha, o mais importante foco de irradiação da Contrarreforma, em que a arte barroca se apresentou mais típica. Na alma espanhola existe, aliás, um Barroquismo permanente e inconsciente, que remonta à Espanha romana, como testemunham os escritores hispano-romanos Lucano, Sêneca e Marcial. Esse Barroquismo, conforme Hatzfeld, tendência natural sua, a Espanha exagera, transformando num Barroquismo histórico e consciente, durante o século XVII, hispanizando, com as tintas barrocas, a Itália e os outros países, por meio da milícia jesuítica e graças ao propósito geral da Contrarreforma de reacender o espírito de religiosidade verdadeira no Ocidente. Como acentua Sommerfeld, essa vaga de religiosidade foi um movimento amplo e envolvente, de grande dinamismo e exaltação, que arrastou eclesiásticos e leigos, atraindo o papado, unindo o misticismo e a escolástica nos *Exercícios espirituais* de Santo Inácio, e, embora no Concílio reunido em Trento de 1545 a 1563 é que as suas leis fossem codificadas, já de muito antes, desde 1520, na Espanha, a reação lavrava e conquistava adeptos. A mentalidade de luta caracterizou-a, como exemplifica a própria concepção da Companhia de Jesus (1540), como milícia de combate, verdadeira ordem de vanguarda da Contrarreforma. O fato de ter sido na Itália, na fase final de Miguel Ângelo (o *Juízo final* é de 1541), que surgiram as primeiras manifestações barrocas, explica-se perfeitamente pela espanholização intensa por que passava a Itália sob o domínio ibérico. Leo Spitzer, a esse respeito, afirmou que o Barroco historicamente surgiu na Itália, mas foi preconcebido na Espanha. Assevera Hatzfeld que, se o italiano Miguel Ângelo foi o pai do Barroco formal, o espanhol Santo Inácio fez-se o inspirador do espírito da Contrarreforma, de modo que o problema da origem do Barroco se resume relativamente à história das ideias, no problema da influência espanhola na Itália entre os anos de 1530 e 1540, quando o Papa Paulo III estava sob a inspiração de Inácio de Loiola. Da confluência Itália e Espanha, desse complexo mediterrâneo-católico, as formas e ideias que constituíram o Barroco se expandiram, comunicando um clima comum para a época que se seguiu, passando gradativamente de país para país, uns dominados antes que outros; nem mesmo os adversários da Contrarreforma resistiram ao seu dinamismo, impregnando-se de seus ideais e métodos e contaminando-se de sua exaltação.[26]

Não se pode afirmar que a Contrarreforma criou o estilo barroco. Conforme os ensinamentos de Wölfflin, o estilo barroco seguiu uma evolução própria, consoante leis imanentes às formas artísticas, a partir do estilo renascentista. Mas como salienta Sommerfeld, a Contrarreforma perfilhou o estilo barroco, adaptando-o a seus propósitos e necessidades, imprimindo-lhe ânimo vitorioso, do mesmo modo que se prestou a conduzir a mensagem do movimento, sob a forma de edifícios eclesiásticos, esculturas, pintura e literatura. Se a Contrarreforma foi bastante afortunada, não foi menos clarividente ao acomodar-se ao Barroco, o único estilo que se lhe poderia adaptar com todo o rigor. Aliança idêntica não poderia fazer com o estilo renascentista, cujos traços eram a clareza, a simetria, a finitude, o senso do mundo. Ao contrário, a arte barroca prestava-se a falar uma linguagem de emotividade, de transcendentalismo, de ambiguidade. Assim, a pompa barroca fez-se o instrumento ideal da dinâmica e exaltada Contrarreforma.

Teve, pois, o Barroco um sentido eminentemente religioso, e constituiu "a expressão ou linguagem plasmadora das instituições" brotadas da energia religiosa da Contrarreforma, e realizando "a fusão da expressão formal e da expressão espiritual", no dizer de Weisbach. A ideologia corrente do Barroco resultou do movimento espiritual desencadeado pela Contrarreforma, no intuito de reaproximar o homem de Deus, o celestial e o terreno, o religioso e o profano, conciliando as heranças medieval e renascentista. Daí o dualismo e o contraste formarem o eixo espiritual ou ideológico do Barroco. Época atraída por forças polares, não pode oferecer um aspecto uniforme e plácido, cortada que é por movimentos antagônicos e contrastes.[27] A estrutura interna do Barroco é alimentada por esse dualismo, por esse caráter contraditório. Weisbach apontou as principais notações peculiares da arte barroca, as quais dão a sua "unidade de estilo": o heroísmo, o ascetismo, o misticismo, o erotismo, a crueldade. Em todas as manifestações da época misturam-se esses elementos seja nas suas expressões artísticas ou culturais, seja nos hábitos e maneiras de viver e agir, seja na própria tessitura da vida social. A poesia de Marino, Donne, Góngora ou Gregório de Matos mistura religiosidade e sensualismo, erotismo e misticismo, em efusões erótico-espirituais (Weisbach), formando um típico naturalismo sensual. Tanto na lírica quanto na mística, existe essa sensualização de assuntos religiosos, embora muita vez dissimulada sob toda a casta de disfarces por artifícios retóricos e estilísticos, distorções ou obscuridades, tão do gosto da época.

Além do fator erótico-religioso e do fator heroico, a outra constante do espírito barroco é a preferência pelos aspectos cruéis, dolorosos, espantosos, terríveis, sangrentos, repugnantes, que significam a intenção de retirar o maior efeito sugestivo por impressões sensoriais, isto é, atingir a impressão convincente pela apreensão dos sentidos. A própria poesia barroca inspira-se em impressões sensórias, como aponta Calcaterra: "La poesia del mondo assaporato a fondo con la vista, con l'udito, col palato, con l'olfatto, col tatto." O heroísmo assumiu na Contrarreforma um feitio patético, enquanto esses últimos aspectos comunicaram um tom melancólico e pessimista à alma barroca. Daí decorre a estética do feio ("feísmo", de que fala Lafuente Ferrari), um tema comum na poesia barroca, sobretudo a feiura feminina; é a isso também que se devem os "dramas de sangue", de boa tradição senecana aliás, mas de tanta voga na época, haja vista na fase barroca de Shakespeare. Todavia, esse recurso às cenas e descrições horripilantes, espantosas e cruéis, era um traço do teatro, mas também da oratória, como no caso do Padre Antônio Vieira.

O naturalismo barroco não se detém nem mesmo diante da morte, do túmulo, da corrupção e degenerescência física, nesse intento de obter efeitos figurativos e dramáticos. Mostrou Aldous Huxley como o Barroco é uma arte da morte e dos túmulos, em que a figura da morte, o esqueleto e a caveira são temas ilustrativos comuns, bem como a própria desintegração física e o ato de morrer. Esses *reminders of mortality* (Huxley) procuram mostrar ao homem o senso da sua miséria e da inanidade da vida terrena, mediante imagens que lhe dão uma impressão sensitiva dessas noções. É o pessimismo seiscentista acerca da vida na Terra, só amenizado pela crença na bem-aventurança celeste, a que todos deveriam aspirar renunciando aos bens naturais, como é exemplo típico o pensamento de Pascal. Ao lado da morte, o supremo tema do Barroco, figuram também a representação e descrição do martírio e da penitência, em que se acentuam no mártir os transes de dor e prazer, de tranquilidade e êxtase, de arrependimento e alegria, de vergonha e esperança, de medo e beatitude, a refletir o estado de tensão e violência interiores da alma, como se pode comprovar na iconografia seiscentista.

Estudando a ideologia barroca, Stephen Gilman aponta-lhe a tendência para o pessimismo, o conflito entre o homem e o mundo, o descontentamento cósmico, com suas três únicas saídas: o desdém, a fuga e o combate; os temas de fuga e descontentamento (a *alegría del descontento* de que fala Ortega y Gasset), o desdém neoestoico do vulgo, desenvolvido no cultismo, o sentimento de superioridade frustrada, o desengano, a atmosfera de desespero e melancolia.

Pfandl e Sáinz de Robles salientaram ainda como elemento importante do espírito barroco o que chamaram de o sentimento barroso, composto de naturalismo, ilusionismo, exagero da individualidade e humanização do sobrenatural. Segundo Pfandl, o naturalismo barroco exprime-se em ávido impulso vital, brutalidade, imoralidade, crueldade, cínico espírito de burla, criminalismo, ao lado de desengano, truculência, melancolia, hipocondria. O ilusionismo é a parte de espiritualidade que persistiu e constitui uma das contradições da época, o que explica o bifrontismo dos homens, santos e libertinos a um tempo, as festas mistas, religiosas e profanas, bailes sacramentais em catedrais e procissões, o deleite da meditação sobre a morte e o inferno, a mistura de blasfêmias e atos de contrição e exaltação religiosa, etc. Quanto ao exagero da individualidade, o que interessa ao Barroco no indivíduo é o engenho, a agudeza. O homem barroco é dotado do *furor ingenii*, pelo qual é levado à egolatria e ao egocentrismo, ao gosto da polêmica, do panfleto, da intriga. Por último, o homem barroco humaniza o sobrenatural, ligando o céu e a terra, misturando os dois planos na sua vida cotidiana, sem que seja preciso deixar de ser pícaro para participar da visão das coisas celestiais.

A esses traços, há que acrescentar ainda outros apontados por Díaz-Plaja: o niilismo temático, que redunda no culto da melancolia e da *soledad*, tão vivo entre aqueles poetas "raros" isolados, cultores da arte de *quedarse solo*. Ao culto do contraste deve-se em arte o choque de cores, o exagero de relevos, o expressionismo; em ideias, a confrontação violenta de temas opostos — amor-dor, vida-morte, juventude-velhice, etc., temas altamente refinados ao lado de outros de baixeza e obscenidade, o sublime idealizado junto à visão avultada da realidade mais repulsiva.

Toda essa ideologia encontra expressão na arte e na literatura, através de uma temática peculiar, destinada a infundir aversão pela existência terrena e conduzir à religião como o único antídoto possível para essa vida que não passa de um *sonho*, um *teatro*, uma *comédia*, uma *mentira*.

3. A literatura barroca, no afã de traduzir em forma especial a ideologia do homem seiscentista, polarizado por forças contraditórias e inspirado pela exaltação do mistério religioso, apresenta atributos identificáveis. É uma literatura, para empregar palavras de Lafuente Ferrari, que exprime o sentido profundo do drama do homem e do mundo, a vocação de sentir a vida dramaticamente, o sentimento trágico da existência, a angústia do homem em face do Cosmo, a ideia da salvação do *unicum* humano por meio da arte.

Há uma índole comum a toda ela, expressa em qualidades específicas muito bem estudadas, na identidade geral de suas formas e ideias, por Helmut Hatzfeld,[28] cuja descrição veremos a seguir de maneira condensada.

A literatura barroca é uma consequência do humanismo aristotélico, de larga dominação na época, fundido ao horacianismo,[29] que comunicou aos escritores certas preocupações moralizantes, refletidas na atenção ao problema da catarse e da linguagem refinada e decorosa. A sensibilidade barroca reinterpretou Aristóteles, emprestando-lhe um sentido ético-literário através da fusão com o horacianismo. A literatura devia ter um caráter de purgação, de estímulo à virtude e à luta contra as más inclinações, unindo a busca da perfeição moral ao encantamento artístico, vale dizer, visava a ensinar deleitando. Daí decorreram a "inquisição imanente" (Bataillon), a preocupação de *decencia y decoro* (Cervantes), a *bienséance*, o escrúpulo, a hipocrisia, a tática dos circunlóquios, perífrases, metonímias, para encobrir situações indecorosas.

Outro importante traço, segundo a análise de Hatzfeld, é o *fusionismo*. A literatura barroca aplicou a regra aristotélica da unificação dos detalhes ou elementos isolados num organismo vivo, numa unidade indestrutível, num conjunto orgânico, de modo que o afastamento ou mudança de qualquer deles acarretaria a destruição do todo. "Un cuerpo de fabula entero con todos sus membros", definiu Cervantes de maneira precisa a estrutura dessa unidade. A unificação dos detalhes num todo resultava num *"beau désordre, una orden desordenada"*, enquanto a fusão dos detalhes entre si produzia uma "forma confusamente clara", isto é, a clareza relativa e esfumada de Wölfflin. As coisas, pessoas, ações não são descritas, apenas evocadas, seus contornos indistintos e apagados fundem-se, refletidos como por um espelho através da visão dos personagens: o perspectivismo, o expressionismo, o engavetamento são, por isso, as formas expressionais mais comuns, ao lado do estilo prismático.

Ainda relacionada ao fusionismo, pode-se assinalar a técnica da anulação das passagens entre as partes e capítulos, apagando-se as linhas limítrofes de modo que se interpenetrem, o final de um encerrando algo que prepara o subsequente. Outros aspectos de fusionismo são o *chiaroscuro* e o *eco*. O primeiro decorre da fusão da luz e da treva, de que tirou grande partido a pintura barroca, mas que também foi largamente explorado pela literatura. Acusticamente, ele corresponde ao eco, ou fusão de sons ou elementos bem-soantes, palavras ou sílabas, conseguido graças ao uso de várias figuras tradicionais, como a anáfora, o jogo de palavras ou trocadilho, a anonimação, o parequema, a paronomásia, a paronímia.

Ao lado da fusão material, mostra ainda Hatzfeld, há um fusionismo do racional e do irracional, cujas formas expressionais são o paradoxo e o oximoro. A Contrarreforma proclamou a superioridade do divino paradoxo do mistério e da fé sobre a claridade racional, do sentimento trágico da existência e da inquietude da luta sobre o ideal apolíneo renascentista do "homem aberto" metafísico sobre o "homem fechado" racional. Ao paradoxo devem-se os personagens divididos, atraídos por extremos e polos opostos, por sentimentos contraditórios, tipos "coerentemente incoerentes", que despertam piedade e medo, como o *cuerdo-loco* D. Quixote, e que falam uma linguagem cheia de combinações de palavras incongruentes ou contraditórias, como bondade cruel, mentira magnânima, destinada a favorecer uma deliberada ambiguidade.

A arte barroca exprime também o *pathos* que arrebata a sociedade inteira, traduzido num sentimento de grandiosidade e esplendor, de magnificência e pompa, de majestade e grandeza heroica, expressos na tendência superlativa e hiperbólica, no exagero do epíteto. Mas essa tendência encontra seu reverso no pendor para a renúncia e a nobreza de alma, responsável pelo equilíbrio instável de muitos personagens barrocos, que vivem entre a virtude e a fraqueza, entre a pureza e o pecado, entre o rigorismo moral ou a luta árdua e a queda e o arrependimento. Não há mediocridade na sua alma, porque Deus está presente, no seu coração e espírito, mesmo quando enleados pelo pecado.

Além dessas características, que Hatzfeld aponta, Raymond Lebègue estuda certos elementos psicológicos e temáticos do Barroco, que merecem destaque: a intensidade, ou o desejo de exprimir intensamente o sentido da existência, expressa no abuso da hipérbole, na exacerbação das paixões e sentimentos, na intensidade da dor amorosa, do ciúme, do arrependimento (até conduzindo à loucura), do desejo sexual (traduzido em palavras de fogo, levando até ao assassinato, à violação, ao incesto); nos excessos de desespero; no orgulho desmesurado, no gosto das emoções fortes, do espetáculo aterrador, da morte, do macabro, das alucinações, do fantástico.

Concebendo a literatura segundo o conceito horaciano (*docere cum delectare*), como um meio de ação sobre as almas, de proselitismo e ensinamento, menos no seu puro valor estético, portanto, do que com uma finalidade pedagógica e moralizante — conceito esse que se difundiu na época barroca — os jesuítas receberam dela um veículo de extraordinária eficácia, de que se valeram largamente na Europa e nas regiões de missão: o teatro. Foi o drama o gênero que melhor se ajustou aos intuitos inacianos de acordo com a poética barroca. Rompendo na prática com as regras que dominavam a poética renascentista, embora em teoria as respeitasse, o teatro barroco introduziu novidades típicas, tais como o deslocamento do centro de interesse ou de gravidade, a multiplicação de pontos de vista e de protagonistas, a desproporção e a pompa ornamental, além de elementos operacionais, como a separação do palco e do auditório, o obscurecimento do teatro (adotado pelos jesuítas), o diabo como personagem, o trovão, o relâmpago, o fogo e a fumaça, e outros artifícios para sugerir a ação do sobrenatural e do milagroso, ou de pompas e festins fúnebres para transmitir a impressão da morte ou do inferno. Não só os atores tomavam parte na peça, mas também o auditório, que não tinha vontade própria e era arrastado ao acontecimento dramático e por ele envolvido. Por toda a Europa, especialmente na Alemanha, os discípulos de Loiola deram ao gênero grande eficiência.

4. Às qualidades gerais acima descritas, que refletem o interesse metafísico, o temperamento melancólico e o gosto contraditório da alma barroca, o sentido profundo do drama trágico do homem e do mundo seiscentista, é mister ajuntar a análise das características do estilo. No Barroco produz-se uma superposição de estilo e ideologia, de forma e espírito, de maneira que o método crítico para estudá-lo deve combinar o ponto de vista estilístico ao psicológico-histórico, os critérios estilísticos e os ideológicos. Além do conteúdo ideológico, que exprime a crença religiosa e a concepção do mundo então vigente, o Barroco distingue-se por atributos monológicos e estilísticos, aos quais muito deve a unidade interna do período, manifestada em todas as artes — pintura, escultura, arquitetura, música e literatura.

A noção básica no estudo do estilo barroco é de que o que distingue a arte barroca, em qualquer de suas manifestações, é a constelação de sinais e artifícios. Isoladamente, por si sós, eles não caracterizam o Barroco. Tampouco, não aparecem todos ao mesmo tempo, mas se espalham aqui e ali, predominando ora um elemento distintivo, ora tal fator formal ou espiritual. Esta soma de elementos formais e ideológicos, sob a forma de uma constelação, é o que empresta a fisionomia típica à contextura do Barroco. Aliás, o que imprime peculiaridade a um estilo é antes o predomínio de certos artifícios, e não a sua exclusividade.[30]

O estilo barroco pretende traduzir o estado de conflito ou tensão espiritual do homem, graças ao uso de elementos apropriados, artifícios e figuras, como antíteses, paradoxos, contorções, preciosismos, assíndetos, metáforas, imagens emblemáticas, simbolismos sensuais, sinestesias, hipérboles, catacreses. São as expressões de um estado de tensão interior, entre a forma e o conteúdo, de um estado de turbulência, de agressividade, de "conflito entre o indivíduo e um mundo inseguro".

O estudo do Barroco em seu aspecto formal derivou da aplicação à literatura das categorias de Wölfflin, que, isoladas ou combinadas, caracterizariam a literatura barroca: aberta, pictórica, claro-escura, assimétrica, em oposição à claridade, harmonia, proporcionalidade da literatura de inspiração renascentista ou neoclássica.

Outras interpretações incluem o senso do decorativo, resultando no deliberado emprego de ornatos e figuras para a obtenção de efeitos específicos. Assim, como acentua Wellek, o que denota o Barroquismo literário quanto ao estilo é a abundância de ornatos, a elaboração formal, o abuso do *concetti*, o estilo trabalhado, ricamente entretecido de figuras, como a antítese, o assíndeto, a antimetábole, o oximoro, o paradoxo e a hipérbole.

O Barroco ofereceu excelente campo de pesquisas e estudos à nova ciência do estilo ou estilologia, um dos ramos em que se divide a moderna crítica literária de tendência intrínseca. Foram os grandes mestres da estilologia moderna que mais esmiuçaram a tipologia estilística do Barroco. Leo Spitzer, Karl

Vossler, H. Hatzfeld, Damaso Alonso, Morris Croll, entre outros, concorreram para destrinçar os meandros da expressão barroca, estendendo o mapa do Barroquismo a escritores antes não suspeitados dessa contaminação, e despojando a compreensão do fenômeno dos preconceitos pejorativos.[31]

Como elemento geral do estilo barroco, aponta-se a preferência pelo *wit*, agudeza, *concetti*, pela obscuridade metafísica, pela *discordia concors* ("combinação de imagens dissimilares ou revelação de semelhanças ocultas em coisas aparentemente díspares"). Também tem sido posto em relevo o "perspectivismo", espécie de estilo impressionista, em que os escritores pressupõem que a verdade só é conhecida por Deus e que nós apenas aprendemos as aparências ou perspectivas diferentes, mesmo contraditórias. É, assim, o Barroco um estilo prismático, em que as impressões são comunicadas através das diversas facetas, os vários aspectos de uma ação, que se unem na mente de Deus. Daí a preferência pelos verbos prismáticos, por meio dos quais, como define Hatzfeld, uma ação é privada de sua análise imediata, aparecendo quebrada em uma multidão de impressões desconexas ou não relacionadas; tal como num raio de luz dividido por um prisma, há, entre o autor e a descrição, um olho, um ouvido, ou outro receptáculo sensorial do herói que influi na impressão.

Aos trabalhos pioneiros de Morris Croll, e aos de Williamson, Merchant, Hendrickson, deve-se hoje um conhecimento do desenvolvimento da prosa barroca, que se formou à custa da passagem do estilo ciceroniano, "grande estilo", *genus nobile*, redondo, periódico, oratório, peculiar ao Renascimento, quando dominou a influência de Cícero, para a forma epigramática, sentenciosa, *minor style*, tersa, assimétrica, *genus humile*, correspondente à influência dos escritores latinos da era de prata, Tácito e sobretudo Sêneca. Essa transição é a história do movimento anticiceroniano, o Anticiceronianismo, que se desenvolveu na prosa a partir dos meados do século XVI, com o diálogo *Ciceronianus* (1528) de Erasmo como o marco mais importante, porém devendo-se a Muret (1526-1585) a decisiva atuação no sentido de criar-se um estilo novo e instituírem-se novos modelos antigos. Montaigne, Bacon e Lípsio foram os disseminadores do novo ideal do gosto, que instalou Sêneca e Tácito, em lugar de Cícero, como os seus inspiradores, da prosa seiscentista. A revolta anticiceroniana que sacudiu a história das ideias literárias na segunda metade do século XVI teve assim como consequência a criação de um novo tipo de estilo que prevaleceu durante o século XVII, cujas características foram: a brevidade ou concisão aliada à obscuridade; a maneira picante, espasmódica, abrupta, desconexa, aguda, sentenciosa, antitética, metafórica, *style coupé*. Esses *genus humile*, *submissum*, *demissum*, estilo filosófico e ensaístico, mais para ser lido do que ouvido, prefere às figuras de palavras as de pensamento, *figurae sententiae*, meios de persuasão que se dirigem à mente — a anáfora, o aforismo, a antítese, o paradoxo. Os dois tipos de estilo — o *genus nobile* e o *genus humile* — serviram aos propósitos diferentes e aos temperamentos diversos das duas épocas:

o Renascimento, que encontrou na maneira oratória o ideal para as manifestações da literatura falada nas reuniões públicas e privadas, cerimônias e festas de corte; e o Barroco, época de recolhimento e meditação, de interiorização e reflexão moral, que daria preferência ao estilo ensaístico, filosófico, *subtile*, familiar, imitado dos escritores romanos da era argêntea, Tácito e Sêneca, e consagrado pela prática da filosofia estoica. É, portanto, o *genus humile*, o *senecan amble*, o tipo de estilo hoje conhecido como Barroco, empregado para exprimir não um pensamento, mas um espírito pensando, um espírito no ato de pensar, à medida que pensa. Suas características principais, conforme os trabalhos de Croll, são: a brevidade procurada dos membros, a ordem imaginativa, a assimetria, a omissão das ligaduras sintáticas ordinárias. Esses traços comunicam à prosa barroca uma constante novidade e imprevisibilidade, um movimento em espiral, uma progressão imaginativa, e se obtêm pelo uso de certos tipos sintáticos e figuras, como a construção participial absoluta, a construção parentética, a ordem do período em cadeia, o anacoluto, a independência dos membros, a progressão livre das sentenças, que se abrem constantemente para diante e para cima, para o infinito, sem consideração ou relação de fidelidade com o início do discurso.

Estudando o estilo barroco em Góngora, Evelyn E. Uhrhan estabeleceu seis padrões, que denominou os seis princípios que regulam o estilo barroco: transposição (anteposição e posposição); separação (interpolação numa expressão de um elemento que não é parte desta expressão); duplicação (ligação de partes de sentenças — palavras, frases ou expressões de ação — por certos meios linguísticos: paralelismo, repetição, elemento comum); assimetria (um elemento de uma expressão é consideravelmente mais longo do que outros); modificação (horizontal, vertical, total); substituição (em lugar de um só elemento, que seria gramaticalmente suficiente, são usados vários tipos de construções de frase ou cláusula).

De modo geral, o estado de tensão interior, fundamento do Barroco, produzido pelo conflito entre convicções contrárias ou tendências opostas, procura as formas mais aptas para exprimir-se. Por isso, como assinalam os intérpretes do estilo barroco, entre os quais Maggioni em seu estudo sobre Pascal, seu princípio essencial é a busca da união do desunido, *unifying disunity*, cujas manifestações são as mais diversas: a antinomia, a assimetria, o paradoxo, a antítese, a expressão irregular, o movimento constante, o vaivém, a ausência de repouso, a forma sincopada, o claro-escuro, a plurimembração, tão bem estudada por Damaso Afonso, a pontuação por ponto e vírgula e dois pontos, que comunica flexibilidade e movimento à prosa, e lhe tira qualquer ideia de limite.

Esses atributos monológicos, portanto, configuram o Barroco, unindo-se à ideologia tridentina para imprimir à época uma fisionomia peculiar, ornamental e trágica, dilacerada e melancólica. Todos os seus produtos espirituais mostram uma identidade essencial, como se o espírito de uma época, no dizer de Dvorak, fosse um manancial único, de cujas águas derivariam as criações da arte, da literatura, do pensamento.

5. A conceituação moderna do Barroco não o limita à acepção tradicional, de conceptismo, culteranismo, marinismo, preciosismo, gongorismo, etc., que encerravam um sentido pejorativo. O Barroco não é uma forma inferior, mas um estilo com qualidades e elementos estéticos próprios, e peculiar de uma determinada época — o século XVII — envolvendo a maioria dos escritores e artistas do tempo. Como diz Roy Daniels, o Barroco é uma forma compreensiva de arte baseada numa sensibilidade artística específica, que, por sua vez, emerge de uma sensibilidade geral.

Conforme a reclassificação resultante da aplicação do conceito à literatura seiscentista, o mapa barroco inclui escritores de todas as literaturas ocidentais, alguns de maneira completa, outros por essa ou aquela face. Assim, começando pela literatura italiana: Tasso, Marino, Della Porta, Guarini, Bruno. Da espanhola: Herrera, Góngora, Quevedo, Cervantes, Lope de Vega, Calderón, Tirso, Gracián, Paravicino, Alemán. Da alemã: Gryphius, Opitz, Silesius. Da inglesa: Lily, Donne, Herbert, Carew, Crashaw, Vaughan, Cowley, Marvell (poetas metafísicos), Shakespeare, Ben Jonson, Webster, Ford, Tourneur, Middleton, Kyd, Marston, Bacon, Browne, Bunyan, etc. Da francesa: Montaigne, Charron, Sponde, Saint-Evremond, Pascal, Boileau, Corneille, Racine, Desportes, Garnier, D'Aubigné, D'Urfe, Mlle. Scudéry (*préciosité*), etc. Da portuguesa: os colaboradores da *Fênix renascida*; Francisco Manuel de Melo, Rodrigues Lobo, Frei Antônio das Chagas, Jerônimo Bahia, Violante do Céu, etc. (Estudos recentes incluem Camões na órbita barroca). Nas literaturas hispanoamericanas: Balbuena, Hojeda, Caviedes, Sóror Juana de la Cruz.

Fora da literatura, impõem-se os nomes de Miguel Ângelo, Tintoreto, Bernini, Borromini, Monteverdi, El Greco, Velázquez, Ribera, Zurbarán, Rembrandt, Poussin, Bach, Händel, etc.

É, assim, o Barroco um movimento estético de âmbito universal, uma forma de alto valor artístico. À revalorização da literatura seiscentista segue-se naturalmente, nas literaturas de língua portuguesa, uma reação contra o juízo tradicionalmente pejorativo a respeito da produção literária em Portugal e no Brasil da mesma época. O conceito pejorativo que dominava a crítica envolvia de desprezo aquela produção, rotulada com as denominações de conceptismo, culteranismo e gongorismo, definidas como formas degeneradas e de decadência, caracterizadas pelo exagero da preocupação formal pelo abuso do estilo figurado, ornamental e ampuloso, pela obscuridade procurada. Era uma atitude que importava em absoluta incompreensão do fenômeno seiscentista, sobre partir de uma falta de perspectiva crítica e de imprecisão terminológica, pois a tanto equivale rotular de clássica a produção portuguesa e brasileira que veio a lume na época de seiscentos, toda ela de cunho barroco, no espírito e no estilo, como seremos, sem dúvida, levados a reconhecer pelo seu estudo à luz da nova criteriologia crítica e estilológica a que se devem a revalidação e reinterpretação do Barroco literário.[32]

A literatura no Brasil colonial é literatura barroca, e não clássica, como até há pouco era regra denominá-la. A literatura nasceu no Brasil sob o signo do Barroco, pela mão barroca dos jesuítas. E foi ao gênio plástico do Barroco que se deveu a implantação do longo processo de mestiçagem que constitui a principal característica da cultura brasileira, adaptando as formas europeias ao novo ambiente, à custa da "transculturação" de que fala Fernando Ortiz, conciliando dois mundos — o europeu e o autóctone.

O que se deve dizer da literatura seiscentista brasileira não é que seja inferior por ser barroca (ou gongórica, para empregar o epíteto que passou à linguagem corrente como designação da tendência, mesmo fora do século XVII), mas sim que é uma literatura barroca de qualidade inferior, com exceções raras. É em geral, especialmente na poesia, um Barroquismo de imitação, sem vitalidade, sem conteúdo estético superior.[33] Possivelmente, a explicação residirá menos nas condições gerais da vida na Colônia do que sobretudo no fato de, por motivos ainda pouco esclarecidos, não se haver processado, de maneira completa, na literatura portuguesa da época, de que a brasileira não passa de um desdobramento, o desenvolvimento dos gêneros literários,[34] diferentemente do que ocorreu com as literaturas espanhola, francesa e inglesa, o que, aliás, é uma crítica que se pode estender a toda a literatura portuguesa até os nossos dias.

O estudo da época colonial oferece o maior interesse para a compreensão da cultura brasileira. Nela se processou o impacto inicial das culturas no novo ambiente, e a mescla imediatamente iniciada constituiu a base de nossa cultura. Sem falar na constituição de costumes e formas de organização social, da fixação de valores de vida e sistemas éticos e legais, traços de psicologia individual e coletiva, vivências estéticas. Os problemas da origem brasileira confundem-se com os da cultura que atuava naquele período, o Barroquismo, de que decorreram inclusive características permanentes, na oratória, no gosto da retórica e da "frase", que contaminaram até a poesia lírica e a prosa de ficção.

Mas a importância da época ainda sobressai do fato de haver proporcionado a expressão local de um estilo universal, a que emprestou qualidades bastante diferenciadas, sobretudo nas artes plásticas, em que o "estilo jesuítico"[35] produziu o melhor de nossa arquitetura colonial, que encontrou o apogeu na figura do Aleijadinho e da arte mineira, bem como na arte barroca da Bahia, a arte feérica de suas igrejas dominadas pelo "mundo trágico da talha negra" às quais o céu parece ter descido, como disse Godofredo Filho.

Nas letras, porém, há que ressaltar, sobretudo, as contribuições dos jesuítas, Anchieta à frente, de Antônio Vieira na parenética, a que se seguiu uma larga descendência, a poesia de Gregório de Matos e Botelho de Oliveira. A narrativa de ficção é escassa na época, mas o exemplar que a representa pertence ao

Barroco: o *Peregrino da América*. A literatura barroca brasileira não se prendeu ao século de seiscentos e seus elementos vão encontrar-se durante o século de setecentos, nas academias literárias, na oratória e poesia. Terá uma agonia lenta, através de longo processo de degenerescência, de mumificação, em que a estética se transformou em virtuosismo do estilo empolado, do exagero da figura, do trocadilho, do retorcimento da construção. Se as manifestações literárias barrocas nem sempre têm, no Brasil, valor estético, importam sobremodo como expressões locais do fenômeno estilístico.

Julgada em bloco, a literatura jesuítica brasileira do Quinhentismo é uma típica manifestação barroca, evidenciada nos temas, ideologia, estrutura, intenção. Literatura de missão, buscava servir o ideal religioso e pedagógico da conversão e da catequese. Procurava infundir nos espíritos uma concepção lúgubre e pessimista quanto à vida terrena, mera transição para a eternidade; o sentimento da vaidade e inanidade da vida, do contraste entre a luz (celestial) e a escuridão (terrestre), entre a grandeza e a humildade, o espírito e a carne, a salvação e a danação; a noção da presença da morte e do inferno, da desilusão (desengano) e horror das coisas terrenas, do poder destruidor do pecado, expresso pela corrupção física, da transitoriedade do tempo, fluindo implacavelmente diante do susto do homem, que tem nisso a impressão da própria incapacidade de deter a marcha para a decadência e a dissolução. O medo impera nessa literatura, medo da morte, da decadência, do inferno, da passagem do tempo, ao contrário da alegria e prazer de viver, do gosto da ação e do mundo, da claridade renascentista. Arte mais para os sentidos que para a inteligência, era pelos sentidos e pela imaginação, e não pela razão, que o Barroco conquistava o homem. Daí o uso que os jesuítas fizeram, no teatro e na arquitetura, da grandiloquência e da suntuosidade, do luxo e da pompa, do aparatoso e do espetaculoso, do gigantesco e do terrorífico, dos artifícios que intimidavam e impressionavam os sentidos, penetrando por eles na mente.

Com Antônio Vieira a estética barroca atinge o seu ponto alto em prosa, no Brasil. Aliando a essência do estilo senecano, *coupé* e sentencioso, à ênfase, à sutileza, ao paradoxo, ao contraste, à repetição, à assimetria, ao paralelo, ao símile, ao manejo da metáfora, o grande orador sacro produziu páginas que são tesouros da eloquência sagrada em língua portuguesa. É o exemplo típico do que afirma Alfonso Reyes: "La lírica gongorina, donde algunos ven la hija del púlpito, devuelve la herencia y se transforma en oratoria sagrada (... e) algunos oradores sagrados comenzaron a transportar al púlpito los recursos de aquel estilo poético."

Gregório de Matos constitui, em meio a seus companheiros da "escola baiana", a expressão individual mais forte da poesia barroca da Colônia. A despeito do muito que deveu aos grandes escritores espanhóis da época, sobretudo Quevedo e Góngora — a deste último geral e profunda na América Latina, como demonstraram Emília Carrila e Sílvio Júlio — sua poesia é bem a primeira manifestação eloquente da mestiçagem cultural que se implantou no Brasil.

Pela temática e pela técnica estilística, a obra de Gregório enquadra-se no Barroquismo. Sua alma era dominada pelo dualismo barroco: mistura de religiosidade e sensualismo, de misticismo e erotismo, de valores terrenos e carnais e de aspirações espirituais. É bem um exemplo da alma barroca, com sua situação polar, seu estado de conflito e de contradição espiritual. Na sua poesia, como em toda a poesia barroca, juntam-se o sensual e o religioso, a mística e a licenciosidade, o jovial e o ridículo, o grave e o satírico, o profano e o sagrado, o mundo e o Céu, a carne e o espírito, o fogo do amor místico; a consciência do pecado, a noção da penitência, tudo isso expresso numa imagística de cunho sensitivo e numa constelação de figuras e artifícios — ecos, assonâncias, antíteses, paradoxos, oximoros — típicos do Barroquismo.

Foi tão forte a impregnação barroca na cultura brasileira colonial que dela não escaparam mesmo os livros estranhos à literatura no sentido estrito. Além da vasta literatura de panegíricos, que enche a produção das academias do século XVIII, o Barroco é o instrumento estilístico da literatura de cunho moralizante e religioso, de devoção e ascetismo, sobretudo da vasta produção parenética, tão importante na Colônia, e de tão grande alcance popular, até mesmo depois da independência. Mas a ele não fugiu, tampouco, a literatura política e jurídica, e de administração, tanto quanto a prosa historiográfica e de conhecimento da terra, desde muito cedo, com Frei Vicente do Salvador e Rocha Pita, acostumada ao culto da pior retórica barroca.

Nas literaturas ibéricas — e não é possível isolar, nos três primeiros séculos modernos, as literaturas de língua portuguesa da espanhola tal a influência que nelas exerceu, chegando quase a fundirem-se — um problema avulta na consideração do Barroco: a distinção entre conceitismo e culteranismo. É um debate que remonta à própria época, tendo-se esmerado os críticos e autores na distinção, segundo a qual o conceitismo, dando preferência ao conceito, se referiria à ideia, ao passo que o cultismo ou culteranismo era ligado à forma, propositadamente rebuscada, "culta", e, por conseguinte, obscura. Essa polêmica, à luz da atual doutrina do Barroco não tem mais sentido, porquanto será praticamente impossível isolar os dois tipos que são antes aspectos do mesmo fenômeno estilístico, expresso ora sob a forma sentenciosa e conceitista, ora sob os vários artifícios formais. Escritores houve nos quais se misturaram os dois tipos, enquanto noutros um deles predominava. Ocorreu muito frequentemente um autor reagir contra o cultismo, e na prática incorrer nos vícios que condenava, como é o caso de Vieira.

Em verdade, faziam parte integrante, inseparavelmente, da estética barroca as faces culterana e conceitista. Eram o fundo comum ao Barroquismo, cujo credo poético propendia à dificuldade, ao obscurismo graças à agudeza e engenho, de um lado, e à erudição, à dificuldade estilística, ao neologismo e ao rebuscamento sintético, do outro. O dificilismo ou hermetismo eram deliberadamente obtidos mediante a confusão conceitual e a linguagem elevada e culta, a obscuridade e agudeza dos conceitos, a iniciação altissonante das palavras e o retorcimento da frase. Mostrou Mario Praz que o gosto da agudeza, com a poesia a ela reduzida, ocupa o centro do fenômeno barroco.

Na formação do ideário estético do Barroco teve especial relevo a preceptística. Os tratados de poética e retórica, que exerceram um grande papel na pedagogia literária renascentista e pós-renascentista, foram os códigos de normas que indicaram os rumos aos escritores. A partir da poética e da retórica aristotélicas, desenvolveu-se uma preceptística que se foi distanciando da renascentista, separando, como acentuou Zonta, a razão e a fantasia. Muitas dessas normas existiam na prática antes de se incorporarem num tratado. Tiveram larga influência as espanholas de Carrillo de Sotomayor, de Gracián, de Jáuregui, de Patón. Em Portugal, além das poéticas de tipo tradicional, aristotélico-horacianas, e dos manuais retóricos, como obra típica do Barroco há que citar: *Nova arte de conceitos* (Lisboa, 1718), de Francisco Leitão Ferreira (1667-1735), composta de 30 lições pronunciadas na Academia dos Anônimos. Bem enquadrado no pensamento barroco, o acadêmico anônimo e generoso estuda as diversas maneiras de "conceituar em qualquer assunto", e o livro, embora por vezes refutando-o, situa-se na tradição instaurada por Gracián, o autor da *Agudeza y arte de ingenio* (1642), a bíblia do conceitismo. Evidentemente, o conceitismo estava na atmosfera do tempo, e o material que veio a constituir o livro de Ferreira deveria fazer parte de um verdadeiro corpo de doutrina praticada ao longo dos séculos XVII e XVIII.

Estuda Ferreira a arte dos conceitos e todos os meios de obtê-los na literatura: os sinais conceituosos, os símbolos, os hieróglifos, os emblemas, as empresas, as metáforas, o conceito verbal engenhoso, o argumento engenhoso, a sentença ou máxima moral, a locução patética, os conceitos paradoxais e hiperbólicos, a amplificação, o símile, a comparação, etc. É interessante acentuar o papel que empresta à emblemática e à enigmística, ao hieróglifo e às empresas, que tão grande voga tiveram na simbologia conceitista do Barroco, conforme as análises esgotantes de Mario Praz e Austin Warren, a propósito do uso que delas fizeram os poetas seiscentistas, haja vista o inglês Richard Crashaw.

Há no Barroco um elemento estético que o liga ao neoplatonismo plotiniano, graça ao qual a arte e a literatura barrocas revelam um fundo de esoterismo, mistério, obscuridade, dificilismo. Literatura de intenção cultista, afasta-se do vulgo e do vulgar, pela linguagem poética de pendor ao fora do comum, pelas figuras requintadas, pela imageria e pelo simbolismo de tendência à obscuridade. É arte de espanto, para conquistar pelo espanto e pela sugestão. É arte que exprime uma época de crise e luta, incerteza e instabilidade, inquietude e tormento, desequilíbrio e tensão, em que o homem deixou de ser o centro da terra, e a terra o centro do universo. O complexo estilístico dessa época não traduz um estado de degenerescência, mas, no seu metaforismo, reflete, como acentua Getto, a instabilidade do real que está no centro da visão barroca do mundo. A metáfora no Barroquismo, assinala ainda Getto, não tem o papel de um mero e extrínseco fato retórico, mas responde à necessidade expressiva de um modo de sentir e de manifestar as coisas, como elemento de um jogo complexo de alusões e ilusões; é uma visão da realidade segundo a qual as coisas parecem perder a sua estática e bem definida natureza para aparecerem em uma universal translação que muda perfis e significados. O Barroco é um estilo que traduz a interpretação religiosa e filosófica de uma época atormentada.

Assim, o espírito barroco, oriundo da ideologia tridentina, e surgido na Espanha e Itália, veio a ser um fator decisivo na diferenciação brasileira em relação a Portugal. É que na época do esplendor barroco, Portugal era subordinado politicamente à Espanha (1580-1640). De modo que, durante o século XVII, dominava o espírito luso uma reação contra o domínio espanhol e tudo o que ele representava. Daí o fato de o Barroco não haver encontrado clima para sua adaptação a Portugal. Era uma tendência inconsciente contra essa forma artística, porém, esse estado inconsciente deve ter tido também papel importante no espírito brasileiro, que absorveu imediatamente a ideologia e as formas do Barroco, veiculadas de Roma pelos jesuítas, destarte criando o "estilo jesuítico", dominante na arquitetura religiosa e civil brasileira. O Brasil não teve Renascimento, tendo passado da Idade Média para o Barroco, ao passo que o dominante em Portugal é o Renascimento. De modo que, no Brasil, o estilo barroco, não só nas artes visuais como na literatura, foi acima de tudo um instrumento no sentido da autonomia espiritual brasileira. Possuiu o aspecto artístico e cultural, mas também influiu na conscientização política brasileira, contra a dominação portuguesa. O Brasil foi buscar à Espanha barroca a inspiração para a força que levantaria contra Portugal, nesse tempo subjugado à Espanha e em luta contra essa dominação. Lá o Barroco não foi recebido porque de origem espanhola, aqui o estilo de origem espanhola serviu para constituir algo diferente do que caracterizava Portugal. Daí que a civilização desenvolvida no Brasil colônia é uma civilização barroca, e que o Barroco ficou sempre congenial ao espírito brasileiro.

III. MANEIRISMO

Um dos desenvolvimentos recentes e dos mais interessantes nos campos da estética e da crítica e história das artes e letras é o dos estudos referentes ao Maneirismo. Livros e ensaios de Nikolaus Pevsner, relativos à arquitetura; de Gustav Hocke, quanto às artes e à literatura; de Riccardo Scrivano, sobre pintura, música e poesia; de Rey Daniels, comparando o Barroco e o Maneirismo especialmente em Mílton; de Helmut Hatzfeld, também contrastando e distinguindo os dois estilos; de E. Borgorhoff, na mesma direção; de E. R. Curtius e seu discípulo G. Hocke; de George Weise, historiando a evolução e o sentido do conceito; de E. Raimondi, clarificando a noção no terreno literário; de Jacques Bousquet sobre a pintura; de Arnold Hauser sobre o estilo em geral; e outras publicações dos últimos anos demonstram o interesse que os estetas e críticos têm dedicado ao estudo do problema em seus vários aspectos conceituais e históricos, a ponto de ter sido objeto, com o Barroco e o Rococó, de um congresso internacional, em 1960, em Roma, cujos anais constituem um precioso documentário a respeito. O fato é que, a esta altura, o conceito de Maneirismo em artes e literatura ganhou foros de cidade para a definição do período estilístico imediatamente anterior ao Barroco nas artes ocidentais. Acentua-se que, à luz dos ensinamentos de Riegl e Wölfflin, não é admissível saltar do Renascimento, que em 1520 já havia dado o essencial de sua contribuição, ao Barroco, situado no século XVII. Havia uma etapa intermediária a ser definida, o que foi sendo conseguido por influência dos estudos de Pevsner, Friedlander, Weisbach, Dvorak, nos trabalhos dos críticos referidos acima e outros. De um lado, colocam-se os que tentam caracterizar o Maneirismo como um estilo de historicidade definida, ligado à *maniera* essencial ao Cinquecento. A Curtius se deve uma reviravolta no assunto, com a sua teoria de que o Maneirismo não seria um momento da história da arte, mas uma tendência permanente de um lado do espírito humano, oposto ao Classicismo, com um conteúdo de sofisticação, encontrável inclusive nos finais de diversos períodos e obras. Não menos arbitrária é a tese do seu discípulo, Hocke, identificando o conceito com o lado noturno da natureza, tendo como símbolo o labirinto. Evidentemente, o sentido amplo que dão ao termo acaba por destruir a sua validade crítica, o mesmo que ocorre em relação ao Barroco na palavra de certos panbarroquistas, como D'Ors. Mais modestos e mais prudentes, outros críticos, como Weise, aconselham uma limitação do conceito, mostrando que o papel do crítico e historiador é "definir o caráter único e sem possibilidade de recorrência dos estágios de civilização" com os estilos correspondentes. Essa é a tendência mais marcante da crítica atual. A este ponto de vista, o Maneirismo tem que ser entendido no seu momento histórico, no seu quadro de tempo e lugar. Será o estilo de um período da civilização ocidental, caracterizado pela preocupação dominante da *maniera*, que tanto se encontra em pinturas de Rafael e Miguel Ângelo quanto no *Cortesão* de Castiglione, ou em Parmigianino e outros. O fato é que, assim delimitado o campo e o conceito, o Maneirismo continua sendo objeto de pesquisas e trabalhos notáveis, à luz dos quais se vai esclarecendo um período importante da história artística do Ocidente, tanto em artes plásticas e visuais, quanto em literatura. A elucidação do problema está em curso, através de uma vasta bibliografia que o explora de todos os aspectos. Indo e vindo, como ainda agora ocorre com o novo livro de Arnold Hauser, que traz mais lenha para a confusão, os críticos e historiadores mais categorizados esforçam-se, sem conformismo, em esclarecer um problema da maior relevância da história da cultura ocidental. Nada mais fecundo do que esse inconformismo, que, em vez de uma sede de novidade, é a marca dos verdadeiros *scholars*, sempre em busca de solução para as questões intricadas e para os difíceis assuntos da cultura. Em lugar de satisfazer-se com o já feito e com o consagrado pelo uso e tradição, é dever dos críticos e historiadores tentar resolver os problemas obscuros, definir os conceitos, melhor periodizar a história da cultura e das artes, caracterizar os estilos e épocas. É o objetivo dos estudiosos do Maneirismo. O que parece fixar-se com mais força no pensamento dos *scholars* que se dedicam ao assunto, como, acima de todos, o alemão George Weise, é o oposto à teoria de Wylie Sypher e Arnold Hauser, que tendem a considerá-lo um estilo próprio, intermediário entre o Classicismo renascentista e o Barroco; como opina M. Maggioni, o Maneirismo não parece ser um estilo, mas uma *maniera* (*manierismo*) que "está para o estilo como a caricatura para o retrato". "Implica o exagero, a ênfase, de um ou mais traços em detrimento de outros. Em literatura, mais particularmente, é a preocupação absorvente com a mecânica da forma (...) de maneira inorgânica (...) luxuriante (...). Todo estilo pode ter seu maneirismo." É mister, portanto, não confundir o estado de plenitude com as formas de maneirismo barroco, muitas vezes de todo vazias de conteúdo espiritual. Mostrou E. R. Curtius as raízes medievais de muitos traços que circulam na literatura barroca, "rasgos de estilo medieval", no dizer de Leo Spitzer, muito da literatura trovadoresca e petrarquista. Mas o Barroco transformou esses traços comunicando-lhes a sua peculiar concepção da vida, a que obrigou a adaptarem-se. O mesmo ele o fez com a herança bíblica, que fundiu com os elementos clássicos, como no drama jesuítico, em que duas correntes, como acentua Weisbach, uma bíblica e outra mitológica, vivem entrelaçadas. Mas, nos escritores e artistas que não lograram atingir a superioridade estilística, ressaltam os elementos de maneirismo barroco. O mesmo ocorre nos momentos menores de grandes escritores barrocos e nas fases de transição ou preparação. Isto nos leva a crer que o Maneirismo, não sendo um estilo, não pode ser um estilo de época. E de fato não o constitui. Não há unidade no período, nem ele abrange todas as manifestações da vida, como o Barroco. É um período de transição, originário da crise do Renascimento, após o saque de Roma pelas tropas mercenárias do Imperador francês. O homem, em crise, deixou de crer, os valores em que acreditava caíram em decadência e descrédito, a figura humana retilínea, bela, irradiante, virou a figura retorcida, a "figura serpentinata", dominante na pintura. Assim, o Maneirismo é a fase (século XVI — 2ª metade) em que se desenvolvem os elementos que irão caracterizar o Barroco (século XVII). O Maneirismo é antes um pré-Barroco, por isto encontram-se nele muitos traços do Barroco, os quais estão em evolução. O espírito da Contrarreforma já atua no seu seio, imprimindo-lhe a dinâmica geradora do Barroco, quando as novas formas estéticas estarão em toda a plenitude e esplendor. É o caso de muitos escritores europeus do período, até o final do século XVI, que já exibiam formas estéticas do período seguinte — o Barroco. Não confundir, no entanto, essas formas isoladas com o conjunto ou buquê de artifícios que devem constituir o estilo da época. Na literatura brasileira, podem citar-se reflexos maneiristas na obra de Anchieta e na *Prosopopeia* de Bento Teixeira.[36]

NOTAS

1   Fidelino de Figueiredo. *Características da literatura portuguesa*. Lisboa, Liv. Clássica. 1923, p. 13; idem. *Literatura portuguesa*. Rio de Janeiro, Liv. Acadêmica, 1954; idem. *História da literatura clássica*. Lisboa, 1922-1931, 3 vols. Ver também: Hernâni Cidade. *A literatura portuguesa e a expansão ultramarina*. Lisboa, 1943.

2   "A mentalidade portuguesa do século XVI, vista em conjunto, parece o resultado de duas linhas de influência; uma que vem das atividades ultramarinas, outra derivada do contato com a Europa culta (...). O estímulo que os humanistas receberam do estrangeiro, tiraram-no os cientistas e homens de ação da aventura ultramarina. A atividade náutica desempenhou entre os portugueses na época dos Descobrimentos, o mesmo papel que a atividade industrial entre os italianos no período seguinte. Foi ela que nos forçou à análise realista dos fenômenos da natureza, bem como à sua interpretação e domínio. Sem as suas exigências e sugestões, não teríamos talvez retificado os conhecimentos astronômicos e naturais dos antigos, nem aperfeiçoado os instrumentos náuticos, nem desenvolvido as matemáticas, nem adquirido o hábito de observar e de raciocinar à luz dos fatos. Das viagens e peregrinações pelo mundo, como marinheiros, administradores, apóstolos ou homens de negócio, colheram os nossos avós o saboroso fruto de um conhecimento direto, vivido, dos fenômenos da natureza, de outras faunas e floras, outros costumes, outras terras e outras gentes. Esse saber, derivado da prática e não dos livros, era como que um punhal apontado ao coração da ciência antiga, convidando-a a confessar as suas quimeras e contradições com a realidade." (J. S. da Silva Dias. *Portugal e a cultura europeia*. Sep. Biblos. Coimbra, 1952, pp. 203 e 216.)

3   C. E. Whitmore. "The Validity of Literary Definitions" (in P M LA. XXXIX, 3, set. 1924).

4   R. Lebègue. "La poésie baroque en France" (in Cahiers de *l'Association int. des études françaises*. Paris, 1, 1951).

5   A. Adam. *Histoire de la littérature française au XVIIe siècle*. Paris, 1949-1954, 4 vols.

6   H. Peyre. *Le Classicisme français*. NY, Maison Française, 1943.

7   "Les classiques français ne ressemblent à ceux d'aucune nation. Quelques très rares latins seuls points des ponts de contact avec eux. Et l'on pourrait dire que nous seuls avons de vrais classiques. Aussi avons-nous une certain peine à nous les assimiler avant d'avoir acquis personnellement l'expérience de la vie." E. Jaloux. *Nouvelles littéraires*. 18 nov. 1939.

8   Além dos livros de Henri Peyre e A. Adam, consultar sobre o problema do Classicismo: Borgerhoff, E. B. O. *The freedom of French Classicism*. Princeton, 1950; Bray, R. *La formation de la doctrine classique en France*. Paris, Payot, 1931; Eliot, T. S. *What is a*

Classic? Londres, Faber, 1945; Fidao-Justiniani, J. E. *Qu'est ce qu'un classique?* Paris, Didot, 1930; Highet, G. *The Classical Tradition*. Oxford, 1949; Momet, D. *Histoire de la littérature française classique*. Paris, Colin, 1947; idem. *La clarté française*. Paris, Payot, 1929; Murray G. *The Classical Tradition in Poetry*. Harvard, 1927; Reynold, G. *Le XVIIe siècle*. Montréal, l'Arbre, 1944; Thomson, J. A. K. *The Classical Background of English Literature*. NY, Macmillan, 1948; Turnell, M. *The Classical Moment*. Londres, Chatto e Windus, 1950.

9   H. Wölffin. *Conceptos Fundamentales en la Historia del Arte*. Ed. esp. Madrid, Espasa-Calpe, 1945; idem, *Classic art*. Ed. ingl. Londres, Phaidon, 1952; idem. *The Sense of Form in Art*. NY, Chelsea, 1958.

10 Os livros adiante citados evidenciaram esse princípio de teoria literária da época, bem como o papel da retórica na educação renascentista e sua ligação com a poética: Baldwin, T. W. *William Shakespeare's small Latin and Lesse Greek*. Urbana, Illinois Univ. Press, 1944. 2 vols.; Clark, D. L. *Rhetoric and Poetry in the Renaissance*. NY, Columbia, 1922; Clarke, M. L. *Rhetoric at Rome*. Londres, Cohen & West, 1953; Reyes, A. *La Antigua Retórica*. México, Fondo Cult. Econ., 1942; Tuve, E. *Elizabethan and Metaphysical Imagery*. Chicago Univ. Press, 1947; Wallerstein, R. *Studies in Seventeenth Century Poetic*. Madison, Univ. Wisconsin, 1950; Weinberg, B. *Critical Prefaces of the French Renaissance*. Illinois, Northwestem Univ. Press, 1950.

Particularmente sobre o problema da imitação, além dos trabalhos dos comentadores da *Poética*, de Aristóteles, em especial no que tange ao conceito de *mimesis*, que tão vasta bibliografia tem suscitado, ver: Atkins, J. W. H. *Literary Criticism in Antiquity*. Cambridge, 1934. 2 vols.: idem. *English Literary Criticism. The Renaissance*. Londres, Methuen, 1947; Baldwin, C. S. *Ancient Rhetoric and Poetic*. NY, Macmillan, 1924; idem. *Medieval Rhetoric and Poetic*. NY, Macmillan, 1928; idem. *Renaissance Literary Theory and Practice*. NY, Columbia, 1939; Basto Ferreira, A. P: "Breves considerações sobre classicismo e medievalismo" (in *Brotéria*, maio 1939); Bray, R. *La formation de la doctrine classique en France*. Paris, Payot, 1931; Butcher, S. H. *Aristotle's Theory of Poetry and Fine Arts*. Londres, Macmillan, 1895 (4th ed. 1927); D'Alton, J. F. *Roman Literary Theory and Criticism*. Londres, Longmans, 1931; Jack, I. *Augustan Satire*. Oxford, 1952; McKeon, R. *Thought, Action, Passion*. Chicago Univ. Press, 1954; idem. "Literary criticism and the concept of imitation in antiquity" (in *Modern Philology*, XXXIV, 1, aug. 1936); Piguet, J. C. "La voie royale de l'imitation" (in *Rev. d'Esthétique*. Jan.-mar. 1953); Spingarn, J. E. *Literary Criticism in the Renaissance*. NY, Macmillan, 1899; Wilson, H. S. "Imitation" (in J. T. Shipley. *Dictionary of World Literature*. NY, 1943). Adendo de 1964: Hathaway, B. *The Age of Criticism*. Ithaca, Cornell Univ. Press, 1962; Howell. W. S. *Logic and Rhetoric in England – 1500-1700*. Princeton Univ. Press, 1956; Volpe, G. *Dalla poetica del cinquecento*. Bari, Latenza, 1954; Weinberg, B. *A History of Literary Criticism in the Italian Renaissance*. Chicago Univ. Press, 1961, 2 vols.; *Testi umanistici su la Retorica*. Roma, Milano, Fratelli Bocca, 1953.

11 "You observe, I am a mere imitator of Homer, Horace, Boileau, Garth, etc. (which I have the less cause to be ashamed of, since they were imitators on one another)." Pope, apud Ian Jack, op. cit., p. 11, nota.

12 "Descontando excepciones rarísimas, el continente Sur sigue produciendo baja literatura, de reflejo, prestandose los temás y las formas expresivas"; "Los dos mayores males de la produción literária en la América meridional: la falta de originalidad en el concibir, la ausencia de una técnica formal para expresar." F. Diez Medina. "El problema de una literatura nacional." (in *Cuadernos Americanos*. Mar-abril 1953, pp. 135, 136).

13 A. Peixoto. *Panorama da literatura brasileira*. São Paulo, Cia. Ed. Nac., 1947, p. 69.

14 H. Wölfflin. *Conceptos fundamentales en la Historia del Arte*. Ed. esp. Madrid, 1945.
15 R. Wellek. "The Concept of Baroque in Literary Scholarship". (in J. *Aesthetics and Art Criticism*. V, 2, dec. 1946). É o trabalho básico para o estudo da evolução do conceito na crítica e história literárias. Para maiores detalhes, ver também: Afrânio Coutinho. Aspectos da literatura barroca. Rio de Janeiro, 1951, da qual o presente capítulo é, em muitos pontos, uma versão reduzida ou ligeiramente modificada.
16 W. P. Friederich. *Outline of Comparative Literature*, p. 45.
17 "Et puis les etiquettes Renaissance e Classicisme nous ont trop longtemps empechés de voir clair les oeuvres françaises qui ont paru entre 1580 et 1640; depuis que le mot baroque est entré dans la terminologie de l'histoire littéraire, il est indéniable que maintes auteurs sécondaires sont sortis de l'ombre, et que les débuts poétiques d'un d'Aubigné, d'un Malherbe, d'un Corneille, sont beaucoup mieux appreciés qu'auparavant." R. Lebègue. "La poésie baroque en France", loc. cit.
18 Para o estudo do assunto é indispensável a seguinte obra, a primeira que levantou um magistral quadro de conjunto da época barroca: Carl J. Friederich. *The Age of the Baroque, 1610-1660*. N. Y., Harper, 1952.
19 Estudando o caráter barroco em Racine, mostra Spitzer que as forças vitais, em estado de conflito de polaridades no Barroco, para produzir o equilíbrio são submetidas a um violento esforço, expresso em regras e medidas clássicas ao que ele chama o *klassische Dampfung*. (Ver *Linguistics and Literary History*, passim.)
20 "And it is partly at least for this reason that the period (1575-1675) between the Renaissance, properly so called, and the neoclassical age has never been clearly differentiated in literary history, although in the other arts, in sculpture, painting, and architecture its character has been recognized and described." Morris W. Croll. "Attic prose" (in *Studies in Philology*. XVIII, 2. April 1921, pp. 123-124).
21 "Mas, se nos países do Norte da Europa, o espírito barroco foi reprimido nas artes visuais, encontrou livre e completa expressão na música, na poesia, na ciência. O Barroco é um estilo europeu, com qualidades fundamentais comuns, ao norte e ao sul, embora, como outros estilos anteriores, esteja sujeito a variações nacionais." M. M. Mahood. Poetry and Humanism. Londres, 1950, p. 133.
22 "Il y a là conflit entre l'histoire littéraire stricte et la critique ou l'esthétique. Pour l'historien strict la préciosité est un phenomène determiné et unique, limité dans l'espace (quelques salons parisiens et des imitations provinciales), limités dans le temps (de 1654 à 1661, a-t-on dit). Pour le critique, la préciosité est une tendance permanente de la littérature, dont certaines circonstances favorisent la manifestation, mais qui s'accomode d'états sociaux et spirituels différents, bien que ressemblants. Il y a là une querelle de mots, comme pour les termes de romantisme, classicisme, réalisme, etc., qui ne vaut pas qu'on s'y arrête devantage." René Bray. "La préciosité." (in *Cahiers*, etc. p. 51).
"Il problema dei barocco sta nell' età sua, ed è tanto piu interessante in quei limiti, ove resta ancor tanto da chiarire prima che la critica si accordi su di una posizione precisa." F. Neri. *Poesia nel tempo*. Torino, 1948, p. 57.
23 Para a bibliografia sobre o Barroco em geral e literário, ver o trabalho de René Wellek (ref. nota 15), que é o ponto de partida indispensável, até a data (1946). Mais atualizado é: Afrânio Coutinho. *Bibliografia para o estudo da literatura barroca*. Rio de Janeiro, 1951. O livro de Carl J. Friederich (ref. nota 18) oferece bom roteiro bibliográfico. O mesmo ocorre com os estudos de C. Calcaterra e G. Getto. Para detalhes, ver, no final desta obra, a Bibliografia, II parte, Barroco, onde se inclui a maioria dos estudos principais até o presente. [No livro *Concepts of Criticism*, Wellek atualizou a bibliografia até

1963. Também Hatzfeld, em *Estudios sobre el Barroco*. Madrid, Editorial Gredos, 1964. — Nota de 1967.]

24 "Si le baroque est un esprit que s'exprime par un style, on doit saisir sa nature par la psychologie et par la stylistique." P. Kohler. "Le Baroque et les lettres françaises" (in *Cahiers*, etc. p. 13).

25 Esse problema da supervivência da herança cristã e dos motivos antinacionais e anti-humanísticos da época está magistralmente estudado em: H. Haydn. *The Counter-Renaissance*. NY, 1950. Sobre a Contrarreforma e o Concílio de Trento, ver: Cristiani, L. *L'Église à l'époque du Concile de Trente*. Paris, 1948; Quaza, E. *Preponderanze strainiere*. Milano, 1938; Rops, Daniel. *L'Église de la Renaissance et de la Réforme*. Paris, 1955; Tour, Imbart de la. *Les origines de la Réforme*. Paris, 1914, 3. — Sobre a influência nas artes, ver: Dejob, C. *L'influence du Concile de Trente sur la littérature et les beaux-arts*. Paris, Thorin, 1884.

26 Sobre a questão da origem espanhola do Barroco ver os trabalhos de Hatzfeld, Weisbach, Weibel, McComb, Sommerfeld, Gilman, Hume, Lanson, e outros referidos na Bibliografia (no final do volume). Sobre a espanholização da Itália, ver diversos estudos de B. Croce, sobretudo: *La Spagna nella vita italiana durante la Rinascenza*. 4. ed. Bari, 1949. Também devem ser consultados os livros de A. Farinelli (ref. Bibliografia) e o de Quaza.

27 "O Barroco é uma época em que se dão a um tempo os mais fortes contrastes. Um enorme progresso no pensamento racional, no conhecimento da natureza, junto a crassas superstições, em astrologia, alquimia, quiromancia, encantamentos e bruxaria; a aparição de critérios de tolerância ao lado de fanatismos religiosos; um zelo militar pela fé junto ao quietismo místico; a consideração céptica, irônica e satírica do mundo ao lado da crença impertérrita nos milagres; um manifesto deleite na magnificência e no fausto junto da recusa à ostentação exterior e à resignação reflexiva. Não é que tais contrastes não hajam existido em outras épocas, senão que, então, aparecem em forma especialmente caracterizada e definindo o conjunto. Isso empresta ao Barroco seu caráter complexo, dual e vário. Sentimo-nos transportados em meio de uma fervente massa agitada por incessantes ondas, palpitações e clarões. No interior desse movimento flutuante, o catolicismo procura conservar suas prerrogativas, afirmar e consolidar seu domínio mediante uma propaganda dirigida à alma e ao espírito, aos olhos e aos ouvidos, enquanto atrai e escolhe, da estrutura espiritual da época, tudo o que parece apropriado e útil a seu objetivo de exercer uma ação sugestiva sobre as massas." Weisbach. *El Barroco arte de la Contrareforma*, p. 88.

28 Hatzfeld. *A clarification, etc.* (v. Bibliografia). Para não multiplicar e alongar as notas, os títulos das obras cujos autores são citados no texto encontram-se referidos na Bibliografia. O volume de H. Hatzfeld, *Estudios sobre el Barroco* (Madrid, Gredos, 1964), reúne os trabalhos deste grande romancista sobre o assunto.

29 Sobre a fusão Aristóteles e Horácio nessa fase, ver: Gilbert, A. H. [e] Sangs, H. L. "On the Relations of Horace and Aristotle" (in *J. of English and Germanic Philology*. XLVI, 3, July, 1947); Herrick, M. T. *The Fusion of Horatian and Aristotelian Literary Criticism*, 1531-1555. Urbana, III. 1946; Weinberg, B. "From Aristotle to pseudo Aristotle" (in *Comp. Literature*. V. 2, Spring, 1953); idem. "The Problem of Literary Aesthetics in Italy and France in the Renaissance" (in *Mod. Lang.* Quarterly XIV, 4, dec. 1953); idem. "Scaliger versus Aristotle on Poetics" (in *Mod. Philology*. May, 1942); idem. Robortello on the Poetics; "Castelvetro's Theory of Poetry" (in *Critics and Criticism*. Chicago, 1952); idem. *Critical Prefaces of the French Renaissance*. Evanston, 1950. Ver também as obras referidas na nota 10, sobre as teorias críticas do Renascimento.

30 "It is true, as Curtius maintains, that no stylistic device is new; but, contrary to this thesis, as Spitzer correctly observes, the device, emerging again in a totally different cultural climate, represents something spiritually different within the new complex phenomena it helps to form. Admitting this much, one must admit also, that it is the more individual compound or constellation of these devices found in an author which reveals the breadth and depth for his originality." M. J. Maggioni. *The pensées of Pascal*. pp. VI-VII.
"Mais ici elles prennent une valuer particulière par leur rapprochement même. Il faut admettre en esthétique que certains caractères ou certains effets, du fait qu'ils prédominent à un moment de l'histoire, acquierent pour cette raison une signification majeure." M. Raymond, apud P. Kohle, *Cahiers*, etc., p. 20.

31 Para os modernos estudos de estilística aplicados à literatura barroca, prosa e poesia, ver as indicações contidas na Bibliografia.

32 Ver A. Coutinho. *Aspectos da literatura barroca*. Rio de Janeiro, 1951, pp. 120 ss. — Estudos recentes são os de M. Gotaas e de Belchior Pontes, cit. Bibliografia.

33 "Quando quer elogiar um escritor culterano, a crítica brasileira e portuguesa tem a mania de dizer que 'não é tão gongórico quanto os outros'. Ora, o que é preciso notar, pelo menos no caso brasileiro, é que não souberam ser gongóricos porque, na quase absoluta maioria, eram medíocres (...). Maus poetas, não por culpa da imitação cultista, mas por culpa da própria insuficiência poética. Quando encontramos um de maior envergadura, como Gregório, notamos que, das suas poesias líricas, as melhores são justamente aquelas em que mais gongórico se mostra." (Antonio Candido. *O Jornal*. 8 set. 1946.)

34 "É hoje ponto assente a conclusão definitivamente adquirida pela crítica imparcial que o nosso quinhentismo literário, sendo aliás uma época brilhante, não apresenta (se excetuarmos os Lusíadas e a lírica de Camões), os gêneros clássicos, então iniciados, senão numa espécie de estado embrionário. A semente do Classicismo não se desenvolveu completamente nesse século, nem o podia fazer em tão breve tempo; no século seguinte houve, é certo, progresso notável ao aperfeiçoamento da prosa, mas em geral sente-se a falta de uma completa e sequente evolução dos gêneros literários da estética nova." Paulo Durão. "O seiscentismo literário" (in *Brotéria*. XIV, 4 de abril 1932, p. 221).

35 Sobre a arte colonial brasileira, cuja importância é hoje universalmente reconhecida, ver: Costa, Lúcio. "A arquitetura dos jesuítas no Brasil" (*Rev. SPHAN*. n. 5, Rio de Janeiro, 1941); Gomes Machado, L. "O Barroco e o absolutismo" (in *Est. São Paulo*, abr-jun. 1949); idem. "Viagem a Ouro Preto" (in *Rev. Arquivo Municipal*. São Paulo, CXXIV, 1949); Kaleman, P. Baroque and Rococo in Latin America, NY, 1951; Mariano Filho, J. "O pseudoestilo barroco-jesuítico" (in *Estudos Brasileiros*. V. 9, Rio de Janeiro, 1939); Santos, P. F. O Barroco e o jesuítico na arquitetura do Brasil. Rio de Janeiro, Kosmos, 1951; Santos, R. dos. Conferências de arte. Lisboa, 1943; Santos, R. dos. Conferência de arte. Lisboa, 1943; idem. "A arte luso-brasileira do séc. XVIII" (in *Belas-artes*. Lisboa, 1948, n. 1); Smith, R. "Minas Gerais no desenvolvimento da arquitetura religiosa colonial" (in *Boletim do Centro de Estudos Históricos*. Rio de Janeiro, V. 3); idem. "As igrejas coloniais do Brasil". (in *Boletim da União Panamericana*. Washington, 1938, vol. n. 1); idem. "A arte barroca de Portugal e do Brasil" (in *Panorama. Lisboa*, 1949, n. 3); idem. As artes na Bahia, Bahia, 1954; Vasconcelos, D. A arte em Ouro Preto. Belo Horizonte, 1931. Adendo: Bazin, G. L'Architectur Religieuse Baroque au Brésil. Paris, Plon, 1956, 2 vols.; idem. Aleijadinho. Paris, Temps, 1963; "Barroco, áurea idade da áurea terra" (in *Minas Gerais* [Supl. Lit.]. Belo Horizonte, nos 45 e 46, 8 e 15 jul. 1967); Ávila, Afonso. Resíduos seiscentistas em Minas. Belo Horizonte,

Centro de Estudos Mineiros, 1967, 2 v.; Mourão, P. K. Corrêa. As Igrejas seiscentistas de Minas. B. Horizonte, Itatiaia; Charpentrat, P. L'Art Baroque. Paris, PUF, 1967.

36 Sobre o "maneirismo", ver: Borgerhoff, E. B. O. "Mannerism and Baroque" (in Comparative Literature. V. 4, 1953); Calcaterra, C. in A. Momigliano. Problemi, etc. p. 427; Curtius, E. R. European literature and the Latin Middle Ages. cap. 15; Hauser, A. The Social History of Art. I. p. 353; Maggioni, M. The pensées of Pascal. p. 49; Sypher, W. Four stages of Renaissance Style. p. 100.

Evoluíram muito, desde então, os estudos sobre o Maneirismo, tendendo a caracterizá-lo antes como um estilo próprio. Ver os seguintes trabalhos: *Manierismo, Barrocco, Rococó: Concetti e termini.* Roma, Academia Nazionale dei Lincei, 1962; Briganti, G. *Italian Mannerism.* Londres, Thames and Hudson, 1963; Daniels, Roy, *Milton, Mannerism and Baroque.* Toronto Univ. Press, 1963; Hatzfeld. H. *Estudios sobre el Barroco.* Madrid, Gredos, 1963; Hocke, G. R. *El Mundo como Laberinto. El Manierismo en el arte y en la literatura.* 2 vols. Madrid, Ed. Guadarrama, 1961-1964; Legrand, J. "A la découverte du Maniérisme Européen" *Critique.* Paris, jan. 1960, n. 152; Scrivano, R. *Il Manierismo nella Letteratura dei Cinquecento.* Padova, Liviana, 1959; Würtenberg, F. *Mannerism: the European style of the Sixteenth Century.* Londres, Weidenfeld and Nicolson, 1963; N. "The Architecture of Mannerism" *The Mint.* Londres, 1946; idem. *An Outline of European Architecture.* Londres, Pelican, 1963; Rowland, D. B. *Mannerism — Style and Mood.* Yale Univ. press, 1964. Bousquet J. *La Peinture Manieriste.* Neuchatel, Ides et Calendes, 1964; Hauser, A. *Mannerism.* Londres, Kegan Paul, 1965, 2 vols.; Friedlander, W. *Mannerism and Anti-Mannerism.* NY, Schocken, 1965.

11. *Domingos Carvalho da Silva*
AS ORIGENS DA POESIA

Raízes palacianas da poesia brasileira. Anchieta. A sombra da Idade Média. Os Cancioneiros. Poesia épico-narrativa: a Prosopopeia. Início do Barroco. A Fênix Renascida. Júbilos da América. Início do Arcadismo.

RAÍZES PALACIANAS. JOSÉ DE ANCHIETA

O decurso de mais de dois séculos depois da morte de Dante e do nascimento de Petrarca não impediu que a poesia, ao germinar pela primeira vez em terra brasileira, ostentasse quase intactas ainda as raízes palacianas da lírica portuguesa do século XV. A sombra da Idade Média teve força para projetar-se, embora palidamente, na segunda metade do século XVI, nos campos de Piratininga e nas praias de São Vicente e Reritiba. Serviu-lhe de instrumento a voz quase solitária de um jesuíta que, de olhos fechados à ressurreição do mundo clássico, escrevia ainda pela medida velha. A leitura dos versos de Ovídio e Virgílio que, através de várias gerações, vinha empolgando Castela e mesmo Portugal, não chegou a preocupá-lo.

Refletiu esse padre — José de Anchieta — as tendências do século XV, cujos resultados na poesia portuguesa, reduzida a irmã submissa da castelhana, se converteram numa quase generalizada pobreza de invenção. Começou no início daquele século a dissipar-se na Espanha, como observa Hernâni Cidade, a hegemonia lírica do galaico-português. Em *El cancionero* de Juan Alfonso de Baena, compilado poucos anos antes de 1450, Cidade vê ainda indícios de tal hegemonia; nele já não têm lugar, porém, as suaves cantigas de amigo dos séculos XII e XIII e nem mesmo as *serranillas* espanholas: estas, como aquelas, não se acomodavam nos limites rígidos da *gaya ciencia*.

Era a gaia ciência, no dizer de D. Henrique de Villena (*Arte de trobar*, 1415) indispensável à distinção entre os "obscuros" e os "claros engenhos". Ponto de vista semelhante sustentaria mais tarde Santillana em sua *Carta-proêmio* ao Condestável D. Pedro, filho de D. João I de Portugal. Os *Jocs florals* de Tolosa, realizados a partir de 1321, e o Consistório de Gaia Ciência fundado em Barcelona em 1393, por obra do Rei João I de Aragão, são apontados como fontes do *gay saber*. A busca de uma ciência poética procedia, porém, de muito antes: no prólogo das *Cantigas de Santa Maria* já tinha dito Afonso, o Sábio (século XIII), que "trovar é cousa em que iaz / entendimento" e que "quen o faz / á o de aver, et razão assás."

Graças ao *gay saber*, a poesia, na opinião de Villena, subiria ao nível de *poetria*, ou seja, uma "arte superior", uma obra de "compositión muy sotyl" e por isso mesmo "bien graciosa". Três decênios mais tarde, no "Prologus" do seu *Cancioneiro*, repetiria Baena que "el arte de la poetria e gaya ciencia es una escryptura e compusiçion muy sotil e bien graçiosa, e es dulce e muy agradable". Não bastavam porém ao poeta os predicados intelectuais para que fizesse jus ao *gay saber*: deveria frequentar a corte, conviver com a nobreza e ser, por sua vez, de nobre fidalguia e ter por isso a virtude da cortesia "graciosa e polida" e abrigar em si todos os requisitos da arte da galantaria.

A gaia ciência encontrou em Portugal um protetor devotado na pessoa do Rei D. João II, antecessor imediato de D. Manuel. Era moço de câmara de D. João II o cronista e poeta Garcia de Resende. O Rei apreciava muito os saraus poéticos e tinha em boa conta o trovar. Mas somente em 1516, já nos últimos anos do reinado de D. Manuel, foi publicada por Garcia de Resende, sob o título de *Cancioneiro geral*, a sua grande compilação de poetas cortesãos do século XV e princípios do XVI.

Muitas são as restrições feitas à poesia desse cancioneiro e, entre elas, avulta a de Menéndez Pelayo, que o vê como "interminável areal" sem "um fio de água" e nele assinala a "penúria de inspiração histórica" (sobre o cancioneiro de Baena é semelhante a opinião de Menéndez: "hay muchos versos y muy poca poesia"). Rodrigues Lapa, defendendo a coletânea de Resende, aponta nela os "mananciais ocultos de beleza poética" e lembra que, no momento em que os trovadores cuidavam de "gentilezas e coisas de folgar", o povo praticava atos que seriam o tema de uma epopeia escrita.

Os mananciais jorram em algumas páginas e, no entanto, o *Cancioneiro* não deixa de ser a expressão de uma época sáfara. Se restringirmos, com Santillana, a poesia à condição de "sciencia infusa" própria de homens "bien nascidos y doctos", a coletânea de 1516 evidenciará que a poucos homens doutos e "bien nascidos" contemplou o Senhor Deus com a esquiva "graça infusa". Os poetas do livro de Resende perdem-se quase sempre em temas vulgares e comezinhos comentários, algumas vezes sobre esporas, pelotes, mulas, camisas, carapuças e até ceroulas. A despeito da estreiteza palaciana do *gay saber* tinham os poetas espanhóis e portugueses, no século XV, boa informação sobre o Renascentismo e o Humanismo que o gerara. Sopravam em Castela brisas renovadoras e, através de Castela ou por outros caminhos, em Portugal. O livro do Arcipreste de Hita — da primeira metade do século XIV — já mencionava Platão, Aristóteles, Catão e Virgílio e parafraseava fábulas do mundo clássico. Antes, no século XIII, Afonso o Sábio já citava Catão, Aristóteles e Túlio (Cícero) e, louvando a amizade, citava a história de Orestes e Pílades. O já mencionado Condestável D. Pedro de Portugal, morto em Alfarrobeira em 1449, tinha traduzido *De Officiis*, de Cícero. No próprio *Cancioneiro* de Resende figuram, da autoria de João Rodrigues de Sá, traduções de algumas das *Heroides*, de Ovídio.

Coube todavia a Francisco de Sá de Miranda (1481-1558), poeta do *Cancioneiro*, introduzir em Portugal o metro italiano (medida nova) e o soneto, que cultivou ao lado da écloga, da terza e da oitava rimas, do epitalâmio e da elegia, que o *dolce stil nuovo* restaurara em Itália. Todavia seria necessário ter Sá de Miranda chegado à metade da casa dos quarenta anos para nascer o poeta menor que havia de representar, no Brasil, o espírito e a forma do *Cancioneiro* de Resende: José de Anchieta. Graças portanto a este jesuíta piedoso e tenaz ostentou a poesia brasileira, em seus primeiros passos, o sinete, pouco rútilo embora, da fase da literatura portuguesa que teve, entre seus expoentes, os nomes de Gil Vicente, Bernardim Ribeiro e Cristovam Falcão. Anchieta constitui, isoladamente, um capítulo da poesia ibérica na América portuguesa.

Como poeta teve Anchieta por antecessor, em São Vicente, outro jesuíta, o Pe. Aspilcueta Navarro. A obra ocasional desse catequista perdeu-se, no entanto, e ficou sendo apenas uma referência e não um marco histórico. Mas, apesar de ser a poesia de Anchieta esse marco, alguns historiadores do passado lhe negaram um lugar no Olimpo nacional por não ter tido o primeiro autor de poesia escrita em tupi-guarani berço em solo brasileiro.

O estudo objetivo do surto e desenvolvimento da poesia nacional não pode, porém, aceitar tal prevenção, pois o que importa é registrar e interpretar os fatos da vida literária que, em seu período de formação, se resumiu na produção de manuscritos e sua leitura eventual em reuniões e tertúlias cuja expressão maior foram as academias do século XVIII.

A publicação, em Lisboa, de alguns livros de poetas e oradores brasileiros e o aparecimento desses livros nas magras estantes dos letrados e poetas da Colônia completam o quadro de uma vida cultural asfixiada pelas condições e imposições do tempo e da distância que separava da metrópole o Estado do Brasil. No sentido restrito do adjetivo, a obra de Anchieta não foi apenas literária e, por certo, estava fora de suas intenções a realização de uma obra de tal classe: foi, isto sim, senão o "subproduto", a consequência de sua missão catequizadora e moralizante. A sua poesia, escrita para ser lida, cantada ou representada, foi posta inteiramente a serviço da sua missão religiosa. Na verdade, porém, tal objetivo foi ultrapassado, pois o catequista canarino dispunha de perícia suficiente e de poder lírico para infundir a boa parte de seus versos um relativo sentido de permanência.

As trovas "A Santa Inês", em pentassílabos, destacam-se entre as páginas que podem testemunhar as qualidades do poeta e refletem a pureza de um lirismo espontâneo, isento dos artifícios do *gay saber*. Isto é o que mostram os versos abaixo:

> Vós sois Cordeirinha
> de Jesus formoso
> mas o vosso esposo

ERA BARROCA

> já vos fez rainha.
> Também padeirinha
> sois de nosso povo,
> pois com vossa vinda
> lhe dais lume novo.

Algumas passagens das trovas "A Santa Inês" podem parecer prosaicas ou vulgares em demasia. Mas este prosaísmo, esta vulgaridade presente em boa parte da poesia de Anchieta estão muito longe dos plebeísmos — alguns dos quais hoje nos parecem grosseiros — presentes tanto em Gil Vicente como em Garcia de Resende e outros poetas do *Cancioneiro geral*. O *gay saber*, embora procedente do elegante *trobar ric* (ou *trobar sotil*) da Provença do século XII, já não excluía tais plebeísmos da área das suas sutilezas... A poesia de Anchieta ressente-se, aparentemente, da ausência de duas vigas mestras dos poetas do *Cancioneiro geral*: a sátira e os artifícios da galantaria. Da sátira há porém alguns reflexos no poeta de Reritiba e, em versos portugueses, "O pelote domingueiro" é talvez o exemplo mais vivo:

> A mulher que lhe foi dada
> cuidando furtar maquias
> com debates e porfias
> foi da graça maquiada.
> Ela nua e esbulhada
> fez furtar ao moleiro
> o seu rico domingueiro.
>
> Toda bêbada do vinho
> da soberba, que tomou
> o moleiro derrubou
> no limiar do moinho
> Acudiu o seu vizinho
> Satanás, muito matreiro
> e rapou-lhe o domingueiro.

A galantaria é facilmente substituída pelos versos devotos em que Santa Inês surge como "virgem mártir mui formosa" ou "virgem de grã respeito". Num dos poemas há uma referência às "senhoras onze mil virgens", das quais se diz que

> Tão gloriosas donzelas
> merecem ser mui honradas.
> E comnosco gasalhadas,

> pois que são virgens tão belas,
> de martírio coroadas!

Sob o aspecto métrico merecem em Anchieta, que cultivou de ordinário o heptassílabo, menção à parte os versos de "Da Ressurreição", de arte maior (ou de *maestria mayor*, segundo a fórmula de Baena). Esses hendecassílabos, compostos cada um de um par de pentassílabos graves, caracterizam a fase mais evoluída da arte maior. Anote-se uma das estâncias do poema:

> O peito sagrado, com lança rompido,
> que para vossa alma foi bravo cutelo,
> com raios de glória ressurge tão belo
> que tem vossas dores de todo vencido.

Poucas vezes praticou o próprio Gil Vicente, com a regularidade dos versos acima, a arte maior, regularidade inexistente, aliás, em "El laberinto de fortuna", o poema famoso de Juan de Mena (1411-1456), considerado exponencial no gênero. Este mestre não tinha ainda um conceito métrico do ritmo; para ele, como observa Joaquim Balaguer, o essencial era que as sílabas valessem pela medida exata, podendo cada verso conter de oito a doze sílabas, respeitadas naturalmente certas normas formais. Anchieta também cultivou a arte maior em espanhol, mas sem a regularidade métrica e rítmica dos seus hendecassílabos portugueses; talvez estes se destinassem ao canto, sujeitos portanto às exigências rítmicas da música. Fosse ele, não apenas um catequista, mas um literato militante, e talvez tivesse conhecido os versos de Garcilaso e do Camões épico que, ao que tudo indica, não chegou a conhecer, como não chegou, certamente, a ver *El Arte Poética en Romance Castellano* (1580), do português Miguel Sanchez de Lima, considerado o primeiro teórico petrarquista da península Ibérica. Observe-se que, já em meados do séc. XVI, a lírica da medida nova corria de mão em mão em Portugal, pelo menos entre os poetas e entendidos em poesia; no entanto as obras de Diogo Bernardes somente começaram a ser publicadas em 1594; no ano seguinte saíram as *Rimas* de Camões; em 1597, ano da morte de Anchieta, permaneciam ainda inéditos os livros de Sá de Miranda e Antônio Ferreira.

POESIA ÉPICO-NARRATIVA. A PROSOPOPEIA

Assim como as capitanias de São Vicente e do Espírito Santo ouviram, na voz solitária de Anchieta, os últimos ecos da poesia medieval portuguesa, coube ao Nordeste brasileiro, através dos versos de Bento Teixeira, um cristão-novo vindo do Porto, fincar o marco, praticamente isolado, da poesia oriunda do Renascimento. Nas letras o Renascimento é uma consequência imediata do Humanismo. Com este ocorre a busca das fontes clássicas e o consequente conhecimento do pensamento helênico e sua visão do mundo. O Humanismo do século XIV, cuja central é Petrarca e que se enriquece na centúria seguinte com figuras da estatura de Boiardo, Poliziano e Lourenço o Magnífico, descobre, atrás do homem medieval, submisso à obsessão da vida eterna, outro homem diferente que se move com mais independência e poder sobre o mundo físico. Os estudos clássicos, implantados pelo malsucedido cantor da precatada provençal Laura de Noves, tomam, embora lentamente, desmedido impulso e se convertem no Renascimento. Providencialmente surge, em meados do século XV, a imprensa de tipos móveis. Daí a alguns decênios já não será difícil ler, no original ou traduzidos, do mesmo modo que se leem hoje, em páginas impressas, Dante e Ariosto, Petrarca e Sannazaro. Ao regressar, em 1526, da Itália, implantou Sá de Miranda, como foi visto acima, a medida nova e a escola italiana, que daria à poesia portuguesa a sua época mais brilhante, alicerçada nos nomes do próprio Francisco de Sá e de Camões, Ferreira, Diogo Bernardes, Frei Agostinho da Cruz, Fernão Álvares d'Oriente, Lobo Soropita, Vasco Mouzinho, Rodrigues Lobo e outros menores mas não obscuros. O mundo cristão entrava, no entanto, em tremenda crise, deflagrada pela queima da bula papal, em 1520, por Lutero.

A Reforma avançava e para contê-la, no campo doutrinário, era fundada, em 1534, a Companhia de Jesus que, em 1540, se instalaria em Portugal, no mesmo ano, aliás, em que o Santo Ofício realizaria em Lisboa o seu primeiro auto de fé. Em 1545 começavam na Itália as reuniões do Concílio de Trento e em 1548 publicava Inácio de Loyola os seus *Exercícios espirituais*, impondo aos seus subordinados — os jesuítas — uma forma sensorial (e não apenas intelectual) de leitura dos textos religiosos. Em 1567 encerrava-se o Concílio de Trento com as suas resoluções que atingiam tanto o campo da fé como o da arte e literatura. Era a Contrarreforma e os seus olhos começavam a orientar e a vigiar todas as atividades do mundo católico. Ao mesmo tempo, de países exóticos e praticamente desconhecidos até o início do século, e mesmo de culturas bárbaras antes insuspeitadas, chegavam informações e testemunhos que contribuíam para alterar os conceitos harmoniosos e simétricos das artes clássicas. O século XVII iria empreender, ou tentar reempreender, a restauração do teocentrismo medieval.

Essas informações, esses testemunhos, resultaram das viagens marítimas que, a partir dos últimos anos do século XV, revolucionaram o mundo sob todos os aspectos e forneceram aos poetas grande soma de temas. Além de *Os lusíadas*, enriqueceram a poesia portuguesa numerosos poemas épicos e narrativos entre os quais podem ser citados *O segundo cerco de Diu*, de Jerônimo Corte Real (1574) e o *Primeiro cerco de Diu*, de Francisco de Andrade (1589). Em 1601 foi impresso em Lisboa um pequeno poema em oitava rima, de um canto único:

era a *Prosopopeia*, do já referido Bento Teixeira, residente em Pernambuco. Adotando o mesmo sistema métrico e estrófico de *Os lusíadas*, numa linguagem rica de fórmulas camonianas, filiou-se Bento Teixeira à corrente dos imitadores mais pacíficos de Camões. O seu poema peca, porém, pelo excesso de referências mitológicas já descoloridas pelo uso, pela incapacidade de comover e pela frequência de versos mal medidos ou mal acentuados como este "Aqui Belisário, e Pacheco aflito", ou como este outro: "Eclipsando o nome à Romana gente".

À falta de estâncias que provem as virtudes literárias do seu autor, a *Prosopopeia* tem sido quase sempre representada nas coletâneas poéticas pelas estrofes iniciais do capítulo conhecido como "Descrição do Recife de Pernambuco". As duas transcritas em seguida (1ª e 3ª do capítulo) podem dar o testemunho das possibilidades do poeta e do poema:

>Para a parte do Sul onde a pequena
>Ursa, se vê de guardas rodeada,
>Onde o Céu luminoso, mais serena,
>Tem sua influição, e temperada,
>Junto da nova Lusitânia ordena,
>A natureza, mãe bem atentada,
>Um porto tão quieto, e tão seguro,
>Que para as curvas Naus serve de muro.

>Em o meio desta obra alpestre, e dura,
>Uma boca rompeu o Mar inchado,
>Que na língua dos bárbaros escura,
>Pernambuco, de todos é chamado.
>De Parana que é Mar, Puca — rotura,
>Feita com fúria desse Mar salgado,
>Que sem no derivar, cometer míngua,
>Cova do Mar se chama em nossa língua.

Merece ainda referência o fato de trazer o livro um "Soneto per ecos, ao mesmo Senhor Jorge Dalbuquerque Coelho" (governador de Pernambuco celebrado no poema). Escrito em espanhol, talvez tenha sido esse o primeiro soneto feito no Brasil.

ÉPOCA BARROCA. POETAS CULTISTAS

A presença no Brasil de poetas como Anchieta e Bento Teixeira traduz dois acontecimentos isolados e ocasionais e não o estabelecimento dos elos de uma tradição. Fato isolado e sem significação literária é, igualmente, a presença, em Pernambuco, do alferes bracarense Agostinho Jácome da Fraga que, em 1650, escreveu dois sonetos para as cerimônias realizadas naquela capitania em memória do infante D. Duarte, irmão do Rei D. João IV. A vivência coetânea de poetas numa cidade brasileira é fato que se pode consignar, pela primeira vez, em meados do século XVII.

Quando, em 1654, chegou à Bahia o capitão Antônio da Fonseca Soares, poeta português dos mais notáveis do seu tempo (e que seria mais tarde o famoso Frei Antônio das Chagas), já encontrou lá um pequeno grupo de amadores da poesia. Formavam-no: Bernardo Vieira Ravasco, Eusébio de Matos e Domingos Barbosa. Ravasco, autor de versos mais tarde incluídos em *Fénix renascida*, seria o primeiro poeta natural do Brasil a ter acesso a uma antologia; Eusébio de Matos viria a ter um poema incluído no *Postilhão de Apolo*; de Barbosa ficaria apenas a fama de poeta, além do título de um poema latino nunca editado. Soares conviveu durante um ano com os poetas e os boêmios da Bahia, voltando a Portugal.

É possível no entanto que ainda se encontrasse em Salvador quando lá aportou, no último trimestre de 1655, D. Francisco Manuel de Melo que, embora cumprisse uma pena que já lhe havia custado onze anos de prisão, vinha no comando de parte da frota de Francisco de Brito Freire (também poeta, aliás: figura na *Fénix*). Na Bahia teve D. Francisco intensa atividade intelectual: além de outras obras, ou parte delas, escreveu lá, em 1657, *O hospital das letras*.

As relações entre o autor de *Relógios falantes* e Bernardo Ravasco foram tão próximas que ambos acabaram unidos pelo parentesco dos filhos que lhes deram duas moças irmãs. A filha de D. Francisco nasceu quando ele ainda estava na Bahia, ou logo depois de sua volta a Portugal (1658); pela mesma época, ou pouco depois, nascia o filho de Bernardo, Gonçalo Ravasco Cavalcanti de Albuquerque, que seria seu sucessor na secretaria-geral do Governo do Brasil, além de autor de uns autos sacramentais certamente representados e, hoje, perdidos. Dom Francisco Manuel combateu, em seus escritos doutrinários, o estilo literário seiscentista e condenou-lhe a "argentaria" e as "lentejoulas", mas não deixou de ser absorvido pelo gosto de sua época: os discursos que pronunciou mais tarde na Academia dos Generosos mostram-nos um poeta e orador cultista. O próprio soneto que escreveu na Bahia contra os "bailes de bárbaros" é um documento do conflito (barroco) entre duas culturas opostas.

A cronologia literária dos vinte e poucos anos que se seguem à partida de D. Francisco Manuel é inteiramente obscura. Não é porém temeridade admitir que a poesia tenha sido cultivada com frequência, nessa fase, por Bernardo Ravasco e também pelo padre Eusébio de Matos, cujo irmão, Gregório, vivia em Portugal. Ao abrir-se o ano de 1680 deviam destacar-se, entre os mais jovens, o citado Gonçalo Ravasco e seu provável amigo Sebastião da Rocha Pita. O estilo vigente era ocultista, ou gongórico, que os poetas da Bahia tinham adotado pelo menos a partir da presença de Fonseca Soares. Os principais entre eles, tanto no século XVII como no seguinte, mostraram perfeito conhecimento da obra de Góngora e de Quevedo e também da poesia de Marino e das teorias conceptistas de Baltazar Gracián. Talvez procedam de data posterior á 1680 os versos sobre o cadáver de uma senhora, da autoria (segundo o *Postilhão de Apolo*) de Bernardo Ravasco. Nesses versos o mais antigo poeta da Bahia insiste num dos temas mais repetidos do bem conhecido niilismo barroco, já presente em Marino (v. o soneto "Miseria umana") e em Góngora (v., como exemplo, o soneto "Mientras por competir con tu cabello"). Veja-se, em quatro versos, a expressão cultista de Ravasco:

> Esse aljôfar, que agora se desata,
> Para brilhar melhor nesse rosal.
> Não mostrará no nácar fina prata,
> Quando vir consumido o seu coral.

Podem estes versos de Bernardo ter desagradado ao seu irmão Antônio Vieira que, em 1665, tinha combatido, com veemência feroz, no *Sermão da Sexagésima*, a oratória cultista dos dominicanos. Entretanto, num soneto de sua autoria, seguramente posterior a 1680, Vieira adotou, não as elegâncias, mas os jogos verbais mais vulgares do gongorismo. A partir de 1681 ingressa a Bahia numa fase — que se prolongará por seis décadas — de atividade literária intensa. De volta de Lisboa chega, nesse ano, a Salvador, o poeta Gregório de Matos. Do mesmo navio que o traz desembarca Tomás Pinto Brandão, jovem português que permaneceria no Brasil durante dez anos, parte deles em Salvador, de onde foi expulso para o Rio de Janeiro, e parte nesta cidade, de onde foi mandado para Angola. Tomás Pinto deixaria entre os seus versos estas anotações sobre a viagem com Gregório:

> Procurei a sociedade
> De um tal bacharel mazombo,
> Que estava para a Bahia
> Despachado e desgostoso
> De lhe não darem aquilo
> Com que rogavam a outros,
> Pelo crime de ser Poeta,
> Sobre jurista famoso.
> Era Gregório de Matos
> Que também lhe foi forçoso
> Fugir da morte às correntes
> E buscar do sul os golfos.

Estes versos insinuam os motivos pelos quais o "jurista famoso", que foi Gregório, se viu obrigado a reverter à cidade natal, de onde acabaria sendo expulso por motivos semelhantes. Durante os treze anos em que permaneceu na Bahia ocupou-se Gregório tanto da poesia sacra como da lírica, tanto da satírica como da encomiástica. Parte da obra que lhe é atribuída é, provavelmente, apócrifa. Mas se tomarmos dessa obra a parte mais significativa e segura teremos um poeta cultista de muito bom nível. Nele espontâneo, o verso foi a sua linguagem natural. Imitou, em alguns sonetos, quase submissamente, Góngora e Quevedo e foi acusado, em versos assinados por um contemporâneo (Lourenço Ribeiro) de furtar versos alheios.

Todavia a acusação que lhe faz José Ares Montes (*Góngora y la poesía portuguesa del siglo XVII*) de ser "más do que imitador, traductor de Góngora" é, além de discriminatória, exagerada: todos os cultistas de língua portuguesa imitaram, quase servilmente, o cordovês genial. Os casos em que Gregório se revelou "traductor" não obscurecem a significação da sua copiosa obra de invenção pessoal. O estilo cultista de Gregório documenta-se em qualquer trecho de poesia tomado ao acaso, como nestes tercetos do soneto "A um penhasco vertendo água", em que propõe a antítese entre a nascente de pedra e suas lágrimas:

> Se a desmentir afectos me desvio,
> Prantos, que o peito banham, corroboro,
> De teu brotado humor, penhasco frio.
>
> Chora festivo já, cristal sonoro;
> Que quanto choras se converte em rio,
> E quanto eu rio se converte em choro.

Mesmo que este soneto lembre aquele em que Quevedo "Compara el discurso de su amor con el de un arroyo", no qual *sonoro* rima igualmente com *lloro* e as águas são mostradas como *cristales*, a verdade é que não procede do texto espanhol a antítese final, que é o eixo motor do poema; nem está em Quevedo a diáfora da palavra *rio*, que é uma das *sutilezas* (ou *agudezas*) básicas do texto.

No começo de 1681 chega à Bahia, após longos anos de permanência na Europa, o padre Antônio Vieira que, no soneto já aqui referido, se revelaria hábil na versificação. Não há porém notícia da presença, em Salvador, antes do Governo de Câmara Coutinho (1690-1694), do advogado e poeta Manuel Botelho de Oliveira que, em 1681, já contava quarenta e cinco anos. Diplomado em Coimbra muitos anos antes, talvez tenha demorado em Portugal. Anarda, a sua celebrada musa, devia ser lisboeta: Botelho descreve-a "passando o Tejo em uma barca", num romance onde não faltam o *cristal*, a *per'la*, o *aljofre* e até as *salamandras* do léxico de Góngora e Quevedo.

Homem pacato e poeta de voos comedidos, é possível que já estivesse na Bahia quando, entre 1667 e 1671, escreveu uma canção sobre um capitão de infantaria, sobrinho do governador do Brasil. O texto da canção não dá, porém, sobre tal hipótese, qualquer informação. Botelho fez o elogio de Câmara Coutinho num romance escrito, certamente, pelas alturas de 1692 ou 1693. Nele, como em toda a obra do autor de *Música do Parnaso*, domina a expressão gongórica marcada, frequentemente, pelas acrobacias conceptistas. É surpreendente (no seu caso) o exaltado nativismo dos versos em que faz a louvação da ilha da Maré, cujas virtudes estende a toda a terra brasileira, já que essa ilha "Tem quase tudo quanto o Brasil todo./ Que de todo o Brasil é breve apodo". Com a *Música do Parnaso*, impressa em Lisboa em 1705, adquiriu Botelho de Oliveira um título histórico definitivo: foi o primeiro autor nascido no Brasil a ter um livro (de poesia) publicado.

A EFERVESCÊNCIA ACADÊMICA

O século XVIII foi assinalado pelo costume das reuniões declamatórias, denominadas *Academias*. Numerosas cidades do país serviram de palco a tais reuniões, quase sempre festivas e encomiásticas. Algumas vezes à simples publicação de orações fúnebres ou natalícias foram adicionadas composições em verso, como no caso do discurso proferido em Olinda, em 1691, pelo vigário do Recife, Antônio Silva, a propósito da morte da princesa herdeira, filha de D. Pedro II: a *Oração fúnebre*, impressa em Lisboa, foi antecedida de sonetos certamente da autoria do mesmo Antônio Silva. Isto ainda na última década do século XVII.

Nessa última década sofrera a poesia baiana dois golpes rudes: a expulsão de Gregório de Matos para Angola (1694) e a morte de Bernardo Ravasco (1697). Mas, ao publicar seu livro, o veterano Botelho de Oliveira já não era o único poeta da Bahia, como mostra um folheto, impresso em 1706, com um soneto seu e outros de Sebastião da Rocha Pita e de João de Brito e Lima; e como mostram, ainda, as cerimônias baianas de 1707, em memória de D. Pedro II, falecido em 1706.

Coube a Rocha Pita reunir a prosa e o verso de tais solenidades no volume publicado (Lisboa, 1709) sob o título de *Breve compêndio e narração do fúnebre espetáculo* (etc.). Além de Rocha Pita figuram nessa polianteia, como poetas representativos, o capitão João Álvares Soares e o licenciado Gonçalo Soares da Franca, ambos na casa dos trinta anos. O nascimento (em Portugal) de um neto do vice-rei D. Pedro Antônio de Noronha foi celebrado na Bahia, em 1716, com ruidosas festas, narradas num longo *Poema elegíaco* (293 oitavas e um soneto) pelo capitão João de Brito e Lima. Em 1718 era impresso em Lisboa, sob e epígrafe de *Aplausos natalícios* (etc.) o volume em que se leem, além do poema de Brito e Lima, sonetos de Rocha Pita e Luís Canelo de Noronha e a narrativa, em prosa, dos festejos. A principal consequência da efervescência literária que, nas primeiras décadas do século XVIII, empolgava a Bahia, foi a fundação, por iniciativa e sob a proteção do vice-rei Vasco Fernandes César de Meneses, da Academia Brasílica dos Esquecidos, que funcionou durante quase onze meses, a partir de abril de 1724, tendo promovido dezoito sessões. No que se refere à categoria da obra produzida, foi sem dúvida, esta Academia, a mais importante de todas as que se reuniram no século XVIII.

Entre os poetas *Esquecidos*, de número superior a sessenta, destacaram--se, como mais representativos, os já citados Sebastião da Rocha Pita, Gonçalo Soares da Franca, João de Brito e Lima e João Álvares Soares, todos naturais da Bahia; e Luís Canelo de Noronha, talvez baiano, além de Caetano Brito de Figueiredo e António de Oliveira, originários de Portugal e, ainda, José da Cunha Cardoso e Luís Siqueira da Gama, procedentes, ambos, da Academia dos Anônimos, de Lisboa. *Esquecido* ainda obscuro foi o jovem franciscano Frei Manuel de Santa Maria (Itaparica), que viria a ser autor de obra significativa. Excederam-se os *Esquecidos* no uso das elegâncias e sutilezas do cultismo, do mesmo modo que apregoaram, em seus versos, as excelências conceptistas. Rocha Pita, saudando o secretário da primeira sessão acadêmica, proclamava:

> Como dos pensamentos mais perfeitos
> Ilustre arquivo sois, fecundo erário,
> Nos provei da agudeza e seus efeitos.
> Pois em prosa elegante, e metro vário
> Só pode dar despacho de conceitos
> Quem é do entendimento Secretário.

O próprio Rocha Pita praticava a agudeza. Boa amostra do seu conceptismo é o soneto encabeçado pelo verso "Esta Aula do Brasil heroica empresa", em que profetiza o futuro da Academia. Eis os tercetos dessa composição:

> Nesta América podem ter segura
> Execução os seus altos empenhos,
> Todos os seus escritos formosura.
>
> Pois não hão de faltar aos seus desenhos
> Suavidade na Pátria da doçura,
> Agudeza na terra dos Engenhos.

A agudeza evidencia-se, no último destes versos, com o uso ambíguo dos engenhos: os poéticos e os do açúcar. Acontecimento expressivo da poesia nacional da época barroca foi, também, a impressão (Lisboa, 1729) do *Poema festivo*, de João de Brito e Lima. Serviram de tema a essa composição de cento e oito oitavas heroicas os festejos promovidos na Bahia (1728) para celebrar o casamento do príncipe D. José com a princesa espanhola Dª Maria Ana Vitória. Informa o poema que, entre outras manifestações de júbilo, foram levadas à cena comédias de Salazar, Moreto e Calderón de la Barca. Há notícias de que esse casamento foi, também, festejado na Paraíba e disto resultou o *Manifesto das grandes festas*, poema descritivo de Frei Manuel de Santa Maria.

As três décadas seguintes a 1729 assistem à realização, em diferentes cidades brasileiras, de academias e outras manifestações de poetas. Da Academia dos Felizes (Rio de Janeiro, 1736) há pouco mais do que notícias vagas. Bem conhecidos são porém os versos recitados pelos poetas de Olinda e do Recife, em maio de 1745, em homenagem a São Gonçalo Garcia, versos esses reunidos na *Súmula triunfal* editada em 1753. Igualmente conhecidos são os sonetos, as oitavas e as silvas com que a cidade de Mariana festejou, em 1748, o seu primeiro bispo, D. Frei Manuel da Cruz; o relatório da viagem do bispo, procedente do Maranhão, menciona os versos que Dom Manuel ouviu recitar em pleno sertão, em sua homenagem, ao passar pela Barra do Rio Grande (hoje cidade da Barra), junto ao rio São Francisco, a cerca de 550 quilômetros da Bahia. Os poemas declamados em Mariana foram impressos em 1748, sob o título de *Áureo trono episcopal* (etc).

Cabe mencionar aqui os poucos versos anônimos constantes da *Relação da entrada que fez* (em 1747) o bispo do Rio de Janeiro, Dom Frei Antônio do Desterro Malheiro, impressos no mesmo ano no Rio de Janeiro. Não há notícia de que outros se imprimissem antes no Brasil. Em 1749 e 1750 ouviu o Rio de Janeiro longas composições métricas com que foi celebrada a chegada a esta cidade, procedentes da Bahia, de quatro freiras com a missão de fundar um novo convento. A morte de D. João V, em 1750, deu causa a inúmeras celebrações fúnebres, algumas delas com a participação de poetas. Este foi o caso das que se realizaram em São João Del-Rei: um pequeno volume impresso em 1751 — *Monumento de agradecimento* (etc.) — perpetuou-lhe os versos e a prosa. O mesmo ocorreu com as solenidades realizadas no Recife e em outras cidades do Nordeste, para as quais foram escritos os versos constantes dos *Gemidos seráficos* (etc.) editados em 1775. Na Bahia fez-se ouvir, uma vez mais, a voz de Frei Manuel de Santa Maria Itaparica, com sonetos e uma canção escritos numa linguagem que já se afastava do estilo gongórico.

Em 1752 reuniu-se a Academia dos Seletos, do Rio de Janeiro, para homenagear o governador Gomes Freire de Andrade. Vários acadêmicos "de número" foram convocados, outros foram convidados pela primeira vez. A poesia produzida por essa Academia foi publicada em 1754 (*Júbilos da América*) e nela alguns poetas ainda exibem o culto conceptista da agudeza em versos submissos ao domínio total e programado do tom encomiástico.

Em 1759 voltaram os poetas da Bahia a reunir-se numa Academia, a Brasílica dos Renascidos, fundada pelo desembargador José Mascarenhas Pacheco Pereira Coelho de Melo. Preso este, por ordem do ministro Sebastião José de Carvalho e Melo, deixou de existir a Academia, que já tinha realizado algumas sessões. A leitura dos versos dos *Renascidos* mostra que o cultismo cumprira sua missão, o que se confirma, no mesmo ano, no Rio de Janeiro, onde voltou a reunir-se — desta vez para homenagear o mesmo Sebastião de Carvalho e Melo pela sua elevação à dignidade de Conde de Oeiras — a Academia dos Felizes. Os poetas deste sodalício não mais cultivam as sutilezas, as elegâncias e as agudezas do Barroco: embora presos, ainda, a certo formulário cultista, já antecipam a simplicidade da expressão neoclássica.

VOLTA À POESIA NARRATIVA. ALBORES DO ARCADISMO

A influência de Góngora em Portugal, na época barroca, foi avassaladora, sem abalar, todavia, o prestígio de Camões. A aceitar a teoria de Damaso Alonso, de que o gongorismo foi uma consequência histórica das formas que cronologicamente o antecederam, Camões pode ter sido uma das fontes do Barroco na poesia de língua portuguesa. Glosar Camões foi, nos séculos XVII e XVIII, um exercício comum aos poetas de Portugal e do Brasil. *A Fênix renascida* oferece vários exemplos de oitavas e sonetos camonianos glosados. Isto se repete no Brasil: as celebrações fúnebres da Bahia, em memória de D. Pedro II, contaram com uma oitava de Camões glosada por Gonçalo Soares da Franca e, na Academia dos Esquecidos, não faltaram sonetos formados por esparsos versos camonianos. Embora as glosas e paródias que se fizeram fossem de gosto barroco, ficaram como um testemunho do inalterado apreço pelo épico quinhentista, cujo poema, aliás, servira de modelo às primeiras estrofes que, procedentes do Brasil, foram impressas em Lisboa. Não é de surpreender, portanto que, ao escrever os versos de oitava rima de *Os eustáquidos* e da *Descrição da ilha de Itaparica*, Frei Manuel de Santa Maria sacudisse deles os excessos metafóricos e mitológicos próprios do poetar culto. Na 3ª estância da *Descrição* discorre o autor:

> Musa, que no florido de meus anos
> Teu furor tantas vezes me inspiraste,
> E na idade, em que vêm os desenganos,
> Também sempre fiel me acompanhaste!

Isto mostra que Itaparica escreveu a *Descrição* já idoso, depois da "idade em que vêm os desenganos", e mostra também que a musa o acompanhara desde cedo. Temos portanto um frade baiano, franciscano e poeta desde a juventude, com o nome (religioso) de Manuel de Santa Maria, o que em tudo coincide com o seráfico frade e poeta que, em 1724, tinha participado da Academia dos Esquecidos. Trata-se da mesma pessoa. Não é de crer que dois frades contemporâneos, da mesma ordem e da mesma cidade, poetas ambos, tivessem adotado o mesmo nome. Frei Manuel de Santa Maria enumera, na *Descrição*, os frutos, as fontes, os legumes, as árvores, as igrejas e as capelas de Itaparica praticamente na mesma ordem em que vêm referidos em *A ilha de Maré* (de Botelho de Oliveira), chegando a repetir-lhe, quase literalmente, alguns versos. Veja-se esta passagem de Botelho: "E se algum tempo Citereia a achara,/ Por esta, sua Chipre desprezara." E agora, Itaparica: "E se de alguma sorte a alcançara,/ Por esta sua Chipre desprezara."

Não obstante, os versos do frágil poema de Itaparica acrescentam um tema novo à poesia brasileira: a descrição da pesca e do espostejamento da baleia, que se estende através de vinte e seis estrofes. A simples leitura de uma delas bastará para confirmar que o autor bebia mais no Tejo do que no Guadalquivir:

> Monstro do mar, Gigante do profundo,
> Uma torre nas ondas soçobrada,
> Que parece em todo o âmbito rotundo
> Jamais besta tão grande foi criada:
> Os mares despedaça furibundo
> Coa barbatana às vezes levantada,
> Cujos membros tetérrimos e broncos
> Fazem a Tétis dar gemidos roncos.

Frei Manuel de Santa Maria tentou, ainda, a imitação de Dante nos *Eustáquidos*, e não o fez sem alguma ingenuidade, ao situar Calvino e Lutero no inferno, onde está Judas "numa cama ardente" "Tendo a seu lado Herodes e Pilatos,/ Anás, Caifás e outros mentecatos"

A reação ao espírito barroco tomou corpo em Portugal em pleno século XVII. Figuras como D. Francisco Manuel de Melo e D. Tomás de Noronha (que morreu em 1651) voltaram-se contra os excessos das elegâncias e sutilezas que, todavia, praticaram. Adversário do gongorismo foi Diogo Camacho, um satírico que, como D. Tomás de Noronha, seria incluído na *Fênix*, mas que escreveu versos considerados "fáceis e simples" por Fidelino de Figueiredo. Neles combateu diretamente o culteranismo e as "cultas ignorâncias". A ab-rogação do barroco literário veio porém de fora, como tinham vindo a medida nova e o gongorismo. Em 1674 publicara Boileau, espírito embebido nas ideias racionalistas de Descartes, seu famoso poema didático *L'Art poétique*, no qual o culto da verdade se sobrepunha ao do precioso, do burlesco, do enfático; nele ressurgia, com a restauração parcial da poética horaciana, a visão transparente do mundo clássico através da prática de uma linguagem clara e lógica. Boileau combatia o decorativo cultista: "Prenez mieux votre ton. Soyez simple avec art,/ Sublime sans orgueil, agréable sans fard."

Era racionalista — "Aimez donc la Raison" — e contrário aos excessos da fantasia, pois em poesia "Tout doit tendre au Bon sens"; cultivava o natural: "Que la Nature donc soit votre étude unique." As ideias de Boileau correspondiam à visão filosófica do século XVII que, em arte, opunha a nitidez das deduções do pensamento à obscuridade das especulações formalistas; e chegavam numa fase em que o Barroco já não ostentava o brilho inicial. Contra o "falso brilho" dos artifícios marinistas voltou-se com veemência o francês: "Évitons ces excès: laissons à l'Italie/ De tous ces faux brillants l'éclatante folie."

Respondeu a esse desafio a própria Itália, onde, em 1690, se reuniram os fundadores da Arcádia (romana), de tendências definidamente antimarinistas, empenhados em "esterminare il cattivo gusto" e em persegui-lo "ovunque si annidasse". Tinha a Arcádia por objetivo a restauração do estilo da poesia italiana do passado (a dos séculos XIII e XV). Seu nome foi tomado a uma região da Grécia, habitada por líricos pastores, e os seus sócios chamavam pastores a si mesmos. Metastásio, que não pertenceu à primeira geração dos árcades romanos, foi poeta principal da Arcádia e mereceu desde cedo a estima dos poetas de Lisboa e, entre eles, a de Alexandre de Gusmão, nascido em Santos (1695). Gusmão, a julgar pelo que dele se conhece, pertence, como poeta, ao arcadismo, embora tenha morrido alguns anos antes da fundação da Arcádia Lusitana (Ulissiponense).

Em sua *História da literatura portuguesa*, A. J. Saraiva e Oscar Lopes situam-no sempre ao lado, ou na proximidade, de figuras como Bluteau e Verney e inscrevem-no entre os que foram levados a "criticar profundamente os próprios alicerces da cultura barroca joanina". Entre as obras de Alexandre de Gusmão há versos traduzidos de Metastásio e uma ode marcada pelo arcadismo e pelo culto do natural (conf. o verso "Quem não ama desmente a Natureza"), ode que poderia ter sido imitada de Tomás Antônio Gonzaga se a roda do tempo girasse ao revés. O que se passava em Lisboa refletia-se em Coimbra, cujos cursos eram frequentados por numerosos estudantes brasileiros; e, mesmo com certa demora, no Brasil. No seu famoso *Verdadeiro método de estudar* (1746) sustentava Verney que "o poeta é a soma de duas partes: engenho e juízo" e combatia os chamados artifícios do gongorismo, isto é, o "falso engenho". A *Arte poética ou regras da verdadeira poesia* (1748), de Cândido Lusitano, e o *Exame crítico de uma silva poética* (etc.), publicado em 1749 por Valadares e Sousa, foram acontecimentos decisivos para a liquidação do estilo da chamada escola espanhola e sua substituição por uma nova ideologia literária (escola francesa), marcada pelo arcadismo, o "buon gusto" (Muratori), o iluminismo, o neoclassicismo.

As *Obras poéticas* de Cláudio Manuel da Costa (que em 1759 fora sócio supranumerário da Academia Brasílica dos Renascidos), impressas em Coimbra em 1768, constituem o marco oficial da implantação do arcadismo brasileiro, embora o autor se desculpe, num prólogo, da "elegância de que são ornadas". Esse marco é porém o resultado da atividade quase isolada de Cláudio, como poeta neoclássico, em Minas Gerais. No mesmo ano de 1768, instalou ele mesmo, em Vila Rica, uma Colônia Ultramarina da Arcádia Romana. Sabido é que a Arcádia era presidida, em Roma, por um custode generale e que eram colinie as Arcádias das várias cidades italianas a ela filiadas. Isto explica o fato de Cláudio ter sido, como diz, "criado pela Arcádia Romana Vice-Custode da Colônia Ultramarina". Dois anos depois (1770) o arcadismo nascente tomava lugar ao lado do cultismo agonizante numa nova Academia dos Felizes, que se reuniu em São Paulo. Frei Felisberto da Conceição Belém (Felisberto Belém de Andrade, natural de São Paulo), beneditino, e Frei Antônio de Santa Úrsula Rodovalho (Antônio de Melo Freitas, de Taubaté, irmão dos inconfidentes Carlos Correia de Toledo e Melo, padre, e Luís Vaz de Toledo Piza, sargentomor), franciscano, escreviam oitavas e tercetos com diálogos de pastores e referências, em linguagem simples, a cabanas, cabras, ovelhas e cajados. Esmaeciam os ouropéis da poesia barroca, suplantados pela ideologia neoclássica. Abria-se o primeiro grande capítulo da poesia nacional.

12. *Armando Carvalho*
A LITERATURA JESUÍTICA

O jesuíta. O teatro hierático medieval e o auto. A estética jesuítica. O Barroco. Gil Vicente. Anchieta. A língua tupi. A obra anchietana. Nóbrega.

Circunstâncias históricas e religiosas deram ao Brasil, no primeiro século após o descobrimento, uma desenvoltura cultural e artística, sem similar na história de povos nascentes. Nesses primeiros passos da formação da nacionalidade, avulta e enche todo o século XVI a figura do jesuíta, tão prodigioso no desbravamento dos espíritos, como seria, no século seguinte, o bandeirante, na conquista da terra e do subsolo.

Instituída em 1540, a Companhia de Jesus foi em todo o mundo uma força e uma organização, um idealismo em marcha, amparado no mais inquebrantável baluarte do ser humano: a fé em Deus. "No Brasil, foram os jesuítas, durante os primeiros séculos, os únicos portadores de uma organização que se orientava segundo um espírito positivamente construtor."[1]

Deles recebemos, na arquitetura[2] e nas artes plásticas o que temos de melhor na época colonial, quando o "espírito jesuítico" se fez permanente e inconfundível;[3] igualmente no setor literário e até no histórico e científico, muito lhes deve a inteligência brasileira.

Se procurarmos as raízes da literatura jesuítica no Brasil, lírica ou dramática, necessariamente as encontraremos nas tradições literárias da península ibérica. Vicejou, aliás, em toda a Idade Média, o teatro hierático, de moralidades e mistérios. Existiu com enorme vigor desde os primeiros séculos do Cristianismo, e os "Mistérios", "Paixões", e outros lances dramáticos da vida de Jesus e dos santos, passagens do Velho e Novo Testamento, as formas "diálogo", "narrativa", "auto", "lírica", cantadas e representadas, dentro e fora das igrejas, prevaleceram até o século XIV, quando se desvirtuaram de seu sentido litúrgico, aceitando a língua vulgar, a crítica dos costumes, a substituição do canto gregoriano pela maneira de cantar do próprio povo.

O povo português, como os demais do Ocidente, conheceu o teatro hierático da Idade Média "a que ainda hoje pelas aldeias se chama auto". "O povo cantava as suas prosas e hinos farsis"[4] nas grandes festas da Cristandade, Natal, Reis e Pascoa, e a eles se referem, proibindo-os pelas liberdades tomadas, as constituições dos Bispados de 1534 a 1589.[5] Nas formas dramáticas palacianas que apareceram sucessivamente em Portugal a partir do século XIII, os "arremedilhos", os "momos", os "intermezos", havia, igualmente, misturados com as expressões mímicas, os elementos profanos e religiosos e as figuras simbólicas de "alma", "anjo" e "diabo", a que nos familiarizaram os autos jesuíticos.[6]

A estética jesuítica mergulha suas raízes mais no tradicionalismo medievo de que no Classicismo renascentista, como bem pôs em relevo Joaquim Ribeiro, apontando na poesia anchietana, inclusive em tupi, vestígios e reminiscências dos poemas religiosos medievais.

Com a representação, em Portugal, no ano de 1502, do *Monólogo do vaqueiro*, tenta Gil Vicente[7] a criação do teatro nacional português, que sustentou uma luta árdua e improfícua com o teatro renascentista, nos moldes clássicos, oriundo da Itália, luta continuada, mais tarde, pelos seus seguidores, já na fase nitidamente barroca e filiada aos modelos dos escritores romanos do primeiro século, predominando Sêneca. Será na Espanha, principalmente com Lope de Vega e Calderón, que o teatro peninsular afirmará a sua independência, fornecendo fórmulas, inclusive, para o drama europeu moderno.

Embora, na primeira fase da obra de Gil Vicente, acentuadamente religiosa, não se encontre nenhum auto de "Paixão", pois os seus autos de Natal são simplesmente "vilancicos" — e que já existiam nos usos da poesia do povo; embora, ainda, o gênio de Gil Vicente se mostrasse, de preferência, nas comédias de caráter, atingindo as culminâncias, no terceiro período de seu labor literário com a famosa *Trilogia das barcas*, é forçoso filiar o teatro jesuítico no Brasil na mesma predominância literária do teatro vicentino.

Gil Vicente foi um dramaturgo protobarroco. Encontram-se em seus autos elementos do Barroquismo, hoje estudado em todo o mundo e já abundantemente apontado no Brasil.[8]

O estilo, o espírito barroco, surgiram, como a Companhia de Jesus, da Contrarreforma. Esse movimento religioso partiu da Espanha e da Itália para o resto do mundo. Seu reflexo literário caracteriza-se, no teatro, pelo antagonismo aos moldes clássicos, quebrando as disciplinas de ação, de tempo e de lugar, aumentando o número de personagens, introduzindo a crítica social e a de costumes, o elemento fabuloso e o maravilhoso pagão, usando e abusando do burlesco, fazendo funcionar cenicamente os elementos dramáticos mais opostos com personagens reais e personagens abstratas, do idealismo mais alado e do mais chão realismo, contrariando assim a homogeneidade e unidade, básicas no teatro clássico.

Nas peças de Gil Vicente "os homens vivem vida dúplice, com um pé na terra e outro no céu, aliando, na sua consciência, o mais grosseiro materialismo das preocupações terrenas com a mais alada fé no além".[9] Cultiva igualmente o aparato, a grandiosidade, adota o simbolismo e a convenção, estabelece contrastes — Deus e diabo, vida e morte, paraíso e inferno, céu e terra, anjo e pecador, mortal e eterno, vício e virtude — num vaivém pendular, numa dualidade que marca o espírito barroco de forma indelével e de que resulta em todas as manifestações artísticas, sonoras, cinemáticas e plásticas, uma teia convulsiva, contorcida, reflexo doloroso dos conflitos religiosos da época.

No seu antagonismo aos moldes neoclassicistas do Renascimento, Gil Vicente desprezou a prosa e foi buscar para seus dramas e comédias a forma poética, recorrendo aos antigos metros, que viviam na alma do povo.

No teatro jesuítico vamos encontrar muitas dessas características, incluindo os metros poéticos, o lado cômico, o aparato e o artifício, as antíteses — bem e mal, anjo e diabo, céu e terra, vida e morte, prêmio e castigo, amor e temor — não faltando a crítica social local, necessariamente ingênua e simples, pois a eliminação de maus costumes de brancos e índios e das injustiças de toda a espécie era um dos nobres propósitos da Companhia de Jesus, coadunando-se com a doutrina que pregava. E o teatro lhe foi arma poderosa e persuasiva nessa depuração dos espíritos e de normas de vida.

A obra de Gil Vicente perpetuou-se, mas sem movimento. Se quisermos procurar, em Portugal, analogias menos sutis para os autos jesuíticos representados no Brasil, iremos encontrá-las diversas e fundamentadas. Da Escola Vicentina, temos, por exemplo, o teatro hierático de Afonso Álvares (1536), protegido e influenciado pelos cônegos de São Vicente e padres de São Francisco e nos de Baltazar Dias, "de todos os poetas dramáticos portugueses o mais conhecido e amado pelo povo".[10] Alguns desses autos foram apresentados em Portugal nos colégios da Companhia de Jesus em Coimbra, Santo Antão em Lisboa, Évora, Porto, Santarém e Braga, onde contudo prevalecia a representação das tragicomédias em latim e não em vernáculo. Igualmente, tanto em Portugal como na Espanha, eram comuns as procissões de *Corpus Christi* com grande aparato e diálogos sobre temas sagrados, semelhantemente às que ocorreram no Brasil promovidas pelos padres jesuítas. Pode-se mesmo acrescentar que as representações sacras no Brasil começaram antes de os jesuítas escreverem as suas. Ou improvisadas aqui mesmo ou trazidas da metrópole, algumas dessas peças religiosas antecederam a *Pregação universal* (de 1567 a 1570), a primeira que se escreveu no Brasil.[11]

Todavia essas analogias se referem a características externas de metro e estrofe e a temas escolhidos de base religiosa e moral, sem que desvirtuem as originalidades e os peculiarismos do teatro jesuítico no Brasil, de caracteres e finalidades diferentes e de acentuado cunho local.

Nasceu esse teatro no pertinaz combate levado a efeito pela Companhia de Jesus à "antropofagia e superstição, à mancebia e todos os vícios e abusos dos bugres e colonos. Foi um teatro de moralidades". Defendia a boa conduta, fomentava a união do povo e da família, fazia crítica severa aos usos e costumes. "Por outro lado aprimorava o culto, familiarizava os aborígines com as figuras sagradas",[12] disseminava a doutrina cristã de maneira ingênua e incisiva. Os jesuítas usaram sempre os métodos diretos. "Uma das regras da Companhia de Jesus é que todos aprendam a língua da terra onde residem se não virem que é mais útil a sua própria."¹³ Seguindo inflexivelmente essa norma, a redução da língua tupi a regras ou Arte Gramatical foi a preocupação dos primeiros padres da Companhia — Nóbrega, Navarro, Ambrósio Pires, Gaspar Lourenço, irmãos Cipião, Blasques, Antônio Rodrigues — mas seria José de Anchieta*

---

* José de Anchieta (Tenerife, Canárias, 1534 — Reritiba, Espírito Santo, 1597) veio para o Brasil em 1553, aos 19 anos de idade, na comitiva do segundo Governador-Geral, Duarte da Costa. Professou primeiras letras, em São Vicente, e aos 43 provincial, cargo que ocupou durante onze anos, passando então para a casa do Espírito Santo. Aí aos 63 anos, faleceu aquele que, chamado o *Apóstolo do Brasil*, foi também o seu primeiro mestre.

Bibliografia

As fontes para o estudo do florescimento da poesia lírica e dramática no Brasil são as seguintes:
Cartas jesuíticas. Publ. Academia Brasileira de Letras. Rio de Janeiro, 1931-1933. 3 vols.; I, M. da Nóbrega, *Cartas do Brasil*, 1549-1560, II, *Cartas avulsas*, 1550-1568, III, *Cartas, informações, fragmentos históricos e sermões do P. J. de Anchieta*, S. J. 1554-1594; *Novas cartas jesuíticas*, pub. por Serafim, Leite, S. J. São Paulo, 1940; José de Anchieta, S. J. *De Beata Virgine*. Texto latino, versão, introd. e notas de A. Cardoso, S. J. Rio de Janeiro, Arquivo Nacional, 1940; idem. *Auto representado na festa de São Lourenço*. Trad. coment. M. de L. de Paula Martins. São Paulo, Museu Paulista, 1948; idem. *Na vila de Vitória e Na visitação de Santa Isabel*. Ed. M. de L. de Paula Martins. São Paulo, Museu Paulista, 1950; idem. *Poesias*. Transcrição, trad. notas de M. de L. de Paula Martins. São Paulo, Museu Paulista, 1954; idem. *Arte de Gramática da língua mais usada na costa do Brasil*. Rio de Janeiro, Bibl. Nacional, 1933; Melo Morais Filho. *Curso de literatura brasileira*. 2. ed. Rio de Janeiro, 1882; E. Perié. *A literatura brasileira*. Buenos Aires, 1885; *Primeiras letras* (Clássicos brasileiros). Intr. e notas de Afrânio Peixoto. Ed. Academia Brasileira de Letras, Rio de Janeiro. Anuário do Brasil, 1923; Serafim Leite, S. J. *História da Companhia de Jesus no Brasil*. Rio de Janeiro, 1938. vol. II; S. Buarque de Holanda. *Antologia dos poetas brasileiros da fase colonial*. Rio de Janeiro, Inst. Nac. do Livro, 1953, 2 vols.
Com a publicação das referidas edições, com textos cientificamente estabelecidos e comentados, de Maria de Lourdes de Paula Martins e do Pe. A. Cardoso S. J. a obra anchietana foi posta ao alcance dos leitores e estudiosos, de modo praticamente completo, podendo através delas ajuizar-se o valor da literatura jesuítica. A edição das obras completas de Anchieta é publicada pelos Pe. Armando Cardoso e Hélio Viotti, S. J., em 8 vols. pela Livraria Loiola, São Paulo, 1880-1985.
Para a bibliografia anchietana, ver: Leite, S. *História* etc. vol. VIII; Simões dos Reis, "A bibliografia anchietana" (in *Jornal do Commercio*. Rio de Janeiro, 18, 25 mar. 1934).

Consultar

Anais da Biblioteca Nacional. Rio de Janeiro, 1897, vol. XIX. Contém: Pe. Pedro Rodrigues, "Vida do Padre J. de Anchieta", "Cartas de Anchieta", "História dos Colégios do Brasil"; *Autores e Livros*. IX, n. 4, Rio de Janeiro, 18 jul. 1948: "Notícia biográfica, florilégio, bibliografia de José de Anchieta"; idem. vol. IX, os ns. 3, 8, 9, 10, quem principalmente realizaria esse intento. A sua e a experiência de outros a aperfeiçoaram. "Em 1556 já se ensinava o idioma tupi no Colégio da Bahia e para sua fácil utilização a *Arte da gramática* de Anchieta foi impressa em Coimbra em 1595."[14] A Anchieta une-se no mesmo notável esforço o padre Luís Figueira com a sua *Arte da língua brasílica*, com o texto todo em português e impressa em Lisboa em 1621.

José de Anchieta de tal modo "aprendeu a língua da terra que não somente chegou a entendê-la e a falar com perfeição, mas também a compor a *Arte da gramática* e trasladou para ela o catecismo, deu princípio ao vocabulário, fez a doutrina e diálogos das coisas da fé".[15]

Esses vocabulários tupi deveriam ser, a princípio, listas de nomes que, passando de uns padres a outros, se foram aperfeiçoando e ampliando sucessivamente. A primeira vez que se depara referência a vocabulário em forma 1

11, 12, 13, 14 são dedicados a diversos jesuítas que tiveram papel de relevo na crônica religiosa do século XVI: Nóbrega, Cardim, Quirício Caxa, Jerônimo Rodrigues, Leonardo do Vale, Luís Figueira, Antônio de Araújo e outros; Azevedo, J. L. de. *O marquês de Pombal e a sua época*. 2. ed. Rio de Janeiro, Anuário do Brasil, 1922; Buarque de Holanda, S. "Literatura jesuítica" (in *Diário de Notícias*. Rio de Janeiro, 1, 9, 16 jan. 1949); idem. "Teatro jesuítico" (in *Diário Carioca*. Rio de Janeiro, 23 set., 7 out. 1951); Capistrano de Abreu, J. "A obra de Anchieta no Brasil" (in *Ensaios e estudos*. Rio de Janeiro, Briguiet, 1932. Vol. III); *O catolicismo no Brasil* (catálogo da exposição de bibl. religiosa). Rio de Janeiro, Biblioteca Nacional, 1955; Gonzaga Cabral, Luís S. J. *Jesuítas no Brasil*. São Paulo, Melhoramentos, s. d.; Leite, Serafim, S. J. *História da Companhia de Jesus no Brasil*. Lisboa — Rio de Janeiro, 1938-1950. 10 vols. Para o teatro, v. especialmente: I, 101, 103, 224; II, 599-613; IX, 428 (introdução e primeiras representações); VII, 369 (Diálogo na Bahia); IV, 294-300 (no Maranhão e Pará); 1, 492 (em Pernambuco), IV, 296-298 (os papéis femininos); IX, 93-94 (teatro no Colégio das Artes de Coimbra); IX, 450 (autores jesuítas no Brasil); Lima, Jorge de. *Anchieta*. Rio de Janeiro, Civ. Bras. 1934; Macedo Soares, J. C. "O teatro jesuítico "(in *Jornal do Commercio*, 4 jul. 1954); Madureira, J. M., S. J. *A liberdade dos índios, a Companhia de Jesus, sua pedagogia e seus resultados*. Rio de Janeiro, Imp. Nacional, 1927-29. 2 vols.; Morais, Durval de. *O poema de Anchieta*. Rio de Janeiro, Rev. de Cultura, 1929; Paula Martins, M. L. *Literatura tupi do Pe. Anchieta* (in *Rev. Arq. Mun*. São Paulo, VII, 1941); "Quarto centenário do nascimento de Anchieta. Conferência no IHGB, 1933-34." Porto Alegre, Globo, 1934; Ribeiro, Joaquim. "O espírito medieval de Anchieta; a estética jesuítica; fontes da poesia anchietana" (in *Jornal do Commercio*). Rio de Janeiro, 25 mar. 1934); Rodrigues, Pero. *Vida do Padre José de Anchieta*. (in *Anais da Bibl. Nacional*. XXIX, "III Centenário do Ven. Padre J. de Anchieta" (Conferências). Paris-Lisboa, Aillaud, 1900; Vasconcelos. Simões de, S. J. *Crônica da Companhia de Jesus no Estado do Brasil*, Lisboa, 1865 (1ª ed. Lisboa, 1663); idem. *Vida do Venerável José de Anchieta*. Rio de Janeiro, Inst. Nac. Livro, 1943 (1ª ed. Lisboa, 1672); Vieira, Celso. *Anchieta*. Rio de Janeiro, 1929; Vilhena de S. J. "A chegada de Anchieta ao Brasil" (in *Jornal do Commercio*. Rio de Janeiro, 4/5 abr. 1954); idem. *O mistério eucarístico na poesia anchietana*. (ib. 24 jul. 1955); Azevedo Filho, Leodegário A. *Anchieta, a Idade Média e Barroco*. Rio de Janeiro, German, 1966.

em 1585. A autoria dele é atribuída ao padre Leonardo do Vale "príncipe das línguas brasílicas" e que foi lente do idioma tupi no Colégio da Bahia em 1572.[16]

O ensino do grego usado no curso de humanidades nos colégios dos jesuítas na Europa foi substituído nos colégios da Companhia, no Brasil, pelo ensino do tupi. Por isso os estudantes chamavam "grego" à língua brasílica. Para Nóbrega, o tupi era o "latim da terra".[17]

A língua tupi era "fácil, elegante, suave e copiosa".[18] Era a chamada "língua geral" e foi propagada em todo o Brasil pelos jesuítas, em sua missão evangelizadora.

"Em todos os colégios, sempre que chegavam novos missionários, eram obrigados a aprender a língua geral para ensiná-la às tribos nheengaíbas, isto é, aquelas que não falavam o tupi. Tanto assim é que, no Amazonas, todas as tribos que ainda existem, com dialetos muito diversos, e que foram missionadas, falam a língua geral."[19]

O aprendizado da língua local, permitindo aos jesuítas uma ação mais objetiva e eficiente na catequese, possibilitou, também, um melhor conhecimento dos usos, costumes e tendências dos aborígines. Perceberam depressa que havia nesses índios selvagens uma inata tendência musical. Eram bons instrumentistas, cantavam e dançavam bem, e improvisavam com facilidade. Logo aproveitaram essas tendências, fazendo-os cantar e tocar nas igrejas e, fora delas, foram chamados a colaborar nos autos, éclogas pastoris, comédias e dramas que os jesuítas iam escrevendo e nos quais, sem comprometer a unidade artística, introduziram a música, o canto e movimentos coreográficos.

Eram os índios "destros em todos os instrumentos musicais, charamelas, frautas, trombetas, baixões, cornetas e fagotes" e isto sem abandonarem os seus instrumentos nativos, entre os quais a "taquara" e o "maracá",[20] "e tão estimados eram os cantares de ambos os sexos que, se, por acaso, tomavam nas ciladas um contrário bom cantor e inventor de trovas, poupavam-lhe a vida".[21]

Esses índios "eram homens que só com a música e o canto podiam ser chamados à vida civilizada",[22] e não hesitaram os padres da Companhia de Jesus, os Manuel da Nóbrega, Álvaro Lobo, Manuel do Couto e, principalmente, José de Anchieta, a erguerem no Brasil um teatro hierático, em cujas representações havia a participação direta do índio brasileiro, quer como ator, quer como cantor ou dançarino. Esta simbiose entre o padre e o selvagem, entre o espírito erudito e o espírito primitivo, parece singular na literatura universal.

Mas, pergunta-se: "Quais eram os cantos que cantavam os padres e faziam os índios cantar? Na certa muitos eram peças gregorianas." "O cantochão vive assim espalhadíssimo nos bairros, nas vilas, por aí tudo no interior. Será possível talvez perceber na liberdade rítmica de certos fraseados do nosso canto, e mesmo em alguns dos seus arabescos melódicos, uma influência gregoriana."[23]

Não desprezavam, contudo, os padres jesuítas o folclore indígena, aproveitando-o muitas vezes nos cantos com o respectivo texto em tupi e procedendo de igual modo com as formas e ritmos das danças aborígines que serviam, comumente, para finalizar os espetáculos cênicos nas aldeias dos índios.

Desses cantares e movimentos coreográficos, insuflados pelos jesuítas de temas religiosos, existem vestígios no folclore nacional da atualidade. Segundo Mário de Andrade, uma das mais espalhadas é o "cateretê" ou "catira", dança de nome tupi. "Caso mais indiscutível ainda dessa fusão ameríndio-jesuíta é o do 'cururu'. Em certas festas populares, religiosocoreográficas, tais como a dança de São Gonçalo e a dança de Santa Cruz, pelo menos nos arredores de São Paulo, após cada número do cerimonial, dança-se um 'cururu'. Ora os processos coreográficos dessa dança têm tal e tão forte sabor ameríndio que não hesito em afirmar ser o 'cururu' uma primitiva dança ameríndia, introduzida pelos jesuítas nas suas festas religiosas fora (e talvez dentro) do Templo. E esse costume e danças permaneceram vivos até agora." Também os "caboclinhos" e os "caiapós", nomes de vários bailados atuais do país, são de inspiração diretamente ameríndia e, às vezes, representam cenas da vida tribal. E essa mesma inspiração transparece em certos ritos feiticeiros da religiosidade nacional, como o "catimbó" nordestino e a "pajelança" nortista.[24]

Do grupo de religiosos que nos mandou a Companhia de Jesus, sobressai de forma inconfundível a figura de José de Anchieta. Se Manuel da Nóbrega foi a organização, o estímulo, a energia, o pensamento, Anchieta foi a abnegação, a santidade, a poesia. Anchieta foi um poeta, e poeta lírico. Ora, "cada poeta lírico é um dramaturgo que se ignora", "o lirismo é a verdadeira nascente do espírito dramático".[25] Assim, transformou-se Anchieta no dramaturgo que deu aos primórdios do teatro brasileiro, entre outras peças, esse *Auto de São Lourenço*, hoje em plena fase de crítica e valoração, e, ao balbuciar do lirismo no Brasil, o poema *De Beata Virgine*.

Aprofundando-se no estudo do idioma e costumes aborígines e transportando-os com particularismo e realismo notáveis para a cena teatral, os jesuítas anteciparam-se, de séculos, ao chamado "indianismo" da época romântica. E só neles encontramos bases sérias para o estudo desse mesmo idioma, usos e costumes.

Faça-se, contudo, a necessária distinção, no teatro jesuítico, quanto aos locais de representação que determinavam o gênero do espetáculo e a sua própria estrutura:[26]

a) nas aldeias dos índios, evangelizados ou semievangelizados;
b) nas cidades, dentro ou fora das igrejas, para a população em geral;
c) nas salas dos colégios para os estudantes e visitas gradas.

a) nas aldeias dos índios, prevalece a ingenuidade e não poucas vezes a tolerância mais estranha no aproveitamento de elementos indígenas, os mais extravagantes, tirados uns da fauna, outros da etnologia aborígine. Eram as peças escritas em português e tupi ou em português, tupi e espanhol. Desse tipo, há notícia das seguintes:

Auto de Santiago, representado na aldeia de Santiago na Bahia, em 1564, parece não ter sido escrito no Brasil; *Auto pastoril*, na aldeia do Espírito Santo, em 1583; na mesma aldeia, *Diálogo pastoril*, em 1584; *Auto de São Lourenço*, na aldeia de São Lourenço, Rio de Janeiro, em 1583; *Diálogo de Guraparim*, aldeia da Capitania do Espírito Santo, em 1587.

b) nas cidades, dentro das igrejas, ou fora delas em palcos armados em estrados. As representações, por vezes, se transformavam ou terminavam em cortejos ou procissões aparatosas com certos personagens dialogando pelo caminho e outros falando das janelas dos prédios, durante o percurso. Conhecem-se:

Auto da pregação universal (de 1567 a 1570?), em Piratininga, ao ar livre, escrito em português e tupi; primeira peça escrita no Brasil, de autoria comprovada de José de Anchieta;[27] *Tragicomédia* na Bahia, em 1581, supondo-se ter o nome de *Santa Úrsula* ou as *Onze mil virgens*; *Auto das onze mil virgens*, na Bahia, em 1583, "com procissão com frautas, boa música de vozes e danças";[28] *Auto de onze mil virgens* na Bahia, 1584, com atores falando das janelas e diálogos pelo percurso; *Auto de São Sebastião*, no Rio de Janeiro, 1584; *Auto da vila de Vitória ou de São Maurício*, Espírito Santo, 1586; *Na visitação de Santa Isabel*, idem, 1597 (?); *Drama de Assuero*, na Bahia, 1589.

c) nos Colégios da Bahia, Olinda, Rio de Janeiro e São Paulo de Piratininga eram organizadas festas nas inaugurações ou encerramentos dos cursos, nas colações de grau, em datas santas, por ocasião de visitas gradas ou ainda por preocupação escolar e esforço meritório de divulgação literária e artística na colônia, nelas representando ou pronunciando os estudantes em estilo mais escolástico e grave, tragédias, diálogos em latim, éclogas, peças oratórias em prosa e verso e, por vezes, nas três línguas da Companhia: português, latim e tupi.

Dessas representações, a que se tornou mais famosa foi a *Tragédia do rico avarento e Lázaro pobre*, levada à cena em Pernambuco em 1575, deduzindo-se ter sido escrita em português — e não em latim — pelas conversões que inspirou.

Outras peças de que existem referências:

Diálogo, em Pernambuco, 1573; *Écloga pastoril*, em Pernambuco, 1574; outra *Écloga*, em Pernambuco, 1576; *Um auto*, em Pernambuco, 1578; *Diálogo*, em Pernambuco, 1584.

Dessas representações, cuja existência, na maioria, somente se conhece por pequenas descrições, alguns versos, datas, locais e às vezes nomes, o *Auto de São Lourenço* ou *Auto na festa de São Lourenço*, constitui preciosa relíquia do nosso primitivo teatro, porque se conhece na íntegra, extraído de manuscrito do próprio punho do autor, e recentemente em cuidadosa tradução, da parte tupi.[29] Escrito em três línguas — português, tupi e espanhol — a sua composição é atribuída ao próprio Anchieta.[30]

Foi representado a 10 de agosto de 1583 — ou ano pouco anterior — no terreiro da Capela de São Lourenço, aldeia de São Lourenço, no morro do mesmo nome, situado na atual cidade de Niterói, Estado do Rio de Janeiro. Divide-se em quatro atos (cinco, se considerarmos ato a dança cantada da procissão final), conta cerca de mil e quinhentos versos, sendo 867 em tupi, 595 em espanhol, 1 em guarani e apenas 40 em português, e quase todos em redondilhas maiores. O tema é desconexo, com várias falhas de rigor histórico e anacronismos, não tem unidade de conjunto, mas é incontestavelmente teatro, legítimo teatro, que deveria ter cumprido na época a finalidade de empolgar a assistência.

"Mas o valor do 'auto' está precisamente nos pormenores, nas cenas, colecionadas, essas sim, com gosto. Mais que a um drama ou a uma comédia, há momentos em que nos pareceria estarmos assistindo a uma espécie de teatro de revista indígena."[31] Essa justa observação não chega a indicar um defeito, antes pode explicar certas situações absurdas existentes no auto, que seriam criadas sem preocupações de equilíbrio, somente visando, quadro por quadro, ao interesse e deslumbramento do público. "A colaboração exterior das artes, tão agradável aos sentidos dos espectadores — afundados em episódios bíblicos — de 'mistérios', 'máscaras' e 'espetáculos ligeiros' medievais, é a mesma que se dá nas *féeries*, 'revistas', etc., tão simpáticas ao público atual, soterrado pelo materialismo. Do ponto de vista estético, o *music-hall*, os 'mistérios religiosos', as 'atelanas' de Roma, a Comédia grega, a 'ópera wagneriana', equivalem-se."[32]

Sendo toda a peça constituída de recortes da vida indígena, do índio pagão e do índio cristianizado; contendo preciosas informações para a história da catequese e das relações culturais luso-tupi; sendo o texto tupi do auto, de grande extensão, antiguidade e pureza de língua; revelando inúmeros topônimos, alguns de primeira mão e todos antiquíssimos; fornecendo copiosos elementos de informação histórica, tais como lutas com os franceses, entre missionários e colono, entre os índios e os brancos, lutas de tribos, entradas de caça ao índio, o tráfico do índio pelo próprio índio, etc., o *Auto de São Lourenço*, far-se-á indispensável nos estudos históricos, etnológicos, filológicos e linguísticos, dos antigos índios do grupo tu pi.[33]

"Mas acima de todos esses motivos de interesse, parece-nos, está o indiscutível, ainda que estranho lugar, que compete ao *Auto de São Lourenço* na história da literatura brasileira. Sim. Porque embora escrito em tupi, ele não faz parte da literatura tupi que não existe, mas sim da literatura brasileira."[34]

Se no *Auto de São Lourenço* os versos em tupi se limitam a mera função mnemônica, sem valores estéticos ponderáveis, vamos encontrar nos versos em espanhol e em português muitos primores literários. A fala do "Anjo" com as figuras do "Amor" e "Temor" de Deus, já depois de São Lourenço estar sepultado, destaca-se pela eloquência e unção religiosa.

1114 - Dois fogos trazia na alma,
com que as brasas resfriou,
e no fogo em que se assou,
com tão gloriosa palma,
dos tiranos triunfou.

1119 - Um fogo foi o Temor
do bravo fogo infernal,
e, como servo leal,
por honrar a seu Senhor,
fugiu da culpa mortal.

1124 - Outro foi o Amor fervente
de Jesus, que tanto amava,
que muito mais se abrasava
com esse fervor ardente,
que co'o fogo em que se assava.

De o "Temor de Deus": (em espanhol)

1258 - Oh perdido!
Alli serás consumido
sin nunca te consumir
Alli vida sin vivir,
alli lloro y gran aulido,
alli muerte sin morir.

1264 - Planto será tu reir,
tu comer, hambre muy fiera,
tu beber, sed sin manera,
tu sueño, nunca dormir,
todo esto ya te espera.

1269 - Oh mohino!
pues que verás, de contino,
ai horrendo Lucifer,
sin nunca llegar a ver,
aquel conspecto divino,
de quien tienes todo ser,

1129 - Estes o fizeram forte.
Corri estes purificado
Como ouro refinado,
padeceu tão crua morte
por Iesu, seu doce amado.

1134 - Estes vos manda o Senhor
a ganhar vossa frieza,
para que vossa alma acesa
de seu fogo gastador
fique cheia de pureza.

1139 - Deixai-vos deles queimar
como o mártir São Lourenço
e sereis um vivo incenso
que sempre haveis de cheirar
na corte de Deus imenso.

1275 - acaba ya de temer
a Dios, que sempre te espera,
corriendo por su carrera,
pues no puedes suyo ser
si no sigues la bandera.

1280 - Hombre loco!
Si tu corazon ya toco,
múdense tus alegrias,
en tristezas y agonias.
Mira que te falta poco
para fenecer tus dias!

1286 - No peques más contra aquel
que te ganó vida y luz,
con su muerte tan cruel,
bebiendo vinagre y hiel
en el árbol de la cruz.

O Auto de São Lourenço, como muitas das outras peças religiosas compostas pelos jesuítas terminava por uma procissão com danças e na qual doze meninos iam recitando louvores, em verso, ao Santo, agradecendo e pedindo a sua proteção.

Dessa mesma peça existe, no caderno manuscrito de Anchieta, uma segunda versão muito reduzida e adaptada ao Natal.

Esse teatro jesuítico, em sua tríplice feição, não possuía locais para as representações, excetuando-se, talvez, as que eram adaptadas nas grandes salas de estudo dos Colégios. Aliás, na Europa dos séculos XV e XVI as "casas de espetáculos" eram simples tablados, erguidos nos fundos das casas ou em pequenas praças, com os espectadores sentados em bancos improvisados com tábuas, ou nas janelas das casas vizinhas.

O mesmo ocorria com os cenários, que não existiam como este nome sugere, limitando-se a uma simples cortina ou pouco mais, deixando-se à imaginação do espectador a marcação dos lugares onde a ação se desenrolava. Depois foram aparecendo os cenários que assinalavam na mesma cena, de forma convencional, os lugares dos diversos acontecimentos. Somente no século XVIII inventaram-se os cenários móveis, a perspectiva, a multiplicação do espaço.

No Brasil, quando nas aldeias dos índios, a luxuriante floresta tropical montava maravilhoso pano de fundo. Nas representações nos terreiros das igrejas ou perto delas havia o estrado e a mesma simples cortina com um pedaço de vela a servir de toldo.

"O sinal para o início do espetáculo era dado pelos músicos cobertos de penas e listrados de urucu. Os padres forneciam os trajes e cuidavam da cena."[35]

Existiam também complicados maquinismos e símbolos de toda espécie: "Havia um rio artificial, alçapões que tragavam e expeliam demônios. Os truques eram admiráveis de simplicidade. Para representar a lua, por exemplo, um índio assomava no fundo do palco improvisado segurando uma lanterna. Outro, para figurar de vento, enchia umas bochechas de deus Éolo, soprava com a cabeça fora do pano servindo de bastidores e um rancho de diabos vermelhos rolava no tablado."[36]

Simultaneamente com o teatro, criado e orientado pelos jesuítas, assiste-se ao alvorecer da poesia, servida principalmente pelo poeta que foi José de Anchieta. A publicação integral das suas *Poesias* coloca-o em posto ímpar na história da poesia quinhentista, como bem salientou o Pe. Hélio Viotti, ao prefaciar a monumental edição.

De suas inúmeras poesias, alheias aos espetáculos cênicos, deve mencionar-se "Ao Santíssimo Sacramento", "A Santa Inês", e o grande poema da "Bem-aventurada Virgem Mãe de Deus-Maria".

"Ao Santíssimo Sacramento" é um poema formado por 46 quadras, sendo os primeiros três versos de sete sílabas e o quarto somente de três, rimando este com o primeiro verso da quadra seguinte. É um dos mais belos poemas de Anchieta, aliando lirismo, graça e suavidade de expressão:

> Oh que pão, oh que comida,
> Oh que divino manjar
> Se nos dá no santo altar
> Cada dia.
>
> ....
>
> Por caber dentro de nós
> Vos fazeis tão pequenino,
> Sem o vosso Ser divino
> Se mudar.
>
> Para vosso amor plantar
> Dentro em nosso coração,
> Achastes tal invenção
> De manjar
>
> ....

> Ar fresco da minha calma,
> Fogo de minha frieza,
> Fonte viva de limpeza,
> Doce beijo.
>
> Mitigador do desejo
> Com que a vós suspiro e gemo,
> Esperança do que temo
> De perder.
>
> Pois não vivo sem comer:
> Como a vós, em vós vivendo,
> Vive em vós em vós comendo
> Doce amor.

Com a mesma inspiração, "A Santa Inês", poesia composta "na vinda da sua imagem", reúne sobriedade de expressão, lirismo e imagens eucarísticas de límpido pensamento teológico.

Escrito em versos de cinco sílabas ou redondilha menor, inicia-se com uma quadra em rima alternada, continuando em oitavas, com os primeiros quatro versos em rima oposta, rimando o primeiro com o quarto e com o quinto verso, e o sexto com o oitavo, repetindo em todas as oitavas as palavras "vossa vinda" e "povo", com este rimando sempre o último verso. Nessa fórmula poética difícil, embora de rima pobre, compôs José de Anchieta 1 quadra e 9 oitavas, com este espontâneo sabor de trovas:

Cordeirinha linda,
Como folga o povo,
Porque vossa vinda
Lhe dá lume novo.

Cordeirinha santa,
De Jesus querida,
Vossa santa vida
O Diabo espanta.
Por isso vos canta,
Com prazer o povo,
Porque vossa vinda
Lhe dá lume novo.

....

Vós sois cordeirinha
De Jesus Formoso;
Mas o vosso Esposo,
Já vos fez Rainha.
Também, padeirinha,
Sois do vosso povo,
Pois com vossa vinda
Lhe dais trigo novo.

....

Não se vende em praça
Este pão da vida,
Porque é comida
Que se dá de graça.
Oh preciosa massa!
Oh que pão tão novo,
Que com vossa vinda
Quer Deus dar ao povo.

....

De Beata Virgine Dei Matre-Maria é um poema singular sob diversos aspectos. Dificilmente, em nosso tempo, pode essa extraordinária composição poética encontrar a isenção e a compreensão necessárias a um pleno julgamento crítico-literário.

A sua análise minuciosa continua por fazer. Todavia, com a última edição do grande poema, em excelente versão para o português, já se faz possível um exame mais direto, a partir do qual a obra poética de Anchieta avulta de proporções.

Foi escrito em latim, língua que na época era o idioma adotado pela gente culta. "O poema, incluindo a dedicatória final e as *Piae Petitiones* que se costuma colocar entre uma e outro, conta 5.786 versos, ou seja, 2.893 dísticos. O dístico, união do hexâmetro e pentâmetro clássico, é a estrofe empregada por Anchieta. Não foi ao acaso que o autor escolheu essa combinação: além da imitação consciente de Ovídio, é a que melhor traduz o paralelismo bíblico que o poeta cristão quis importar em larga escala para a sua obra, parafraseando inúmeros salmos e cânticos hebreus."[37]

Notam-se igualmente reminiscências da *Via Christi* de Ludolfo de Saxônia, livro clássico da Idade Média; de São Bernardo, outro profundo devoto da Mãe de Jesus; de Gil Vicente no *Auto da Mofina Mendes*, a par de Ovídio, Virgílio e

Horácio. Reminiscências de leituras porque, fontes escritas, no estranho cenário e circunstâncias em que foi composto o poema, só possuía José de Anchieta, a *Bíblia* e o *Breviário*.

Esse cenário foi Iperóig, aldeia do chefe tamoio Caoquira, a 155 quilômetros a nordeste da atual cidade de Santos. Ano de 1563. Anchieta, refém dos índios selvagens, pode morrer a qualquer momento. O poema vem-lhe da alma e do coração em ondas mais irresistíveis do que aquelas que apagavam na areia dura da praia os versos latinos que ia traçando. Retendo na prodigiosa memória esses quase seis mil versos, escreve-os, muito tempo depois, já livre das amarguras do cativeiro.

O Poema da Virgem é a narrativa da vida de Maria, Mãe de Jesus. Divide-se em 5 livros ou cantos: I) Infância de Maria; II) A Encarnação do Verbo; III) Maternidade de Jesus; IV) Infância de Jesus; V) Paixão e Glória do Filho e da Mãe.

O valor do poema mariano, sob o ponto de vista humanísticoascético, não pode sofrer contestação. A sua forma literária enquadra-se nos moldes da elegia clássica, consoante a mais rigorosa métrica e a observação meticulosa das particularidades que fizeram a glória do autor das *Metamorfoses*.

Conjugam-se nele quatro principais elementos:

1) ambiente: as selvas de um novo continente; cativeiro do autor entre índios antropófagos.

2) forma: elegia clássica, nos moldes da de Ovídio, autor do modelo.

3) tema: Maria Virgem, a Mãe de Jesus, Protagonista, com Seu Filho, da maior tragédia da História.

4) extensão: um dos maiores poemas conhecidos, em um desdobramento prodigioso de imagens e conceitos sobre o tema.

É precisamente sobre a extensão do poema que recai a maioria das críticas, sem se levar em conta a voga do longo poema no tempo em que foi escrito. Deve acentuar-se, todavia, que o poeta era sacerdote jesuíta que, embora servindo-se de formas poéticas castiçamente clássicas, não poderia fugir à determinante do espírito barroco, em que se integrava, e no qual a medida e a proporção não existiam. Aliás, os seus modelos latinopagãos são os preferidos na fase de transição do Renascimento para o período barroco. Apesar de sua extensão, o poema foi lido por toda a Europa dos séculos XVII e XVIII.

O CORAÇÃO DA MÃE

4445 — Mas como vives ainda se morreu tua vida?
Por que com o teu Deus
te não arrebatou a mesma morte?

Como te não arrancou o coração
o último suspiro de Jesus,
se uma só alma unia as duas vidas?
Não podia, de certo,
suportar tua vida tão acerbas dores,

4450 — nem mesmo o teu amor imensurável,
se te não sustentasse de teu Filho o braço.
Permitindo ao teu coração novos martírios.

4455 — Sim, vives ainda, ó Mãe, para sofrer
novos trabalhos.
Já te bate à porta
a última onda deste mar de sangue.
Cobre, ó Mãe, o semblante
venda os amantes olhos:
como um furacão a hasta agita as leves auras.

A lança rasga o peito do Filho inanimado,
e treme ao lhe cravar o Coração.
Faltava a tantas dores,

4460 — oh faltava, este complemento crudelíssimo!
Este suplício a mais,
mais esta chaga atroz te estava reservada:
esta dor cruel seria a tua herança.
Oh, quanto quiseras

te cravassem na Cruz com o teu Jesus,
as mãos virginais às mãos divinas,
os pés virginais aos pés divinos.

4465 — Ele, porém, escolheu para si
a Cruz e os duros cravos
reservando a fria lança ao teu coração.
Descansa pois ó Mãe,
já tens quanto querias,
toda esta dor te estala nas fibras do coração.
A ferida cruel achou o corpo de Jesus
já frio pela morte,
só tu a sentiste no teu coração amante.

Sabe-se que Anchieta havia prometido, em voto, um poema à Virgem Maria. No momento em que resolvera compô-lo, na hora atribulada do cativeiro caiu em hesitações, pois todas as palavras e pensamentos lhe pareciam indignos de tal propósito. Daí o famoso primeiro verso de seu Poema:

> Eloquar? an sileam, Sanctissima Mater Iesu?
> (Cantar, ou calar? Mãe Santíssima de Jesus...)

Vencidos os escrúpulos e vazado para o papel o poema, já livre do cativeiro, escreveu Anchieta uma dedicatória que é por si só um pequeno poema:

> Eis os versos que outrora, ó Mãe Santíssima,
>   te prometi em voto
> vendo-me cercado de ferozes inimigos.
> Enquanto entre os Tamoios conjurados,
> pobre refém, tratava as suspiradas pazes,
>   tua graça me acolheu
>   em teu materno manto
> e teu poder me protegeu intatos corpo e alma.
>   A inspiração do céu,
> eu muitas vezes desejei penar
> e cruelmente expirar em duros ferros.
> Mas sofreram merecida repulsa meus desejos:
>   só a heróis
>   compete tanta glória!

Anchieta representa uma das mais ricas expressões poéticas do século XVI. Na América, foi o primeiro, sem que nenhum outro poeta dele se aproximasse, a despeito do movimento cultural, de grau superior, no resto do Continente.

A fundação da Universidade de São Marcos, em Lima, data de 1551, vinte anos depois da chegada de Pizarro ao Peru. "No mesmo decênio fundaram-se as universidades do México e São Domingos. Em fins do século XVII já possui o Peru dois estabelecimentos de ensino superior, graças à instituição de uma nova universidade, a de Cuzco."[38]

No ano de 1539 inaugurou-se, no México, a primeira imprensa do continente, seguida, mais tarde de outra no Rio da Prata, "espécie de Minerva indígena, nascida no meio das selvas virgens", no dizer de Bartolomé Mitre.[39] Mas o que essas máquinas imprimiam em idiomas indígenas eram simples traduções ou adaptações de livros europeus. Pouca ou nenhuma "influência nativa ou de ligação com o ambiente humano ou geográfico".[40]

A literatura luso-tupi dos jesuítas, no Brasil, caracteriza-se e distingue-se das literaturas castelhano-guarani:

1) por uma intrínseca união com o aborígine, atuante e coadjuvante com seus elementos etnológicos na formação da obra literária;

2) pela preferência sistemática da forma poética;

3) pelo bilinguismo, e mesmo polilinguismo (português, castelhano, latim e tupi), artifício literário de boa tradição ibérica (*e.g.* o uso que dele fez Gil Vicente), certamente visando à adaptação aos diferentes tipos de público com que lidava, ou ainda, como sugere Sérgio Buarque de Holanda,[41] para quebrar a monotonia dos diálogos e para melhor destacar as personagens umas das outras;

4) pelo florescimento de um poeta e dramaturgo da estirpe de José de Anchieta, de valor artístico inconteste e sem confronto com qualquer outro nome do mundo americano da época, e de um espírito superior de pedagogo e psicólogo na figura de Manuel da Nóbrega.

A obra em prosa *Diálogo sobre a conversão do gentio*,[42] do padre Manuel da Nóbrega (1517-1570) que foi, cronologicamente, a primeira obra literária brasileira (1557 ou 1558), pelo seu gênero, estilo e concepção, requer consideração destacada, alheia como é ao movimento cênico e lírico que mais abundantemente encheu o primeiro século intelectual da Colônia.

Obra poucas vezes citada e muito menos estudada quer sob o ponto de vista literário quer histórico, é contudo de singular significação em nossas letras e revela no seu autor uma meridiana intuição dos problemas políticos, sociais, humanos e religiosos, de tênue existência no seu tempo, mas que o posterior desenvolvimento do Brasil-Colônia plenamente confirmou.

Não se encontram nela os arroubos poéticos de Anchieta, nem certas fragilidades estéticas a que não foge a ingenuidade santa do apóstolo do Brasil. O *Diálogo sobre a conversão do gentio* é obra grave, meditada, densa, fruto de esclarecido espírito pedagógico e de agudas observações diretamente hauridas no trato com o aborígine.

"Como objeto de estudo, esta obra, pequena em si mesma, valioso espécime todavia da literatura brasileira (já brasileira, porque é literária, escreveu-se no Brasil e tem por assunto os índios), pode considerar-se sob este aspecto literário ou sob o aspecto etnológico, ou sob o aspecto religioso: o literário pelo estilo e pelo gênero (diálogo); o etnológico pelos índios; e o religioso por tratar da conversão de certa categoria de homens a uma religião positiva, que é a cristã."[43]

Nóbrega equacionou no *Diálogo* o problema da conversão dos índios. Era um problema difícil. Chegou a ser resolvido satisfatoriamente? Essa é uma difícil controvérsia histórico-científica.[44]

No *Diálogo*, os interlocutores, Gonçalo Álvares, intérprete da língua tupi,[45] e Mateus Nogueira, ferreiro de Jesus Cristo, como lhe chama Nóbrega,[46] personagens reais, não inventadas, discutem entre si o problema da conversão do gentio, com expressões dialogais de perfeita naturalidade. Usam as imagens familiares e pitorescas dos respectivos ofícios e percorrem, na conversa, os costumes sociais, políticos, religiosos, mentais e psicológicos do índio, opostos à conversão — pontos negativos — e as razões de ordem espiritual e religiosa ajudadas por condições extrínsecas a serem criadas ao índio — pontos positivos — que fazem acreditar, por final, na possibilidade da conversão desejada.

Acompanhemos alguns pontos da discussão, em que surgem os argumentos positivos e negativos. Extraídos do *Diálogo* trechos significativos, comparem-se as versões correspondentes retiradas de cartas ou exposições de Nóbrega, e que provam como o problema o preocupava, a ponto de o mesmo pensamento aparecido nas cartas receber tratamento literário no *Diálogo*.

Sobre antropofagia: "...E morto, cortam-lhe logo o dedo polegar porque com aquele tirava as frechas e o demais fazem em postas para o comer, assado ou cozido..." (*Cartas do Brasil* p. 100)

Sobre a falta de religião orgânica: "Esta gentilidade nenhuma coisa adora, nem conhece a Deus." (*Cartas do Brasil*, p. 99)

Sobre a rudeza mental: "...Porque nenhum Deus têm certo, e qualquer um que lhes digam ser Deus o acreditam..." (*Cartas do Brasil*, p. 90)

"Por demais é trabalhar com estes! São tão bestiais que não lhes entra no coração coisa de Deus. Estão tão encarniçados em matar e comer, que nenhuma outra bem-aventurança sabem desejar! Pregar a estes é pregar em deserto a pedra..." (*Diálogo*, p. 73)

"...Mas como não sabem que coisa é crer nem adorar, não podem entender a pregação do Evangelho, pois ela se funda em fazer crer e adorar a um só Deus e a esse só servir; e como este gentio não adora nada, nem crê nada, tudo o que lhe dizeis se fica em nada..." (*Diálogo*, p. 74)

Sobre a "cultura ou atavismo silvestre": "...Meninos do gentio não há agora em casa. A razão é porque os que havia eram já grandes e deram-se ofícios, mas destes os mais fugiram para os seus..." (*Novas cartas jesuíticas*, p. 79)

"Uma coisa têm estes pior que todas, que quando vêm à minha tenda, com um anzol que lhes dê os converterei a todos, e com outros os tornarei a desconverter, por serem inconstantes e não lhes entrar a verdadeira fé nos corações..." (*Diálogo*, p. 75)

"Eu tive um negro (isto é, um índio; negro por contraposição a branco), que criei de pequeno, cuidei que era bom cristão, e fugiu-me para os seus. Pois quando aquele não foi bom, não sei quem o seja!..." (*Diálogo*, p. 76)

Gonçalo Álvares pede a Mateus Nogueira que lhe diga o que tem "ouvido dos Padres para nos animarmos a trabalhar com eles e as que tem em contrário das que demos no princípio" (*Diálogo*, p. 88).

A resposta do "ferreiro de Jesus Cristo" dá início à parte otimista do *Diálogo*:

> Já que tanto apertais comigo, e me pareceis desejoso de saber a verdade deste negócio creio que vos tenho esgotado, dir-vos-ei o que muitas vezes martelando naquele ferro estou cuidando e o que ouvi a meus Padres muitas vezes; parece que nos pedia Cristo (que) nos está ouvindo, dizer: Ó estultos e tardios de coração! Estou eu imaginando todas as almas dos homens serem umas e todas de um metal, feitas à imagem e semelhança de Deus, e todas capazes da glória e criadas para ela; e tanto vale diante de Deus por natureza a alma do Papa, como a alma do vosso escravo Papaná. (*Diálogo*, p. 88)

"Fazê-los viver quietos, sem se mudarem para outra parte se não for entre cristãos, tendo terras repartidas que lhes bastem e com estes Padres da Companhia para os doutrinar." (*Novas cartas jesuíticas*, p. 79)

"Mantê-las em justiça entre si e para com os cristãos." (*Cartas do Brasil*, p. 173)

"...Terem os romanos e outros gentios mais polícia (civilização) que estes não lhes veio de terem naturalmente melhor entendimento, mas de terem melhor criação e criarem-se mais politicamente." (*Diálogo*, p. 93)

"...Nem tem razão de vos darem crédito a vossas palavras, porque ontem lhe pedíeis o filho por escravo e estoutro dia os queríeis enganar. E têm razão de se temerem de os quererdes enganar, porque isto é o que comumente tratam os maus cristãos com eles." (*Diálogo*, p. 97)

Termina o *Diálogo* com um pensamento favorável ao índio: "Quanto mais impedimentos um tiver para a conversão, tanto diremos que está menos disposto; e quanto menos do mal tem Deus que tirar deles, tanto mais dispostos serão", diz Mateus Nogueira, acrescentando para Gonçalo Álvares: "Contai-me o mal de um destes e o mal de um filósofo romano", comparação que desenvolve acabando por perguntar: "Pois qual vos parece maior penedo para desfazer?" (*Diálogo*, p. 101).

Manuel da Nóbrega dedicou a sua vida aos problemas de catequese e conversão do gentio. Das suas constantes preocupações com planos colonizadores e legislativos para os brasilíndios estão repletas as dezenas e muitas vezes longas cartas que dirigiu a seus irmãos em Cristo, a Provinciais, a Governadores, ao Rei de Portugal, a seu mestre em Coimbra.

De muitos de seus exaustivos trabalhos, observações e pesquisas e, sobretudo, da sua experiência da natureza humana, expendidas nessas cartas, o *Diálogo* é uma síntese artística.

Do ponto de vista literário o *Diálogo* obedece às boas normas do gênero, tradicional na literatura do Ocidente, e que teve tanta voga na época. Desenvolve-se o tema com naturalidade, numa forma dialética que parte da negativa para a afirmativa, na dualidade a que nos habituou o Barroquismo, a cujas características se juntam também contrastes, comparações engenhosas e um fraseado popular e humorístico tipicamente vicentino.

O *Diálogo sobre a conversão do gentio* é obra literária sem similar em nossas letras do século XVI.[47] Somente no limiar do século XVII (1618), com o *Diálogo das grandezas do Brasil*, reaparece trabalho em prosa de certo vulto.

José de Anchieta e Manuel da Nóbrega, o poeta e o pensador, justificam, um lugar de relevo para a literatura jesuítica do século XVI na história literária brasileira, com obras que testemunham de modo singular a formação artística e humanística em que se alicerçou a cultura nacional. De cunho barroco, essa literatura foi uma complexa máquina espiritual de persuadir, envolvendo em divertimento e agrado uma finalidade transcendente.

NOTAS

1. S. Buarque de Holanda. *Raízes do Brasil*. Rio de Janeiro, José Olympio, 1936.
2. P. F. Santos. *O Barroco e o jesuítico na arquitetura do Brasil*. Rio de Janeiro, Kosmos, 1951: "O irmão Francisco Dias da Companhia de Jesus, transferido logo depois para o Brasil (1577), foi o primeiro arquiteto em nossa terra. Francisco Dias colaborou na construção da Igreja de São Roque em Lisboa e, além de outras obras, nas construções dos colégios da Bahia e Olinda, no Brasil."
3. Lúcio Costa. A arquitetura dos jesuítas no Brasil (in *Revista* SPHAN. n. 5, 1941): "... apesar das mudanças de forma, das mudanças de material e das mudanças de técnica, a personalidade inconfundível dos padres, o 'espírito' jesuítico, vem sempre à tona: é a marca, o 'chachet' que identifica todas elas e as diferencia, à primeira vista, das demais". p. 10.
4. Teófilo Braga. *História do teatro português*. Porto, 1870. vol. I.
5. Id., ib.
6. Id., id. Ref. ao entremez do Conde Vimioso, séc. XV.
7. Sobre Gil Vicente e sua obra, consultar: Almeida Lucas, J. *Clássicos portugueses*. Lisboa, Liv. Clássica, 1943; Bell, A. F. G. *Estudos vicentinos*. Lisboa, Imprensa Nacional, 1940; Braamcamp Freire, A. *Vida e obras de Gil Vicente trovador, mestre da balança*. Lisboa, Rev. Ocidente, 1944; Braga, Teófilo. *Gil Vicente e as origens do teatro nacional*. Porto, 1898; idem. *História do teatro português*. Porto, 1870; Carvalho, J. de. *Os sermões de Gil Vicente e a arte de pregar*. Lisboa, Rev. Ocidente, 1948; Figueiredo, F. de *História da literatura clássica*. 2. ed. Lisboa, Liv. Clássica, 1922-1931, 3 vols.; idem. *Literatura portuguesa*. Rio de Janeiro, A Noite, 1941; Leite de Vasconcelos, J. G. *Gil Vicente e a linguagem popular*. Lisboa, 1902; Michaelis de Vasconcelos, Carolina. *Notas vicentinas* (1 a 4). Lisboa, Rev. Ocidente, 1949; Pratt, O. de. Gil Vicente. Lisboa, Liv. Clássica, 1931; Queirós Veloso. "Gil Vicente, fundador do teatro português" (in Forjaz de Sampaio. *História da literatura portuguesa ilust*. Lisboa, 1929-1942. vol. II); Saraiva, A. J. *Gil Vicente e o fim do teatro medieval*. Lisboa, 1942; Sousa da Silveira. *Dois autos de Gil Vicente*. Rio de Janeiro, Org. Simões, 1953.
8. V. Afrânio Coutinho. *Aspectos da literatura barroca*. Rio de Janeiro, A Noite, 1950.
9. Fidelino de Figueiredo. *Literatura portuguesa*, p. 6.
10. Teófilo Braga, *op. cit.*: autos de Afonso Álvares — auto de Santa Barbara, de Santo Antônio, de São Vicente Mártir, de São Tiago Apóstolo; de Baltazar Dias — auto de Santa Catarina e o famoso de Santo Aleixo.
11. Serafim Leite, S. J. *História da Companhia de Jesus no Brasil*. Rio de Janeiro. 1938, vol. II.
12. Id., ib.
13. Id., ib.
14. Id., ib.
15. Pero Rodrigues, S. J. "Vida do Padre José de Anchieta" (in *Anais da Biblioteca Nacional*. Rio de Janeiro, 1897, vol. XIX).
16. Serafim Leite, op. cit.
17. Id. ib.
18. Fernão Cardim. *Narrativa epistolar de uma viagem e missão jesuítica*. Lisboa, 1847.

19 J. Barbosa Rodrigues. A língua geral do Amazonas e o guarani (in *Revista do IHGB.* Vol. comemorativo, 1888, supl. vol. 51).
20 Simão de Vasconcelos, S. J. *Vida do Venerável José de Anchieta.* Rio de Janeiro, Inst. Nasc. do Livro, 1943.
21 F. Cardim, op. cit.
22 A. Gonçalves Dias. *O Brasil e a Oceania.* Paris, Garnier.
23 Mário de Andrade. *Pequena história da música.* São Paulo, Liv. Martins [s. d.]. Encontrou o autor em Fonte-Boa, no Amazonas, "uma tapuia cantando numa língua que não em português nem fala de índio mas simplesmente latim", deformado, quase irreconhecível, mas latim.
24 Id. ib, Sobre as formas folclóricas citadas, v. L. da Câmara Cascudo. *Dicionário do folclore brasileiro.* Rio de Janeiro, Inst. Nac. do Livro, 1954.
25 E. Scarlatti. *A religião no teatro.* Lisboa, Ed. Ática, 1945.
26 Apud Serafim Leite, op. cit., vol. 11, pp. 599-613. Indispensável ao estudo do início da poesia e do teatro no Brasil.
27 Simão de Vasconcelos (op. cit.) transcreve alguns versos desse auto.
28 Fernão Cardim (op. cit.) descreve esse auto com alguns pormenores.
29 Ver a edição de Maria de Lourdes de Paula Martins, que também publicou os autos Na Vila de Vitória e na Visitação de Santa Isabel; e as Poesias de Anchieta (v. nota bibliográfica no início).
30 A respeito das obras jesuíticas, há um problema de atribuição. Alguns críticos defendem a tese da coautoria de muitas peças dramáticas ou líricas atribuídas a Anchieta. Em certos casos, é o parecer de Serafim Leite, que chega a dar como autor do Auto de São Lourenço o Irmão Manuel do Couto, baseando-se na narrativa de Simão de Vasconcelos (op. cit., II, p. 609). Outros se inclinam pela tese da unidade de autoria anchietana das principais produções; é como pensa Maria de Lourdes de Paula Martins, o mais moderno exegeta e crítico da obra anchietana, bem como o Pe. Hélio A. Viotti, prefaciador das Poesias.
Sobre essa controvérsia, consultar: Lemos Barbosa, P. A. O Autor de São Lourenço. (in *Verbum.* VII, n. 2, Rio de Janeiro, jun. 1950); Paula Martins, M. L., op. cit.; Peixoto, Afrânio. *Primeiras letras* (Clássicos brasileiros). Rio de Janeiro, Ac. Bras. de Letras, 1923; Viotti, Hélio A., S. J. Pref. *Poesias* de J. Anchieta. São Paulo, Ed. Museu Paulista, 1954.
31 P. A. Lemos Barbosa (in *Verbum.* VII, n. 2, Rio de Janeiro, jun. 1950. p. 233). Trabalho indispensável ao estudo do assunto.
32 E. Scarlatti. *Um método crítico e os seus resultados.* 2. ed. Lisboa, Seara Nova, 1939.
33 P. A. Lemos Barbosa, op. cit.
34 Id. ib. p. 231.
35 Lafaiete Silva. *História do teatro brasileiro.* Rio de Janeiro, Min. Ed. e Saúde, 1938. p. 16.
36 Id. ib. p. 16.
37 A. Cardoso, S. J. "Intr. ao poema". Rio de Janeiro, Ed. Arquivo Nacional, 1940.
38 S. Buarque de Holanda, op. cit. p. 67.
39 P. A. Lemos Barbosa, op., cit., p. 232.
40 Id. ib. p. 232.
41 S. Buarque de Holanda. "Teatro jesuítico" (in *Diário Carioca.* Rio de Janeiro, 23 set., 7 out. 1951).
42 Manuel da Nóbrega, S. J. *Diálogo sobre a conversão do gentio. Preliminares e anotações históricas e críticas do Pe. Serafim Leite*, S. J. Lisboa, 1954.

Sobre esta obra consultar
Capistrano de Abreu, J. *Ensaios e estudos*. Rio de Janeiro, 1932, vol. II; Dourado, Mecenas. *A conversão do gentio*. Rio de Janeiro, 1950; Ferreira, Tito Lívio. "A primeira obra literária brasileira" (in *Correio Paulistano*. São Paulo, 25 jul., 15 ago. 1954); Leite, Serafim, S. J. *História da Companhia de Jesus no Brasil*. Lisboa, 1938. II vol.; Nóbrega, Manuel da. *Cartas do Brasil* 1549-1560. Rio de Janeiro. Ac. Bras. de Letras, 1931; idem. *Cartas avulsas*, 1550-1568. Rio de Janeiro, 1931.

43 Serafim Leite, S. J. *Preliminares*, op. cit. p. 7.
44 Cf. M. Dourado, op. cit., onde, pela primeira vez, aparece minuciosa análise e é acentuada a importância do trabalho, concluindo por negar o êxito da conversão.
45 *Cartas avulsas*, p. 219. "Gonçalo Álvares lhes fez uma prática..."
46 Serafim Leite, S. J. *Novas cartas jesuíticas*. p. 79: "... a esta casa deu Nosso Senhor um irmão ferreiro, mui bendita alma." Em nota: "Mateus Nogueira, o humilde ferreiro de Jesus Cristo, fundador da metalurgia paulista."
47 "É a melhor produção literária do século XVI", afirma Mecenas Dourado (*A conversão do gentio*, p. 22).

13. *Eugênio Gomes*
ANTÔNIO VIEIRA

Vieira brasileiro. As transformações da língua portuguesa. O estilo de Vieira. O barroquismo de Vieira. A arte de pregar. Traços estilísticos. Pensamento e estilo. Alegorismo. Antíteses. Hipérbole. Originalidade.

O Padre Antônio Vieira[*], que tem um lugar considerável na história da civilização brasileira, para a qual cooperou com

---

[*] Antônio Vieira (Lisboa, 1608 — Bahia, 1697). Com o pai, nomeado para a Relação, aporta à Bahia em 1614. Ingressa, como noviço, na Companhia de Jesus em 1623. Ocupada a cidade pelos holandeses, em 1624, refugiou-se com os jesuítas no interior, onde viveu numa aldeia índia, enquanto os invasores permaneceram na Bahia. Os superiores encarregam-no de escrever a "Carta Ânua" narrando o acontecimento. Passa a reger a cadeira de Retórica, no Colégio de Olinda, em 1627. Recebe, em 1635, as ordens sacerdotais. Durante cinco anos percorre as aldeias de índios na Bahia. Após a restauração da cidade, parte para Portugal. É nomeado, em 1644, Pregador Régio. Desempenha missões diplomáticas junto às cortes de França, Holanda e Roma. Retorna ao Brasil em 1652. Após dois anos de atividade missionária no Maranhão e no Pará, embarca para Portugal. Regressa em 1655 ao Brasil, onde permaneceu até 1661, em contínuas missões pelo Amazonas e ao longo da costa, entre o Maranhão, o Pará e a Bahia. Expulso do Maranhão pelos colonos e desterrado de Lisboa para o Porto e depois para Coimbra, foi-lhe proibido regressar ao Brasil, iniciando-se o interrogatório do Santo Ofício. Esteve recluso e privado do uso da palavra. Parte, em 1669, para Roma, em cujos templos pregou em português e em italiano. Regressa, em 1675, a Lisboa. Parte novamente, em 1682, para o Brasil, indo morar no retiro dos jesuítas denominado Quinta, arrabalde da Bahia. Faleceu com quase noventa anos, mais de metade vividos no Brasil.

Bibliografia

COLEÇÕES DE SERMÕES. As primeiras edições conjuntas dos *Sermões* de Vieira foram publicadas em Lisboa, por editores diversos, na seguinte ordem: 1ª parte, 1679; 2ª parte, 1682; 3ª parte, 1683; 4ª parte, 1685; 5ª parte, 1689; 6ª parte, 1960; 7ª parte, 1692; 8ª parte, 1694; 9ª parte, 1686; 10ª parte, 1688; 11ª parte, 1696; 12ª parte, 1699; 13ª parte, 1690; 14ª parte, 1710 (com índice geral). Completam a coleção os volumes: *Vozes saudosas*, 1736; *Sermões vários*, 1748; *Voz sagrada*, 1748; *Coleção*, 1754. A 8ª parte chama-se *Xavier Dormindo e Xavier Acordado* (1694); as 9ª e 10ª partes são os volumes de *Maria Rosa Mística* (1686, 1688); considera-se a 13ª parte o volume *Palavra de Deus empenhada* (1690). Esse conjunto constitui a coleção completa dos *Sermões*, em 18 volumes (apud Forjaz de Sampaio. *Hist. lit. port. ilust.*).

Edições modernas

Obras completas. Lisboa, Seabra & Antunes, 1854-58. 27 vols. (15 de sermões, 4 de cartas, 3 de inéditos, 2 de várias, 1 da *Arte de furtar*, 1 da *História do futuro*, 1 da *Vida de Vieira* pelo Pe. André de Barros).
Sermões. Pref. Pe. Gonçalo Alves. Porto, Chardron, 1907-8. 15 vols. (Ed. completa).
Sermões seletos. Lisboa, Tip. Rolandiana, 1852-53. 6 vols.
Chrisóstomo português. Org. Pe. Antônio Honorati. Lisboa, Matos Meira, 1879-90. 5 vols. (Boa compilação, mas os textos não são integrais).
Livro de ouro. Recomp., biografia, notas. Porto, 1897.
Trechos seletos. Com. bicentenário. Lisboa, 1898-99. 3 vols.
Cartas de Antônio Vieira. Ed. João Lúcio de Azevedo. Coimbra, 1925-26. 3 vols.
História do futuro. Lisboa, 1718. Outras edições: Lisboa, 1755; Bahia, 1838; Lisboa, 1855.
Sermões do... Rep. fac-similada da ed. 1696. Dir. A. Magne. São Paulo, Ed. Anchieta, 1945. 18 vols.
Obras escolhidas. Dir. e intr. Antônio Sérgio e Hernâni Cidade. Lisboa, Sá da Costa, 1951-1954. 12 vols. (2 de cartas, 5 de obras várias, 2 de *História do futuro*, 3 de sermões). Excelente edição, acessível, obedecendo a um plano sistemático.
Padre Antônio Vieira (Sermões no Brasil e em Portugal). Org. Hernâni Cidade, com Estudo biográfico e crítico. Lisboa, Ag. geral das Colônias, 1940. 4 vols. (Excelente edição).
Vieira brasileiro. Ant. org., com intr. Afrânio Peixoto e Constâncio Alves. Lisboa, Aillaud e Bertrand, 1921. 2 vols.
Por Brasil e Portugal. Org., com intr. de Pedro Calmon. São Paulo, Cia. Ed. Nac. (Brasiliana, 108).
Os melhores sermões de Vieira. Org., com intr. de Afrânio Peixoto. Rio de Janeiro, Guanabara, 1931.
Vieira. (Antologia). Org., com intr. de Antônio Soares Amora. S. Paulo, Assunção, [s.d.]
Vieira. (Antologia). Org., com intr. de Eugênio Gomes. Rio de Janeiro. Agir, 1957.

Consultar

Andreoni, J. A. "Carta ao P. Reitor do Colégio da Bahia" (in *Anais da Biblioteca Nacional*. Rio de Janeiro, vol. XIX. pp. 145 ss); *Autores e livros*. X, n. 1, 1 jan. 1949; Azevedo, J. Lúcio de. *História de Antônio Vieira*. Lisboa, Liv. Clássica, 1918-20. 2 vols.; Barros, André. *Vida do Padre Antônio Vieira*. Lisboa, 1746; Cabral, Luís Gonzaga, S. J. *Vieira pregador*. Braga, Liv. Cruz, 1936. 2 vols.; Carel, E. *Vida do Padre Antônio Vieira*. Tr. A. Sousa. 2. ed. São Paulo, Assunção, 1946; Cidade, H. *Padre Antônio Vieira*. Estudo biográfico e crítico. Lisboa, Ag. geral das Colônias, 1940; idem. *A literatura autonomista sob os Felipes*. Lisboa, Sá da Costa, [s.d.]; Domingues, M. *O drama e a glória do Padre Antônio Vieira*. Lisboa, Ed. Romano Torres, 1952; *Exposição biobibliográfica no bicentenário do Padre Antônio Vieira*. Lisboa, Biblioteca Nacional, 1897; Figueiredo, F. de. *História da literatura clássica*. Lisboa, Liv. Clássica, 1931, vol. III; Fonseca, L. Anselmo da. *A escravidão, o clero e o abolicionismo*. Bahia, Liv. Econômica, tamanha obstinação e desassombro, não pode ser omitido de nenhum estudo da evolução do espírito literário no Brasil que tenha os seus primórdios na fase colonial.

A identificação do grande jesuíta com o nosso país foi tão íntima e profunda que, por muito tempo, deu ensejo a dúvida quanto à sua verdadeira nacionalidade.

Chegado ainda menino à Bahia, que era quase sua pátria, no dizer do historiógrafo português João Lúcio de Azevedo, lá fizera seus estudos até à ordenação eclesiástica, só deixando o Brasil quando já era um consumado pregador.

O sotaque brasileiro, que lhe foi notado em Portugal, era um sinal incontestável de forte impregnação do ambiente em que passara os tempos mais impressivos de sua existência. Outros indícios não menos significativos dessa impregnação permaneceriam em suas obras, sobretudo em suas cartas, onde debateu tantos e tão complexos problemas deste novo mundo. Por ter não apenas assistido mas também vivido de maneira intensa uma das fases mais árduas de nossa formação histórica, expôs-se a díspares reflexos no que concerne particularmente à língua.

Embora a Companhia de Jesus tivesse convertido os seus colégios em bastiões de rigorosa preservação da língua portuguesa, mantendo-lhe o esmero estrutural completado no século XVI, na verdade, era impossível resistir às inevitáveis transformações idiomáticas que se operavam além de suas paredes.

Nenhum exemplo mais expressivo do vigor da réplica brasileira a esse reduto de defesa da língua do reinol que as transigências de Vieira com o linguajar ainda confuso e tateante daqueles obscuros tempos, de onde o reparo de Latino Coelho: "Vieira acabou enriquecendo a língua com palavras e modismos

---

1887; Forjaz de Sampaio, A. *História da literatura portuguesa ilustrada*. Lisboa, 1929-1942, vol. III, d. 194; Gonçalves Viana, M. "Bosquejo histórico da Oratória sagrada em Portugal e bosquejo biográfico e histórico-crítico do P. Antônio Vieira" (in *Sermões e lugares seletos*. Porto, Ed. Educação Nacional, 1941); idem. "Biografia psicológica" (in *Cartas do Pe. Antônio Vieira*. Porto, D. Barreira [s. d.]); Gotas, Mary C. *Bossuet and Vieira*. Washington, Catholic Univ., 1953; *Homenagem do Instituto G. H. da Bahia no bicentenário*. Bahia, 1897; Kieman, M. C. *The Indian Policy of Portugal in the Amazon Region*, 1614-1693. Washington, Catholic Univ., 1954; Leite, Serafim S. J. *História da Companhia de Jesus*. Lisboa, Rio de Janeiro, 1938-1950. 10 vols. *passim*; Lisboa, J. F. *Vida do* ru). *Espírito de Vieira*. Rio de Janeiro, Imp. Régia, 1821; Moreira, José. (P. Gil de Agrobom, *pseud.*) *As contradições do Padre Antônio Vieira e outros escritos*. Rio de Janeiro, Alba, vols.; Ricard, R. Antoine Vieira et sor Juan Inês de la Cruz (in *Bulletin des Études Portugaises et de l'Institut Français au Portugal*. Coimbra, 1948, vol. XII; Pena Jr., Afonso. *A arte de furtar e o seu autor*. Rio de Janeiro, José Olympio, 1946. 2 vols.; Sérgio, Antônio. "Salada de conjecturas. A propósito de dois jesuítas" (in *Ensaios*. V. Lisboa, Seara Nova, 1936); Xavier Marques. "Glória do idioma" (in *Cultura da língua nacional*. Bahia, Progresso, 1933); Gomes, Eugênio. *Prata de casa*. Rio de Janeiro, 1953.

que João de Barros houvera tachado de contrários à vernaculidade, como ele a entendia e praticava." Dele — é certo — pôde afirmar Carlos de Laet que "fixou a sintaxe vernácula, assim como fixara Camões o léxico português". Deve ter-se em mente, porém, que os seus sermões foram reescritos para publicação e por certo nenhum deles conservaria a forma original. O grande pregador consagrou-se a essa tarefa em seus últimos anos, quando já se considerava "um moribundo", submetendo-os a modificações de estilo que provavelmente abrangeram a vegetação bárbara de muitos idiomatismos locais. Não era outra sua disposição quando, instado a organizar suas obras, ponderava a um correspondente: "Vm.^{ce}, pela mercê que faz aos meus borrões, me insta a que os dê à estampa, o que não pode ser sem os alimpar primeiro; e, com a joeira não ser muito fina, tudo se me vai em alimpaduras." Pelo visto, os sermões que Vieira pregou, sobretudo a auditórios heterogêneos, onde se misturavam o reinol, o mazombo, o índio e o negro, não vieram enfim até nós tal como foram preferidos, e sim através de uma linguagem literária depurada com o máximo rigor. Salvo uma ou outra de suas primícias, como o "Sermão XXVII" da série *Maria rosa mística*, em que se dirigiu diretamente aos pretos de uma irmandade do Rosário, mas ainda assim esperando que os senhores presentes lhes explicassem o sentido de suas palavras, o grande pregador, que era um gigante do púlpito, jamais procurava adaptar-se à escassa compreensão de seus ouvintes canhestros e humildes. Outra, porém, seria sua atitude quando, em suas entradas no sertão, usava "a língua geral" para ser entendido do bugre.

Além de sua comprovada receptividade individual às línguas do Brasil, Vieira, já ancião, recomendava-as aos irmãos noviços da Companhia de Jesus, lembrando-lhes, numa exortação neste sentido, que ainda alcançara o tempo "em que a nativa língua portuguesa não era mais geral entre nós que a brasílica".

E como a redução da língua implicava o extermínio progressivo de uma raça em sua própria terra, Vieira não dissimulava o sentimento humanitário de que estava penetrado, afirmando, em seguida àquelas palavras: "Isto é o que alcancei, mas não é isto o que vejo não sei se com maior sentimento, ou maior admiração."

Conquanto observasse um esfriar do "fogo das línguas" na Província da Bahia, *melting-pot* onde eram caldeados os idiomas e as raças aborígine, portuguesa e africana, não deixara o insigne jesuíta de frisar que "nessa mesma diminuição se não faltava à Regra de Santo Inácio, a qual manda que se aprenda a língua dos naturais". Essa língua que, no Brasil, teve os seus principais codificadores e gramáticos em José de Anchieta e Luís Figueira, estava condenada a desaparecer com o íncola, mas os seus efeitos perduram, como acentuou Batista Caetano, "na língua portuguesa, falada pelos descendentes dos Brasis, dando--lhes um feitio característico, que distingue essencialmente essa fala brasileira da fala portuguesa, não só na inflexão da voz, não só na fonética, mas ainda no torneio gramatical e no fraseado que tem seu quê de novo, não usado na terra lusitana, e afinal em grande número de vocábulos de todo não portugueses".[1]

Quando, em Roma, recebeu, apesar de reiteradas escusas, a intimativa de pregar em italiano, numa carta a D. Rodrigo de Meneses expandiu sua contrariedade por essa coação, alegando: "Sei a língua do Maranhão e a portuguesa, e é grande desgraça que, podendo servir com qualquer delas à minha pátria e ao meu príncipe, haja nesta idade de estudar uma língua estrangeira para servir, e sem fruto, a gostos também estrangeiros."

O estilo de seus melhores sermões pressupõe auditórios de alto nível cultural, capazes de lhe assimilarem a retórica engenhosa, sendo difícil compreender não estivesse Vieira interessado por aqueles ouvintes de "entendimento agudo", que só as cortes europeias lhe poderiam proporcionar.

Mas, não obstante, em Roma, mostrava-se de algum modo nostálgico da sua Província do Brasil, onde nem só não contava com um público à altura de seus remígios oratórios como teve de suportar não poucos sacrifícios e reveses.

Fosse ou não pelo pressentimento de não alcançar com o idioma de Dante os triunfos que lhe assegurava a língua nativa, Vieira tinha em alta conta a missão de falar à "imensa universidade de almas", representadas pelas tribos do Grão-Pará e do Amazonas, nas embaraçosas línguas que aprendera em contato com elas, obedecendo a uma determinação da Ordem de Loiola. Sublinhava enfim que, nessa obscura universidade, "o grau e a borla não se davam na Bahia, em Coimbra, nem em Salamanca, senão nas aldeias de palha, nos desertos do sertão, nos bosques da gentilidade".

O Padre Antônio Vieira não atravessou impunemente sob as palmas desses bosques, em cujo contato se impregnara de uma seiva de vida nova que de algum modo lhe atingiu o pensamento ascético e severo, em suas prédicas de doutrinação às tribos selvagens do Brasil. Não teve jamais qualquer desfalecimento em defesa do indígena e os seus consecutivos esforços para o salvar da cobiça desabrida do colono apresentaram os mais extraordinários rasgos de abnegação e heroísmo. Diligenciando libertá-lo da escravidão material, não oscilava em concordar que esse labéu tocasse apenas ao negro importado da África expressamente com tal objetivo. Mas, apesar dessa condenável transigência, nem só não deixava transparecer qualquer traço de preconceito racial, relativamente ao elemento africano, aliás em consonância com os princípios da Companhia de Jesus, como não excluiu do ângulo de suas diligências a labareda etíope do "fogo das línguas" que lavrava na Bahia colonial de então. Nessa labareda ateada de imprecações também procurava aquecer suas ideias, inicialmente através do sermão já citado da série *Maria rosa mística*, em cujo texto inseriu alguns termos e torneios de pensamento que refletem modismos e expressões locais, como nestas passagens:

Pergunto: neste vosso mesmo Brasil quando quereis dizer que fulano tem muitos, ou poucos escravos, por que dizeis que tem tantas, ou tantas peças?

É possível, que por acrescentar mais uma braça de terra ao canavial, e meia tarefa mais ao engenho em cada semana, haveis de vender a vossa alma ao diabo?

Note-se que ao empregar pela segunda vez esse último nome, o pregador acentuava significativamente, entre parênteses: "para que o diga na frase do vulgo".

Valeu-se também da nossa ornitologia, aludindo à ema selvagem como um exemplo ao vivo de celeridade. Este, e tantos outros flagrantes de assimilação do ambiente brasileiro, abrangendo os mais encontrados valores da vida, evidenciam em Vieira um modo particular de sentir o novo mundo, predispondo-o a falar de nossa terra como se nela houvesse nascido. Não regateava sua fidelidade "ao Brasil, a quem, pelo segundo nascimento" — dizia ele numa carta de 1673 — "devo as obrigações de pátria".

Em suma, tanto quanto à história, está o grande jesuíta intimamente vinculado à literatura que deu aqui os seus primeiros passos com Anchieta, pelo espírito brasileiro que transparece em suas obras e ainda pela considerável influência exercida sobre as nossas letras, a qual incidindo com maior intensidade sobre Rui Barbosa pôde chegar vivamente até o presente século. Não o deixam de reconhecer autoridades da crítica portuguesa contemporânea: Mário Gonçalves Viana assinala que "foi incontestavelmente, no Brasil, que ele escreveu as páginas mais belas e mais importantes de toda a sua vida",[2] enquanto José Osório de Oliveira, mostrando criteriosamente que "a origem é o que menos importa num escritor", dado o predomínio do estilo de vida sobre o espírito, conclui que "se este, mais do que a origem, mais do que a raça e mais do que a própria língua, caracteriza nacionalmente um escritor, pode acaso dizer-se: "Brasileiro foi o Padre Anchieta; brasileiro foi também, um pouco, o nosso Antônio Vieira, etc."[3] Já um crítico portenho, Eduardo Periê, em 1885, na sua obra *Literatura brasileira nos tempos coloniais*, publicada em Buenos Aires, advertia compreensivelmente: "Excluir o Padre Antônio Vieira do catálogo dos escritores brasileiros é roubar ao Brasil uma de suas mais esplendentes glórias do século XVII... Tudo quanto era (quando foi ao Reino), já então sabia; aprendera e conquistara, na Bahia, sua segunda pátria." Numa de suas esclarecidas introduções à edição fac-similada dos *Sermões*, o Pe. Augusto Magne dá este testemunho irretorquível: "De quantos, em tempos idos, vazaram no idioma lusitano criações imorredouras da arte literária, Vieira é, quiçá, o mestre mais consumado; é, em todo caso, o mais brasileiro."

Não exorbitaram, portanto, Afrânio Peixoto e Constâncio Alves, com a antologia *Vieira brasileiro*, editada aliás em Portugal, tornando-se finalmente um ponto pacífico a presença de Vieira em nossa literatura.

O pregador adquiriu tais proporções como homem de pensamento e de ação, no panorama religioso, político e social do século XVII, que seria impossível considerá-lo por um só aspecto, separadamente de qualquer outro.

Os sermões e as cartas subsistem com expressões da arte de um grande prosador, mas a vida que neles lateja, insuflada pelo ardor da Fé ou pela indignação moral, escapa inteiramente às limitações da Estética.

É óbvio que a importância de um autor dessa categoria não se afere pela grandeza de sua ação pragmática nesse ou naquele terreno mas, excepcionalmente, em Vieira, o pensamento e a ação, em escala sempre desproporcional, fundiam-se de modo vivo e enérgico, não havendo como isolar um do outro em suas obras.

Sem o calor humano que infundiu especialmente a seus sermões e homílias não seriam eles mais que um amontoado de sutilezas retóricas, para as quais já não há ressonância fora de um círculo limitadíssimo de espíritos.

Mas, não obstante os excessos a que o levaram as tendências do século, o estilo de Vieira não está de modo algum mumificado; o assomo varonil do pregador reflete-se geralmente em suas cadências, mantendo-lhe uma vitalidade inalienável. "Quando este grande homem pregava" — dizia o Padre André de Barros, que privou com ele e o assistiu em seus derradeiros anos — "era tal a energia, que parece que as mesmas vozes se viam". E, acrescentava, referindo-se às suas obras impressas, "estas vozes agora escritas têm tal viveza, que parece que se ouvem".

O estilo de Vieira não é por conseguinte apenas o homem, segundo a definição famosa, mas sobretudo a voz de um homem em cujas inflexões a gama dos sentimentos e das ideias imprimiu um colorido ousado e inconfundível.

A formação eclesiástica conteve seu espírito através de uma disciplina moral, que lhe condicionava os voos a determinadas e inflexíveis regras teológicas, mas sua predestinação histórica de catequista, político e diplomata rompeu frequentemente todas as limitações, dando-lhe enfim uma projeção universal. Dessa predestinação extraiu o intrépido jesuíta consequências temerárias, que lhe valeram perseguições e maus-tratos, quando as suas fantasias, tendendo delirantemente para o profetismo, entraram ou pareceram entrar em choque com os interesses políticos da Igreja.

O estilo de Vieira reflete-lhe a extraordinária complexidade do espírito, mas, de um modo geral, o estilo de suas cartas contrasta com o de seus sermões. Ao contrário de John Donne, com quem entretanto apresenta vários pontos interessantes de semelhança espiritual, em suas cartas flui a naturalidade, enquanto o conceptismo predomina exuberantemente em suas obras teológicas.

Compreende-se que o arguto crítico lusitano Antônio Sérgio tenha dado o título de "Salada de conjeturas" a um estudo em que trata do barroquismo dos sermões do Padre Antônio Vieira. Nesse terreno movediço, quase sempre, e inevitavelmente, o conjetural se sobrepõe às conceituações irredutíveis. Caminha-se aí por uma trilha sinuosa e desigual, que conduz a várias direções, através de anfractuosidades às vezes invencíveis, não obstante a cristalina limpidez formal. O pregador quis aliás persuadir, em mais de um ponto de suas obras, que visava deliberadamente à simplicidade e à clareza. Em sua introdução ao 1º volume dos *Sermões*, advertiu, desenganadamente: "Se gostas da afetação e pompa de palavras, e do estilo que chamam culto, não me leias! Quando este estilo mais florescia, nasceram as primeiras verduras do meu (que perdoais quando as encontrardes), mas valeu-me tanto sempre a clareza, que só porque me entendiam, comecei a ser ouvido: e o começaram também a ser os que reconheceram o seu engano, e mal se entendiam a si mesmos." O próprio pregador deixa portanto compreender que as "verduras" de seus primeiros ensaios não estariam indenes daquele malsinado colorido estilístico. Todavia, numa obra de inspiração profética, *História do futuro*, que escreveu em seus derradeiros anos, timbra Vieira em declarar que usava de "estilo claro e que todos possam perceber". Esse livro, porém, é um testemunho extremamente significativo de que a clareza objetivada pelo pregador consistiu antes na forma exterior do que em suas ideações. Era-lhe peculiar essa clareza, mas não desapareceram totalmente de suas obras as "verduras", de que se penitenciava no pórtico editorial dos *Sermões*. Apesar de confessada repulsa ao cultismo, não conseguiu Vieira imunizar-se inteiramente desse "vírus" estilístico, posto que o conceptismo o haja empolgado até às últimas consequências. A tal extremo que parece afastar a possibilidade da presença em seus escritos daquele concorrente.

Inclinado à subdivisão, estabelecida desde Menéndez y Pelayo, entre o cultismo e o conceptismo, afirma Antônio Sérgio que " Antônio Vieira é um exemplar perfeito de Barroco conceptista que não é nada cultista".[4] Anteriormente, havia o ensaísta lusitano admitido a coexistência de cultismo em Vieira, mas como "cousa rara".[5] É uma opinião aceitável, até porque nenhuma dessas classificações em estilística deve ser tomada a extremo rigor, visto não haver muitas vezes como distinguir uma da outra no emaranhado de suas intercorrências.

A matéria tem sido objeto de controvérsias e, em Vieira, o ponto de partida para o debate é o "Sermão da Sexagésima" (1655), pois, além de encerrar um ataque direto ao cultismo, revela os métodos de parenética que o pregador seguiu ou pretendeu seguir. O caráter polêmico desse sermão delata preliminarmente que há excesso em suas manifestações. Sem excluir de modo algum a sinceridade com que combateu as extravagâncias do cultismo, não deixava Vieira de praticar ali mesmo o que condenava em outros pregadores, veladamente os dominicanos. Essa condenação não era um caso isolado, encontramo-la em quase todos os grandes autores que, entre os séculos XVI e XVII, tentaram subtrair-se, quase sempre pelo ângulo da sátira, às tendências da retórica especiosa que se alastrara geralmente, envolvendo por fim em seus enleios até mesmo os que mais a censuravam. Nenhum exemplo mais expressivo de contradição nessa atitude que a de Shakespeare, refletida em algumas de suas peças, sobretudo no *Hamlet*, cuja incongruência neste particular apresenta preliminarmente um curioso contraste entre o sentido da discrição e do tato, levado ao máximo no desenvolvimento da ação, e a circunstância de ser justamente a mais prolixa das tragédias desse dramaturgo. Polônio, que encarna de maneira ostensiva o impostor eufuísta, enquanto proclama que "a brevidade é a alma do espírito", torce e retorce tanto as palavras, em diálogo com a Rainha, que esta, impaciente, lhe atalha o relato, recomendando-lhe expressar-se com menos arte... Segue-se que a Rainha votava horror à afetação, e, não obstante, quando Laertes indaga, aflitamente, onde estava o cadáver da irmã, Gertrudes, numa calma impossível em tais circunstâncias, detém-se a narrar a cena do afogamento de Ofélia com um preciosismo retórico, que se derrama por quase vinte linhas metrificadas... Não há dúvida que o sentimento poético prevaleceu a tudo o mais nessa cena, que era de esperar sintética e precisa, dada a natural sofreguidão de Laertes.

Contradições dessa natureza ocorrem em muitas obras seiscentistas ou setecentistas, entremeando manifestações de repulsa às formas extremadas do cultismo ou do conceptismo. E justamente por não escapar de modo algum a essa duplicidade, "Sermão da Sexagésima" assume importância extraordinária na análise dos componentes do estilo do Padre Antônio Vieira, sendo incontestavelmente por esse lado a chave de sua obra, visto que lhe revela os principais elementos de conteúdo e expressão.

É evidente que as ideias de Vieira sobre a arte de pregar não se caracterizam pela originalidade. A sua orientação em parenética era um complexo de teorias e fórmulas em que predominava o ensinamento de velhos mestres da Retórica, notadamente Aristóteles e Quintiliano, adaptado à missão jesuíta, de cuja rigorosa disciplina lhe era defeso afastar-se ou discrepar. Vieira compendiou, aliás, os seus deveres de filho de Loiola em: "obedecer a Deus em todos os mandamentos, a Santo Inácio em todas as regras, ao superior, que é a voz de Deus, em tudo o que dispuser". Subentende-se que, em suas considerações sobre a arte de pregar, no "Sermão da Sexagésima", em revide a pregadores de outra Ordem, estava firmemente adstrito às regras da Companhia de Jesus. A crítica visa principalmente à Ética, abrangendo a um só tempo o mau pregador e o ouvinte, mas sobretudo àquele, porque, em se afastando do verdadeiro rumo, que lhe apontavam os deveres teológicos, perpetrava um grave pecado contra Deus. Preocupado em apurar as causas de não produzirem bom fruto certas pregações, deteve-se Vieira a examinar-lhe as deficiências, através de cinco circunstâncias, as mesmas em que se poderiam resumir os preceitos da oratória clássica: a Pessoa, a Ciência, a Matéria, o Estilo e a Voz.

Partindo de uma parábola do Evangelho de São Mateus que compara o pregar ao semear, Vieira, como lhe era comum, submete a metáfora a intermináveis variações, sem sair do mundo botânico, até que, em dado momento, deixa perceber o alvo principal de suas invectivas: o cultismo. Antes, porém, do ataque direto, investe com os "ouvintes de entendimento agudo", que qualifica de "maus ouvintes", por se deliciarem "a ouvir sutilezas, a esperar galantarias, a avaliar pensamentos, e às vezes também a picar a quem os não pica". No mau pregador passa a mencionar aquelas circunstâncias a que obriga o sermão, principiando por demonstrar que "as palavras sem obras são tiro sem bala; atroam mas não ferem", o que era um jeito de reduzir a nada as prédicas que se dirigiam a tais ouvintes, mais inclinados à beleza exterior do discurso que às doutrinas de pura edificação moral.

Ao condenar enfim os pregadores indigitados com uma refutação flagrante de suas próprias palavras, de modo que, escutando-lhes os sermões, os presentes ouviam uma coisa e viam outra, o Padre Antônio Vieira deparava o responsável por essa dissociação no estilo em voga, que deleitava principalmente ou exclusivamente os "maus ouvintes" ou "os ouvintes de entendimento agudo". "Um estilo tão empeçado, um estilo tão dificultoso, um estilo tão afetado, um estilo tão encontrado a toda a arte e a toda a natureza." Está visto que já no qualificar, assim amplificadamente, esse gênero de estilo, o rijo censor não deixava de assimilar-lhe uma de suas demasias sintáticas... "O estilo há de ser muito fácil, e muito natural", acrescenta entretanto àquele reparo, e, retornando à metáfora do Evangelho insiste em que o pregar há de ser mesmo como o semear: "Assim há de ser o pregar. Hão de cair as cousas, e hão de nascer; tão naturais, que vão caindo, tão próprias, que venham nascendo."

Isso, porém, julgava impossível fazer com o estilo "violento e tirânico", que predominava geralmente. Neste ponto, adverte Vieira que o peso conveniente ao sermão estava ainda na alegoria do trigo do semeador. Este "ainda que caiu quatro vezes, só de três nasceu: para o sermão vir nascendo, há de ter três modos de cair. Há de cair com queda, há de cair com cadência, há de cair com caso. A queda é para as cousas, a cadência para as palavras, o caso para a disposição". A repetir que "o pregar há de ser como quem semeia, e não como quem ladrilha ou azuleja", alcançava Vieira o ponto culminante de sua crítica, observando:

> Todas as estrelas estão por sua ordem; mas é ordem que faz influência, não é ordem que faça favor. Não fez Deus o Céu em xadrez de estrelas, como os pregadores fazem o sermão em xadrez de palavras. Se de uma parte está Branco, da outra há de estar Negro, se de uma parte está Dia, da outra há de estar Noite; se de uma parte dizem Luz, da outra hão de dizer Sombra; se de uma parte dizem Desceu, da outra hão de dizer Subiu. Basta que não havemos de ver num sermão duas palavras em paz? Todos hão de estar sempre em fronteira com o contrário?

O sentido geométrico que Vieira desejava imprimir à parenética, paradoxalmente não admitia o símile da arte de ladrilhar, afeiçoando-se antes à disposição dos corpos celestiais. A metáfora das estrelas, quanto ao estilo, vinha, aliás, de muito longe; já Demetrius a empregava, comparando os membros de um estilo periódico às estrelas que suportam e mantêm juntas a abóbada do firmamento.

No primeiro caso, ao condenar "o xadrez de palavras", Vieira era logicamente impelido a excluir do discurso o jogo de antíteses, pelo qual o Branco e o Negro, o Dia e a Noite, a Luz e a Sombra, o Subir e o Descer podem figurar lado a lado numa só e mesma peça, harmonizando-se desse jeito os contrários.

O pregador atacava um artifício verbal em que o cultismo tinha uma de suas atrações, mas a verdade é que o conceptismo o não desprezava absolutamente.

No segundo caso, Vieira tangenciava para essa última direção, que era realmente a que melhor podia atender às exigências de sua organização mental: "Como hão de ser as palavras?" pergunta, e, completando o pensamento: "Como as estrelas. As estrelas são muito distintas, e muito claras. Assim há de ser o estilo da pregação, muito distinto, e muito claro." A clareza que Vieira preconizava — é preciso insistir neste ponto — não era, porém, a que se deixa evidenciar pronta e superficialmente a todo o observador, e, por isso mesmo, arremata os fios da alegoria, advertindo: "Tal pode ser o sermão: estrelas, que todos as veem, e muito poucos as medem."

Nota-se, portanto, que a clareza defendida e praticada pelo insigne jesuíta não excluía algo de obscuro ou ambíguo, e que melhor flagrante de um espírito absorvidamente dominado pelo conceptismo?

Quanto a pregar culto, sua impugnação toca às raias da violência nessa altura, com um desabafo significativo: "Este desventurado estilo que hoje se usa, os que o querem honrar chamam-lhe culto; os que o condenam chamam-lhe escuro; mas ainda lhe fazem muita honra. O estilo culto não é de escuro, é negro; e negro boçal, e muito cerrado."

No estudo em que admitiu a coexistência do cultismo em Vieira, embora incidentemente, Antônio Sérgio caracterizou o Barroquismo cultista deste modo: "1º... extravagâncias no idioma (o demasiar as riquezas de vocabulário, os boleios arrevesados, as inversões de palavras, etc., etc.); 2º superabundância de descrição alegórica; 3º excessos de metáforas, nas antíteses, nas hipérboles; 4º os jogos verbais (calemburgos, trocadilhos, duplos sentidos, semelhanças de som, etc., etc.)."

Essa classificação, se não é integral, coincide mais ou menos com o esquema estabelecido implícita e explicitamente por quase todos os exegetas nesta matéria, até Damaso Alonso, de modo que a reviravolta na interpretação do Barroquismo de Vieira pelo escritor lusitano não pode acarretar completamente a de sua classificação.

Aplicada à pregação da "Sexagésima" essa razoável concepção do cultismo (tão certo é que suas fronteiras com o conceptismo são frequentemente irreconhecíveis), notar-se-á que Vieira foi atraído de vez em quando àquele "escuro" indesejável, que não era o das noites consteladas em que indicara o símile ideal da clareza do sermão.

O "Sermão da Sexagésima" contém, aliás, exemplos de ambas as tendências, com superabundância de conceptismos, por forma que ainda por essa dualidade a arte cambiante de Vieira aí se revela de maneira cabal.

Sem resvalar embora para o excesso, um trocadilho insinua-se logo no começo, evidenciando que o pregador não desprezava esse perigoso ornato de modo tão radical como suas investidas contra o cultismo fariam compreender: "Ah Pregadores! os de cá, achar-vos-eis com mais Paço: os de lá, com mais passos..."

Outro exemplo, com a agravante de que o jogo de palavras também insere a mesma figura de retórica que Vieira condenava em certa altura do sermão: "As penas todas eram tiradas das asas daquela Pomba Divina."

Epíteto que denuncia um matiz inconfundível de cultismo: o de "confusão verde", com o qual Vieira se refere a um pedaço de mata brava.

Jogo de palavras que havia de fazer as delícias de um autor cultista, esta passagem de acentuado sabor anafórico: "Há de pregar com fama, e com infâmia. Pregar o pregador para ser afamado: isso é o mundo; mas infamada, e pregar o que convém, ainda que seja com descrédito de sua fama?"

Na órbita de seus artifícios, que constituíam antes figuras de palavras que de pensamento, o "Sermão da Sexagésima" apresenta consecutivos exemplos. O do emprego de determinado verbo sucessivamente, processo de amplificação só justificável pelo efeito oratório que dele tirava o pregador, utilizando-se ainda nisto da técnica de ilusionismo, que era um imperativo barroco. Assim, no trecho a seguir em que o verbo "haver" foi empregado sucessivas vezes:

> Há de tomar o pregador uma só matéria; há de defini-la, para que se conheça; há de dividi-la, para que se distinga; há de prová-la com a Escritura; há de declará-la com a razão; há de confirmá-la com o exemplo; há de amplificá-la com as causas, com os efeitos, com as circunstâncias, com as conveniências, que se hão de seguir; com os inconvenientes, que se devem evitar; há de responder às dúvidas, há de satisfazer às dificuldades; há de impugnar, e refutar com toda a força da eloquência os argumentos contrários; e depois disto há de colher, há de apertar, há de concluir, há de persuadir, há de acabar.

Exemplos desta natureza enxameiam em Vieira com uma superabundância estonteante. O "Sermão do Mandato" (1645) já inseria esse gênero de repetição, numa escala também desenvolvida, sobretudo em certa altura em que há um movimento de alternâncias entre dois advérbios e o gerúndio, evidentemente destinado a produzir um sensível efeito oratório:

... mas depois de conhecer seus rigores, depois de sofrer suas sensações, depois de experimentar suas crueldades, depois de padecer suas tiranias, depois de sentir ausências, depois de chorar saudades, depois de resistir contradições, depois de atropelar dificuldades, depois de vencer impossíveis; arriscando a vida, desprezando a honra, abatendo a autoridade, revelando segredos, encobrindo verdades, desmentindo espias, entregando a alma, suscitando a vontade, cativando o alvedrio, morrendo dentro em si por tormento e vivendo em seu amigo por cuidado: sempre triste, sempre aflito, sempre inquieto, sempre constante (...).

No "Sermão de Santo Antônio" (1645), a ênfase recai em dois verbos: "pescar" e "comer", aplicados repetidamente em uma parte da prédica, aquele cinquenta e esse cinquenta e cinco vezes; enquanto no "Sermão da 5ª Quarta-feira da Quaresma" (1669), as palavras "cego" ou "cegueira" ecoam do princípio ao fim, máxime quando o pregador insiste em uma mesma pergunta: "Vedes ou não vedes?"

Idêntico fenômeno de *echowort* o do "Sermão do Bom Ladrão" (1655), onde o verbo "furtar", conjugado em diferentes modos, teve primazia intencional, repetindo-se em certo momento quase cem vezes.

Os vícios da língua não os desprezava o grande pregador, apesar da sua condenação do cultismo, que deles usava e abusava tremendamente, e, no "Sermão da 5ª Domingo da Quaresma" (1654), refere-se a Dreagélio, que compôs um abecedário de tais extravagâncias, isto para justificar a figura de legítima pangramática, ali mesmo empregada neste trecho em que a ênfase em palavras começadas com M obedeceu a um intuito satírico evidente:

Não há dúvida que o M... M Maranhão, M murmurar, M motejar, M maldizer, M malsinar, M mexericar, e sobretudo, M mentir: mentir com as palavras, mentir com as obras, mentir com os pensamentos, que de todos e por todos os modos aqui se mente.

Apesar desse sarcástico desabafo, Vieira não desamava a velha província, chamando-lhe mais tarde o "meu desejado Maranhão".

Outro exemplo igualmente típico de virtuosismo verbal: o do "Sermão da 3ª Domingo da Quaresma" (1655), cujo tema está subordinado à divisão constituída de algumas figuras gramaticais que, por sua vez, compartipam da substância dialética do discurso, e cujo objetivo é esclarecido no exórdio:

Suposto pois que há confissões, que merecem ser confessadas, bem será que desçamos com a nossa admiração a fazer um exame particular delas; para que cada um conheça os defeitos das suas. E para que o exame se acomode ao auditório, não será das consciências de todos os estados, senão só dos que têm o Estado à sua conta. Será um confessionário geral de um Ministro Cristão. Os teólogos morais reduzem ordinariamente este modo de exame a sete títulos: Quis, Quid, Ubi, Quibus auxiliis, Cur, Quomodo, Quando? A mesma ordem seguiremos: eu para maior clareza do discurso, vós para maior firmeza da memória. Deus nos ajude.

Por esse modo, o desenvolvimento do sermão obedeceu a um processo retórico utilizado por Cícero na defesa de Milon e de que Hauteville dá interessante quadro sintético na sua obra *L'art de bien discourir*, reproduzido pelo crítico Daniel Mornet em estudo sobre a eloquência de Bossuet.

Aristóteles prescreveu para o orador o emprego sistemático de substantivos e verbos paralelamente, notando-se que Vieira adotou esse preceito em vários sermões, quase sempre com as graduações a que o Barroquismo o impeliu, como nesta passagem do "Sermão de Santo Antônio" (1654:)

> Salta o coração, bate o peito, mudam-se as cores, chamejam os olhos, desfazem-se os dentes, escuma a boca, morde-se a língua, arde a cólera, ferve o sangue, fumegam os espíritos; os pés, as mãos os braços, tudo é ira, tudo fogo, tudo veneno.

Além de imprescindível a Vieira, por ser homem de ação, o emprego do "verbo" permitiu-lhe frequentemente obter efeitos de ritmo, cadência e musicalidade que se poderiam apontar em inumeráveis passagens de sua grande prosa, particularmente no aludido "Sermão de Santo Antônio" onde até parece predominar razão numérica, estadeando-se às vezes a frase em vários metros, do hexassílabo ao alexandrino:

> Dos animais terrestres/ o cão é tão doméstico,/ o cavalo tão sujeito,/ o boi tão serviçal,/ o bugio tão amigo, (...) o papagaio nos fala,/ o rouxinol nos canta,/ o açor nos ajuda, e nos recreia,/ e até as grandes aves de rapina/ encolhendo as unhas,/ reconhecem a mão de quem recebem/ o sustento. Os peixes pelo contrário/ lá se vivem nos seus mares, e rios,/ lá se mergulham nos seus pegos,/ lá se escondem nas suas grutas/ e não há nenhum tão grande que se fie do homem,/ nem tão pequeno que não fuja dele. (...) Cante-lhe aos homens o rouxinol,/ mas na sua gaiola;/ diga-lhe ditos o papagaio,/ mas na sua cadeia;/ vá com eles à caça o açor,/ mas nas suas pioses;/ faça-lhe bufonarias o bugio,/ mas no seu cepo;/ contente-se o cão de lhe roer um osso,/ mas levado onde não quer pela trela;/ preze-se o boi de lhe chamarem formoso, ou fidalgo,/ mas com o jugo sobre a cerviz,/ puxando pelo arado, e pelo carro...

Outro recurso de que Vieira costumava lançar mão, como assinalado aliás por João Ribeiro, era o do emprego de verbos compostos com gerúndios para significar ações continuadas e não acabadas, e ainda para compor numa só expressão ações duplas ou de duplo aspecto, como: "Estãose escrevendo vitórias." O mais conhecido exemplo é o daquela passagem do famoso "Sermão pelo bom sucesso das armas portuguesas contra as de Holanda": "Não hei de pedir pedindo, senão protestando, e argumentando; pois esta é a licença, e liberdade, que tem, quem não pede favor, senão justiça." Rui Barbosa cita esse trecho em um dos seus discursos judiciários de maior repercussão política.

Pelo visto, ainda que a fisionomia do estilo de Vieira seja observada de relance, não há como excluir o "Sermão da Sexagésima" daquele complexo de artifícios verbais que seríamos levados a designar por Maneirismo barroco, não fosse a distinção estabelecida a respeito. É incontestável que o uso parcimonioso de alguns desses artifícios, como a paronímia e a anáfora, era uma decorrência natural da tradição clássica, de modo que o fato de Vieira utilizar-se deles não significa que estivesse praticando cultismo. Este será mais assinalável naqueles pontos em que prevalece a técnica do prestidigitador de palavras ou o uso reiterado de algumas delas produzindo amplificações, através de paralelismos, aparentemente desnecessários. Não era em suma coisa rara Vieira recair naquele vezo palavroso que o induzira a penitenciar-se do excesso, no "Sermão da Visitação", proferido no Hospital da Misericórdia da Bahia, esclarecendo: "Hoje tudo foram palavras, mas foi necessário dizer muito, outro dia pregaremos pensamentos." É, esse, um sermão nitidamente político, no qual o pregador apresenta o Brasil daquela hora como um enfermo, por meio de complicada trama de imagens e conceitos paradoxais, sendo particularmente típico da excentricidade de seus raciocínios o converter em objeto de exemplificação moral o vário destino dos pelouros anteriormente despejados pelos holandeses sobre a cidade da Bahia:

> Quando aqui estivemos sitiados no ano de trinta e oito atirava o inimigo muitas balas ao baluarte de Santo Antônio: os pelouros que acertavam ficavam enterrados na trincheira, os que erravam, voavam por cima, vinham rompendo os ares com grande ruído e os que andavam por estas ruas, aqui se abaixava um, acolá se abaixava outro e muita gente lhes fazia cortesias demasiadas. De sorte que o pelouro que errou esse fazia os estrondos, a esse se faziam as reverências, e outro que fez sua obrigação, esse ficava enterrado. Ah! quantos exemplos destes se acham na guerra do Brasil! Quantos foram mais venturosos com seus erros, que outros com seus acertos? Algum que sempre errou, que nunca fez coisa boa, nomeado, aplaudido, premiado: e o que acertou, o que trabalhou, o que subiu a trincheira, o que derramou o sangue, enterrado, esquecido, posto a um canto.

As palavras eram simples, mas foram desferidas como dardos, impulsionadas por uma concepção imprevista e sensacional. Em suma, nessa prédica, proferida em circunstâncias excepcionais, as palavras carregadas de intenção, visavam a produzir estrondoso efeito sobre o comportamento do Reino para com o Brasil, de onde a advertência, em certa altura, de que pensamentos naturalmente substanciosos e não apenas circunstanciais, seriam pregados noutra ocasião. Mas quando em Vieira os pensamentos estavam separados das palavras que despertassem forte sensação entre os ouvintes?

Retrocedendo à análise do "Sermão da Sexagésima", eis outro caso expressivo de intumescência à custa de uma figura de gramática, representada pelo pronome "esse", numa sentença plurimembre, que é característica iniludível do Barroquismo cultista:

> As flores umas caem, outras secam, outras murcham, outras leva o vento; aquelas poucas, que se pegam ao tronco e se convertem em fruto, só essas são as venturosas, só essas são as discretas, só essas são as discretas, só essas são as que duram, só essas são as que aproveitam, só essas são as que sustentam o mundo.

Esse artifício estava fadado a ter em nosso país um prolongamento imprevisto, a julgar pelo trecho a seguir do discurso que Rui pronunciou por ocasião das festas de jubileu, em 1918, referindo-se a Deus:

> Onde Ele se mostrava, onde surgir, onde se percebe, não existe mais nada senão Ele. Ele o que só é sonho, Ele o que só é justo, Ele o que só é bom, Ele o que só é glorioso.

A proporção de emprego da mesma voz pronominal é idêntica à do modelo jesuíta.

Contém ainda o "Sermão da Sexagésima" exemplo muito interessante de uma tendência a substantivar o adjetivo que era igualmente um maneirismo verbal de cunho barroco, observado em Bossuet, e compreendido na esfera do cultismo.

> Assim que nesta Árvore, a que podemos chamar Árvore da vida, há de haver o proveitoso do fruto, o formoso das flores, o vigoroso das varas, o vestido das folhas, e o estendido dos ramos.

O excesso mais significativo do Barroquismo de Vieira resultava do que Antônio Sérgio designa por "superabundância de descrição alegórica", atribuindo-a, em seu primeiro estudo, a uma tendência cultista. O escritor lusitano, que empresta rigorismo metodológico à distinção já indicada, não procura caracterizar aquela superabundância em Vieira senão como essencialmente conceptista, embora seja fácil demonstrar que a descrição alegórica insere muitas vezes elementos da tendência dita antagônica. Aliás, o mesmo crítico definiu sua posição neste concernente, esclarecendo que o que chama "descrição alegórica" pressupõe "a intervenção do bisturi conceptista — se bem que o desenvolvimento da descrição literária se realize no domínio da representação sensível".

Além deste ponto de vista, trouxe o preclaro ensaísta para a elucidação do Barroquismo vieiriano a teoria do "conceito predicável", especificamente ligada à parenética do século XVII, e assim definido:

> Desenvolver um "conceito predicável" significa inculcar uma proposição moral, não com o auxílio de argumentos válidos (isto é, por meio de relações verdadeiramente lógicas, a partir de fatos de observação psicológica, ou da história, ou da experiência vulgar, ou então de princípios de natureza ética, ou filosófica, ou teológica), senão que pelo artifício de uma simples imagem, recorrendo a um fato ou a uma frase da Bíblia, que pelo uso habilidoso de uma "agudeza do engenho" se decide apresentar como sendo uma alegoria, uma figura, um símbolo, daquela proposição que se deseja avançar.

Conquanto seja muito esclarecedor o método dos "conceitos predicáveis", não há como concluir, com o ensaísta lusitano, que "do método parenético de Antônio Vieira não deve dar-se à escolástica responsabilidade alguma, muitíssimo ao contrário do que tem sido uso afirmar".

O pregador jesuíta jamais pôde desprender-se inteiramente do compromisso espiritual que o atava à tradição escolástica, e os sermões, já por frequentes alusões a autores medievais, já pelo conteúdo filosófico, constituem uma evidência incontestável desse vínculo.

Seria temeridade querer desligar totalmente o conceptismo da tradição medieval.

Hatzfeld teve o ensejo de aventar que Raimundo Lúlio foi o típico precursor do conceptismo e, de fato, o Doutor Iluminado do século XIII já explorava um mundo metafórico, que era a antecipação natural daquele que veio a florir como uma constelação de espantos na Europa de Paravicino e de Calderón de la Barca.

Há uma passagem no *Libro de Evast y Blanquerna* que parece ecoar do "Sermão da Sexagésima", tal a sua analogia com o objetivo disciplinar do pregador jesuíta:

> Y cuando el sermón es muy prolijo o de muy sutiles conceptos, la memoria no puede retornar tudo aquillo que el entendimiento le ha encomendado, y por esta causa se origina en los oyentes la ignorancia y falta de devoción.

Era análogo o sentido da linguagem em Vieira, quando, naquele sermão, advertiu: "As razões próprias nascem do entendimento: as alheias vão pegadas à memória; e os homens não se convencem pela memória, senão pelo entendimento."

O denominador comum desses valores espirituais era Santo Agostinho, para quem a verdade estava no interior da alma e o entendimento era insuflado pelos sentidos, o que levava Vieira a afirmar, no "Sermão do SS. Sacramento" (1645), que "o entendimento deve julgar conforme as espécies dos sentidos, que são as portas de todo o conhecimento humano".

O entendimento era enfim um fator da alma ou como predicava Raimundo Lúlio: "El alma por si es una esencia en tres vozes diversas, de los cuales es su ser y sin los cuales no podria ser una substancia; estas son la memoria, el entendimiento y la volontad."

Ainda em Lúlio pode encontrar-se o que Antônio Sérgio chama a imaginação materializada de Vieira. A teoria da imaginação que conciliou o neoplatonismo com as doutrinas cristãs era estímulo providencial a semelhante fenômeno. Já em Lúlio veem-se as abstrações que representavam a alma humana, segundo a concepção escolástica, a memória, o entendimento e a vontade, convertidas em figuras simbólicas a dialogarem entre si sobre os mistérios da religião e da morte. Preso estava o iluminado catalão à simbologia teológica, segundo a qual Deus criou tudo quanto tem com esta disposição: a da Trindade.

A percepção do místico desdobra-se em duas: a vista corporal e a vista espiritual. Esta última era a que, "por la visión del entendimiento, puede Dios ser visto". Tinha em suma o entendimento a secreta virtude de promover uma conciliação entre as aparências sensíveis do universo criado e os temas ou revelações da história sagrada.

Outro místico espanhol, R. Sebonde, resumiu a posição do espírito humano neste sentido mostrando que, desviado de suas legítimas funções, era um joguete das alegorias, dos enigmas, das figuras, deixando enfim de perceber as quatro significações da Escritura — o histórico, o alegórico, o analógico, e o tropológico — porque uma física puramente verbal flutuava à superfície das "qualidades" e a Autoridade sobrepunha-se à Razão.

Havia, por consequência, dois mundos a conciliar. E Vieira não discrepava da tradição escolástica, quanto à acomodação destes mundos em seu entendimento: o da ordem universal das coisas criadas ou a Natureza e o dos Livros Sagrados. Mostra-o a seguinte passagem do "Sermão da 1ª Sexta-feira da Quaresma" (1649):

> Se perguntarmos aos Teólogos, qual é o motivo, por que cremos os mistérios da Fé sem nenhuma dúvida; respondem todos com São Paulo, que o motivo (a que eles chamam objeto formal) é, *quia Deus dixit*: porque Deus o disse. Todas as outras razões que também chamam manuduções bastam para conhecer o entendimento com evidência, que os mistérios da Fé não são incríveis, antes que evidentemente são mais críveis que tudo o que propõem as feitas, e erros contrários; mas para fazer um ato verdadeiro, e sobrenatural de Fé, não há, nem pode haver outro motivo, senão porque Deus o disse: *quia Deus dixit*.

Nada mais claro (mas sem a percepção disto, como é difícil compreender a clareza de Vieira!), o objeto formal, significando a palavra de Deus, ou melhor, o que Deus disse, eis o que dava substância às suas visões constituindo-se a chave do universo intuído pelos doutores da Igreja. A percepção do "objeto formal" era um privilégio do entendimento que só mediante a linguagem transfiguradora da metáfora — base de todo o conceito engenhoso — podia ser perfeitamente alcançada. A escolha de uma metáfora, de que surgiriam as alegorias esclarecedoras, era enfim uma operação delicada e sutil, cujo impulso criador é revelado no "Sermão de São Pedro" (1644).

> Suposto andarem tão válidas no púlpito, e tão bem recebidas do auditório as metáforas, mais por satisfazer ao uso, e gosto alheio, que por seguir o gênio, e ditame próprio, determinei na parte que me toca desta solenidade servir ao Príncipe dos Apóstolos também com uma metáfora.

O pregador mostra às claras o processo mental de rebusca, do qual o "Sermão da Sexagésima" constitui um testemunho muito eloquente, mencionando em seguida a multiplicidade de símiles a que recorreu até esgotar por assim dizer a metáfora do Evangelho:

> Busquei-a primeiramente entre as pedras, por ser Pedro Pedra, e ocorreu-me o diamante: busquei-a entre as árvores, e ofereceu-me o cedro: busquei-a entre as aves, e levou-me os olhos a Águia: busquei-a entre os animais terrestres, e pôsse-me diante o Leão: busquei-a entre os planetas, e todos me apontaram para o Sol: busquei-a entre os homens, e convidou-me Abraão: busquei-a entre os Anjos, e parei em Miguel. No diamante agradou-me o forte, no cedro o incorrutível, na Águia o sublime, no Leão o generoso, no Sol o excesso de luz, em Abraão o património da Fé, em Miguel o selo da honra de Deus.

A revelação do processo metafórico em Vieira não podia ser mais lúcida do que aí está, devendo notar-se a confluência daquelas quatro significações da Escritura, sem as quais não há como entendê-la cabalmente: o histórico, o alegórico, o analógico e o tropológico.

Não estava porém concluída a tarefa de captar a metáfora indicada e ei-lo a tomar nova direção:

> Desenganado pois de não achar em todos os tesouros da natureza alguma tão perfeita, de cujas propriedades pudesse formar as partes do meu panegírico; (que esta é a obrigação da metáfora) despedindo-me dela, e deste pensamento, recorro ao Evangelho para mudar de assunto, e que me sucedeu? (...) As mesmas palavras do tema me descobriram, e ensinaram a mais própria, a mais alta, a mais elegante, a mais nova metáfora, que eu não podia imaginar de S. Pedro. E qual é? Quase tenho

medo de o dizer. Não é coisa alguma criada, senão o mesmo Autor e Criador de todos. Onde as grandezas de S. Pedro se não podem declarar por metáfora, como eu cuidava, ou se há, ou pode haver alguma metáfora de S. Pedro, é só Deus. Isso é o que há de pregar, e esta a nova, e altíssima metáfora, que hei de prosseguir. Vamos ao Evangelho.

O "Sermão da Sexagésima" contém duas alegorias que denunciam igualmente, de maneira muito expressiva, a complexidade do método de Vieira no desenvolvimento do elemento metafórico extraído das Escrituras.

A primeira é a que estabelece analogia entre o semear e o pregar. O semeador do Evangelho tinha começado a semear, mas com pouca sorte, de modo que:

Uma parte do trigo caiu entre espinhos, e afogaram-no os espinhos, outra parte caiu sobre pedras, e secou-se nas pedras, por falta de umidade; outra parte caiu no caminho e pisaram-no os homens e comeram-no as aves...

Neste lance insere-se o simbolismo evangélico, em torno do qual o pregador empregara o recurso analógico ou tropológico que o episódio histórico permitia, seguindo-se a decifração que torna compreensível a alegoria em todo o seu desenvolvimento.

O trigo, que semeou o Pregador Evangélico, diz Cristo, que é a palavra de Deus. Os espinhos, as pedras, o caminho e a terra boa, em que o trigo caiu, são os diversos corações dos homens. Os espinhos são os corações embaraçados com cuidados, com riquezas, com delícias; e nestes afoga-se a palavra de Deus. As pedras são os corações duros e obstinados; e nestes seca-se a palavra de Deus, e se nasce, não cria raízes. Os caminhos são os corações inquietos, e perturbados com a passagem e o tropel das cousas do mundo, umas que vão, outras que vêm, outras que atravessam e todas passam; e nestes é pisada a palavra de Deus, porque ou a desatendem, ou a desprezam.

O terceiro movimento do sermão, neste particular, é o da aplicação da alegoria ao tema, que o pregador se propôs desenvolver e que se resume neste postulado:

Porque o sol e a chuva são as influências da parte do Céu e deixar de frutificar a semente da palavra de Deus, nunca é por falta do Céu, sempre é por culpa nossa.

Quem tiver a noção exata do que é o entendimento, a que se dirigia o pregador, compreenderá integralmente o sentido de seus raciocínios.

A outra alegoria é a que, em Vieira, melhor adverte da confusão entre o sentido literal e o sentido simbólico derivado de incompreensão do "objeto formal", quer dizer, da palavra de Deus.

O pregador visa com essa alegoria reprimir o abuso daqueles sermonistas que a malbaratavam, recordando o caso de duas testemunhas falsas, as quais referiram, no pretório romano, ter ouvido "dizer a Cristo, que se os judeus destruíssem o templo, ele o tornaria a reedificar em três dias". Tinha Jesus Cristo proferido de fato as palavras referidas, mas o templo de que falava era "o templo místico de seu corpo", que "os judeus destruíram pela morte, e o Senhor o reedificou pela ressurreição".

Nessa altura, detém-se Vieira a verberar severamente o testemunho falso, mas penitenciando-se de ter sido levado porventura a esse erro por excesso ou demasias de imaginação:

> Ah Senhor, quantos falsos testemunhos vos levantam! Quantas vezes ouço dizer, que são palavras vossas, o que são imaginações minhas: que me não quero excluir deste número! Que muito logo que as nossas imaginações, e as nossas vaidades, e as nossas fábulas não tenham a eficácia da palavra de Deus!

Esta admoestação pressupõe com efeito uma desconfiança compreensível do pregador em sua própria imaginação, que a vertigem metafórica impeliu constantemente a terríveis audácias.

Realmente, Vieira proclamava que "a pregação que frutifica, a pregação que aproveita, não é aquela que dá gosto ao ouvinte, é aquela que lhe dá pena" ("Sermão da Sexagésima"). E, entretanto, era o pregador que exercia em seu tempo maior poder de sedução sobre os auditórios. "Quando ele pregava" — narra um comentador do "Sermão do Mandato" — "a gente era até à porta, e as confissões no dia seguinte não tinham tempo de seu, tantos eram os que buscavam na igreja a paz que os seus deveres perturbava".

A esse propósito, assinala Xavier Marques o excesso de gozo que principalmente aos ouvidos proporciona a prosa em excesso regular, invariavelmente simétrica e antitética de Vieira. O fino degustador do estilo literário, embora achasse enérgicos e incisivos, em sua brevidade, os períodos da prosa de Vieira, refere-se à "ausência de variedade dos seus ritmos", acrescentando: "Tampouco lhe desconheceremos a falta de cor, a cor que não podia dar-nos um espírito sempre voltado para as abstrações da lógica e da metafísica escolástica".

A observação é ponderável, visto prevalecer em Vieira o *chiaroscuro* barroco. Era um grande visionário, mas que via para dentro, pelo "olho do entendimento", e, neste, por efeito de rigor ascético, a impressão deixada pelos cinco sentidos voltados para fora — segundo a concepção medieval — tirava às coisas a viveza e a frescura do mundo exterior.

Como compreender que o pregador pudesse superar a tonalidade por vezes monócrona de seus sermões? Clarel o esclarece perfeitamente, acentuando que Vieira possuía "no espírito uma feição paradoxal, uma forma muito sua de apresentar as coisas e de excitar a curiosidade pelo pitoresco e o imprevisto. Muitas das ideias dos seus sermões espantam à primeira vista e desconcertam, tanto se afastam das ideias geralmente conhecidas; não que a doutrina do nosso orador teólogo não seja ao mesmo tempo segura e profunda, mas para quem criticar a forma paradoxal de certos pensamentos oferece motivo fácil".

O crítico francês podia ter acrescentado à sua notação que isso era uma característica do barroquismo de Vieira. Os movimentos do espírito a que era arrebatado pelo afã da novidade, do inopinado e do espantoso, consubstancial a essa tendência, encontrava no estilo *coupé* à Sêneca o instrumento adequado, maleável, enérgico, incisivo.

Não é um pormenor inexpressivo haver Antônio Vieira, na fase do noviciado, traduzido tragédias de Sêneca e de Plauto, para as representações dramáticas que a Companhia de Jesus costumava promover em seus colégios. O estilo senecano, embora caroável a todas as sutilezas do pensamento, era o que talvez mais conviesse a um pregador que, dirigindo-se às vezes a auditórios de bugres, em suas árduas missões de catequese, necessitava de recorrer seguidamente a fórmulas e frases breves e enérgicas, em que a clareza advinha tanto da simplicidade do vocabulário e da lógica do pensamento, como, e principalmente, da reiteração do elemento formal predominante.

Mas a adoção de um estilo representa algo mais que o imperativo de uma necessidade eventual e, em Vieira, o modelo senecano correspondia às exigências naturais e inelutáveis de sua organização mental. Nenhum outro melhor para acompanhar os encontrados impulsos de uma ação dinâmica e intensiva, como a que o absorveu tremendamente em toda a sua existência. Era o estilo de combate e de comando, era o estilo do paradoxo, era o estilo da sátira, era o estilo enfim que martelava o entendimento dos ouvintes, transmitindo-lhes as doutrinas e também as admoestações do pregador, a golpes secos e tenazes, não raro vibrados com aquela *saeva indignatio*, que corroeu o malferido coração de Swift.

O estilo típico de Vieira corresponde precisamente à síntese em que M. W. Croll resumiu sua admirável definição do estilo *coupé*: "A brevidade intencional dos números do período caracterizado pelo pormenor, de que frequentemente o primeiro membro exaure o fato da ideia. Logicamente, não havia nada mais a dizer, mas, em todo o discurso, prevalece uma ordem imaginativa que se destina a produzir os seus melhores efeitos mediante a assimetria deliberada dos membros de um período." É um meio de expressão que denota intensidade de visão ou de ideias e cujo clímax habitual em Vieira teve a intensificá-lo especialmente a metáfora hiperbólica ou de superlação. Esta a face mais apreciável do Barroquismo em que o grande pregador imergiu profundamente, atiçado pelo engenho conceptista, mas não sem um artificialismo verbal denunciador de várias transigências com a corrente estilística que repeliu de público.

Não há dúvida que o barroquismo de Vieira tem uma de suas manifestações mais específicas e reveladoras do espírito do século nesse contraste entre o corte do estilo, que subordinava a cadência natural da frase a uma plurimembração arbitrária, e o pensamento superabundante, entregue à vertigem metafórica, em regra hiperbólica e esbatendo-se em semelhante obstáculo como um corpo que, fadado pelo golpe de um arremesso a descrever formidável parábola no espaço, viesse, na queda, saltar calculadamente de degrau em degrau. O pregador estava perfeitamente assenhoreado do modo por que um sermão havia de cair, no sentido figurado desse verbo aplicado à eloquência.

É forçoso vincular esse fenômeno à impregnação asiática da psique mozarábica que, influindo sobre Raimundo Lúlio, veio a justificar as exagerações do Barroco na Espanha.[6]

Aliás, Vieira traçou para si mesmo um símile cabal, neste sentido, quando, numa passagem da *História do futuro*, quis caracterizar superlativamente a mentalidade faraônica, dominada pelo imperialismo político:

> Os Faraós do Egito, e também os Ptolomeus que lhes sucederam, de tal maneira mediam a estreiteza de suas terras pela arrogância e inchação de seus vastos pensamentos que, dominada somente aquela parte não grande da extrema África, que jaz entre os desertos de Numídia e os do Mar Vermelho, não duvidavam intitular-se *Josés* do Mundo... Imitavam a soberba de seu soberbo Nilo, que, quando sai do mar, se espraia em sete bocas, como se foram sete rios, sendo um só rio; assim era aquele império, e os demais chamados *do Mundo*, maiores sempre nas vozes que no corpo e grandeza.

Essa igualmente a relação entre o pensamento e o estilo de Vieira: um rio "que se espraia em sete bocas, como se foram sete rios, sendo um só rio".

A tendência às formas superlativas do pensamento ateou fogo à audácia do pregador em sucessivas emergências, mas nunca talvez com maior denodo e arrebatamento do que ao desafiar Deus, no sermão contra as armas holandesas, pregado na Igreja da Ajuda da Bahia, em 1640, através de uma apóstrofe que há de ter provocado um estremecimento de temor entre os ouvintes. Deus foi alertado nessa desconcertante prédica de maneira frontal, por assim dizer, com a advertência de que havia de sair arrependido de sua tolerância com os hereges, que ameaçavam tomar de assalto a cidade do Salvador. Era a um Deus inclemente, o Senhor dos Exércitos, o Deus do Velho Testamento, que se encaminhava a imprecação, sem dúvida a mais intrépida jamais proferida em templo brasileiro e reduplicada de efeito persuasivo pelo estilo *coupé*, como o evidencia esta passagem:

Eis aqui para quem trabalhamos há tantos anos? Mas pois vós, Senhor, o quereis, e ordenais assim, fazei o que fordes servido. Entregai aos Holandeses o Brasil, entregai-lhes as Índias, entregai-lhes as Espanhas (que não são menos perigosas as consequências do Brasil perdido), entregai-lhes quanto temos e possuímos (como já lhes entregastes tanta parte), pondo em suas mãos o Mundo: e a nós, aos Portugueses e Espanhóis, deixai-nos, repudiai-nos, desfazei-nos, acabai-nos.

Em um de seus sermões do Rosário (XXVII), querendo dar uma imagem do espetáculo inumano do tráfego de escravos para o Brasil, o ousado pregador recorre a original metáfora hiperbólica, nesta antecipação ao brado do "Navio negreiro", de Castro Alves:

> Entra por esta barra um cardume monstruoso de baleias, salvando com tiros, e fumos de água as nossas fortalezas, e cada uma pare um baleato; entra uma nau de Angola, e desova no mesmo dia quinhentos, seiscentos, e talvez, mil escravos.

Observe-se nesse trecho um processo típico de imaginação metafórica, quando mostra as baleias em cardume a salvarem as fortalezas e a desovarem cada uma um baleato na baía, tendo sido evidentemente intencional a relação analógica e oculta produzida pelas palavras "baleias" ou "baleato" com balas, de onde a respectiva associação com as fortalezas da cidade. É a realidade concreta transfigurada por um sentimento poético que dominava inelutavelmente o pregador, adoçando-lhe a rijeza ascética ou a lógica faiscante, com o seu relampaguear de silogismos.

Os símbolos de representação visual, com que Vieira diligenciava incutir esse ou aquele argumento recaiu ordinariamente em coisas desproporcionadas em paralelo com outras infinitamente menores — o macrocosmo e o microcosmo em confronto — jogo de antíteses em que o máximo absorvia o mínimo, como é natural. Quando o pregador recomenda no "Sermão aos peixes" que cada um deve contentar-se com as dimensões que Deus lhe deu, nessa ou naquela órbita de valores, logo sublinha:

> Mas por todos os elementos se adoece de melancolia; porque nenhum se contenta com o crescer dentro da sua espécie: a andorinha quer subir a águia; a rêmora quer crescer a baleia; a formiga quer inchar a elefante. Porque as formigas se fazem elefantes, não basta toda a terra para um formigueiro.

Há nesse reparo um intuito evidente de edificação moral, mas o descrever esses e outros aspectos contrastantes da natureza ou da espécie humana, no período barroco, provinha de uma tendência irrefugível à fixação da hipertrofia sob os mais estapafúrdios pretextos, o que deu à palavra "hidrópico" um uso mais ou menos corrente, como sinônimo de algo excessivo ou desdobrante, na ordem moral. No "Sermão do Mandato", encontra-se a expressão: "hidropisia de tormentos", e em *A arte de furtar*, cuja autoria ainda duvidosa foi atribuída inicialmente a Vieira, "hidropisia das riquezas".

Em John Donne, havia a mesma tendência às superlações dessa índole, sendo extremamente significativo, até por certa analogia com a do pregador lusitano, o seguinte período do "Sermão XXXVII", pregado em 1622:

> A painter can hardly diminish or contract an Elephant into so little form, but that Elephant, when it is at the least, will still be greater than an Ant at the life, and the greatest.

O artificialismo verbal do século induziu, pelo visto, um jesuíta e um anti-jesuíta a correrem paralelamente em estilo e imagens, em suas prédicas, apesar da diferença de idioma que também os separava.

Se Vieira erguia do chão os olhos para captar no céu as suas metáforas, eram ainda as representações incomensuráveis e desconcertantes que lhe arrebatavam a imaginação. Assim, quando invoca a figura de uma tromba de água para assinalar o flagelo que suportava o Brasil com a locupletação de além-mar no fruto de nossos trabalhos:

> Com terem tão pouco do Céu os Ministros que isto fazem, temo-los retratados nas nuvens. Aparece uma nuvem no meio daquela baía, lança uma manga ao mar, vai sorvendo por oculto segredo da natureza grande quantidade de água e depois que está bem cheia, depois que está bem carregada, dá-lhe o vento e vai chover daqui a trinta, daqui a cinquenta léguas. Pois nuvem ingrata, nuvem injusta, se na Bahia tomaste essa água, se na Bahia te encheste, por que não choves também na Bahia?

A tendência à hipérbole não refoge ao grotesco, que lhe é um elemento natural, distinguindo-se por esse lado o "Sermão de Santo Antônio" (1645), no qual a pintura de alguns peixes tem um sentido caricatural e ferino que se aplicava a desafetos e adversários do pregador, em represália a humilhações que uns e outros lhe infligiram.

É flagrante característico de ridículo o dos provocadores e fanfarrões, representado entre os peixes desta maneira:

> ... ouvindo os Roncadores, e vendo o seu tamanho, tanto me moveram a riso, como a ira. É possível que sendo vós uns peixinhos tão pequenos, haveis de ser as roncas do mar?

Não há dúvida, o estilo *coupé* calça como uma luva esse tema, permitindo ao sermonista estabelecer uma espécie de diálogo interior por meio de frases curtas e rápidas que imprime particular viveza à sátira.

O tato de Vieira para a representação do grotesco mostra-se ainda mais consumado em outro sermão, o "da Dominga vigésima segunda post

Pentecosten" (165...), no qual introduziu apólogos de árvores, com o fito deliberado de insinuar um ponto de vista político, quando o Estado do Maranhão foi repartido em dois governos. É uma sátira sempre atual porque ligada às consequências do nepotismo. Após referir-se às figuras de murta, formadas por diferentes imagens do mundo animal e outras, a poder de uma arte esmerada e paciente, adverte o pregador do que pode resultar dessas figuras de plantas se lhes faltar a diligência e o zelo do jardineiro:

> Se o humor das raízes lhe brotar pelos olhos, não poderá ver as coisas nem ainda olhar para elas sem paixão, que é a que troca as cores às mesmas coisas, e faz que se vejam umas por outras. Se lhe tomar, e ocupar os ouvidos, não ouvirá as informações com a cautela com que se deve examinar, ou ficará tão surdo, que as não ouça, ainda que sejam clamores. Se lhe rebentar pela boca, mandará o que deve proibir, e proibirá o que deve mandar, e as suas ordens serão desordens, e as suas sentenças agravos.

No "Sermão do Espírito Santo" (1657), o pregador retoma o mesmo motivo da figura de murta e ainda neste traça uma representação grotesca inopinada:

> Se deixa o jardineiro de assistir, em quatro dias vai um ramo, que lhe atravessa os olhos, sai outro que lhe descompõe as orelhas, saem dois que de cinco dedos lhe fazem sete, e o que pouco antes era homem, já é uma confusão verde de murtas.

O profetismo encontrava no Barroco um clima ideal para as suas temerárias manifestações e poucos pregadores o levaram a tão absurdas e audaciosas consequências quanto o Padre Antônio Vieira que, por esse excesso, respondeu a processo inquisitorial e viu-se durante algum tempo privado da palavra, pelo Santo Ofício lusitano.

Vieira nunca pôde reprimir o extravasamento de suas fantasias ou delírios oraculares e, além de os disseminar em suas cartas e em alguns sermões, compendiou finalmente as suas experiências nesse terreno movediço e instável, durante toda a vida, na quimérica *História do futuro*.

Essa tendência é um traço do messianismo político do grande jesuíta, visto como suas previsões em regra eram relacionadas com ocorrências do mundo político ou social, obedecendo a manifesto objetivo de preservar a estabilidade da instituição monárquica portuguesa. Sua obstinação resistiu a todos os equívocos e decepções, é claro que por efeito de invencível pendor para o maravilhoso. A astrologia metafórica era a rota abstrata desse Quixote da Fé que, em vez de moinhos de vento, dava combate a cometas de caudas resplandecentes onde lobrigava o rebrilhar de espadas com as pontas em riste para determinada região da terra. Foi essa a forma em que divisou um cometa surgido no céu da Bahia em 1696, quando já não enxergava bem, mas a verdade é que deu conta deste sinal do céu na homilia "Voz de Deus", sem ocultar um prognóstico desalentador:

Isto é o que ameaça à Bahia o seu cometa, encobrindo-lhe nos punhos da espada qual é a razão visível, de que se pode recear.

Mas não ficara nisto somente a ilação analógica do pregador, e, cingindo-se a outros observadores daquele sinal, acrescenta:

Dizem os que têm mais aguda vista, que assim como esta espada escondeu os punhos assim está com a ponta, ou tocando ou apontando para a constelação chamada Hidra: a Hidra é aquela bicha de sete cabeças, que nasce da água, como declara o mesmo nome, e por mar veio ao Brasil haverá dez anos.

Há a observar nesse trecho que o conceptismo era um estímulo em Vieira a desenvolver as metáforas que lhe iam ocorrendo até o imprevisível, à mercê do Demônio da Analogia, nunca lhe escasseando os meios de firmar ou tentar estabelecer concordância entre a sua arrebatada fantasia nesses domínios e as virtudes teológicas da Fé.

O estilo reveste-se em sua prosa de uma feição extremamente peculiar no tratamento daqueles temas em que predomina o patético em termos paradoxais, a exemplo do "Sermão da Cinza" pregado em 1673, na cidade de Roma:

Homem Cristão, com quem fala a Igreja, és pó, e hás de ser pó: que remédio? Fazer que um pó seja corretivo do outro. Sê desde logo o pó, que és, e não temerás depois ser o pó, que hás de ser. Sabeis, Senhores, por que temeremos o pó que havemos ele ser. É porque não queremos ser o pó, que somos. Sou pó, e hei de ser pó; pois antes de ser o pó que hei de ser, quero ser o pó que sou.

A lúgubre tonalidade deste sermão corresponde à do tema nele desenvolvido e não há dúvida que a parenética vieiriana procurava envolver-se frequentemente em pó, em cinza, em negro, no que não fazia mais que seguir os preceitos de ascese da Ordem de Santo Inácio de Loiola. Há, naturalmente, em alguns de seus sermões, um ou outro influxo sensível da cor, conquanto seja normal o *chiaroscuro*, mas a verdade é que, apesar de sua preocupação absorvente com o sentido visual — resultante, aliás, de uma tendência do Barroquismo — Vieira não se interessava pela natureza que o cercava, enquanto pregador. A natureza em seus sermões é geralmente a da tradição do Velho e do Novo Testamento; as árvores e plantas, de que trata, a murta, a oliveira, a figueira, não respiram o ar renovado da vida, são antes ilustrações do Livro de Deus a que os doutores da igreja e os místicos apuseram o selo da Eternidade. Em consequência, os seus quadros, os seus exemplos, as suas alegorias, não raro coincidem com as tradicionais representações da Emblemata.

Encontrar-se-á, é certo, em algumas passagens de seus sermões, algo da natureza real, especialmente o mar e o céu, mas sempre transfigurado pelo espírito teológico que o subordina às suas doutrinas, como acontece na "Voz de Deus", em que o pregador, se alude às minas de salitre do sertão, é simplesmente para ter o ensejo de advertir que "o salitre de que se acendeu o fogo da espada (a do Cometa) eram os pecados da Bahia..."

Entretanto, o Padre Antônio Vieira deu mostras, sobretudo em suas cartas, de que não era insensível à imponência da natureza tropical do Brasil, e, por sinal, a prosa em que deixa transparecer entusiasmo e admiração pela nossa paisagem apresenta vivaz contraste com a de seus sermões.

Há dois grandes flagrantes da mudança do estilo vieiriano operada significativamente pela visão direta dessa natureza, notando-se, em ambos os casos, a infiltração do léxico bárbaro da língua geral. Assim, na descrição da Serra de Ibiapaba:

> Ibiapaba que na língua dos naturais quer dizer *terra talhada* não é uma só serra, como vulgarmente se chama, senão muitas serras juntas, que se levantam ao sertão das praias de Camuci e mais parecidas a onda de mar alterado que a montes, se vão sucedendo e como encapeladas umas após das outras em distrito de mais de quarenta léguas. (...) Mas depois que se chega ao alto delas, pagam muito bem o trabalho da subida, mostrando aos olhos um dos mais formosos painéis que porventura pintou a natureza em outra parte do mundo, variando de montes, vales, rochedos e picos, bosques e campinas dilatadíssimas e dos longes do mar no extremo dos horizontes. Sobretudo olhando do alto para o fundo das serras, estão-se vendo as nuvens debaixo dos pés, que como é cousa tão parecida ao Céu, não só causam saudades, mas já parece que estão prometendo o mesmo que se vem buscar por estes desertos.

Contém igualmente a *História do futuro* uma passagem sobre o alto Amazonas que é um testemunho ainda mais vigoroso da influência do meio brasileiro sobre o grande jesuíta:

> Diz pois o Profeta (Isaías), que são estes homens uma gente a quem os rios lhe roubaram a sua terra: *Cujus diripuerunt flumina terram ejus*. E é admirável a propriedade desta diferença, porque em toda aquela terra, em que os rios são infinitos e os maiores e mais caudalosos do mundo, quase todos os campos estão alagados e cobertos de água doce, não se vendo em muitas jornadas mais que bosques, palmares e arvoredos altíssimos, todos com as raízes e troncos metidos na água, sendo raríssimos os lugares por espaço de cento, duzentas e mais léguas, em que se possa tomar porto, navegando-se sempre por entre árvores espessíssimas de uma e outra parte, por ruas, travessas e praças de água, que a natureza deixou descobertas e desimpedidas do arvoredo; e posto que estes alagadiços sejam ordinários em toda aquela costa, vê-se este destroço e roubo que os rios fizeram à terra, muito mais particularmente naquele vastíssimo arquipélago do rio Orelhana, e agora das Amazonas cujas terras estão todas senhoreadas e afogadas das águas, sendo muito contados e muito estreitos os sítios mais altos que eles, e muito distantes uns dos

outros, em que os índios possam assentar suas povoações, vivendo por esta causa não imediatamente sobre a terra, senão em suas casas levantadas sobre esteios a que chamam juraus, para que nas maiores enchentes passem as águas por baixo; bem assim como as mesmas árvores, que, tendo as raízes e troncos escondidos na água, por cima dela se conservam e aparecem, diferindo só as árvores das casas em que umas são de ramos verdes, outras de palmas secas.

É um estilo largo, amplo, circular, quase ciceroniano, como o exigia a terra imatura e incomensurável que só três séculos depois viria a encontrar em Euclides da Cunha outro fixador de grande pulso. Mas o que se poderia chamar o estilo brasileiro de Vieira é um mero acidente circunstancial em suas obras, mais constante na correspondência epistolar, embora seja lícito supor que o seu espírito agiu sob forte impulso nessa direção. A sua originalidade reside antes em seus sermões, cujo estilo *coupé*, ágil e breve, conferiu um frêmito singular à parenética.

Aquele espírito de sutileza apaixonada que Gabriel Monod, prefaciando a obra de H. Boehner, atribui a alguns famosos jesuítas espanhóis, era o traço distintivo da dialética do Padre Antônio Vieira. A esse insigne jesuíta, como observou J. Lúcio de Azevedo, "os ouvintes não lhe pediam emoções vivas; o gozo provinha-lhes da novidade dos conceitos e da surpresa da combinação verbal. Iam, como ele diz, 'a ouvir sutilezas, a esperar galantarias, a avaliar pensamentos', e era o que, embora proteste o contrário, lisonjeava o pregador". E, efetivamente, "os ouvintes de entendimento agudo" é que estariam em condições de acompanhar-lhe os remígios da eloquência conceituosa e trabalhada.

Era, porém, o Padre Antônio Vieira um ortodoxo irredutível, mantendo-se em suma obstinadamente fiel ao âmbito espiritual da iniciação jesuítica, que Hoensbroech descreveu impregnado de exercícios morais em que predominavam os assuntos e temas que haveriam de orientar toda a carreira sacerdotal: "A vida do Salvador, a morte, o céu, o inferno, os vícios, as virtudes, os mártires católicos, as heresias", enfim tudo o que pudesse ligar o espírito à contemplação das causas da Fé e converter-se em argumento de edificação moral.

Se bem que contestando qualquer responsabilidade à escolástica pelo método parenético de Vieira, após estabelecer um comparativo desse método com o de alguns sermonistas do classicismo francês, chega Antônio Sérgio a uma conclusão irreprochável:

... ao passo que um pregador do Seiscentismo ibérico não empreende trabalhar com genuínas *ideias* — como aqueles franceses (Bossuet, Bourdaloue, Massillon e Flechier) — mas sempre só com o imagético: e se atribuirmos às imagens uma significação simbólica, ver-nos-emos confrontados com a estrutura básica do pensamento teórico de um Antônio Vieira — pensamento barroco, onde não há uma cadeia de claras relações inteligíveis, de boas inferências lógicas (como num Bossuet, num Massillon, etc.), mas um estonteante agregado de meras transposições alegóricas.

O arguto ensaísta resume o método do pregador numa síntese que o trecho transcrito já deixava transparecer claramente:

A maneira vieiriana de demonstrar as teses consiste numa operação de correspondência simbólica: a correspondência entre os elementos, as circunstâncias várias, da ideia ou do acontecimento que nos interessa agora, e os vários elementos, as circunstâncias várias, de um sucesso relatado no Testamento Antigo, sucesso que se escolheu para constituir "figura" (ou "sinal" ou "retrato", ou "mistério" ou símbolo) do pensamento ou do fato que o autor do sermão quer focar.

A originalidade portanto de Vieira consistiu precisamente nessa maneira, a que o estilo *coupé*, ágil e breve, conferiu um frêmito singular na parenética da língua.

Esse caprichoso método permitiu tamanha liberdade à imaginação irrefreável do pregador que estimulava francamente o virtuosismo de palavras e de raciocínios, por entre cujas minudências pôde desenvolver os mesmos temas consecutivas vezes produzindo sempre algo de inesperado e de chocante, em cada caso.

Com essa variedade quase impossível pregou seis vezes sobre o Santíssimo Sacramento, nove sobre Santo Antônio, quatorze sobre a Eucaristia, dezoito sobre São Francisco de Xavier e trinta sobre o Rosário. Só restava em verdade à imaginação assomada do pregador um derivativo: a agudeza do engenho, a arte do conceptismo, já que as Escrituras lhe davam quase toda a matéria-prima da simbologia alegórica a empregar em sermões. Quando não era aí, era no profuso manancial da filosofia antiga de autores profanos ou patrísticos que se lhe ia embeber o pensamento. Os principais símiles, metáforas, imagens, comparações, que utilizava em suas prédicas advinham dessas fontes em que se dessedentava a parenética tradicional. Sobretudo Aristóteles e Platão forneceram-lhe vários símiles e, direta ou indiretamente, algumas de suas imagens e metáforas já as empregava Heráclito, entre as quais, o pensamento alegórico: "nos mesmos rios entramos, e não entramos; somos e não somos"; ou ainda a comparação do tempo a um menino que brinca e joga dados.

Não eram novos os temas e nem sempre o eram as metáforas com que ornava os seus sermões, mas, nestes, a novidade, o imprevisto, o inopinado, afluía constantemente através de expressões paradoxais e equívocas, denunciando uma peculiaridade inconfundível de imaginação verbal:

"Milagres feitos devagar são obras da natureza: obras da natureza feitas depressa são milagres" ("Sermão do Santíssimo Sacramento", 1645). "Nenhuma palavra direi, que não seja sua, porque nenhuma cláusula tem, que não seja minha. Eu repetirei as suas vozes, ele bradará os meus silêncios" ("Sermão da Epifania", 1662). "Viam a Eliseu, e não viam a Eliseu; viam a Samaria, e não viam a Samaria; viam os caminhos, e não viam os caminhos; viam tudo e nada viam ("Sermão da 5ª Quartafeira da Quaresma", 1669). "Os homens não amam aquilo que cuidam que amam. Por quê? Ou porque o que amam não é o que cuidam; ou porque amam o que verdadeiramente não há" ("Sermão do Mandato", 1645).

Vê-se, por este último exemplo, que o paradoxal em Vieira era de natureza a precipitar conceitos, que poderiam ser convertidos em arma de dois gumes, para o crente e para o incréu. Nesse terreno, atingiu o máximo da temeridade, principalmente no "Sermão do SS. Sacramento", pregado em Lisboa em 1645, no qual a dialética o leva a um vértice de verdadeiro paroxismo em debate com sete adversários: um judeu, um gentio, um herege, um filósofo, um político, um devoto e o demônio. Certamente foi o mais ousado passo que o pregador deu em seus sermões no afã de evidenciar a legitimidade do mistério da Eucaristia, propondo-se vencer a todos os contendores com as suas próprias armas: ao judeu, com as escrituras do Velho Testamento; ao gentio, com as suas fábulas; ao herege, com o Evangelho; ao filósofo, com a natureza; ao político, com a conveniência; ao devoto, com os seus afetos; e ao demônio, com as suas tentações. A luta sustentada com este último era naturalmente a mais embaraçosa e poder-se-á ter uma ideia do excesso, a que atingiu o arguidor, pelo seguinte e paradoxal conceito:

O primeiro inventor (ninguém se espante do que digo), o primeiro inventor da traça ou do desenho do mistério da Eucaristia foi o demônio. Quando o demônio tentou a Eva, disselhe assim: Comei do pomo vedado, porque no dia que comerdes ficareis como Deus. Eis aqui o mistério da Eucaristia, não só quanto à Eucaristia, senão também quanto aos efeitos.

Não há dúvida que o grande pregador jesuíta gostava de enfrentar o demônio, pelo que se pode depreender de vários sermões em que procura confundi-lo e esmagar com os seus argumentos.

Vieira discorreu com inigualável agudeza dialética e intensidade sobre todos os temas da parenética setecentista, imprimindo extraordinário vigor a seus sermões em que exprobra a ambição do ouro e do poder, que embriagava o homem colonial ainda cegado pelas miragens do Eldorado, caminhando de descoberta em descoberta, neste novo mundo, que, embora inabarcável, era pequeno demais para o olho da cobiça.

Na impávida condenação dessa insana cobiça, atitude que lhe valeu sempre e a seus companheiros de catequeses não poucos maus-tratos e perseguições, o Padre Antônio Vieira tomava ostensivamente a defesa da terra assolada pelo parasitismo político e econômico que, de seus recursos, só queria auferir vantagens, embora à custa de extermínio total da população autóctone.

O desvanecimento da esperança de novas minas fora por isso celebrado pelo pregador como uma coisa providencial, e, detendo-se a narrar as peripécias que estariam reservadas a milhares de índios brasileiros se confirmasse aquela esperança, Vieira, no "Sermão da 1ª Oitava da Páscoa" na Matriz de Belém do Pará, em 1656, conclui:

> Tudo isso não o haviam de fazer, nem padecer os que passeiam em Lisboa, porque como estas minas são como as da pólvora, que sempre arruínam, derrubam e põem por terra o que lhe fica mais perto.

Objetar-se-á que, preocupado com o progresso das almas, o pregador descurava o econômico, cujo desenvolvimento era indispensável à vitalidade do país, mas a história de suas gestões, como político, não o revela de modo algum indiferente a esse aspecto, sendo aliás sabido que Vieira contribuiu para o estabelecimento do tráfego africano de escravos e, em várias emergências, valeu ao Reino com sugestões e conselhos sobre negócios e operações financeiras de alto descortino.

Em regra, os seus sermões têm as principais chaves em dois temas: o Tempo e a Morte, por meio de cujas representações o insigne pregador introduziu sempre as doutrinas teológicas, acometendo os problemas de ética em geral.

Em todas as épocas, a parenética nutriu-se invariavelmente do tema da Morte e, por natural afinidade, o do Tempo, mas o Barroquismo deu a ambos um caráter marcante e especial que se reflete em quase todas as grandes manifestações artísticas do século XVI, desde a impressionante pintura de El Greco à grave e austera poesia dos *Autos sacramentais* de Calderón de la Barca. "Cristãos e Senhores réus" — advertiu o pregador jesuíta em um de seus sermões (o "da Quarta-feira de Cinza", na cidade de Roma, em 1673) — "se quereis morrer bem (como é certo que quereis) não deixeis o morrer para a morte; morrei em vida; não deixeis o morrer pela enfermidade, para casa; morrei na saúde, e em pé".

Todo o argumento do sermão está concentrado nesse paradoxo, fruto natural de uma época em que a contemplação da morte representava uma tentativa angustiosa e impossível de conciliar a Vida e o Eterno.

NOTAS

1   Batista Caetano de Almeida Nogueira. *Anais da Biblioteca Nacional*. Rio de Janeiro, 1879. vol. VI.
2   M. Gonçalves Viana. "Biografia psicológica" (in *Cartas* do Padre Antônio Vieira).
3   J. Osório de Oliveira. *História breve da literatura brasileira*. São Paulo, Martins, [s.d.].
4   Pe. Antônio Vieira. *Obras escolhidas*. vol. I: Cartas. Pref. Antônio Sérgio. Lisboa, Sá da Costa, 1951. p. XXXVIII.
5   Antônio Sérgio. *Ensaios*. Lisboa, Seara Nova. 1936. vol. V. p. 139.
6   H. Hatzfeld. "España en la literatura europea del siglo XVII" (in *Rev. de Filología Hispánica*. 1941, III, n. 1).

14. *Segismundo Spina*
GREGÓRIO DE MATOS

O Recôncavo no século XVII. Barroquismo. Gregório e a sátira. Visualismo. Estilo barroco. Caracteres barrocos.

Numa carreira literária descontínua e de difícil reconstituição cronológica, Gregório de Matos* militou por todos os

---

* Gregório de Matos e Guerra (Bahia, 1636 — Recife, 1695). Em 1652, segue para cursar leis em Coimbra, depois de haver estudado no Colégio dos jesuítas da Bahia. Leitura de Góngora, Quevedo, Camões, etc. Jurista e boêmio, volta ao Brasil, e depois regressa a Portugal (1662). É nomeado curador de órfãos e juiz de crimes de uma comarca e de um arrabalde de Lisboa. Época de sua produção satírica, como o notável poema "Marinícolas". Retorna ao Brasil (1681), desgostoso com a corte. O Arcebispo da Bahia, D. Gaspar Barata, dá-lhe os empregos de Vigário-geral e Tesoureiro-mor, além da Murça de Cônego. Pouco tempo esteve entre a investidura e a exoneração. Já velho, casa-se com D. Maria dos Povos. Perseguido, é exilado para Angola. Consegue regressar ao Brasil, onde passa os últimos anos em Pernambuco. Dessa época as admiráveis poesias descritivas do Recife e outros recantos da capitania. Foi sepultado no Hospício de Nossa Senhora da Penha dos Capuchinhos.

A Questão Gregoriana

Há um "caso" Gregório de Matos na crítica brasileira: a obra atribuída ao primeiro poeta importante do Brasil deve ser considerada um produto genuíno e de valor local ou a sua originalidade é inexistente, não passando ele de um imitador e mesmo um plagiário dos grandes poetas barrocos castelhanos? A Questão Gregoriana foi iniciada ainda em tempo do poeta por um seu conterrâneo e concorrente, o Padre Lourenço Ribeiro, que confrontou algumas de suas poesias com as de seus modelos espanhóis, acoimando-as de plágios. Daí em diante, duas correntes extremam-se: uma, a afirmar-lhe a força, mesmo quando reconhece as licenças que tomou em relação às suas fontes: Araripe Júnior, Sílvio Romero, Ronald de Carvalho, Afrânio Peixoto, Homero Pires, Xavier Marques, Constâncio Alves, Pedro Calmon, Clóvis Monteiro, Segismundo Spina; a outra, negando-lhe qualquer originalidade: Varnhagen, José Veríssimo, João Ribeiro, Oscar Mendes, e, sobretudo, Sílvio Júlio, quem mais aprofunda a tese negativista, seguido por Paulo Rónai. De qualquer modo, é mister situar o poeta em seu tempo, a fim de compreender sua posição e valorá-lo como expressão brasileira do Barroquismo, nos seus vários aspectos: erótico, satírico, religioso.

Bibliografia

Ao tempo do poeta a imprensa estava oficialmente proibida. Suas poesias corriam em manuscritos de mão em mão, e o Governador da Bahia, D. João de Lencastre, que tanto admirava "as valentias desta musa", coligia os versos de Gregório e os fazia transcrever em livros especiais, afora as cópias de seus admiradores, entre os quais a do licenciado Manuel Pereira Rabelo, biógrafo do poeta. Será, destarte, temerário afirmar que toda a obra a ele atribuída haja sido realmente de sua autoria. À falta de uma cronologia de sua produção poética, tornou-se difícil um estudo crítico da obra. Entre os melhores códices e os mais completos, destacam-se o que se encontra na Biblioteca Nacional e o de Varnhagen no Palácio Itamarati. A Academia Brasileira de Letras resolveu empreender a publicação das obras completas do poeta, e, recenseando os apógrafos que constam dessas coleções, distribuiu a matéria em 5 volumes: Vol. I, *Sacra*, aparecido em 1929; vol. II, *Lírica*, em 1923; vol. III, *Graciosa*; vol. IV, *Satírica*; vol. V, *Satírica*, estes três últimos de 1930. Afrânio Peixoto adquire pouco depois, num leilão realizado em Lisboa, dois magníficos códices, que destinou à Biblioteca Nacional. O 2º códice, com 819 páginas, é o mais rico de composições do poeta. Não é de estranhar que outros códices ainda existam. Publica então Afrânio Peixoto o vol. VI da obra gregoriana, com o título de *Última*, compilação de poesias que encontrou nos referidos códices rematados, não constantes das demais coleções conhecidas. Em 1958, o polígrafo espanhol Eugenio Asensio doou à Biblioteca Nacional do Rio de Janeiro um códice de poesias de Gregório.

Na Biblioteca Municipal de São Paulo há uma cópia datilografada dos versos pornográficos de Gregório, com o título *Satyras Sotádicas de Gregório de Matos*. Da *Erótica*, há dois códices datilografados, um na Academia Brasileira de Letras, outro na Biblioteca Nacional, ambos organizados por Afrânio Peixoto.

Uma edição crítica é tarefa imperiosa para estabelecer-se o que é, realmente, de sua autoria. Assinalou Eugênio Gomes (in *Correio da Manhã*. 17 dez. 1955, posteriormente republicado em suas *Visões e revisões*, Rio de Janeiro, INL, 1958, pp. 18-28), na obra publicada de G. M., três sonetos, de autoria conhecida, de *Fênix renascida*, o que evidencia a responsabilidade dos copistas, contemporâneos ou não, que incluíam nos códices, por inescrúpulo, inadvertência ou zelo mal dirigido, muita poesia de procedência diversa que circulava oralmente entre o povo. A pista assim aberta reserva, por certo, rico filão à crítica textual.

Edições e florilégios

J. da Cunha Barbosa. *Parnaso brasileiro*. Rio de Janeiro, 1831, 2 vols.
J. M. Pereira da Silva. *Parnaso brasileiro*. Rio de Janeiro, 1843, 2 vols.
Adolfo Varnhagen. *Florilégio da poesia brasileira*. 2. ed. Rio de Janeiro. Academia Brasileira de Letras, 1946, 3 vols. (A 1. ed. é de 1850.)
Melo Morais Filho. *Parnaso brasileiro*. Rio de Janeiro, 1885, 2 vols.
S. Buarque de Holanda. *Antologia dos poetas brasileiros da fase colonial*. Rio de Janeiro. Inst. Nac. Livro, 1953, 2 vols.
Obras poéticas. Ed. A. Vale Cabral. vol. I: Sátiras. Rio de Janeiro. Tip. Nacional, 1882.
Obras. Ed. Afrânio Peixoto. Rio de Janeiro, Academia Brasileira de Letras, 1923-1933, 6 vols.
Obras completas. São Paulo, Ed. Cultura, 1943. 2 vols.
Gregório de Matos. Introd., sel., notas de S. Spina. São Paulo, Assunção, 1946.
Obras completas de Gregório de Matos. Salvador, Janaína, [s.d.], 7 vols.
Poemas escolhidos. Ed. I. M. Wisnik. São Paulo, Cultrix, 1976.

Consultar

Alves Constâncio. "Gregório de Matos." Pref. *Sátira*. vol. IV, ed. Academia, Rio de Janeiro, 1930; Araripe Júnior, T. A. *Gregório de Matos*. 2. ed. Rio de Janeiro, Garnier, 1910; *Autores e livros*. X, n. 2, 15 jan. 1949 (Biografia, bibliografia, florilégio, transcrições); Barbuda, J. *Literatura brasileira*. Bahia, Dois Mundos, 1916; Barquim, Maria del Carmen. *Gregório de Matos: La época, el hombre, la obra*. México, Robredo, 1946; Barreto, Plínio. "Gregório de Matos" (in *Conferências 1914-1915-6)*. Soc. Cultura Artística, São Paulo, Levi, 1916; Calmon, Pedro. *A vida espantosa de Gregório de Matos*. Pref. *Última*. vol. VI, ed. Academia, Rio de Janeiro, 1933; idem. A *vida espantosa de G.M.* Rio de Janeiro, José Olympio, 1983; Carvalho, Ronald de. *Pequena história da literatura brasileira*. 5. ed, Rio de Janeiro, Briguet, 1935; Cidade, Hernâni. *O conceito da poesia como expressão da cultura*. São Paulo, Saraiva, 1946; Costa, Afonso. "Em torno de Gregório de Matos" (in *Revista das Academias de Letras*. IV, mar. 1940); idem. "Gregório de Matos expatriado para Angola" (in *Jornal do Commercio*, 19 jan. 1950); idem. "Gregório de Matos no ambiente da terra natal" (in *Jornal do Commercio*, 21 maio 1950); idem. "Gregório de Matos através de epígrafes dos próprios versos" (in *Jornal do Commercio*, 27 ago. 1950); idem. "Gregório de Matos: o elogio, a sátira e o ridículo na sua obra" (in *Jornal do Commercio*, 17 jun. 1951); idem. "Gregório de Matos à luz de novos informes biográficos" (in *Jornal do Commercio*, 24 dez. 1951); Diégues Júnior. M. "A sociedade de Gregório de Matos" (in *Diário de Notícias*, 25 jun. 1950); Freitas, Newton. *Ensaios americanos*. Buenos Aires, 1944; Grieco, Agripino. *Evolução da poesia brasileira*. Rio de Janeiro, Ariel, 1932; Guerra, Álvaro. *Gregório de Matos*. São Paulo, Melhoramentos, 1922; Júlio, Sílvio. *Fundamentos da poesia brasileira*. Rio de Janeiro, Coelho Branco, 1930; idem. *Penhascos*. Rio de Janeiro, 1933; idem. *Reações na literatura brasileira*. Rio de Janeiro, Antunes, 1938; Mendes, Oscar. "Gregório de Matos, plagiário" (in *Diário de Minas*, 18 jul. 1954); Moniz, Heitor. *Vultos da literatura brasileira*. Rio de Janeiro, Marisa, 1933; Monteiro, Clóvis. "À margem das *Obras poéticas* de Gregório de Matos" (in *Correio da Manhã*, 15 jan. 1950); Mota, Artur. *História da literatura brasileira*. São Paulo, Cia. Ed. Nacional, 1930. 2 vols.; Mota, Otoniel. "Gregório de Matos" (in *Revista da Academia Paulista de Letras*. II, jun. 1939); Oliveira Lima. *Aspectos da literatura colonial brasileira*. Leipzig, 1896; Peixoto, Afrânio. *Poeira da estrada*. Rio de Janeiro, 1918; idem. "Éditos e inéditos de Gregório de Matos." Prefácio de *Sacra*. vol. I, ed. Academia, Rio de Janeiro, 1929; Pereira da Silva, J.M. *Os varões ilustres do Brasil*. Paris, A. Franck, 1858; Pires, Homero. "Gregório de Matos, poeta religioso." Intr. *Sacra*. vol. I, ed. Academia, Rio de Janeiro, 1929; idem. "Gregório de Matos" (in *Revista da Academia de Letras da Bahia*, jun.-dez. 1932); Rabelo. Manuel Pereira. "Vida e morte de Gregório de Matos Guerra" (in *Obras poéticas*. Ed. Vale Cabral); Peres, Fernando da Rocha. *Gregório de Matos e Guerra: uma revisão biográfica*. Salvador, Macunaíma, 1983; Ribeiro, João. *O fabordão*. Rio de Janeiro, Garnier, 1910; idem. *Cartas devolvidas*. Porto, Lelo, 1925; Romero, Sílvio. *História da literatura brasileira*. Rio de Janeiro, José Olympio, 5 vols.; Rónai, Paulo. "O caso Gregório de Matos" (in *Correio da Manhã*, 21 maio 1950); idem. "Os plágios de Gregório de Matos" (in *Correio da Manhã*, 4 jun. 1950); idem. "Processos do cultismo na obra de Gregório de Matos" (in *Correio da Manhã*, 18 jun. 1950): Sales, Fritz Teixeira de. *Poesia e protesto em G.M.* Belo Horizonte, Interlivros, 1975; Sodré, Nélson Werneck. "Gregório de Matos" (in *Correio Paulistano*, 9 ago. 1953); Spina, Segismundo. *Gregório de Matos*.

setores da poesia: na sátira, na lírica profana e religiosa, na encomiástica, explorando também todos os recantos da versificação. Foi, sem dúvida, o primeiro prelo e o primeiro jornal que circulou na Colônia. Ao que parece, o lirismo do poeta, sobretudo o amoroso, foi precedido por uma intensa atividade satírica; a certa altura as duas formas correram paralelamente, até que, como ponto de chegada, um período de fé e de reflexão lhe abonançou a impetuosidade venenosa e o gênio picaresco.

O recesso paradisíaco do Recôncavo, onde aos ruídos dos engenhos se misturavam as vozes do caldeamento de raças sensuais e fortes, deveria madrugar na alma do poeta algumas notas de lirismo ardente, boêmio e original. O seu alto poder de observação, as vicissitudes que provou durante uma existência atribulada e a escassez de espírito contemplativo denunciam o sentimental aventureiro, o adorador propenso aos amores realizáveis. As tintas carregadas, que às vezes repontam no correr de sua poesia, são a expressão sincera de uma sensualidade indisciplinada, de um erotismo meio abrutalhado a que se entregou a senilidade do poeta na estância do Recôncavo. A galeria feminina foi de uma riqueza incomparável, mas no anfiteatro da musa conquistadora notamos entretanto a predominância do elemento mestiço, o triunfo constante das mulatas sobre as brancas ou sobre as mulheres do Congo: é a mulata Bartola, a Brites, a Joana Gafeira, a Damásia, a Filena, a trigueira Teresa, a Córdula, a crioulinha Francisca, a Custódia e um cortejo de outras, entre "... brancas, mulatas, mestiças, cobras e angolas". O nacionalismo da sua poesia lírica reside justamente nesse *hinário crioulo*, nesses cantos tropicais às mulatinhas lindas como as aleluias e garridas como as páscoas.

Não é de admirar num espírito barroco, cheio de contradições, que ao lado do amor concupiscível surgisse às vezes uma forma quase platônica de concepção da mulher: a figura de Ângela, de raríssima formosura; a de Carina, por quem vibrou as cordas já cansadas de sua lira, quando desfrutou em Pernambuco os últimos anos de sua vida; a da mulatinha Custódia (sua parenta), por quem se apaixonara "sem confiança nos prêmios de pretendente"; amava-a, mas não a queria, porque o "querer é desejar" e adorava-a na sua pureza, não pela cobiça.

Intr., seleção e notas. São Paulo, Assunção, 1946; Tavares de Lima, Rossini. *Gregório de Matos, o boca de inferno*. São Paulo, Elo, 1942; Teixeira, Maria de Lurdes. *Gregório de Matos*. São Paulo, Marins, 1972; Teixeira, Múcio (in *Revista Brasileira*, 15 dez. 1895); Vale Cabral, A. "Introdução da edição das *Obras poéticas*"; Varnhagen, Adolfo. *Florilégio da poesia brasileira*. 2. ed. Rio de Janeiro, Ac. Brasileira de Letras, 1946. 3 vols.; Veríssimo, José. *História da literatura brasileira*. Rio de Janeiro, Francisco Alves, 1916; idem. *Revista da Academia Bras. de Letras*, n. 7; Wolf, Ferdinand. *O Brasil literário*. Trad. e notas J. A. Haddad. São Paulo, Cia. Ed. Nacional, 1955; Xavier Marques. "Gregório de Matos." Pref. *Graciosa*. vol. III, ed. Academia, Rio de Janeiro, 1930; Lopes, A. G. M. (in *Província São Pedro*, n. 16. Porto Alegre, 1951).

Notas como estas deviam sobrepor-se, com dificuldade, ao espírito prático do poeta:

> Amar o belo é ação
> Que pertence ao entendimento,
> Amá-lo o conhecimento
> Sem outra humana paixão.

Mas, acima dessas fugas de idealidade, palpita o coração do fauno impiedoso, fruto da atmosfera política, religiosa e econômica que envolveu a época do bardo.[1] Gregório fez da sátira o seu breviário: é ele no Brasil quem inicia o filão da farsa e do espírito destrutivo, com prejuízo de todos os preconceitos, do amor-próprio e da própria família, ao contrário do que se deu com Vieira, que antepôs à sátira "as agudezas poéticas e a diplomacia". É por intermédio deles e dos cronistas da época que poderemos reconstruir com grande fidelidade o retrato da sociedade brasileira do século XVII. Gozou de extraordinária reputação a sua mordacidade literária: o Pe. Manuel Bernardes a ela se refere[2] e Vieira certa vez se queixou de que maior fruto produziam as sátiras de Gregório que os seus sermões. Foi, portanto, a personificação da sátira: calar, para ele, era um silêncio de morte:

> Se o que fui, sempre hei de ser.
> Eu falo, seja o que for.

Desfilaram sob o cautério impiedoso os ermitões de água turva, os pregadores de cartapácio, os confessores e os falsos santarrões; calcinou e descamou as debilidades do mau clero, o relaxamento da ordem beneditina, as torpezas desses "cantáridas de cordão, maganos da Religião e mariolas da Igreja". Quando Gregório aportou à Bahia pela segunda vez, em 1681, era a Bahia um cadinho de vícios, de elementos étnicos diversos, de miséria política e de grandeza econômica. Tipo característico da vida social da Colônia eram os maganos — denominados *unhates* na gíria gregoriana, reinóis degredados de Portugal por crimes, emboabas que aqui chegavam "descalços, rotos e despidos" e tornavam à terra no ano seguinte com "dinheiro e com navios". O látego do poeta vibrou nos costados dessa burguesia improvisada. Gregório comentava com escárnio a simbólica provisão de 4 de março de 1679 que o governo luso expedira em favor dos naturais da terra, que passariam a gozar da preferência para os postos militares, benefícios eclesiásticos e outras funções administrativas. Outro tipo visado pela acrimônia do autor das "Reprovações" foi o mulato, na sua audácia e debilidade de caráter. Acima de tudo, Gregório profetizou o capadocismo político que enveredou e se arraigou na política nacional.[3] Saiu sangrando também de suas sátiras a fidalguia improvisada dos *Caramurus*, nobreza indígena que se dizia descendente de Álvares Correia. Contra eles propinou o fel de três curiosíssimos sonetos. Mas os governadores eram também alvo constante para o petardo gregoriano: Antônio de Sousa Meneses, o "Braço de Prata", e, mais tarde, Antônio da Câmara Coutinho sofreram o peso dessa malignidade acerba e inquietante. Era um indício de revolta contra a fidalguia metropolitana, muito embora se atribua a Gregório desamor à terra em que nasceu. Acérrimo vergastador dos *parvenus*, marcou o início da reação nacional contra o elemento adventício. Não parou aí: investiu ainda contra a plebe, contra os prevaricadores do funcionalismo público,[4] contra o luxo e contra as mulheres, que, sem as alfaias, as argolas, os broches e as saias de labirinto, não saíam para a igreja... Desde logo a antipatia popular o envolveu — como seria natural — a qual verberou com os versos de Quevedo:

> Querem-me aqui todos mal;
> Mas eu quero mal a todos...

Nem sempre a musa baiana verteu o fel da sátira, nem sempre dedilhou as cordas da lírica amorosa e da poesia graciosa, descritiva. Gregório escreveu também poesias de fundo religioso. Era natural, num espírito do século XVII, que instantes de serenidade, de inspiração religiosa, perpassassem sobre a comicidade de uma existência desregrada.

Gregório de Matos bem como os escritores contemporâneos — entre brasileiros e portugueses — estão a reclamar uma nova conceituação de sua obra, deformados como sempre estiveram pelo estreito prejuízo dos que veem nessa literatura uma arte a longa distância da vida e um desequilíbrio que conduz a fantasia à fuga da verdade. Todavia, não estamos em condições de apreciar devidamente a poesia de Gregório de Matos, porque o trabalho preliminar de uma edição crítica de suas obras ainda está por ser feito,[5] e as edições da Academia deixam muito a desejar, inçadas de erros textuais. Em oposição ao vezo de considerar na poesia seiscentista apenas o rebuscamento da forma e a volúpia das *fioriture* sem sentido, milita uma atitude crítica mais séria, que consiste na interpretação prévia da atmosfera que acondicionou a obra, e os problemas morais e psicológicos que inquietaram a alma do poeta. Poesias como muitas que se encontram na coletânea sacra do poeta não podem cair no *index* da poesia "pseudobarroca" ou na displicência intencional da crítica, porque é nelas que vamos encontrar, bem como nos sonetos de fundo religioso de D. Francisco Manuel de Melo, o clima espiritual que define o homem seiscentista, esse homem que não é feliz, porque tem uma consciência dilemática da vida, vive de contradições.

Acima do que poderíamos chamar uma concepção plástica, lúdica, sensacional da realidade típica da poesia cultista, em D. Francisco Manuel de Melo o Barroco se afirma naquela peculiaridade com que o poeta reage perante os problemas morais da existência, colocado como está em pleno período da atividade contrarreformista (vejam-se, por ex., os sonetos "Antes da confissão", "Desengana-se a si, pelo que vê nos outros", "Diálogo da vida e o tempo", "Mundo incerto", "Mundo é comédia" e tantos outros).[6] Em Gregório, mais do que nos outros setores de sua poesia, é na poesia religiosa que o poeta se encontra face a face com os problemas da vida interior. É lógico que precisamos, antes de tudo, raciocinar num Gregório de Matos dentro dos quadros da cultura europeia, para podermos perceber certos aspectos ideológicos ou temáticos com que sua obra definiu o homem da Pós-Renascença.

Deve-se salientar que o poeta das "Reprovações" teve uma fase de relativa serenidade na sua musa chocarreira, quando, de regresso de Portugal em 1681, aqui no Brasil envergou por algum tempo a batina e sob a égide do claustro, que lhe proporcionava um alívio aos sacrifícios materiais da vida, uma revoada de inspiração religiosa se sobrepôs à poesia cômica e obscena. Não houve, todavia, nessa fase final da existência, uma "crise de misticismo", como pretendeu Ronald de Carvalho, mas um período de relativa calma, em que poeta sentiu seriamente a necessidade de voltar-se para certos problemas da vida interior conquanto a sua religiosidade fosse descontínua e de contornos imprecisos. O importante é que o milagre dessa nova posição do poeta perante a vida criou-lhe a consciência aguda de seus erros, a esperança de uma reconciliação com a Providência. Contudo fosse efêmera e sem consequências mais profundas, a reconciliação do homem horizontal da Renascença com o homem que procurou Deus nos momentos agudos de sua reflexão tornou-se um fato. Foi nestes três últimos lustros que o poeta sentiu o duelo das duas posições fundamentais de sua vida: o Gregório das dissipações terrenas, da sátira e da obscenidade, e o Gregório genuflexo diante de problemas morais cuja solução exigia a intervenção da Providência.

Nesse momento o Barroco se afirma no bardo do Recôncavo. O contraste entre essa posição espiritual perante a vida e a natureza erótica e satírica de um temperamento exaltado é uma das notas mais significativas da produção poética de Gregório. O poeta pecava, e tinha consciência disso, pois o conforto de suas culpas, dos erros, da perversidade, muito bem expresso na sua poesia, residia no arrependimento final à hora da morte, quando assinaria a sua adesão ao Senhor, que no derradeiro instante tem graças infinitas para conceder aos mortais a completa remissão das culpas. Nisso difere a esperança de Gregório da de D. Francisco Manuel de Melo: este, naturalmente sob o influxo das ideias jansenistas, não acreditava que "o largo mar de sua graça imensa" se dispusesse a medir os pecados do homem... que os perpetrara por predestinação. Gregório, ao contrário, já havia feito a sua profissão de fé à ortodoxia católica sobre a conduta moral do homem aqui na terra; e, através de uma contrição sincera — "Arrependido estou de coração" — o poeta confia na "Providência de Deus, alto e profundo":

"Espero em vosso amor de me salvar;" (*Sacra*, p. 92.) E, se às vezes não encontra explicação de como Deus "... reparte justamente à culpa bens, e males à inocência", o vislumbre de heresia do poeta imediatamente se desfaz, porque a sua "ingrata natureza" (a sua realidade corpórea e cheia de limitações) não pode "explicar arcanos de alta inteligência" (a Providência de Deus). (*Ib*. p. 95.)

É nota característica do barroquismo espiritual de Gregório esta ânsia contínua de identificação com a divindade, procurando imergir na pessoa divina, a ponto de tornar divino o que é humano, ou humano o que é divino. O poeta não se limita à descrição das coisas infinitas e sublimes: conversa com Deus, pede a Deus que lhe tenha amor, pois, para o fugaz Gregório da poesia interior, a suprema graça reside na benevolência do Senhor. Mas o poeta não se sente feliz, ainda, nestes colóquios com a Divindade; e é por isso que muitas vezes lhe tolda esses momentos interiores um halo de acentuado pessimismo. E choca-se com essa atmosfera de desalento uma filosofia do êxito — que em Gregório se traduziu na experiência vivida e na própria poesia:

> Goza, goza da flor da mocidade,
> Que o tempo trata a toda ligeireza,
> E imprime em toda flor sua pisada (*Lírica*, p. 31).

É este o conselho dos escritores barrocos — que tiveram a sensação do tempo e muitas vezes sentiram com amargor, como Gregório sentiu, os desenganos da vida e a instabilidade das coisas terrenas. Daí assaltar continuamente o espírito do poeta a ideia da metamorfose súbita das coisas:

> Mas se em cinzas se torna a formosura,
> Se em cadáver se muda a fidalguia,
> Se é palestra do engenho a campa fria,
> Se da riqueza é cofre a sepultura (*Sac.*, p. 115).

sempre a preocupação latejante do efêmero das coisas, numa dinâmica imprevista, criada pela dolorosa consciência de que *in pulvere homo revertetur*. *Cinzas*, *cadáver*, *campa fria*, *sepultura* são outros tantos recursos do *feísmo* e uma das grandes características da estética barroca.

Essa tendência para a humanização do sobrenatural bem como a busca do efeito visual e a exageração dos recursos expressivos são as formas de expressão do ilusionismo gregoriano.

O visualismo do poeta manifesta-se na sua poesia descritiva: a pintura luxuriante, eminentemente plástica, da flor do maracujá, na qual se metamorfosearam as insígnias da paixão de Cristo (*Sac.*, p. 99); a descrição da Ilha de Itaparica ou da Vila de Recife, dois saborosos painéis que tanto enaltecem o barroquismo tropical do bardo (*Satírica*, p. 73; *Última*, p. 90); o quadro palpitante de promiscuidade que o poeta faz da célebre procissão de cinza em Pernambuco (*Sat.*, p. 74); o alto poder para a caricatura, o desenho visceral da decadência moral, social e econômica de sua época, que para o poeta são, ironicamente, efeitos do cometa aparecido em 1680; e, aumentando o efeito visual com o recurso à gesticulação, a glosa mal entendida sobre Santo Antônio (*Sac.*, p. 133).

O retrato feminino, especialmente daquelas criaturas que acordaram na alma do poeta uns instantes de semiplatonismo, já se afasta do formalismo clássico do século XVI. Duas tendências caracterizam essa forma de aventura: a exploração do plástico pelo plástico, e a crise dos processos petrarquistas de composição pictórica da mulher. Sonetos como os que na *Lírica* dirige o poeta a Maria dos Povos, a uma dama, e mesmo o escrito em espanhol e dirigido a Gila, são testemunho: os elementos plásticos já não expressam valores morais e intelectuais, isto é, não ultrapassam a sua categoria sensorial; e o processo de composição do retrato com material extraído da natureza entra em declínio, prenunciando já o retrato de Marília. Gonzaga afirma, logo depois, que para retratá-la já não encontra quem lhe empreste as finas cores: "Dá-las a terra não pode", tampouco o mar possui cores que sejam iguais, e para compor-lhe o retrato, "não bastam tintas do céu". No soneto *A uma dama* Gregório despreza também as belezas do céu, as ricas cores dos prados florescentes, a esfera cristalina do mar:

> Vês tudo isto bem? Pois tudo é nada
> À vista do teu rosto, Catarina (*Lír.*, p. 67).

O barroquismo de Gregório teve também uma solução estilística no vocabulário, na sintaxe e nas habilidades versificatórias: antíteses, torneios expressivos de fuga à designação comum da realidade, hipérbatos, jogos verbais, metáforas e outras modalidades da simbólica cultista e conceptista. Este aprendizado tem ascendência respeitável: o Góngora das *Soledades* e o Quevedo de *El Parnaso español*, sobretudo este último, que foi o modelo mais aproveitado. De Quevedo não só herdou um contingente expressional — como refrães: "Milagres do Brasil são", que aparece nas *letrillas* do poeta espanhol ("Milagres de corte son"); certas fórmulas: "ponto em boca" (por — *caluda*), "Deus me guarde" ("punto en boca", "Dios me guarde"), etc., como ainda o uso de muitas palavras com acepção estranha à nossa e peculiar à língua castelhana. Acima de tudo, derivaram do poeta espanhol muitas sugestões, muitos temas e até versos inteiros.[7] Quando não culta a linguagem de Gregório (*protesto* — prometo; *animoso* — corajoso; *inteiro* — resoluto; *palestra* — ginásio; *reduzir* — transformar; *considera discursivo* — pondera bem; *assistir* — residir; *bizarro* — bem-apessoado; *invecta* — arrebatada, latinismo ainda não dicionarizado; etc.), a originalidade vocabular do poeta manifesta-se na profusão tumultuosa dos tupismos e africanismos.[8] Antíteses, de toda a espécie: de ideias, de palavras e de frases, às vezes associando as várias formas; antíteses de substantivos e epítetos simultaneamente: "Um *branco* muito *encolhido! Um mulato* muito *ousado*"; hipérboles: "Pois já meu pranto inunda teus escolhos"... /que não é bem que tuas águas frias/ Sendo pranto chorado de meus olhos" *(Lír.*, p. 27); epítetos ligados à humanização do sobrenatural: "Deus muchacho"; jogos paronímicos: "Que esse *pedir*, é *perdido*"; antíteses de timbre: "Cristo em seus braços posto"; jogos de homônimos: *sonho* — visão onírica, e *sonho* — um tipo de bolo, jogando ao mesmo tempo com o valor ou conceito das duas palavras, o imaginário e o real; o que é fruto da fantasia da alma e o que "deixa mel pelos beiços untados" (*Sat.*, p. 32); jogos vocabulares à guisa de antimetáboles: "Entre as partes do todo, a melhor parte/ Foi a parte em que Deus pôs o amor todo", etc. (*Sac.*, p. 110). É notável ainda a desproporção entre a realidade e a capacidade de ação:

> Como corres, *arroio* fugitivo...
> Corres soberbo... (*Lír.*, p. 29)

ou a desproporção entre a ação de duas realidades (a da velocidade do riacho e a do pensamento): "Corres soberbo, como o meu cuidado." Um processo que esteve muito em voga entre os poetas do século XVII, e em Gregório especialmente: o da disseminação e recolha, que consiste em terminar os sonetos com uma sucessão plurimembre de termos que condensam todas as ideias expressas na composição:

> Se és galã, nobre, rico ou entendido (*Sac.*, p. 115);
> Em terra, em cinza, em pó, em sombra, em nada (*Lír.*, p. 31);
> Relâmpagos, trovões, raios, coriscos (*Últ.*, p. 182).

no último verso deste soneto, por exemplo, o processo apresenta-se sob a forma de homeoptoton, isto é, as palavras se dispõem por simetria: "Penha a nau, ferro a planta, tarde a rosa" (*Sac.*, p. 114). Um exemplo belíssimo de anadiplose é o soneto sobre a Fortuna:

> Ofendi-vos, meu Deus, é bem *verdade*.
> É *verdade*, Senhor, que hei *delinquido*.
> *Delinquido* vos tenho...

até o final da composição (*Sac.*, p. 96). A anadiplose é um expediente estilístico bem expressivo da ânsia do infinito, tão característica dos espíritos barrocos, que se comprazem no desenvolvimento espiral do pensamento. E é por isso que, ao término do seu soneto, Gregório irrompe numa angustiosa apóstrofe: "Misericórdia, amor, Jesus, Jesus!" (*Ib.*, p. 96).

Em síntese, os temas, as situações e as atitudes que definem o poeta satírico dentro dos quadros da atmosfera barroca do século XVII poderiam ser assim esquematizados:

a) a marginalidade em que viveu, nos últimos lustros da existência, que alternaram entre as solicitações terrenas e a procura de Deus para solução de seus problemas interiores;

b) uma consciência nítida do pecado, o consequente arrependimento, noção da penitência, e a esperança na redenção das culpas:

> Arrependido estou de coração;
> De coração vos busco, dai-me os braços,
> Abraços, que me rendem vossa luz (*Sac.*, p. 96)

> Esta razão me obriga a confiar,
> Que, por mais que pequei, neste conflito,
> Espero em vosso amor de me salvar *(Ib.*, p. 92);

c) a associação do burlesco ao sagrado, que Afrânio Peixoto interpretou como sendo o *humour* do poeta: num ato de contrição, por ex., depois de confessar-se, e num colóquio com Deus:

> Bem não vos amo, confesso,
> Várias juras proferi,
> Missa inteira nunca ouvi...;

d) o prazer de impressionar, o visualismo gesticulatório e o quiproquó com as coisas sagradas: "Bêbedo está Santo Antônio";

e) a humanização do sobrenatural;

f) a lição tridentina de que o homem é pó, no soneto "Quarta-feira de Cinzas" (*Sac.*, p. 98), que rivaliza com o soneto do mesmo tema "Quia pulvis es", de D. Francisco Manuel de Melo;

g) a sensação de instabilidade da fortuna, da insignificância das vaidades humanas, da fugacidade do tempo — que deve ser aproveitado;

h) e, sobretudo, o sentido dilemático da vida, decorrente desse duelo entre a existência que delira na truanice, na obscenidade, no sensualismo declarado, no gozo dos valores mundanos criados pela Renascença, e o reverso da medalha — que busca Deus nas horas solitárias de reflexão da vida interior.

NOTAS

1. O Barroquismo da vida social e moral da época em que viveu Gregório de Matos já mereceu um estudo de Afrânio Coutinho, em sua obra *Aspectos da literatura barroca*. pp. 134-137.
2. In *Nova floresta*. Porto, Lelo & Irmãos, 1949. IV, 55.
3. Veja-se, a esse respeito, a obra importantíssima (se bem que unilateral) de Araripe Júnior: *Gregório de Matos*. Rio de Janeiro, 1894.
4. A propósito, ver nossa "Monografia do Marinícolas" (in *Revista Brasileira*, publicada pela Acad. Bras. de Letras. Rio, jun.-set. 1946, pp. 89-99).
5. Em 1986, João Carlos Teixeira Gomes publica *Gregório de Matos, o boca de brasa*, pela Editora Vozes, Rio de Janeiro.
6. V. *As segundas três Musas*. Ensaio crítico, seleção, e notas de Antônio Correia de Oliveira. Lisboa, 1944.
7. Um estudo precioso dessas influências sobre a poesia de Gregório foi feito por Sílvio Júlio em duas obras: *Reações na literatura brasileira*. Rio de Janeiro, 1938, pp. 102-135, e Penhascos. Rio de Janeiro, 1933, pp. 245-259. Entretanto, como defesa do poeta baiano, que aparece nas obras de Sílvio Júlio como mero e péssimo reprodutor dos engenhos de Espanha, ver "Gregório plagiária", um capítulo de: *Gregório de Matos*. Introd., seleção e notas de Segismundo Spina. São Paulo, 1946. pp. 34-39.
   São também imprescindíveis: Sílvio Júlio. "Da influência de Góngora nos poetas brasisileiros do século XVII" (in *Estudos de História de América*. México, Inst. Geografia e História, 1948, pp. 309-343); E. Carrilla. *El Gongorismo en América*. Buenos Aires, 1946.
8. Ver, sobre isso: Segismundo Spina, *op. cit.*, pp. 39-45.

15. *Eugênio Gomes*
O MITO DO UFANISMO

Aspectos do Barroquismo brasileiro. O ufanismo. Botelho de Oliveira e o Barroco. Polilinguismo. Cultismo. Estilo barroco de Botelho. Nuno Marques Pereira e a narrativa barroca. Relação do naufrágio.

Aspectos significativos do Barroquismo literário brasileiro de seiscentos, sobre serem rebentos, enfezados embora, da literatura de expansão e descoberta do quinhentismo português, são as obras de exaltação ufanista da nova terra — coisas, homens e costumes — e os livros de descrição de viagens, naufrágios e roteiros de exploração marítima e terrestre. A tendência encontrou, sobretudo na prosa historiográfica e de conhecimento da terra, a realização mais adequada. Mas, como expressões propriamente literárias do gênero, constituem exemplos bem representativos a obra de Manuel Botelho de Oliveira e o romance alegórico, tipicamente barroco, de Nuno Marques Pereira. A outra corrente, filiada à *História trágico-marítima* (1735-36) do português Bernardo Gomes de Brito, é exemplificada, no Brasil, pela *Relação do naufrágio*. Neste capítulo, estudam-se essas variedades da literatura colonial brasileira.

MANUEL BOTELHO DE OLIVEIRA[*]

---

[*] Manuel Botelho de Oliveira (Bahia, 1636-1711). Bacharelou-se em Coimbra. Em sua terra, além da advocacia, exerceu a vereança e foi capitão-mor das ordenanças de Jacobina. Era fidalgo do Rei. É o primeiro poeta lírico nascido no Brasil.

Bibliografia

Música do Parnaso. Dividida em quatro coros de rimas portuguesas, castelhanas, italianas e latinas. Com seu descante cômico reduzido em duas comédias. Lisboa, Of. Miguel Manescal, 1705.

Edições modernas e florilégios:

Música do Parnaso. A ilha de Maré. Com intr. de Afrânio Peixoto e estudos de Xavier Marques e Manuel de Sousa Pinto. Rio de Janeiro, Anuário do Brasil [s.d.], (Publ. Acad. Bras. Letras).

Foi Manuel Botelho de Oliveira o primeiro poeta nascido no Brasil a dar publicidade, em livro, às suas composições. E, no prefácio desse livro, não dissimula a diretriz escolhida, ante as últimas transformações da poesia, designadamente na Itália, sublinhando o fascínio artístico do Tasso e de Marini. Não menos expressivo o tributo que paga à Espanha, apresentando-a como "o país para que as novas musas a tinham transferido com tamanha fortuna" que mereceram: "o culto Góngora extravagante estima, e o vastíssimo Lope aplauso universal". Quanto a Portugal, tinha principalmente em vista: Camões, Jorge Monte-Mayor e Gabriel Pereira de Castro.

A verdade é que cedeu às tendências contemporâneas mais extremadas de que Góngora era o supremo orientador. E, neste sentido, diligenciou naturalizar brasileiras as musas quando estas menos se prestavam a semelhante transplantação para o novo mundo, ainda hostil às manifestações mais bizarras do espírito letrado.

A certeza de ter superado os obstáculos à prática desse caprichoso enxerto poético transparece, entretanto, e com algum entono de vaidade intelectual, numa passagem de sua principal introdução: "Nesta América, inculta habitação antigamente de bárbaros índios, mal se podia esperar que as Musas se fizessem brasileiras; contudo, quiseram também passar-se a este empório, aonde, como a doçura do açúcar é tão simpática com a suavidade do seu canto, acharam muitos engenhos, que imitando aos poetas da Itália, e Espanha, se aplicassem a tão discreto entretenimento, para que se não queixasse esta última parte do mundo que, assim como Apolo lhe comunica os raios para os dias, lhe negasse as luzes para os entendimentos."

Música do Parnaso. Pref. e org. de Antenor Nascentes. Rio de Janeiro, Inst. Nac. Livro, 1953, 2 vols.
Varnhagen. *Florilégio da poesia brasileira*. Rio de Janeiro, Acad. Bras. Letras, 1946, vol. I.
Buarque de Holanda, S. *Antologia dos poetas brasileiros da fase colonial*. Rio de Janeiro, Inst. Nac. Livro, 1953, vol. I.
Nemésio, Vitorino. "Pequena antologia da poesia brasileira nos séculos XVI e XVII" (in *Brasília*. Inst. de Estudos Bras. Fac. Letras, Coimbra, 1946, vol. III, pp. 579-604).

Consultar

Autores e livros. X, n. 4, 15 fev. 1949; Calado, A. "O poeta Botelho" (in *Correio da Manhã*. Rio de Janeiro, 22 nov. 1953); Costa e Silva, J. M. da. *Ensaio biográfico e crítico sobre os melhores poetas portugueses*. Lisboa, 1855, vol. X; Costa, Afonso. *Baianos de antanho*. Rio de Janeiro, Pongetti, 1955; Frota Pessoa. *Crítica e polêmica*. Rio de Janeiro, 1902; Gama, Chichorro da. *Miniaturas biográficas*. Rio de Janeiro, 1915; Gomes, Eugénio. "O teatro de M. B. O." (in *Letras e Artes*. Rio de Janeiro, 24 ago. 1954); Silva Ramos, Péricles Eugênio da. "Notas de poesia" (in *Correio Paulistano*. São Paulo, 20 dez. 1953); Sousa, Cláudio de. "Nosso primeiro comediógrafo" (in *Rev. IHGB*, vol. 165, 1933); Veríssimo, J. *Estudos de literatura brasileira*. Rio de Janeiro, Garnier, 1907, vol. 6.

O poeta baiano deixara-se, enfim, inocular do "veneno de Góngora e Marini", cuja maior intensidade de ação em Portugal coincidiu com a época de seus estudos em Coimbra, a julgar pelos espécimes de barroquismos, em suas realizações menos autênticas, apresentadas posteriorente por duas coletâneas lusitanas: *Fênix renascida* e *Ecos que o clarim da fama dá*.

Apesar de seus propósitos, não se embebeu Manuel Botelho de Oliveira na doçura da língua portuguesa falada no Brasil; sua sintaxe é a de um clássico, algo rígida, sem concessões a qualquer torneio do fraseado brasileiro que já devia insinuar-se ou mesmo prevalecer no Recôncavo baiano. Espiritualmente, mostrava-se, contudo, propenso a diluir o açucarado da nova prosódia na alambicada "suavidade" de seus cantos. É claro que tinha sobretudo em mente a lira de Petrarca. Além desse influxo, o poeta baiano cedeu provavelmente ao do interesse pela música, que D. João IV fizera desenvolver em Portugal. O clima extraordinariamente favorável a essa arte, estabelecido pelo rei melômano, propagara-se a todos os setores, notadamente a Arcádia Portuguesa, cuja mais típica extravagância a respeito é o célebre soneto de Antônio Fonseca Soares inspirado na metáfora da Música para enaltecer o cavalo de um fidalgo, o Conde de Sabugal.

De maneira deliberada pelo título (*Música do Parnaso*), pelo subtítulo (Descantes cômicos) e pelas divisões gerais ("Coros"), bem como ainda pela origem tradicional de algumas composições: o madrigal e o romance, deu à sua obra poética uma terminologia específica, denunciando, com isso, entranhada compreensão do elemento melódico. "Com o título de "Música do Parnaso" — adverte, aliás, no prólogo — "se quer publicar ao Mundo: porque a Poesia não é mais que um canto poético, ligandose as vozes com certas medidas para consonância do metro".

Outra particularidade dessa obra é a de que contém produções em quatro línguas: o português, o espanhol, o italiano e o latim — capricho erudito explicado deste modo: "Também se escreveram estas Rimas em quatro línguas, porque quis mostrar o seu autor com elas a notícia que tinha de toda a Poesia, e se estimasse esta obra, quando não fosse pela elegância dos conceitos, ao menos pela multiplicidade das línguas." Neste ponto, observa-se que Botelho de Oliveira não esperava tanto do efeito melódico de suas produções quanto da elegância de seus conceitos ou do virtuosismo poliglótico. Varnhagen e outros viram nessa ostentação linguística um traço de mera fatuidade pessoal. Entretanto, as publicações plurilíngues não eram raras entre os séculos XVI e XVII. Um procedente lusitano que podia tê-lo induzido a essa empresa é a composição em prosa e verso naquelas mesmas línguas: portuguesa, espanhola, italiana e latina, sobre as festas que se fizeram em Lisboa por ocasião da visita de D. Felipe, o 1º de Portugal, em 1558. Nessas festas de grande pompa e esplendor, o Brasil era representado por uma estátua que tinha a cor do rosto parda e na mão uma cana-de-açúcar. *Música do Parnaso* seria uma réplica metrificada a esse desenho alegórico.

Em suma, não estava sozinho Botelho de Oliveira no compor poesias em quatro línguas, ou principalmente em castelhano, cujo emprego a dominação filipina tornara usual e mesmo comum às produções literárias em Portugal e no Brasil.

Aliás, quanto a vernáculo, não sofreu jamais a *Música do Parnaso* quaisquer restrições e, até pelo contrário, foi incluída no catálogo dos livros recomendados à leitura para a elaboração do Dicionário da Língua Portuguesa, pela Academia Real das Ciências de Lisboa.

A *Música do Parnaso* divide-se em quatro coros, por sua vez, desdobrados em duas partes: o primeiro, em português; o segundo, em espanhol; o terceiro, em italiano e o quarto, em latim, compreendendo as principais formas então predominantes: o soneto, a décima, a oitava, a redondilha, o romance, a canção, o epigrama, a elegia e a silva. As composições mais harmônicas desse conjunto se dirigem a Anarda, nome convencional de uma vaga dama inspiradora provavelmente europeia.

Observa-se que as formas favoritas do poeta baiano eram o soneto, o madrigal e o romance, em consonância com as tendências da poética predominante em sua época. Formas remanescentes do Renascimento, mas a que o Barroco viria dar um frêmito perturbador, caracterizado geralmente pelo niilismo temático, o qual se deixa perceber até no enunciado de algumas composições: "Cega duas vezes, vendo a Anarda"; "Não podendo ver a Anarda pelo estorvo de u a planta"; "Anel de Anarda ponderado"; "Anarda esculpida no coração lacrimoso"; "Sepulcro amoroso"; "Lacre atrevido a u'a mão de Anarda"; "Cravo na boca de Anarda"; "Anarda sagrada"; "A morte felicíssima de um javali pelo tiro, que nele fez uã infanta de Portugal"; "A uã dama, que tropeçando de noite em uã ladeira, perdeu uã memória do dedo"; "Anarda borrifando outras damas com águas cheirosas"; "Rigores de Anarda repreendidos com semelhanças próprias".

Ao conjunto de coros da *Música do Parnaso* é indispensável associar as comédias que a integram designadamente como "descantes cômicos". Atentando-se nesse qualificativo não há como estranhar que tais comédias sejam tão pouco teatrais; em verdade, elas constituem o contraponto lírico de uma obra em que a "suavidade do metro" predomina intencionalmente sobre a ideação. Botelho de Oliveira não deixa lugar a dúvidas neste sentido, ao esclarecer no prólogo:

> Também se acrescentaram duas Comédias, para que participasse este livro de toda a composição poética. Uã delas, *Hay amigo para amigo*, anda impressa sem nome. A outra, *Amor, enganos y celos* sai novamente escrita: juntas ambas fazem breve descante aos quatro coros.

O precedente de exuberância lírica está em algumas peças do teatro espanhol, em que ambas as comédias se filiam: *Hay amigo para amigo* é uma réplica deliberada à comédia *No? hay amigo para amigo* de Francisco de Rojas Zorilla, enquanto *Amor, enganos y celos* se identifica por mais de um aspecto com a comédia *La más constante mujer* do doutor Juan Pérez de Montalván. Tudo indica que o poeta baiano não teve a preocupação de imprimir originalidade às suas comédias; naquela, dois homens amam a mesma mulher; nesta, duas mulheres amam o mesmo homem. Aliás o paralelismo tocava às raias da obsessão em Botelho de Oliveira. O conteúdo lírico dessas composições trai sensivelmente outro pendor, consubstancial àquele: o da corrente espanholizante que, na literatura lusitana, encontrava os seus principais animadores em D. Francisco Manuel de Melo e D. Francisco de Portugal, e ambos estiveram circunstancialmente no Brasil.

A impregnação do cultismo em Botelho de Oliveira parece ter dado os seus primeiros e equívocos sinais justamente através dessas comédias, as quais teriam precedido as composições de que se constituem os coros. Devido à ausência de datas nessas composições torna-se impossível qualquer conclusão a tal respeito. Em ambas as comédias, porém, a identidade com modelos espanhóis é evidente, sobretudo em *Amor, enganos y celos*, cuja analogia com *La más constante mujer* se revela preliminarmente por decorrer a ação na Itália. Naquela, a personagem principal é o Duque de Mântua; nesta última, o Duque de Milão. Os dois galãs têm afinal o mesmo nome: Carlos. Se o enredo difere, há ainda a aproximá-las o elemento retórico, através de metáforas, imagens e símiles que denunciam na peça brasileira o influxo do pensamento e da arte de Montalván, que era por sua vez um assimilador submisso de certos recursos inevitáveis do cultismo. Testemunho insofismável da identidade entre as duas peças é a que flui do cotejo a seguir.

Na comédia de Montalván, o galã Carlos:

> Pues digo, que como sabes
> De tus rayos Girasol
> Mariposa de tu fuego,
> Águila de tu candor,
> Y Aveja dulce, que à cuenta
> De tus claveles vivió
> Ha seis años que te adoro (...)

E, agora, o Duque, na peça de Botelho de Oliveira:

> Esta la luz, y el Planeta,
> En Cuyas llamas, y visos
> Como Mariposa, ciego,

> Como Girasol, rendido,
> Al rigor de incendios muero
> Al favor de rayos vivo.

No enredo dessas comédias há situações que se assemelham por esse ou aquele aspecto e não é mera coincidência o fato de abrirem ambas com uma intimativa. Isabel a Carlos, em *La más constante mujer*:

> No has de salir, vive el Cielo,
> Sin decirme la ocasión
> Primero de aquella ausencia.

O Duque a Carlos, em *Amor, enganos y celos*:

> Descúbrete, vilano, o vive el Cielo
> Que tu rojos corales beba el suelo.

Não há nessas aberturas de primeira jornada apenas analogia de gestos ou atividades, mas ainda a que se estabelece com a expressão "viva el Cielo", a qual embora comum à época foi provavelmente utilizada na peça brasileira por força de influxo direto. Em suma, não há nenhum "color americano" nas comédias de Botelho de Oliveira, ambas espanholas pela língua, pelo espírito, pela estrutura e até pelos temas.

Observa-se, entretanto, que, embora não tivesse fugido às seduções da linguagem poética de Góngora, em suas comédias procura satirizá-la através de alguns personagens inferiores e patuscos.

Em *Hay amigo para amigo*, o criado Puno:

> Bien obscura está la noche,
> Que porque más la encarezca,
> Me parece por lo obscuro
> Un cultidiablo poeta.

Segue-se um diálogo em trocados entre os dois "graciosos" Puno e Rostro. Isto na primeira jornada; na segunda, repete-se o gracejo:

> Ocultando con rebozos
> (Poquito de culto hablemos)
> Los flamigerantes globos,
> Los albicantes reflejos,
> Los rubicundos distritos,
> Y los gemíferos senos.

Na terceira e última jornada, o estilo gongórico é ainda ridicularizado, desta vez pelo criado Rostro:

> Es fábula, que compuso
> Gongorática poesía.

Como aquela outra, a comédia *Amor, enganos y celos* regurgita de preciosismos de linguagem, estendendo-se ainda a um pícaro, o criado Dinero, que jocosamente entremeia as palavras de um latim macarrônico. Trata-se de um pernóstico, metido a falar difícil, mas aparentemente sem intuito de motejar o cultismo. Essa intenção seria antes do autor. Em ambos os casos, Botelho de Oliveira cingiu-se a modelos do teatro espanhol. Era usual a linguagem rebuscada e pernóstica entre os "graciosos". Esse vezo de cena espanhola, refletindo os costumes pitorescos da época, influiu até em Shakespeare, notadamente na peça *Love's Labour's Lost*, entre cujos personagens aparecem dois espanhóis: o excêntrico Don Adriano de Armando e seu pajem Moth, que é um rematado pícaro. Se Shakespeare teve porventura a intenção de menoscabar o estilo alambicado foi enfim atraído às suas malhas, deixando-se enfeitiçar pelo que criticava.

A contaminação do Barroquismo em suas desconcertantes variações é um fenômeno curiosíssimo quando observado naqueles autores que mais procuraram resistir a seus enleios. Quase todos gracejaram do estilo em voga, censurando-lhe as demasias, mas raríssimos deixaram de pagar-lhe algum tributo. Teria Botelho de Oliveira negaceado praticar convicta e abertamente esse estilo artístico, apesar do que deixam entrever os seus prólogos? Qualquer que haja sido sua intenção, submetendo a ridículo o cultismo pela boca de seus pícaros, encontram-se em suas comédias os mesmos matizes da linguagem gongórica em que é fértil a *Música do Parnaso*.

Na comédia *Hay amigo para amigo*, onde os pícaros Puño e Rostro chasqueiam do cultismo, toca a D. Lope expressar-se a sério e exuberantemente nessa linguagem, utilizando-se de metáforas e símiles gongóricos, como quando deplora a ausência da dama de seus sonhos, nesta passagem:

> Mas; ay! que agora (mármol sordo) cuando
> Tú vas huyendo, tú me vas matando,
> Que si otros matan, cuando van siguiendo,
> Tú vas matando, cuando vas huyendo.

Na outra comédia, *Amor, enganos y celas*, é significativamente outro galã, o Duque de Mântua, que procura expressar-se em Linguagem preciosa, mas com uma gravidade que contrasta com os gracejos de Dinero em seus arremedos do estilo culto. O maneirismo verbal do galã é um eco da sintaxe poética de

Góngora através de várias figuras de retórica, especialmente em certa altura da primeira jornada:

> Cuando penetro de um bosque
> El frondoso labirinto,
> Que en condensados verdores,
> De mil árboles vestido
> Nube de ramos lo juzgo,
> Borrasca de hojas lo admiro.

Não há dúvida que, no teatro de Manuel Botelho de Oliveira, a linguagem cultista desempenha papel primordial, às vezes em detrimento de suas próprias e caprichosas extravagâncias. Como quer que seja, os ditos e gracejos mais expressivos, introduzidos em cada "descante cômico", provêm de chiste retórico peculiar àquela linguagem, na boca dos pícaros, os quais, significativamente, em presença de seus patrões, se mostram ainda mais especiosos e insólitos. Esses criados bem falantes pertenceram àquele tipo de estudantes, pobres, que, acossados pela necessidade, alugavam seus serviços à classe mais favorecida da sociedade do tempo.

Há, por conseguinte, duas feições peculiares no emprego do cultismo por Manuel Botelho de Oliveira em suas composições teatrais: uma, satírica, na qual se percebe o intuito de expô-lo a ridículo, e outra, galante, em cujo manejo a extravagância de alguns jogos verbais e o hiperbólico de sucessivas manifestações efusivas do sentimento correm por conta do frêmito amoroso.

Essa provavelmente a disposição inicial do poeta baiano e se nela tivesse persistido poder-se-ia concluir que só praticava o cultismo naquelas duas diretrizes. Na *Música do Parnaso*, porém, sua atitude espiritual não apresenta a mesma limitação, neste particular. Conquanto disfarçado pelas convenções poéticas, e de tal modo que torna temerária a fixação do elemento autobiográfico em suas composições líricas, o galã já agora é o próprio poeta, e, no celebrar a dama inspiradora, quis correr os mesmos riscos de comicidade involuntária a que expôs os protagonistas apaixonados em suas comédias.

Aliás, no soneto I com que abriu o coro de rimas portuguesas — "Anarda invocada" — Botelho de Oliveira define-se claramente, não ocultando que as entressachava de "cultas flores":

> Bem pode dar agora Anarda impia
> A meu rude discurso cultas flores,
> A meu plectro feliz doce harmonia.

Nota-se que, embora produzido sob o signo da harmonia, "doce harmonia", não começa melodicamente esse soneto de abertura: "Invoco agora Anarda, lastimado..."

De modo geral, os sonetos de Botelho de Oliveira refletem por vários aspectos a poética do Renascimento, sobretudo os que consagrou a Anarda, onde o idealismo amoroso é um traço sensível da linha petrarquista que subsistiu na poesia universal com mais ou menos viveza até o século XIX, no Brasil, inclusive a corrente parnasiana.

Caracteriza-se esse traço em Botelho de Oliveira não já pela adoção de um nome convencional de mulher, conforme o "estilo antigo de alguns poetas", e que, pretextando exprimir assim "afetos amorosos com experiências próprias", viria a empregar também, mas ainda pela castidade de sentimento que denota em suas composições consagradas à dama ideal e pela irrealidade do mundo em que a coloca. Com a circunstância de que a natureza aí não vai além do quadro extremamente limitado que a vista pode abranger. A paisagem é enfim apenas o fundo de uma cena imaginária do que fixada ou reproduzida diretamente. Anarda constitui portanto o centro de um universo transfigurado imprevisivelmente porque passara a obedecer às sugestões de um léxico em moda: o da poética de Góngora. Esse mundo surge assim de um vocabulário especioso em que as coisas nunca eram designadas pelo nome usual, mas por outros, em cuja face sempre o brilho não raro refalseado de uma metáfora engenhosa e hermética. Em regra, porém, a poder de repetidos, os substitutos metafóricos se deixam adivinhar facilmente: plata, cristal, marfil, nácar, oro e tantos outros.

É evidente que o emprego desse vocabulário, em que se incluem arcaísmos, no estilo culto, obedece primacialmente à ideia de produzir determinados efeitos verbais, como o da intensificação da cor e do som, mediante o que a poesia adquiriu não poucas vezes um encanto prismático semelhante ao do cristal quando atravessado de repente por um raio de luz.

Essa nova língua poética, extravagante e obscura, criada por um gênio autêntico, apesar do conteúdo mágico de que era portadora, nem sempre encontrou imitadores capazes fora do meio e do ambiente histórico em que surgiu.

Os jogos e combinações verbais que ela permitiu operar esgotaram-se depressa, de modo que a novidade de um certo momento passava a lugar-comum de retórica trilhadíssima, estremada de qualquer naturalidade, e que por isso mesmo foi combatida incessantemente em toda a parte.

A língua de Góngora era em suma uma língua de exceção naturalmente sedutora ou irresistível para um ou outro espírito aristocrático. E Manuel Botelho de Oliveira estava nesse caso. Embora tivesse participado na vida política de sua terra, em sua lírica aparece como que encerrado numa redoma de vidro, onde não penetrava o bulício do mundo circunstante, o confuso rumor da vida que borbotava naquele amálgama de raças e línguas que era a Bahia do século XVII.

Na sua estada em Portugal, deixara-se decerto impregnar largamente do gongorismo, cujos excessos transbordavam de algumas organizações literárias, naquele país. Não é verdade que haja apenas um quase nada dessa escola na *Música do Parnaso*, como já afirmaram alguns críticos, em geral refratários ao cultismo e por isso mesmo preocupados em atenuar os seus efeitos na literatura de língua portuguesa. Também a obra de Góngora não contém somente o que veio a ser designado por "gongorismo", mas em Botelho de Oliveira esse tempero retórico infiltra-se constantemente no processo geral de suas produções.

Várias gradações têm os seus sonetos nesse ângulo, mas já no 2º, poder-se-á observar até que ponto estava o poeta baiano seduzido pela língua poética de Góngora, principalmente no derradeiro terceto:

> Como de amor te livras poderosa,
> Se em teu gesto florido e rutilante,
> És estrela, és jasmim, és sol, és rosa?

Embora a comparação plurimembre deste último verso seja aparentemente compreensível, a verdade é que só adquire sentido integral, e, portanto, clareza, mediante o conhecimento prévio do léxico transfigurador de Góngora, como se verá pelo terceto a seguir de um soneto deste grande poeta:

> Goza cuello, cabello, labio y frente,
> Antes que lo que fué en tu edad dorada,
> Oro, lírio, clave!, cristal lucente.

A correspondência entre o nome e a coisa, por via da ideação especiosa, descobre-se aí plenamente deste modo: colo — lírio; cabelo — ouro; lábio — cravo; fronte — cristal.

No poema "La Arcádia", Lope de Vega, que foi um adversário implacável do gênio de Córdoba, recorreu a esse mesmo tipo de comparação:

> Enfin que en aquel lugar
> Muestran estar vos en el,
> Rosa, açucena, clavel,
> Flor de sol, jasmim, y azahar.

Não estava fora do mesmo vínculo o poeta lusitano Francisco de Vasconcelos, contemporâneo de Botelho de Oliveira, quando compôs este terceto:

> Porém fora melhor que assim não fora.
> Pois a ser cinza, pranto, barro e luto,
> Nasceu jasmim, aurora, rosa.

A tendência em Botelho de Oliveira ao equilíbrio dual, por meio de paralelismos ou artifícios em que se sucedem as frases bimembres, torna-se particularmente assinalável em seus sonetos, dentre outros:

> Nos rigores te afeia as lindas rosas.
> Nas iras te escurece as luzes belas. (VI)
> Teus sóis me acendem logo chama a chama,
> Teus sóis me cegam logo raio a raio. (VIII)
> De teus olhos os sóis abrasadores.
> De meus olhos as águas sucessivas. (VIII)
> Já de meus ais aos ventos repetidos,
> Já de teus sóis às chamas luminosas. (XI)
> Se teu cristal se ostenta rigoroso,
> Se teu cristal se mostra fugitivo. (XII)
> É meu peito uã noite de tormentos,
> É meu peito um silêncio de finezas. (XIII)
> Que tenho a roda dos cuidados vivos,
> Que tenho o ouro dos incêndios puros. (XIV)

Esse jogo de antíteses e contraposições não escapa à monotonia, porque excessivamente repetido, mas delata um esforço característico no sentido de conciliar a poética renascentista com a do Barroquismo. A repetição é de resto um recurso muito frequente em Botelho de Oliveira, que ainda seguiu um vezo irrefugível de sua época, tão propensa à hipérbole e às amplificações de todo o gênero. O soneto VII, "Vendo a Anarda depor o sentimento", além de expressivo por esse lado, visto reproduzir um símile já citado da peça *Hay amigo para amigo*, constitui exemplo gravativo do gongorismo de Botelho de Oliveira:

> A serpe, que adornando várias cores,
> Com passos mais oblíquos, que serenos,
> Entre belos jardins, prados amenos,
> É maio errante de torcidas flores;
>
> Se quer matar da sede os desfavores,
> Os cristais bebe co'a peçonha menos,
> Porque não morra cos mortais venenos,
> Se acaso gosta dos vitais licores.
>
> Assim também meu coração queixoso,
> Na sede ardente do feliz cuidado
> Bebe cos olhos teu cristal formoso;

> Pois para não morrer no gosto amado,
> Depõe Jogo o tormento venenoso,
> Se acaso gosta o cristalino agrado.

O texto apresenta alguma obscuridade mas que logo se desvanece quando se tenha em mente o sentido engenhoso de alguns epítetos e símiles, como o do rio que, deslizando entre as ramarias floridas, parece esguio e elástico tigre a espreguiçar o dorso malhado em meio do bosque.

Vitorino Nemésio aponta "na serpente amante do soneto VI", aliás VII, uma "das primeiras homenagens requintadas aos pés da mulher brasileira". Nem sempre, porém, a imagem de uma serpe há de estar associada ao ambiente brasileiro e, no caso, trata-se de comparação que, com o mesmo significado, já estava numa das *Soledades*, de Góngora:

> Ella, pues, sierpe, y sierpe al fin pisada,
> — aljófar vomitando fugitivo
> En lugar de veneno —,
> torcida esconde, ya que no enroscada,
> las flores, que de un parto dió lascivo
> aura fecunda al matizado seno
> del huerto en cuyos troncos se desata
> de las escamas que vistió de plata.

Entre as rimas de Botelho de Oliveira sobre vários assuntos, sobressai, ainda pelo processo de plurimembração, o soneto II, "A um grande sujeito invejado e aplaudido":

> Temerária, soberba, confiada,
> Por altiva, por densa, por lustrosa.
> A exalação, a névoa, a mariposa,
> Sobe ao sol, cobre o dia, a luz lhe enfada.
>
> Castigada, desfeita, malograda,
> Por ousada, por débil, por briosa,
> Ao raio, ao resplandor, à luz fermosa,
> Cai triste, fica vã, morre abrasada.
>
> Contra vós solicita, empenha, altera,
> Vil afeto, ira cega, ação perjura,
> Forte ódio, rumor falso, inveja fera.

> Esta cai, morre aquele, este não dura,
> Que em vós logra, em vós acha, em vós venera,
> Claro sol, dia cândido, luz pura.

Há particularmente a assinalar nesse soneto a mudança do elemento dual para o ternário, com três palavras ou três frases em cada verso, o que se reflete às claras na cadência rítmica da composição.

O uso intencional de ambiguidades, através de paronímias e trocadilhos, era um imperativo do Barroquismo, a que Botelho de Oliveira não podia escapar. O soneto VII, dedicado ao General João Correia de Sá, deu-lhe azo a lançar mão deste recurso de maneira aliás nada louvável:

> Entre o laço de afável senhorio
> Correia sois enfim, que a quem vos ama,
> A vontade lhe atais, sem ter desvio.
>
> Sá sois: e quando o mundo vos aclama,
> Preservais com o sal de vosso brio
> Da corrupção dos tempos vossa fama.

O soneto IX — "A vida solitária" — em que as frases se cruzam duas a duas em cada linha, segundo o pendor de Botelho de Oliveira às combinações paralelas, exprime um desejo de isolamento, de *soledad*, exaltado pelos moralistas cristãos do século, especialmente através da poesia e da parenética espanholas. Embora inclinado por índole às manifestações dionísicas do instinto, Gregório de Matos não foi indiferente a esse tema, tendo-lhe dedicado também um soneto com aquele mesmo título. Não se tratava é certo de um simples tema literário; um fundo de melancolia dominava então a alma do homem, predispondo-o à vida contemplativa, ao ascetismo, como derivativo às suas ansiedades, às suas angústias, no afã de apaziguar-lhe a tortura de querer conciliar o voluptuoso gosto dos prazeres temporais com a sede insaciável de Eternidade.

Geralmente, prevalece em Botelho de Oliveira o visual sobre os demais sentidos, aliás, em paridade ainda com as tendências do Barroquismo, consoante observação de Damaso Alonso. Enquanto permaneceu no plano da idealidade lírica, e decerto pelo imperativo de imprimir maior intensidade ao elemento colorido, o visual em Botelho de Oliveira teve um poder tirânico sobre as suas fantasias. Do visual, sobrepondo-se ao olfato até o extremo de representar o aroma através de coisa concreta e visível, há um exemplo muito expressivo no primeiro terceto do soneto XX:

> Brota o carmim da rosa doce alento,
> Respira o olor de Anarda o carmim breve.

> Ambas dos olhos são contentamento.

A visão resume tudo mas predomina enfim aquilo que pode deleitar apenas os olhos.

Essa ascendência do visual sobre o auditivo, não obstante os propósitos musicais de Botelho de Oliveira, revela-se de maneira também muito típica nas derradeiras linhas da canção I do segundo coro:

> Canción, si quieres ser eternizada,
> Di que en calladas tintas
> Cuando pintas el sol, Anarda pintas.

A expressão "calladas tintas" exprime de resto perfeitamente o que a cor era chamada a representar no Barroquismo.

Os "versos vários", ainda do coro de rimas portuguesas, entre os quais se encontram os sonetos mencionados, incluem juntamente com algumas composições fúteis e as décimas à Rosa, que é um simples tributo a esse tema explorado por quase todos os poetas do século, a silva à ilha de Maré, que será objeto de apreciação especial.

Os madrigais, tanto em português como em castelhano, mantêm o ritornelo dos sonetos em honra de Anarda, identificando-se com eles até por alguns de seus títulos. Em metro alternado de seis e dez sílabas, mas invariavelmente em rimas parelhas, os madrigais apresentam a particularidade de serem arrematados sempre com um verso bimembre, a exemplo do Madrigal V ("Ponderação do rosto e sobrancelhas de Anarda").

> Se do rosto os primores,
> Em teu rosto se pintam várias cores;
> Vejo, pois, para pena e para gosto
> As sobrancelhas arco, íris o rosto.

Nesta última linha, não só o equilíbrio dual está representado por um verso bimembre como ainda se estende a uma fusão intencional que a vírgula não impede totalmente entre as palavras: "arco" e "íris". É, enfim, principalmente em seus madrigais, que Botelho de Oliveira utiliza a fórmula sintática dita "A, si no B", assim representada em Góngora: "Si Aurora no con rayos, Sol con flores."

Em suas décimas, o poeta baiano celebrou ainda Anarda, mas através de alguns motivos tendentes a produzir aquele niilismo temático, que resulta de as coisas só interessarem como um fenômeno fugitivo, fora já do alcance individual, tendência que Wylie Sypher atribui à melancolia barroca de que adveio o culto de *la soledad*, a propósito de cuja proteção no mundo poético produziu Karl Vossler notabilíssimo estudo crítico.[1]

O MITO DO UFANISMO   139

A estrofe inicial da décima I — "Anarda vendo-se a um espelho" — dá bem a medida de como o poeta baiano cedeu sempre a essa inclinação:

> De Anarda o rosto luzia
> No vidro, que o retratava.
> E tão belo se ostentava,
> Que animado parecia:
> Mas se em asseios do dia
> No rosto o quarto farol
> Vê seu lustroso arrebol;
> Ali pondera meu gosto,
> O vidro espelho do rosto,
> O rosto espelho do sol.

O teor dessa estrofe será melhor entendido notando-se que a expressão "asseios do dia" é um arcaísmo significando esmeras, encantos da natureza produzidos pela claridade matinal, ao passo que "quarto farol" é o sol, por efeito da imagem medieval baseada numa divisão cosmográfica oriunda de Aristóteles.

Outra décima, a do "Cravo na boca de Anarda", contém um trocadilho típico de inspiração gongórica, muito comum entre as composições da *Música do Parnaso* e os "descantes cômicos":

> (Por não receber o agravo
> De ser nessa boca escravo)
> Pois é, quando o cravo a toca,
> O cravo, cravo da boca,
> A boca, boca de cravo.

As redondilhas e os romances têm entre si a identidade do espírito cultista, mas é nestes últimos que se encontram as mais ousadas extravagâncias de cunho gongórico em Botelho de Oliveira. Numa quadra do romance VIII refere-se a Anarda de modo a não deixar dúvida quanto à sua naturalidade:

> Ostenta com dous motivos,
> Mui soberba, mui bizarra,
> O seu brio à portuguesa,
> O seu pico à castelhana.

Já pela menção de alguns topônimos, como o do Tejo, e também das estações do ano, o tema amoroso da *Música do Parnaso* não tem nenhuma relação com o Brasil nem com mulher brasileira. A dose de experiência individual que o poeta baiano pretextava diluir em seus devaneios consagrados a Anarda provavelmente fora adquirida em seus tempos de estudante em Portugal. Anarda era a Mulher, e não determinada mulher. O poeta gongórico Gabriel Bocangel y Unçueta resumiu esse capricho petrarquista numa quadra que se aplica inteiramente ao caso, inclusive pela identidade do nome feminino:

> Piadosos, curar-me queren,
> Algunos con la mudança,
> Sin duda ignoran, que el mundo,
> No tiene mas de una Anarda.

A segunda série de romances em português reveste-se de algumas particularidades que não podem ser desprezadas na análise do cultismo em Botelho de Oliveira. O gênero adotado tinha ainda cunho popular no século XVII, a ele tendo recorrido o poeta lusitano Jerônimo Bahia para as suas jornadas cômicas. Conquanto o emprego do cultismo em suas comédias permita a conclusão, como já evidenciado, de que Botelho de Oliveira só o destinava a pícaros e namorados, isso o não obstou de utilizá-lo em seus panegíricos mais solenes, qual o que é dedicado em oitavas ao Marquês de Marialva, onde esfuzia de vez em quando um trocadilho:

> Marialva por ilustre simpatia
> É de virtudes mar, e Alva do dia!

O cultismo estava disseminado na atmosfera espiritual da época e a verdade é que o poeta baiano não lhe resistiu à trama envolvente.

Ainda nessa segunda parte está o romance em esdrúxulos em que se quer ver uma réplica às catilinárias de Gregório de Matos ao Governador A. L. Gonçalves da Câmara Coutinho. Tal hipótese não é absolutamente destituída de fundamento ainda pelo tom jocoério desse curioso panegírico. Se a efusão hiperbólica com que celebrou as excelências dessa personalidade o não impediu de fazer-lhe também trocadilho com o nome, é certo que não era então irrisória como poderemos supor a descrição da penúria do Estado remediado pelo dito governador:

> De todo o corpo República
> O dinheiro é nervo vívido,
> E sem ele fica lânguido,
> Fica todo debilíssimo.

O chiste era um elemento que os cultistas, seguindo o rastro de Góngora, não deixavam de introduzir frequentemente em suas produções, sobretudo no teatro. Os "descantes cômicos" de Botelho de Oliveira constituem exemplo disto, mas, entre os coros da *Música do Parnaso*, esse espírito encontra no romance a forma realmente indicada para as suas manifestações, quase sempre de gosto duvidoso, como no romance III — "Pintura de uma dama conserveira", em que após usar e abusar até o enjoo do açúcar em metáforas sucessivas, conclui razoavelmente com esta quadra:

> Perdoai, Fábio, dizia,
> Que no retrato, que fiz,
> Fui poeta de água doce
> Quando no Pindo bebi.

O lirismo chistoso é o que predomina em quase todos os cinco romances da segunda parte do coro em português, seguindo-se àquela a "Pintura dos olhos de uma dama" (IV) e a "Pintura de uma dama enamorada de um letrado" (V). No romance IV, entre outras do mesmo sabor ou sensabor, esta quadra característica:

> Dizem que o céu competindo
> Lhe deu, chegando-lhe à cara,
> De luzes dois beliscões,
> De estrelas duas punhadas.

Quanto ao romance I, porém, o aspecto de chiste diminuiu consideravelmente, reduzindo-se a proporções compreensíveis, dado o intuito francamente lisonjeador, notando-se que a representação ali do corpo político e financeiro, em correspondência com o organismo humano, era trivial no século, dela tendo-se utilizado o Padre Antônio Vieira, tanto em sermões como em algumas cartas. O próprio Governador Câmara Coutinho, dirigindo-se ao Rei, em 1692, para lhe suplicar recursos financeiros, frisava pateticamente que o dinheiro "é aquele nervo vital do corpo político ou sangue dele". Mas, esclarecido com esse pormenor histórico, o ridículo que transparece na pintura da esqualidez do estado da província, resta averiguar por que Botelho de Oliveira preferiu nesse romance as rimas esdrúxulas que, utilizadas do começo ao fim, ecoam desagradavelmente como um gracejo forçado. Decerto, fê-lo em revide mesmo a Gregório de Matos que, numa de suas sátiras contra o governador, lançara mão propositadamente de rimas consoantes:

> Vá de retrato
> Por consoantes.

A ideia do romance em esdrúxulos surgiu talvez da intenção de uma réplica a esses versos em consoantes. Fora dessa hipótese não seria fácil entender a adoção de tais rimas, dado que as tivesse empregado com objetivos humorístico ou satírico, simplesmente.

O coro de rimas castelhanas é um prolongamento lírico do primeiro coro em rimas portuguesas, e nele prevalecem os mesmos temas, embora sob diferentes títulos.

Um acordo feliz entre a musicalidade e a representação pôde consegui-lo às vezes o poeta baiano em muitos de seus versos, sobretudo naqueles em que o intelectualismo o não arrastava a extravagâncias verbais com pretensão a transcendência conceituosa. No romance III — "Anarda banhando-se" — há uma hipérbole que se projeta do conjunto artificial como um esplêndido repuxo de água irisada:

> Cuando las aguas se mueven,
> Parece allí que se aplauden.
> Formando líquidas voces,
> Haciendo cândidos bailes.

Não menos gravativa, como um fenômeno de audição colorida, a quadra do romance II de rimas portuguesas:

> Liberalmente o soltaste:
> Que era o teu manto, menina,
> Pouca sombra a tanto sol.
> Pouca noite a tanto dia.

Outro belo quadro, em que há um reflexo sensível de Góngora, no romance VI:

> Peine de marfil aplica,
> Mas dudará quien la viere,
> Si se peina los cabellos
> Con la mano, o con el peine.

Os coros de rimas italianas e latinas são exercícios em que, pelo que é lícito concluir de suas próprias palavras, Botelho de Oliveira não quis dar senão um testemunho de virtuosismo linguístico. Não há dúvida que esse capricho e a linguagem gongorina neutralizaram até certo ponto o modo de sentir brasileiro no poeta baiano. A sua rigorosa fidelidade à língua do reinol, para cujo esmerado cultivo há de ter forçosamente contribuído sua passagem pela universidade portuguesa, era já um obstáculo natural às articulações espontâneas da "nota íntima de nacionalidade" ou às fixações do colorido americano que se espera encontrar em sua obra. Nesta sobressai o mesmo acento espanholizante que dominava em Portugal, notando-se que, além de um dos coros da *Música do Parnaso*, todo o teatro de Botelho de Oliveira está vazado em língua castelhana. Mas, não é só a língua, o pensamento embebeu-se em ideias, fórmulas sintáticas e modismos espanhóis, estendendo-se até mesmo às suas produções em outros idiomas.

Desenraizado portanto intelectualmente do meio nativo, onde não encontrava estímulo às criações do espírito, Botelho de Oliveira refugiou-se numa erudição que, tendendo para a ambiguidade e o hermetismo, lhe permitiu alhear-se do ambiente circunstante, projetando-se ou criando-lhe a ilusão de estar projetado numa esfera universal. Desse ambiente, em que, segundo Vieira, afora o português, as línguas predominantes eram quase todas bárbaras, o poeta da *Música do Parnaso* procurava evidentemente evadir-se, recorrendo a formas literárias que só podiam dirigir-se a um círculo extremamente limitado. A iniciativa que tomou a si de publicar um livro em quatro línguas, que tivesse o efeito de certidão de batismo da poesia brasileira, acessível a todo o mundo civilizado, tem sido atribuída, e não sem razão, a um simples movimento de vaidade pessoal. O sentimento brasileiro não lhe era tão acentuado nessa empresa quanto a preocupação do letrado em exibir-se pela "multiplicidade das línguas". Não eram as vozes perturbadoras da terra ainda inculta que por esse modo haviam de irromper de suas produções, mas cantos europeus de toma-viagem que só apresentam de original a circunstância de terem sido compostos por um nativo americano.

Exceto algumas composições circunstanciais sobre personalidades e aspectos históricos da cidade da Bahia, no conjunto de coros da *Música do Parnaso* somente a silva à ilha de Maré representa legítimo flagrante do ambiente natal, em cuja fixação quis o autor revelar ostensivamente um sentimento brasileiro.

É verdade que tal sentimento tem sido posto em dúvida, mas o fato de expressar-se em uma língua literária requintada não lhe altera profundamente a autenticidade por esse prisma.

Entre o espírito e a forma dessa composição há com efeito um contraste sensível, agravado porventura no subconsciente de seus observadores pela noção de que a poesia daquele mundo novo, entregue às forças tumultuárias da natureza e da cobiça humana, que era ainda o Brasil no século XVII, não comportava a disciplina asfixiante do preciosismo verbal em suas modalidades de extremo requinte, senão à custa de incompreensíveis e lamentáveis distorções.

Acresce que, como tudo indica, a silva à ilha de Maré terá sido uma das derradeiras produções do poeta baiano, que era quase setuagenário quando se decidiu a organizar para publicação a *Música do Parnaso*.

A graça amanhecente do Brasil, sem embargo daquelas forças telúricas e cegas, foi enfim revelada por um ancião que, além do comum desencanto da idade, tinha a mente mais povoada de visões europeias, reduzidas a imagens preciosas e fúteis, que da terra nativa.

Não é a silva à ilha de Maré o produto singelo de um entusiasmo natural, não obstante a simplicidade de alguns de seus epítetos e símiles, misturando-se prosaísmo e afetações de linguagem, aliás ainda na linha de Góngora, o das *Soledades*. Ainda neste caso em que podia prevalecer a espontaneidade emocional, cingiu-se Botelho de Oliveira à orientação estrangeira, escolhendo para celebrar os encantos da ilha baiana uma forma poética geralmente empregada em consagrações de caráter bucólico ou cívico.

Góngora, Lope de Vega e outros eram exemplos a recomendar ou seguir em tais circunstâncias, quanto à utilização da silva. Aludindo às formas artísticas em que se comprazaiam na Espanha os autores de tendência italianizante, mostrou Karl Vossler que o madrigal, com sua mescla de endecassílabos e heptassílabos de rima livre, preparou o caminho à silva, metro preferido pela poesia da soledade do século XVII, que alcança nas *Soledades* de Góngora celebridade universal.[2]

Posto seja lícito excluir a hipótese de mera improvisação, a silva à ilha de Maré apresenta um vivo contraste com as demais composições da *Música do Parnaso*, não já por efeito do tema nativo, em contraposição à do idealismo platônico e petrarquista de suas endechas amorosas, mas e sobretudo por algo de simples, despachado e mesmo rude, que estava na índole daquela modalidade artística. Essa forma permitiu enfim a Botelho de Oliveira certa liberdade de movimentos que o predispunha a dar expansão a seus gostos individuais, observando-se por isso mesmo que, em sua silva, há uma impregnação sensual, proveniente da atmosfera capitosa do Recôncavo baiano, em positiva antinomia com a pureza espiritual que deixa transparecer em suas composições sobre a dama inspiradora. Enquanto esta não passava talvez de um fantasma do espírito, a terra nativa representava um complexo de sensações fortes e tensas demais para serem geralmente destiladas em quintessências de agudeza do engenho.

A revelação humana verdadeiramente notável da *Música do Parnaso* é a que se prepara nessa silva, onde o nativismo está caracterizado sobretudo pelo paladar. Por aí, e não pela descrição da ilha e do encanto de suas paisagens e pomares, é que a composição adquire um significado apreciável. Esteticamente constitui uma espécie de ruptura produzida pela interferência do fator biográfico ou pessoal sobre o convencional, dado o tono evasivo que Botelho de Oliveira imprimiu a quase tudo o que escreveu. Mas não pôde refugir às solicitações do sensorial. E, expressivamente, o pescado é o regalo nativo que logo lhe ocorreu exalçar, iniciando a enumeração das coisas deliciosas que a ilha possuía:

> Aqui se cria o peixe regalado
> Com tal sustância, e gosto preparado,
> Que sem tempero algum para apetite

> Faz gostoso convite,
> E se pode dizer em graça rara
> Que a mesma natureza os temperara.

A predileção pelas frutas ácidas é a de um legítimo homem tropical, sendo explicável que haja começado por elas a glorificação do pomar nativo em detrimento da Europa:

> As laranjas da terra
> Poucas azedas são, antes se encerra
> Tal doce nestes pomos,
> Que o tem clarificado nos seus gomos,
> Mas as de Portugal entre alamedas
> São primas dos limões, todas azedas.

Vale esclarecer que, embora o epíteto de "azedo" tenha sido atribuído a um brasileirismo da Bahia ou do norte do Brasil, como se pode inferir de um reparo acidental do crítico lusitano Manuel de Sousa Pinto, a propósito desta passagem da silva à ilha de Maré, a verdade é que tinha idêntico emprego em Portugal no século XVII. Há exemplo disto no "Banquete que Apolo hizo a los Embajadores del Rey de Portugal Don Juan Quarto", do licenciado Domingos Pereira Bracamonte (1642), no qual o poeta baiano teve provavelmente uma de suas fontes.

Fiel às tentações do paladar, Botelho de Oliveira, em descrevendo os coqueiros, não olvida a água e a polpa tenra dos cocos, os quais, pelo visto, já eram apreciados em seu tempo:

> E tratando das próprias, os coqueiros,
> Galhardos e frondosos
> Criam cocos gostosos;
> E andou tão liberal a natureza
> Que lhes deu por grandeza,
> Não só para bebida, mas sustento,
> O néctar doce, o cândido alimento.

É para as frutas ácidas, porém, que vão mesmo as suas preferências. Assim, quanto a melões:

> Os melões celebrados
> Aqui tão docemente são gerados,
> Que cada qual tanto sabor alenta,
> Que são feitos de açúcar, e pimenta,

> E como sabem bem com mil agrados,
> Bem se pode dizer que são letrados (...)

"Melões feitos de açúcar e pimenta" — sublinhou ironicamente Costa e Silva — "devem na verdade ter um gosto superior!"

Os cajus, as pitangas e as pitombas também lhe aguçavam particularmente o paladar nativo:

> De várias cores são os cajus belos,
> Uns são vermelhos, outros amarelos,
> E como vários são nas várias cores,
> Também se mostram vários nos sabores (...)

Os ananases ou abacaxis têm igualmente um lugar de relevo em suas comparações com as frutas da Europa e, de maneira significativa, o pêssego, tão menos apetecido que o rei das frutas tropicais, acaba ofuscado por esta grande atração do paladar baiano. É ainda esse paladar que determina a enumeração dos legumes, após a dos pescados e frutas. Em seus gabos a legumes e cereais brasileiros, esse europeu pelo espírito, que era o poeta de Anarda, não esqueceu nem mesmo um derivado indígena da farinha de mandioca — o beiju — que era já decerto comum às refeições matinais:

> Dela se faz também com mais cuidado
> O beiju regalado,
> Que feito tenro por curioso amigo
> Grande vantagem leva ao pão de trigo.

O paladar era em suma o que despertava o sentimento da terra nesse Fidalgo do Rei, cujo apetite espiritual não se conciliou desgraçadamente com o orgânico, de onde essa exceção de vitalidade em sua obra que mal consegue sobressair de seus artifícios. Destes não está indene a silva à ilha de Maré, notadamente na descrição de pormenores geográficos, com o que se revela Botelho de Oliveira mais submisso às fórmulas e imagens poéticas de seus modelos europeus. A metáfora da concha aplicada à ilha não era de modo algum original, nem tampouco a imagem resumindo os encantos da terra nativa em "quatro AA":

> Tenho recopilado
> O que o Brasil contém para invejado,
> E para preferir a toda a terra.
> Em si perfeitos quatro AA encerra.
> Tem o primeiro A, nos arvoredos

>Sempre verdes aos olhos, sempre ledos;
>Tem o segundo A, nos ares puros
>Na tempérie agradáveis e seguros;
>Tem o terceiro A, nas águas frias,
>Que refrescam o peito, e são sadias;
>O quarto A, no açúcar deleitoso.
>Que é do Mundo o regalo mais mimoso.
>
>São pois os quatro AA por singulares
>Arvoredos, Açúcar, Águas, Ares.

A precedência lírica dessa figura de pangramática encontra-se na redondilha do ABC em motes de Camões, e Botelho de Oliveira era ainda menino, na Bahia, quando o Padre Antônio Vieira recorreu a idêntica figura no "Sermão de Santo Antônio", pregado em Roma. O que havia de estar na sua memória era presumivelmente o ABC da redondilha camoniana. Tinha enfim um precedente respeitável a bimembração em A da metáfora de Botelho de Oliveira em que Sílvio Romero viu pura e simplesmente uma sensaboria...

Após descrever as capelas que existiam na ilha celebrada, pormenor interessante devido à ausência quase total de temas relacionados com a religião na *Música do Parnaso*, conclui a silva com uma exaltação daquela amena região do Recôncavo em que resumiu o encanto do Brasil:

>Esta Ilha de Maré, ou de alegria,
>Que é termo da Bahia,
>Tem quase tudo quanto o Brasil todo,
>Que de todo o Brasil é breve apodo;
>E se algum tempo Citereia a achara,
>Por esta sua Chipre desprezara,
>Porém tem com Maria verdadeira
>Outra Vênus melhor por padroeira.

Não há dúvida que foi ainda um capricho de sabor gongorino o ter Botelho de Oliveira circunscrito sua visão poética da terra natal "a um breve apodo do Brasil". Mas, ainda aqui, teriam influído a concepção e a atmosfera lírica das *Soledades*, com a qual apresenta mais de um ponto de contato e identidade, através de símiles, imagens e metáforas e até mesmo por algumas configurações da natureza tal como foi descrita.

A propósito do binômio dominante na representação da América entre os séculos XVI e XVII — "Religión, dinero" — observou Damaso Alonso que a Góngora "como artista le importaba muy poco la religión, pero como hombre — y como artista — no dejaron nunca de preocuparle las riquezas humanas".[3]

Era o que se dava porventura com Botelho de Oliveira, em cuja obra o elemento econômico tem enorme primazia sobre o religioso, e não sem motivo pessoal, pois há indícios de que era dado a especulações de usura.[4]

Em algumas passagens da *Música do Parnaso*, mais assinaladamente no romance dedicado ao Governador Câmara Coutinho, no qual o dinheiro recebe o epíteto, aliás clássico, de "nervo vívido", há sinais evidentes de sua preocupação com o outro, o poder econômico. Não assim quanto à religião, exceto na silva à ilha de Maré em que os dois elementos estão contrabalançados, embora haja sido dada maior largueza àquele outro poder. De resto, nos últimos versos desse poema estabelece-se um sincretismo religioso muito típico da hibridização de sentimentos e crenças por que se manifestava o paroxismo e angústia de alma barroca, e cuja subsistência na Bahia veio até o presente século. Botelho de Oliveira dá à santa padroeira da ilha o nome de Vênus. Numa de suas canções, em memória da Rainha Maria Sofia Isabel, também invocara a deusa pagã de maneira verdadeiramente peculiar e imprevista:

> Os planetas errantes,
> Triste a Saturno tem no céu rotundo;
> Vênus para os amantes
> Tem da sorte feliz o bem jucundo;
> Porém para Isabel, que é Vênus pura,
> Não quis Vênus ser astro da ventura.

Ao estabelecer aquele sincretismo perpetrava Botelho de Oliveira um excesso que era comum às pregações da época e mesmo posteriormente como a do arroubado Padre Isla que, em meado do século XVIII, a pretexto de que Vênus surgiu da escuma do mar exatamente a 8 de dezembro, emitiu do púlpito na data consagrada a Nossa Senhora este paralelo:

> Gallardo, aunque fabuloso, paralelo del milagroso objecto, que termina los regocijados cultos de esto dia octavo de Diciembre, en que la Iglesia Catholica celebra la Concepción pasiva de Maria, Venus del Amor Divino, Diosa de la hermosura de la gracia.

Aparentemente o que há de nacional na silva à ilha de Maré resumese apenas em alguns vocábulos indígenas, que por si sós não revelam espírito de brasilidade, como se tem procurado salientar, sem a percepção de que, mediante o disfarce de um maneirismo inadequado para a apreensão daquele mundo vário e agreste da Bahia colonial, a alma de um homem se descobre sub-repticiamente, integrada no momento histórico e dramático de seu tempo.

NUNO MARQUES PEREIRA[*]

Entre as obras mais populares do Brasil no século XVIII sobressaía o *Compêndio narrativo do Peregrino da América*. E, em torno de suas tiragens, estabeleceram-se controvérsias que somente cessaram após o deslinde bibliográfico em nota preliminar à sexta e última edição.

Subsiste, porém, antiga dúvida sobre a naturalidade do autor. Nascera ele no Brasil ou em Portugal? O lusitano Diogo Barbosa Machado, Francisco Adolfo de Varnhagen e outros deram-no como natural de Caim, no sul da Bahia, sendo desconhecido o fundamento em que se basearam. E, apesar de alguns bibliógrafos terem afirmado que morreu em Lisboa, uns, em 1718, outros, depois de 1731, também por falta de comprovação ainda permanece no ar a dúvida de Varnhagen: "Morreria em Lisboa? Deus o sabe."

Favorável à tese da naturalidade lusitana do moralista, alega o historiador Rodolfo Garcia que "a erudição das cousas do Brasil (revelada no *Compêndio*) tão própria podia ser de brasileiro nato, como, evidentemente, de alienígena que tivesse diuturna assistência no país (como era o caso de Nuno Marques Pereira), e desse, quiçá com mais razão, se houvesse trazido da pátria de origem os ensinamentos básicos de seu saber, que no rústico Brasil-Colônia dificilmente podiam adquirir os naturais da terra".[5] Por que não estaria Nuno Marques Pereira entre aqueles que, na Colônia, obtiveram tais ensinamentos mesmo "dificilmente"? Aliás, querendo subestimar a sabedoria humanística que se derrama abundantemente por toda sua obra, no correr de um diálogo, declara o Peregrino: "Sabei, Senhor (lhe disse eu) que estudei na Universidade do tempo, li pelos livros da experiência e me graduei com os anos."[6]

Na defesa de seus argumentos, indaga, em conclusão, o erudito patrício: "Depois, o mesmo designativo de Peregrino da América não inculcaria sua qualidade de estrangeiro, de não americano?"

---

[*] Nuno Marques Pereira (Bahia, 1652 — Lisboa, c. 1731). Há quase completa obscuridade em torno de sua vida, depreendendo-se entretanto do *Compêndio narrativo do Peregrino da América* que teria sido atraído às minas de ouro juntamente com os emboabas, em cujo chefe, o mestre de campo Manuel Nunes Viana, teve um protetor.

Bibliografia

Compêndio narrativo do Peregrino da América. Em que se tratam vários discursos espirituais, e morais, com muitas advertências e documentos contra os abusos, que se acham introduzidos pela malícia diabólica no Estado do Brasil. Lisboa, 1728 (Edições: 1731, 1752, 1760, 1765). A 6ª edição, completada com a 2ª parte inédita, foi publicada no Rio de Janeiro, pela Academia Bras. de Letras, 1939, em 2 vols. com estudos e notas de Varnhagen, Leite de Vasconcelos, Afrânio Peixoto, Rodolfo Garcia e Pedro Calmon, e reproduções fac-similares.

Embora firmado apenas em elementos circunstanciais, Rodolfo Garcia levantara antes séria dúvida sobre Bento Teixeira, o autor da *Prosopopeia*, atribuindo-lhe razoavelmente a nacionalidade portuguesa.[7]

Compreende-se que fosse induzido de maneira irresistível a colocar na mesma órbita o problema de naturalidade de Nuno Marques Pereira. E, entretanto, as imprecisões a respeito deste último não lhe permitiriam um julgamento rígido como o que emitiu, louvando-se, além de outros raciocínios, numa passagem algo vaga onde o moralista daria a entender que era estrangeiro ou português:

> Não merece pouca estimação, o que, desprezando os mimos, e regalos de sua Pátria, busca as alheias, para nelas se qualificar com mais largas experiências: por cuja razão é o sair da Pátria, o que faz aos homens mais capazes e idôneos para mui grandes empresas, e suficientes para tudo; como o tem feito a tantos Varões ilustres.[8]

Efetivamente, na acepção genérica perfilhada pelo historiador brasileiro, o termo "pátria" aplicar-se-ia no caso a Portugal, mas Nuno Marques Pereira o emprega também de modo restritivo, local, como é lícito inferir de outra passagem de sua obra:

> Não me começarei a inculcar pelo solar de meu nascimento, ou alabanças da minha Pátria: por aquela ser muito humilde, e esta ter pouco nome: suposto que, para nascer, qualquer lugar basta.[9]

Isso no século XVIII, quando ainda predominava o imperialismo lusitano, tão justamente ufano de suas antigas e decantadas glórias. Poderia um português afirmar de sua terra que tinha "pouco nome" sem provocar violentas recriminações entre os seus compatriotas? Tudo indica que Nuno Marques Pereira desejava apenas mencionar o rincão natal, o que se torna mais compreensível em outra passagem:

> E assim sabei que sou natural do Reino de Portugal, nacional de uma cidade chamada Portalegre.[10]

E após outros pormenores:

> No nosso Estado do Brasil (falo dos nacionais da Cidade da Bahia, e seu recôncavo) foram, e são tantos os poetas que bem pudera eu dizer, que nele estava aquele decantado monte Parnaso, onde disseram os antigos existiam as Musas: Porque verdadeiramente apenas se acharam, entre cem filhos do Brasil que versaram e versam os estudos, dez que não sejam poetas, porque os noventa todos fazem

versos latinos e vulgares; e porque não fique no letargo do esquecimento os de maior nota e graduação, direi parte deles; porque nomear a todos fora um processo infinito.[11]

Se Nuno Marques Pereira nascera em Portugal por que evitava confessá-lo, já que revela sempre a nacionalidade de seus personagens ou interlocutores? A propósito, repare-se no modo insofismável como se expressa um deles, o religioso Fernando, também chamado "Desiderium Vivendi Deum", na segunda parte da narrativa:

> Neste tempo chegou à minha Pátria a notícia dos grandes haveres, que se havia descoberto neste Estado do Brasil nas minas de ouro, por cuja razão me deliberei embarcar em uma frota, que fazia viagem para o Rio de Janeiro, sem mais cabedais, que a ferramenta do meu oficio.[12]

Nesta, como em várias outras passagens do *Peregrino da América*, o vocábulo "pátria" tem acepção literal mas até como justificativa do próprio título do *Compêndio narrativo* insinua-se lá, geralmente, em sentido figurado, e assim se projeta em suas representações alegóricas mais ponderáveis e significativas.

Por isso mesmo, também não pode prevalecer para comprovação da naturalidade do autor, no sentido que lhe dava Rodolfo Garcia, o designativo Peregrino da América, cuja acepção mística ou simplesmente abstrata tornara-se comum a exercícios espirituais de caráter teológico. Não era outra a que lhe atribuía o próprio moralista já de entrada:

> Sabei que é este mundo estrada de Peregrinos, não lugar nem habitação de moradores; porque a verdadeira Pátria é o Céu. Como assim o advertiu S. Gregório Papa: que por isso enquanto andam os homens neste mundo lhes chamam caminhantes.[13]

Sem a compreensão disto desapareceriam os melhores efeitos estilísticos da narrativa, cuja gênese, singelamente exposta na dedicatória a Nossa Senhora da Vitória, define de maneira muito clara os seus propósitos: "À sombra da Vossa Igreja foi ideado, ou delineado este breve Compêndio: por cuja causa bem pudera agora repetir aquele antigo adágio: que quem a boa árvore se chega, boa sombra o cerca."[14]

Antecipando-se às censuras que lhe fizessem por ter deliberadamente subordinado as coisas, os fatos, até as pessoas da narrativa, às conveniências da doutrina e da pregação moral, Nuno Marques Pereira adverte:

> E se me notares a via reta de enfiar, ou enxerir os dez Mandamentos por modo de extremos como se vão seguindo, sem os interpolar de sorte que mais parece

suposta, que verdadeira a História: sabei que tenho estado em muitas partes, e com mui diferentes gênios de pessoas tratado, e conversado; e nelas achei a maior parte dos casos, que vos refiro neste Compêndio; e de outros, de quem tenho ouvido contar. E porque me pareceu defeito nomeá-las, mas ainda todos os lugares onde sucederam; por isso usei do presente meio, ainda que vos deixe nessa suposição; e juntamente por levar seguida e atada a composição desta doutrina.[15]

Portanto, o moralista não dissimula e antes apregoa sua verdadeira intenção: introduzir a doutrina espiritual numa variada fábula entremeando-a de segmentos da vida real e por esse modo atraindo o leitor, que sutilmente visa a transformar em um pio devoto:

Uso das presentes humanidades, e moralidades, e histórias tão repetidas para melhor te persuadir deleitando-te o gosto, e entretendo-te a vontade; quis seguir alguns autores da melhor nota nesta minha escrita, que também usaram deste modo de escrever em diálogo e interlocutores...[16]

Não era muito variada nem original a maneira por que Nuno Marques Pereira empregava "humanidades e moralidades" em sua narrativa, ordinariamente por meio de alegorias cujo caprichoso desenvolvimento, sob o influxo espiritual da Igreja, confiava às suas ingênuas fantasias. Particularmente relevante, por sua estreita correspondência com a metáfora da peregrinação, o seguinte devaneio:

E considere que o Pároco ou Superior daquela igreja é o Capitão do navio, que os mais Sacerdotes são os marinheiros e serventes daquela embarcação; que os ouvintes do auditório são os passageiros; e que todos vão fiados no seu saber, diligência e cautela. E assim deve este piloto vigiar de noite e de dia: de noite, isto é, os pecados ocultos, para se avisar do risco em que estão os passageiros, e de dia os pecados sabidos e escandalosos, para os emendar e repreender aos ouvintes. Vigiando também o mar de soberba, os ventos da ambição, o fogo da luxúria, as velas da gula, as tempestades da ira, os cabos da inveja, o navio da preguiça, para que se não deite ou vire naufragando. E fazendo esta diligência, com o favor Divino poderá fazer viagem a salvamento ao porto da salvação, onde será pago do dono do navio ou Igreja, que é Deus nosso Senhor, com muitos aumentos da glória.[17]

Como se estivesse de fato premunido contra as demasias da agudeza que resistia obstinadamente a todas as investidas e recriminações de seus censores, Nuno Marques Pereira verbera os livros que "ensinam a falar para pecar", designando entre os mais insignes praticantes desse pecado do espírito: Góngora, Quevedo, Criticon e Montalván. Assinala Afrânio Peixoto que "Varnhagen compara-o a Vieira, no estilo e nas sentenças".[18] A comparação é exagerada; o moralista não passava de um imitador do estilo predical em que se entremeavam também algumas fórmulas da retórica vieiriana. Em certa altura, reproduz, mesmo, quase *ipsis verbis*, a ironia do grande jesuíta, investindo contra os pregadores gongóricos:

> Porque, subindo ao púlpito um destes pregadores, começa logo a dourar auroras, derramar pérolas, desperdiçar aljôfares, fazendo vários elogios ao sol, lua e estrelas. E se falam de um jardim, começam a desfolhar rosas, partir cravos, espalhar flores. E quando de uma fonte falam, o menos que fazem é converter-lhe as águas em cristais, querendo persuadir ao auditório, que também os cristais se bebem.[19]

Ao articular esse reparo não discrepava o *Peregrino da América* de seus predecessores tradicionais, com os quais se identifica tanto pelo tom austero como pela prolixidade do ensinamento moral dissimulado em recriação literária. Embora se considerasse "pouco verboso", era, em suma, sem tirar nem pôr, um daqueles "filósofos de surrão e cajado" que, "começando a arrabaçar sentenças nunca levam caminho de terminar...", sendo compreensível que tivesse mencionado entre as obras de sua preferência: *Pastor de la noche buena*, de Don Juan de Palafox; *Peregrino predestinado*, de Alexandre de Gusmão; *Imagem da vida cristã*, de Frei Heitor Pinto e *Peregrinação cristã*, do Padre João da Fonseca.

Narrativa alegórica de ostensivo intuito doutrinário sobre peregrinação até certo ponto idealizada, antes de qualquer exame intrínseco, será forçoso reconhecer o mérito da prioridade artística que José Veríssimo judiciosamente lhe atribui: "Não era romance ou novela, mas em prosa e impressa era a primeira obra de imaginação escrita por natural da terra."[20] Dividida em cinquenta capítulos, parte a narrativa de uma conversação entre o Peregrino e um ancião, sucedendo-se outros episódios e encontros com os mais diversos indivíduos e entidades morais personificadas.

A experiência direta do Peregrino, relacionada com suas andanças pela cidade e pelo interior da Bahia, compreende a região das minas de ouro, onde fervilhava em enxame a cobiça dos emboabas, mas estava obstinadamente inclinada para outro terreno: a fé religiosa.

Salta às vistas a semelhança dessa narrativa com a prosa mística seiscentista, notando-se entre as características genéricas inevitáveis: os diálogos entre o Peregrino e o ancião ou outra personalidade intencionalmente escolhida, os exercícios morais e espirituais que se infiltram nesses diálogos e em quaisquer outras circunstâncias, sublinhando as excelências da vida contemplativa e ascética, inclusive por meio de representação simbólica de abstrações que se incorporam às demais personagens da narrativa. Esta apresenta, enfim, duas direções, frequentemente entressachadas: o real e o sobrenatural, como era comum ao Barroquismo castelhano. Na primeira, descortina-se a Bahia colonial, e tão meticulosamente apresentada sob certos aspectos, que o filólogo lusitano J. Leite de Vasconcelos nela encontrou valiosa fonte de investigação etnográfica e histórica: caracteres, formas de habitação, móveis, objetos de uso, alimentação, trajos, música, poesia popular, danças, provérbios, teatro, festas e festejos, costumes religiosos, superstições, modalidades peculiares de negócios, tudo isso contribui para dar uma imagem bastante expressiva da vida e do ambiente contemporâneos. Esse lado da vida real entra a cada passo em contraste com a ênfase que o *Peregrino da América* imprime à ideação alegórica, recriando personificações transcendentais em que se distinguem os valores do espírito e, com particular impulso, as virtudes teologais. O senhor Belomodo, a Porta do Desengano, o Palácio da Saúde, o Templo da Enfermidade, a Mestra Filosofia, a Mestra Solfa, a Dona Verdade, são criações que correspondem a outras tantas figuras de análogas fantasias em John Bunyan: A Jovem Ignorância, a Casa do Intérprete, a Feira da Vaidade, o Vale da Humilhação ou a Cidade da Perdição. O teólogo protestante de *Pilgrim's Progress* e o doutrinador católico do *Peregrino da América* trilharam afinal os mesmos caminhos, identificando-se entre si pelo gênero e pela unidade moral, que ambos severamente fizeram prevalecer em suas obras, cada um a seu modo.

Nesse quadro simbólico têm extraordinário realce a matemática e a música, denotando o interesse com que tais disciplinas eram cultivadas no século XVIII mas, a quaisquer digressões artísticas ou científicas, logo volve o Peregrino à sua tarefa de infatigável doutrinador. Assim, na primeira parte, consagra um capítulo a cada Mandamento da Lei de Deus, ilustrando-os com exemplos colhidos aqui e ali para edificação moral de seus leitores. Um destes, salientando-lhe a base do ensinamento, previu para o livro um papel redencionista:

> Agora poderá ser
> Que se reforme o Brasil
> De abusos, e de erros mil,
> Em que se está vendo arder.[21]

Apesar de suas manifestações contra a agudeza de conceitos, cuja influência ainda se fazia sentir nas áreas de língua castelhana e portuguesa, o moralista recaiu em quase tudo aquilo que tentava afastar de suas elucubrações, exculpando-se, porém, já no primeiro capítulo com o leitor:

> E se reparares no estilo, por ser em parte parabólico, tenho exemplo de muitos Autores espirituais, que usaram desta frase, gênero de escrever: e o mesmo Cristo Senhor nosso, tratando sólida doutrina com os homens, para melhor os persuadir, o praticou, e ainda hoje, com maior razão nos tempos presentes, para convencer ao gosto dos tediosos de lerem, e ouvirem ler os livros espirituais, são necessários todos estes acepipes, e viandas. E se não, vede o que se estila, e pratica nos banquetes de agora, oferecendo-se nas mesas aos convidados no primeiro prato

várias saladas, para mais agrado e gosto do paladar. Isto, que sucede nos banquetes do corpo, vos quis praticar neste banquete da alma.[22]

Já o Padre Antônio Vieira se recriminava indiretamente do excesso de tais vegetações advertindo, em prefácio, que estivera a aparar as "verduras" de seus primeiros sermões. A exemplo do pregador jesuíta, que combateu durante os artifícios gongóricos, Nuno Marques Pereira deixara-se atrair também pelo cultismo, assimilando-o em algumas ocasiões, como nesta pintura de uma dama com as mesmas tintas que lhe daria qualquer poeta extravagante de então:

> Dali a breve instante, senti que se abria uma janela, e aplicando os olhos, vi cintilar dois rutilantes luzeiros em um céu animado, e no breve rasgo de um rubicando cremesim aparecer cândido marfim, burnido e lavrado por arte da natureza. Adornavam este globo duas encarnadas rosas, que lhe davam muita graça. Dividiam estas perfeições dois arcos com igual correspondência, disparando agudas setas em defesa de um reduto tão bem feito, que por isso já houve quem lhe chamou a linda torre de Faro.[23]

Enfim, poder-se-ia extrair da narrativa de Nuno Marques Pereira todo um faustoso esquema de arquétipos barrocos através de generalizações abstratas e brincos do espírito sob as mais equívocas formas verbais. Suas visões da natureza frequentemente denunciam o cultista que, diligenciando subtrair-se à vulgaridade, perpetrava os mesmos artificialismos de um Criticon e, como neste, sobrecarregados de intenção moral. Mostra-o ainda o seguinte flagrante descritivo, muito típico pela singularidade do enfoque:

> E logo me pus de marcha: e caminhando parte daquele dia, fui encontrando com várias pessoas, de quem tomava os roteiros vocais, para seguir com acerto a jornada que levava. A este tempo, porque o Sol já me negava toda a frescura para poder andar, me vali de uma bem copada árvore, que em um alto estava para me poder defender de seus vibrantes raios: e deste lugar estava descobrindo o eminente dos montes, o baixo dos vales e muita parte do espaçoso dos campos. Já os escravos se retiravam do trabalho, pelo intenso do calor. Ali jantei: e porque me não temia dos ladrões me deixei roubar do sono. E despertando vi que as árvores se estavam acenando umas às outras, dando vento de alegria, por verem que já a fresca viração chegava a defendê-las do ardente calor, com que o Sol as oprimia, sem se poderem mover do lugar em que estavam.[24]

Outra passagem muito expressiva pela associação das nuvens aos campanários, cujo perfil e cujos sons jamais deixariam o Peregrino:

Foi-se divisando a manhã, derramando granizo: e sendo a Aurora tão velha, chorava como menina. Cobriu-se todo o prado de luzente prata fina, que vale mais que o fino ouro lá para essas campinas. Exalaram-se as flores em aromas tão fragrantes, que foi quase um desperdício. Vi altas torres luzentes, e campanários de sinos; mas tudo se desfez logo, tanto que amanheceu o dia.[25]

Essa afetação tipicamente culterana tentava Nuno Marques Pereira mas sem dominá-lo de maneira total, tanto que, quando se desculpa do estilo parabólico, sem qualquer dúvida mais apropriado a seus desígnios, alega haver seguido nisto o exemplo de vários autores espirituais. Frei Heitor Pinto, principalmente. Sem deixar o rastro desses predecessores, confessa afinal que desejava fazer do *Compêndio narrativo* "um banquete da alma", começando por oferecer "no primeiro prato várias saladas, para mais agrado e gosto do paladar".

Dessa salada temperada ao sabor da época poucos "verdores" conservaram a frescura original. As passagens do *Peregrino da América* não têm a mesma autenticidade ou força de verossimilhança que deu às suas descrições ou simples instantâneos de costumes e outros aspectos da atmosfera colonial mas, em contraste com os quadros meramente alegóricos e sem participação direta da natureza, há um lampejo autêntico da vida no romance campesino em que, pela primeira vez, o sabiá e algumas outras aves brasileiras teriam sido decantadas em verso:

> Lá cantava o Sabiá
> Um recitado de amor
> Em doce metro sonoro
> Que as mais aves despertou.

Nessa graciosa canção, cada quadra se refere a uma ou mais aves: o curió, o canário, o sanhaço, o papa-arroz, o beija-flor, o pica-pau, a aracuã, a lavadeira, a juriti, a araponga, o periquito, o papagaio, o tucano, e outros. A última parece deixar fora de dúvida que o louvor provém de um nativo:

> Não falo aqui das mais aves
> Nem dos sauins, e guigós,
> Que com bailes de alegria
> Festejam o Criador.

Esse comovido tributo à ornitologia nacional produz o efeito de uma nota vibrante em meio às lamentações do presbítero baiano que, embora caroável às manifestações do sentimento popular, não tolerava o batuque, as danças pagãs, nem as comédias extravagantes que se representavam na velha urbe de Tomé de Sousa. Era um semeador de penitências e lamúrias, e nisto consistiu a sua singularíssima peregrinação em nossas letras.

RELAÇÃO DO NAUFRÁGIO *(por Cândido Jucá Filho)*

No ano de 1601 publicou-se em Lisboa um livrinho que é porventura o primeiro trabalho literário devido à pena de um brasileiro. Trata-se do *Naufrágio que / passou Jorge Dalbuquerque / Coelho, Capitão* & *Governador de Pernambuco*. São 77 páginas não numeradas, e seguidas da *Prosopopea, / Dirigida a Jorge Dalbuquerque / Coelho, Capitão, e Governador / de Pernambuco, nova / Lusitania*, &, poema encomiástico do herói do *Naufrágio*, e devido a Bento Teixeira, como se infere do "Prólogo".[26]

Esta edição de 1601 é anônima.

Dizem as demais que o opúsculo se deve ao mesmo Bento Teixeira, ou Bento Teixeira Pinto. Gomes de Brito chega ajuntar a circunstância de que o poeta "se achou no dito naufrágio".

Mas ele não viajava na nau sinistrada, a *Santo Antônio*, pois consta do texto o rol dos que se salvaram (p. 313 da ed. do IHGB). Nem se pode imputar a um não viajante a redação do *Naufrágio*, já que o autor declarou: "A tudo isto fui testemunha de vista; por isso o contei" (p. 314). Os historiadores de nossa literatura se decidiram por Afonso Luís, certo piloto que viajava de passageiro na desgarrada nave.

O célebre matemático Antônio de Castro, professor de D. Teodósio II, teria sido, para Varnhagen e José Veríssimo, o burilador dos originais, antes de sua publicação.

Mas tudo isso parece muito conjetural.

Qual seja o autor da obra se conclui da inteligência do texto sem embargo do anonimato. E esse é o próprio herói da façanha: o Capitão Jorge d'Albuquerque Coelho, pernambucano de nascimento, escritor nos seus lazeres, e dedicado precisamente ao gênero literário em que está vazado o *Naufrágio*.

Isso não se evidencia logo, porque, como César, e outros autores, ele se tratou quase sempre na 3ª pessoa, processo narrativo muito cômodo, que lhe permitiu falar de si sem falsa modéstia, e até lhe deu azo, uma vez por outra, de enxertar elogios à sua invulgar ação.

Sua atitude criou-lhe entretanto problemas estilísticos, que não foram bem resolvidos. E isso é exatamente o que nos ajuda a desembuçá-lo.

Escapam-lhe alguns determinativos na 1ª pessoa, máxime nas páginas finais.

Quando fala dos navegantes, leva o verbo para a 1ª pessoa do plural, e usa os determinativos correspondentes:

Vendo Jorge de Albuquerque que os franceses se determinavam a levar-nos à França (p. 288);
por não haver mantimento, e os *nossos* estarem lastimados dos franceses (p. 295);
como *ficávamos* cercados de tantas misérias (p. 297).

Nesse "nos", nesse "nossos", nesse "ficávamos" está decerto incluído o autor, sujeito como os demais consortes aos mesmos caprichos da pirataria francesa.
Noutras circunstâncias, porém, como que se extremam as atitudes do autor, e da maruja. Destacam-se. Então a marinhagem é tratada na 3ª pessoa, porque com ela se não confunde o escritor. É o que se infere:

Ao que acudiu Jorge de Albuquerque, dizendo que *trabalhassem* todos por fazer o que *deviam*, e o *ajudassem* a pelejar, e não se *quisessem* entregar como cobardes, e fracos; que se ou *eles*, ou a maior parte *deles* ajudassem a pelejar, que com a ajuda de Nosso Senhor somente com o berço e o falcão que *tinham*, esperava de se defender. E para isso *lhes* fez uma fala, qual o tempo sofria, persuadindo-os a o *ajudarem*, com palavras de muito esforço. Durou esta briga perto de três dias, sem neles ousarem os franceses a *nos* abalroarem (pp. 284-5).

Em toda a tirada, Jorge d'Albuquerque se opõe à tripulação. Se o autor estivesse solidário com ela, pudera usar a 1ª pessoa do plural, como no final do trecho. Não no fez, por estar em oposição a ela: por identificar-se com o próprio Jorge d'Albuquerque.
Como essa, existem outras passagens do *Naufrágio*.
Mas há no texto um outro excerto que nos aponta o capitão como escrevinhador, entre os desditosos navegantes. E é aquele em que se afirma que o antigo "geral de guerra" pernambucano encontrou ânimo, no horror da procela, para escrever o que passava:

Jorge de Albuquerque, posto que o não dava a entender a pessoa alguma, vendo que a miséria que passavam não dava lugar a terem muitas esperanças de salvação, nem vida, [E aqui surge outra oposição: por isso "passavam", "terem"; do capitão se diz que aparentemente nunca descorçoou] fez uma *declaração por escrito* de coisas que cumpriam a coisas de sua consciência, a qual, com muitos papéis, que relevavam, meteu em um barril de pau pequeno, e o fechou, e breou muito bem, para o deitar no mar, quando se todos vissem na derradeira hora da vida, para que pelos papéis que se nele achassem, se soubesse o fim que todos houvéramos (p. 305).

Indubitavelmente, já ele tinha então o propósito de ingressar na História. Na hora extrema, rabiscou em segredo, isto é, sem dar a entender a pessoa alguma, uma exposição de sua tragédia.

Mas, se do fato não consentiu que nada transpirasse, como soube o autor do *Naufrágio* o que fizera? A pergunta é ociosa, porquanto o autor se confunde com o capitão.

Há outro passo, aliás, que denuncia a preocupação da posteridade. Aquele em que, desejando esforçar os míseros companheiros, declara o nosso patrício:

> De mim vos afirmo que espero na sua bondade [E fala de Deus] que nos há de livrar do perigo em que estamos, e que me hei de ver em terra ainda, aonde *hei de contar isto* muitas vezes, para que o mundo saiba a misericórdia que Nosso Senhor usou conosco (p. 293).

Todos quantos se têm ocupado do nosso herói são unânimes em assinalar-lhe a inclinação às letras, no Brasil, e em Portugal.

Artur Mota, embora não tivesse pensado na possibilidade de ser Jorge d'Albuquerque o autor do *Naufrágio*, abre a lista dos primeiros escritores brasileiros com o seu nome, observando apenas que: "Suas obras nunca foram publicadas. Os manuscritos, segundo o notável bibliógrafo Barbosa Machado, existiam na livraria do Marquês de Valença."[27]

Não deixa de ser importante a observação psicológica de que no *Naufrágio* tudo de sadio, e exaltado, gira em torno de Jorge d'Albuquerque Coelho, protagonista-herói.

Os demais viajantes eram todos lastimáveis.

Quando o capitão-pirata francês elogiou a resistência da nau *Santo Antônio*, que por três dias combatera, somente apercebida de um berço e de um falcão, que lhe havia de responder Jorge d'Albuquerque?

Que mais lutara, se não fora a "tredorice" dos companheiros, piloto, mestre, e marinheiros (p. 286).

Incluir-se-ia entre os traidores o redator do *Naufrágio*?

*

O *Naufrágio* é em resumo a narrativa de uma viagem mal agourada, em que a nau *Santo Antônio*, sobre ser salteada por piratas franceses, aos quais ofereceu resistência, se achou desarvorada, e desgovernada por tremenda procela. Esfrangalhada, e após ter perdido, exaustos e famintos, vários de seus tripulantes, aporta milagrosamente a Portugal.

Os homens, entre os quais se insinuaram conselhos do diabo, vinham desmoralizados, exceto somente o seu capitão. Esse mesmo porém parecia tão outro, pois tão alquebrado se mostrava que a custo se fez depois reconhecer de amigos e parentes.

Garrett observou no *Romanceiro* (Vol. II) que a história se aproxima muito da bela xácara da *Nau Catrineta* (ou, como aqui dizemos, "Catarineta"). O autor de fato, sem ter falseado a verdade, deixou-se influenciar pela narração folclórica, conscientemente ou não. Essa deve ser considerada a sua fonte literária, o seu modelo.

De resto, a obra emociona, dado o seu teor de tragédia. Mas o autor não soube explorar ao máximo o seu assunto. Revela certa falta de polidez, certa impreparação.

NOTAS

1. K. Vossler. *La poesía de la soledad en España*. Buenos Aires, Losada, 1946.
2. *Ibidem*.
3. D. Alonso. "Góngora y América" (in *Estudios y ensayos gongorinos*. Madrid, Gredos, 1955.)
4. P. Calmon. *História da literatura baiana*. Rio de Janeiro, 1949, p. 39, nota 8.
5. Nota biográfica in *Compêndio narrativo do Peregrino da América*. 6. ed., vol. I.
6. Cap. XXIII. *Ibidem*. vol. I, p. 365.
7. *Primeira visitação às partes do Brasil*, pelo licenciado Heitor Furtado de Mendonça (denunciações de Pernambuco). Rio de Janeiro, São Paulo, 1929; idem. "Bento Teixeira, brasileiro ou português?" (in Espelho, jan-fev. 1937. Repr. *Autores & Livros*. Rio de Janeiro. VIII, n. 6, ago. 1948).
8. Cap. I, vol. I, p. 22.
9. Cap. I, vol. I, p. 26.
10. Cap. V, vol. I, p. 53.
11. Cap. XVI, vol. II, p. 191.
12. *Ibidem*.
13. Cap. I, vol. I, p. 2.
14. Ibidem, "Senhora", vol. I, p. 1.
15. Ibidem, "Ao leitor", p. 7.
16. Ibidem, p. 4.
17. Cap. XXIII, vol. I, p. 344.
18. "Nota preliminar", vol. I, p. IX.
19. Cap. XVI, vol. II, p. 192.
20. *História da literatura brasileira*. 3. ed. Rio de Janeiro, José Olympio, cap. V, p. 97.
21. Pedro Ferreira Ferrette. "Em louvor do autor". *Compêndio narrativo do Peregrino da América*. vol. I, p. 16.
22. Ibidem, "Ao leitor", p. 8.
23. Ibidem, cap. XIX, p. 282.
24. Ibidem, cap. VII, p. 83.
25. Ibidem, cap. XIX, p. 274.
26. É de observar que a obra se intitula redondamente *Naufrágio*, e não *Relação do naufrágio*, como se tem dito (por exemplo: Artur Mota. *História da literatura brasileira*. vol. I, p. 367). Há do volume um esplêndido exemplar na Biblioteca Nacional do Rio de Janeiro, e dele diz Varnhagen, secundado por Sílvio Romero, que é uma segunda edição. Mas disso não há nenhuma indicação.

Trinta e cinco anos após a sua publicação, incluiu-a Bernardo Gomes de Brito na sua *História trágico-marítima* (1735-36), sob o título *Naufrágio* "que passou Jorge de Albuquerque Coelho, vindo do Brasil para este Reino no ano de 1565": são as 59 primeiras páginas do tomo II.

Em 1850, a *Revista do Instituto Histórico e Geográfico Brasileiro* reeditou o trabalho, com alterações (vol. XIII, 1850, 3º trimestre, pp. 279-314); sob o título de "Relação do naufrágio que passou Jorge de Albuquerque Coelho, vindo do Brasil no ano de 1565". Foi esta edição, depois de confrontada com o original de 1601, que se utilizou para o presente estudo, por ser mais acessível e por ter indicação de páginas. A *Revista Filológica* (Rio de Janeiro) fez uma reprodução fac-similar da obra (ns. 2, 3, 4, 5 de 1955).

27 Op. cit., p. 363. Neste passo arrola Artur Mota cinco obras de autoria de Albuquerque Coelho, falas, conselhos, pareceres, memórias, às quais se deve acrescentar o *Naufrágio*.

16. *Carlos Burlamáqui Kopke*
A ORATÓRIA SACRA

Importância da oratória na Colônia. O Barroquismo. Eusébio de Matos. Antônio de Sá. Características estilísticas.

Tanto o século XVII quanto o XVIII nos oferecem uma problemática psicoestética e social que porfia em apresentar determinada visão compreendedora da vida. No século XVI,[1] ao contrário, nem sempre houve influência orgânica e funcional do condicionalismo histórico, à maneira dos séculos posteriores, mormente o XVII, que soube criar uma nova problemática da vida e do mundo.

O século XVI transcendeu, muitas vezes, aos seus problemas específicos, tendo-se esquecido de que o condicionalismo histórico forja a densidade, a experiência do ser humano e o mobilismo da vida. As figuras mais representativas desse século, com raras exceções, configuram-se a um pan-autoísmo, como o Camões de *Os lusíadas*, cuja aventura coletiva só interessa, especificamente, a Portugal; a uma hedonística função da Beleza, pela qual se preocupava Sá de Miranda; ou, finalmente, à memória e à melancolia, ambas envolvendo a obra de João de Barros e Bernardim Ribeiro. Salvou-se Gil Vicente, quando atingiu o ciclo ascensional das peças hieráticas, com o *Auto da alma*, nas quais há uma sistematização normativa e programática do comportamento a que o pensador, presente no artista, aspirava para o homem. Salvaram-se, ainda, consoante essa mesma sistematização, alguns prosadores religiosos do valor de Samuel Usque, Fr. Heitor Pinto, Fr. Amador Arrais e Fr. Tomé de Jesus.

Professando ensinamentos para a formação de uma consciência moral e jurídica, fundamentada nas leis da Igreja, esses autores criavam uma literatura de diagnóstico e de interpretações, porque, no fim de contas, estavam em jogo os valores humanos a que ela se dirigia.

Não resta a menor dúvida que as literaturas se tornam grandes, e permanecem acima do torneio das escolas, quando seus autores se fazem unos no tempo e no espaço, pois somente assim podem apresentar os ritmos da vida como categorias do espírito ou valores éticos e sociais.

Aplicando, pois, essa tese do sincronismo entre o tempo e o homem, o espaço e o homem, ao Brasil, na tentativa de estudar-lhe a oratória sacra, no século XVII e no XVIII, há que partir da premissa do condicionalismo histórico, o mesmo condicionalismo que ditou ao Portugal agônico (no sentido platônico e existencial de luta) do século XVII a restauração moral dos sermões de Vieira e das narrativas de Bernardes, e que suscitou, no Brasil, autênticas sínteses de forma-conteúdo entre os autores dos séculos há pouco citados.

Infelizmente, o tema não tem recebido atenção[2] mais crítica ou interpretativa, muito embora não seja pequena sua bibliografia, prejudicada, no entanto, no seu valor judicativo e exegético, pela preocupação biográfica e panegírica, tendo sido, por isso, raramente salientada a funcionalidade da oratória sacra em Portugal e no Brasil do século XVII e do XVIII.

De conformidade com a época, não se pode subestimar o determinismo que gera um ou mais processos de oratória sacra, afins nos mesmos propósitos.

É verdade que nem todos os gêneros artísticos ou intelectivos podem expressar a mesma funcionalidade, como se processou no Portugal das últimas décadas do século XIX, nas quais, para a renovação das ideias, a poesia, a oratória e a ficção estabeleceram as mesmas coordenadas e os mesmos critérios, haja vista as *Odes modernas* de Antero de Quental.

No Brasil dos séculos XVI, XVII e XVIII, os poetas, com exceção de Gregório de Matos e de Tomás Antônio Gonzaga, rendiam vassalagem aos de Portugal, não obstante, em muitos passos, tanto estéticos quanto conceptivos, nada lhes terem ficado a dever, qual se deu com o árcade Cláudio Manuel da Costa, em pé de igualdade com Bocage, na grande linha camoniana do soneto.

Almeida Garrett, na introdução do *Parnaso lusitano*, condena essa vassalagem, o que faz indevidamente, pois confunde os processos técnicos, afins entre autores da mesma escola, com as conquistas conceptivas, patrimônio inalienável de cada qual.

A oratória sacra está nesse mesmo critério diferenciador. O processo técnico pelo qual são vazados certos sermões (*e.g.* os de Eusébio de Matos ou de Antônio de Sá, de permeio com os de Vieira) é o mesmo. Os efeitos retóricos, trocadilhos, anástrofes, antíteses, hipérboles, tudo se vincula para irmanar esses pregadores numa situação equânime. Separam-nos, apenas, a capacidade expressiva, a eloquência como dom inato e a imaginação dos temas.

Em relação ao século XVI, a literatura brasileira não sofreu nenhum desajustamento que, porventura, ocasionasse quebra na sintonização entre as obras representativas e o espírito da época. A crônica, em teor narrativo, representou bem o utilitarismo ou imediatismo de uma época sem crise[3] para o espírito, na qual o homem, entre curioso e deslumbrado, procurava ver nas suas conquistas e nas suas pesquisas uma satisfação de ordem pessoal.

Um livro como o *Tratado descritivo do Brasil*, do português e senhor de engenho na Bahia, Gabriel Soares, só nos interessa no prisma da colonização. E se estendermos à literatura esse possível interesse, observaremos que uma obra, a *Prosopopeia*, de Bento Teixeira Pinto, promove essa mesma aquiescência a tudo aquilo que é regular, geométrico, estático, isto é, a tudo aquilo que constitui a ordem ou a ortodoxia do Renascimento.

Assim, crônica histórica e poesia, no primeiro século da Colônia, aumentaram com proficiência a bibliografia da Metrópole, com a qual mantinham afinidades formais e íntimas.

O século XVII e o XVIII trouxeram, no entanto, um processo de libertação que, fundamentado numa nova face do condicionalismo histórico, hierarquizou a oratória sacra como o gênero primaz entre os diversos gêneros literários e em função desse desarvoramento espiritual. Foram séculos, principalmente o XVII, em que os autores souberam construir uma atmosfera moral autônoma, sem que esta se desajustasse da unidade evolutiva do espírito da época, ou deixasse de criar as perfeitas sínteses de forma-conteúdo, que se transmitem em processos de estesia, de dramas agônicos da inteligência, de aspiração a um novo comportamento para o homem.

Em sua segunda fase (século XVII), a Colônia apresenta um espírito essencialmente novo, uma forma de ser que está sedimentada na experiência dos seus oradores sacros, poetas e cronistas. A luta contra os holandeses, em Pernambuco, e contra os franceses, no Maranhão, da qual se consubstancia o sentimento nacionalista; a devassa dos sertões; o índio, o português e o negro entrelaçando-se racialmente; a riqueza em constante progresso para o Norte, com o desenvolvimento da lavoura, da indústria pastoril, dos engenhos; a formação de uma aristocracia rural — tudo constitui um coeficiente de dados pelos quais gravitam tempo, espaço e formação espiritual, coeficiente esse no qual se equaciona a identidade histórica da época.

São, no século XVII, os cronistas, os oradores sacros e os poetas que fazem a revisão moral e social do tempo. Frei Vicente do Salvador, Manuel de Morais, Diogo Gomes Carneiro, Frei Cristóvão de Madre de Deus Luz[4] possuem a consciência desse progresso, não perdem o sentimento da realidade, a homologia dos fenômenos históricos.

Perdida a hegemonia de Pernambuco, a Bahia, tornando-se o principal centro de cultura desse século, intensificou o ensino clássico, ministrado pelos jesuítas, e a par dele as ciências históricas, inspiradas num sentimento nativista, fizeram medrar os primeiros cronistas e historiadores nacionais, como Frei Vicente do Salvador que, na *História do Brasil*, obra experimentada, observada e sentida, se tornou o primeiro filho do país a dedicar-se ao gênero histórico da crônica, quando esta se transforma num sistema de prismas, perspectivas e juízos.

A poesia seiscentista, nesse segundo século da era clássica, no Brasil, também não desagregou sua coesão espiritual, a força aliciadora do sentimento nativista, o tecido temático de seus propósitos de rebeldia a Portugal. Para engrandecê-la, bastaria a obra satírica de Gregório de Matos ou até mesmo a "Ilha de Maré", de Botelho de Oliveira, trabalho de arquitetura cultista, porém com desígnios nacionalizantes. Se omitirmos os árcades mineiros, que outros valores podemos apresentar no século XVIII, em sua primeira metade, que é o da formação das academias, que se possam comparar a Gregório de Matos, o da fase satírica ou o da fase religiosa? Nessa primeira metade do século XVIII, o panegírico, a elegia eram as formas preferidas dos poetas, como João de Brito Lima, que se distinguiu nessas espécies poéticas.

Onde, todavia, no século XVII e no XVIII, o espólio literário se enaltece é na oratória sacra, mormente no XVII, quando a época, partida em várias direções, se viu necessitada das horas de ascese, dos braseiros de misericórdia, de vozes que pudessem indicar novos caminhos.

Toda uma galeria de pregadores pode mencionar-se entre a população abastada da segunda metade do século XVII baiano. Uma galeria da qual muito se orgulha a parenética em língua portuguesa, que via no Recôncavo de ricos engenhos ou na faustosa corte do governador os costumes perderem sua decência e austeridade, como observou Oliveira Lima.

A Bahia dos clérigos e dos jesuítas, dos colégios e seminários assistiu a um notável florescimento de pregadores, como Eusébio de Matos, Antônio de Sá, Agostinho Bezerra, Manuel do Desterro, Antônio Piedade, Ângelo dos Reis, Domingos Ramos, José de Borges, aos quais Varnhagen acrescenta: Fr. Roberto de Jesus, Fr. Manuel da Madre de Deus, Pe. Sebastião do Vale, Fr. José Pereira de Santana, e aos quais se podia ainda ajuntar diversos. Dois entre estes podem ser estudados mais detidamente, em face de terem sido os verdadeiros coordenadores da escola que o Pe. Vieira deixou formada no Brasil: os padres Eusébio de Matos e Antônio de Sá.

No Pe. Eusébio de Matos,* havia maiores qualidades literárias. Talvez suas aptidões para a poesia, a música e o desenho o tornassem superior ao seu companheiro de geração. Seus sermões, em que se percebe o estudioso da teologia, ressumam caráter místico e ascético, e canalizam para o campo ético um comportamento estribado nas experiências internas do pregador. Caldeamos numa retorta pessoal, o que nem sempre se dá, por exemplo, com os sermões de Mont'Alverne, nas primeiras décadas do século XIX, trazem o selo da mais

---

* Eusébio de Matos (Bahia, 1629-1692). Frei Eusébio da Soledade.

Bibliografia

Ecce Homo (práticas pregadas no Colégio da Bahia, às noites de sextas-feiras, mostrando-se em todas o Ecce Homo). Lisboa, Of. João da Costa, 1677. 75 pp.; *Sermão da soledade e lágrimas de Maria Santíssima* (pregado na Sé da Bahia). Lisboa, Of. Miguel Menescal, 1681. 23 pp.; *Sermões* do Padre-Mestre Eusébio de Matos, I (15 sermões). Lisboa, 1694. 434 pp.; *Estante clássica XI*. Rio de Janeiro, 1923.

Consultar

Alves, Luís. "Os claustros e o clero no Brasil" (in *Rev. IHGB*, 57 [P. I.], 1894; *Autores e livros*. X, n. 3, 1º fev. 1949; Pereira da Silva. *Os varões ilustres do Brasil*. vol. II, p. 318.

pura eloquência, requintam-se na modulação e na cadência da frase, dir-se-iam, às vezes, um grave coral noturno e, por fim, dão categoria estética à língua que os expressa, e que não perde a fisionomia idiomática: o *Sermão da soledade* ou a "Oração fúnebre do bispo D. Estêvão dos Santos", esta última pronunciada a 14 de julho de 1672, modelo de estilo barroco, exemplificam o critério valorativo em que são aqui considerados, porque, a par de vibrarem a espiritualidade do tema, são escritos numa expressão criadora, íntegra e total.

O Pe. Antônio de Sá* não possui o ritualismo expressivo de Eusébio de Matos, mas seus sermões não escondem as radiações internas de um espírito ocupado de problemas. Substancial e conciso (daí a razão de distinguir-se de Eusébio de Matos), Antônio de Sá põe em todos os sermões um halo de pureza e de elevação, o que os torna sem aquele orgulho que se nota em alguns passos de Eusébio de Matos. Sua frase tem elasticidade sonora, compreensão natural do ritmo, e é despojada dos chamados vícios da virtuosidade. O *Sermão do Dia de Cinza*, pregado na Capela Real, é dos mais formosos na parenética em língua portuguesa, porque significa o viático da palavra de um sacerdote, trabalhado de humildade, e de fé, e que põe de acordo com a sua arte os caminhos saibrosos da verdade, julgada necessária para os homens.

Tanto Eusébio de Matos quanto Antônio de Sá fornecem dados para o estudo do problema do Barroco na oratória sacra. Parece, porém, que mais do que Antônio de Sá, é Eusébio de Matos quem melhor ilustra o assunto.

Eis de Antônio de Sá um trecho do *Sermão dos Passos* (Lisboa, 1675):

> Ora, meu descontente amante, não vos desconsole vosso amor, chegastes à última do bem querer, não há passar a mais. Sendo Deus, vos fizestes homem; estando no céu, baixastes à terra; jazestes como infante, fugistes como desterrado, andastes como peregrino, obedecestes como súdito, ministrastes como servo, batalhastes como soldado, ensinastes como mestre, sarastes como médico. Em que figuras vos

---

*   Antônio de Sá (Rio de Janeiro, 1620-1678). Jesuíta, considerado no tempo rival de Vieira.

Bibliografia

> *Sermão do Dia de Cinza*. Lisboa, Of. João da Costa, 1669; *Sermão do glorioso S. José, esposo da Mãe de Deus*. Coimbra, Of. José Ferreira, 1675; *Sermões vários*. Lisboa, Of. Manuel Rodrigues, 1750; *Estante clássica XII*. Rio de Janeiro, 1924.

Consultar

> *Autores e livros*. X, n. 8, 1º maio 1949; Carmelo, Antônio. "O púlpito no Brasil" (in *Revista de Língua Portuguesa*. n. 19, p. 217); Galvão, Ramiz. *O púlpito no Brasil*. Rio de Janeiro, Tip. Correio Mercantil, 1867; Gama, Chichorro da. "Miniaturas biográficas" (in *Revista de Língua Portuguesa*. n. 17, p. 143).

não disfarçastes por amor dos homens, no presépio, nas casas, nas ruas, nos castelos, nos templos, nas sinagogas, nos lugares, nas cidades, no deserto, nos montes, nos vales, na terra e no mar?! que mais havíeis de fazer, e não fizestes?

Em seguida, leiamos Eusébio de Matos:

Nas antevésperas da sua morte pôs Cristo os olhos na Cidade de Jerusalém, e vendo que dali a poucos dias ficaria sem o seu divino Prelado, arrasados os olhos em lágrimas, rompeu nestas palavras: "Quia si cognovisses & tu, & quidem in hac die tua, quae ad pacem tibi." Querem dizer: Porque se conhecesses tu, e na verdade neste teu dia as cousas, que para a paz a ti. Aí há palavras mais desatadas! E que querem dizer estas palavras? Quanto à letra nada querem dizer, porém quanto significam menos, tanto significam mais; porque tanto mais sentido se mostrava o Senhor, quanto suas palavras faziam menos sentido. Queria o Senhor naquela ocasião explicar a perda, que teria Jerusalém na morte de seu divino Prelado; e como quem entendia, que tão lamentável perda se não havia de explicar tanto como as vozes, como com as lágrimas, começou amargamente a chorar a desgraça de Jerusalém: "Videns civitatem, flevit super illam". Depois de se explicar com as lágrimas, quis o Senhor explicar-se também com as vozes; mas vendo que se as palavras fizessem algum sentido, não explicariam bem o seu sentimento, que fez? Cortando o fio das palavras, interrompendo a ordem dos discursos, começou a falar, atropelados os períodos, e de indústria truncadas as razões de tal sorte, que cada sentença, dizia, interpolava com os gemidos, e cada cláusula, que principiava, interrompia com os soluços: e por este modo quanto menos dizia, tanto mais se explicava, porque tanto mais eficazmente encarecia a força de sua dor, quanto mais dolorosamente cortava o sentido de sua exclamação: "Quia si cognovisses & tu, et quidem in hac die tua, quae ad pacem tibi."[5]

Esse trecho dá nítida ideia da prosa barroca, na qual se observa a tendência ao movimento, ao dinamismo expressivo. A audácia, a rebeldia, o ímpeto que, mais tarde, se tornarão características do Romantismo, formam a dinâmica dessa estética que integrou, sistematicamente, o século XVII, e se prolongou pela primeira metade do XVIII, consolidando um movimento literário e espiritual dos mais autênticos e sérios da história da cultura.

O sermão de Eusébio de Matos possui um conteúdo estilístico e conceptivo que se caracteriza pela amplificação da forma, plena de ideias e de imagens inteligíveis ("palavras mais desatadas"), em anelos rítmicos ("e de indústria truncadas as razões de tal sorte"), na estrutura dialética das frases ("e por este modo quanto menos dizia, tanto mais se explicava"), na peculiar entoação que as palavras, encadeadas e como sonoridades representativas, nos fazem sentir... Muito embora envolto em constantes formas dinâmicas que se avolumariam consideravelmente, como se depreende do exame do sermão integral, o estilo barroco,[6] segundo sua liberdade criacionista, conserva-se próximo do espírito clássico e do racionalismo.

Em face dessa particularidade foi que Georg Weise, um dos grandes estudiosos da matéria, afirmou: "... non si può parlare del Barocco come stile nello stesso senso che di Gotico o Rinascimento",[7] pois que, consoante as participações individualizantes do artista, não se podem fixar limites ou fronteiras para o Barroco.

Assim, teoricistas, Croce, por exemplo, afinam-se em ver nele uma resultante "del nuovo, del bizarro, dello stravagante e dello spirituoso",[8] ou como Schücking: "the wonderful striving for increased energy, extraordinary motion, emphasis, plenitude of power, variety, exuberance".[9] Jogo técnico pessoal, marca um tempo estilístico que, às vezes, quando o artista não tem o porte e a autenticidade de Quevedo ou Vieira, se dilui em aparentes arabescos, como se processou em parte com a poesia, na primeira metade do século XVIII, em parte com a oratória sacra no curso desse mesmo século. Como testemunham os exemplos de Fr. Antônio de Santa Maria Jaboatão (1695-1763 ou 1765), Fr. Gaspar da Madre de Deus (1715-1800), Fr. Manuel da Madre de Deus Bulhões (1663-1738), Pe. Sebastião do Vale Pontes (1663-1736), Fr. Francisco Xavier de Santa Teresa (1686-1759), e outros de nomeada no tempo, referidos por Sacramento Blake.

Em alguns deles, podem ser apontados exemplos do mau gosto, da ingenuidade, do primarismo que justificam o menosprezo em que muitos desejam, inadvertidamente, envolver todo o Barroco.

Na oratória sacra, Antônio de Santa Maria Jaboatão, Fr. Gaspar da Madre de Deus (da Academia dos Renascidos), Fr. Francisco Xavier de Santa Teresa, Manuel de Macedo Pereira de Vasconcelos (da Arcádia Ulissiponense) e, muito mais tarde, nos fins do século XVIII e inícios do XIX, Fr. Francisco de Santa Teresa de Jesus Sampaio, Fr. Francisco de S. Carlos, Padre Pereira de Sousa Caldas e Mont'Alverne, pontificaram, equilibrando a estabilidade da forma com a estabilidade dos princípios e das concepções doutrinárias de um catolicismo dogmático.

No primeiro grupo, quase todos se nivelam em valor, mas a salientar algum seria Fr. Manuel de Macedo Pereira de Vasconcelos, com, por exemplo, o "Sermão verdadeiro", no desagravo do Sacramento, pregado na presença de SS. Majestades, na Real Capela de N. S. D'Ajuda, em 1779.

No segundo grupo, teria de dar primazia a Mont'Alverne, cujas orações sacras, lastradas de densas vivências, estruturadas, essencialmente, numa lógica retilínea, são modelos — como a de "Santa Cecília", a de "Santa Úrsula" — da prosa barroca mais irrepreensível, na qual a ordem do estilo se hierarquiza de uma expressão eloquente, densa, orquestral, para receber a ordem das ideias, e torná-la iluminante para os fiéis.

Na oratória sacra, muito mais do que na poesia, tanto no século XVII quanto no XVIII, repontando ainda nas primeiras décadas do XIX, é que podemos observar ou sentir que o Barroco, entre outras características, não é senão uma amplificação plástica, uma evolução estilística, uma inquietação expressiva, das quais não se podem fixar, de fato, os limites quanto ao sentido histórico, formal e conceptivo.

NOTAS

1 Cf. C. Burlamáqui Kopke. Introdução à *Arte de furtar*. São Paulo, Melhoramentos, 1951, p. 3.
2 Ressalvam-se, evidentemente, alguns trabalhos valiosos: Capistrano de Abreu, J. "A literatura brasileira contemporânea, 1875" (in *Ensaios e estudos*. Rio de Janeiro, Briguiet, 1931, vol. I); Oliveira Lima. *Aspectos da literatura colonial brasileira*. Leipzig, Brockhaus, 1896; Melo Franco, Afonso Arinos. "Literatura colonial brasileira" (in Mar de sargaços. São Paulo, Martins, 1944, p. 16).
3 O termo "crise" é aqui tomado no sentido de desajustamento espiritual entre o sujeito e o objeto. Há uma incomensurável distância entre o deslumbramento do homem pelo que o século XVI pôde apresentar, na sequência de suas revelações, e o desarvoramento do homem, no século XVII. Daí a grande função dos colégios religiosos, das universidades pontifícias, do moralista, neste século.
4 Citem-se de Frei Cristóvão da Madre de Deus Luz: "Cuidado com o tempo", "Cartório da Província da Imaculada Conceição do Brasil", nos quais há informações sobre a história da Colônia.
5 Excerto da "Oração fúnebre nas exéquias do Ilustríssimo e Reverendíssimo Senhor D. Estêvão dos Santos, Bispo do Brasil" (in *Revista de Língua Portuguesa*. v. 25, set. 1923, p. 119).
6 Estilo barroco: a) culto (de cultismo): particularidades formais (léxicas, sintáticas e semânticas); b) conceitual (de conceitualismo): particularidades ideativas; c) linguagem barroca: soma dos valores fonéticos (significante) com o conteúdo espiritual (significado) — para usar a nomenclatura de Saussure; d) Damaso Alonso: "Para mí, el Barroco es un arte en desequilibrio, un arte que no llegó a plasmar su genuina expresión"; v. Afrânio Coutinho. *Aspectos da literatura barroca*. Rio de Janeiro 1950.
7 G. Weise. "Considerazioni di storia dell'arte in torno al Barocco" (in *Revista di Letteratura Moderne*. III, 7, Firenze, gen-marzo, 1952).
8 B. Croce. *Saggi sulla letteratura italiana de Seicento*. Bari, 1924, p. 27.
9 Schücking. *The Baroque Character of the Elizabethan Tragic Hero*. 1938, p. 4.

17. José Aderaldo Castelo
O MOVIMENTO ACADEMICISTA

Papel das academias no movimento cultural da Colônia. Barroco acadêmico. Principais manifestações, cronologia e variedades do movimento academicista. Academia Brasílica dos Esquecidos. Academia Brasílica dos Renascidos. Academia dos Seletas. Academia Científica. Academia dos Felizes.

Tanto o século XVII quanto o XVIII nos oferecem uma problemática psicoestética e social que porfia em apresentar determinada visão compreendedora da vida. No século XVI, ao contrário, nem sempre houve influência orgânica e funcional do condicionalismo histórico, à maneira dos séculos posteriores, mormente o XVII, que soube criar uma nova problemática da vida e do mundo.

Nada de mais sério houve, na vida cultural do Brasil-Colônia, do que o movimento academicista. Compreende-se, sob essa denominação, a fundação de academias e a organização de atos acadêmicos panegíricos, como se dizia então, comumente associados a festejos públicos comemorativos.[1] Documenta-se fartamente a sua existência nos principais centros do Brasil--Colônia, em Pernambuco, na Bahia, Cuiabá, Minas Gerais, Rio de Janeiro, São Paulo. Sobressai-se na Bahia e no Rio de Janeiro e ocorre no século XVIII como um reflexo muito direto de igual movimento na Metrópole, cujas origens datam do século anterior, acompanhando por sua vez um movimento geral em toda a Europa. Teve como foco de irradiação a Itália. Mas no caso da literatura brasileira, o seu estudo faz-se na dependência exclusiva do movimento academicista português, sem dúvida como um ideal de cultura dos "doutos portugueses americanos", expressão aqui tomada aos estatutos da Academia Brasílica dos Acadêmicos Renascidos.

Dentro da literatura portuguesa, o movimento academicista confina--se no período de 1580-1756, naturalmente como expressão do culteranismo que o caracteriza, porque na época seguinte ele continua, conforme a observação de Fidelino de Figueiredo, "sob a dupla forma de corporações literárias do tipo arcádico, isto é, com vista a restaurar o gosto clássico fora das deturpações gongóricas, e de corporações científicas de aplicação prática".[2] Contam-se, na época em que o Barroco é a tendência predominante, e em apoio dela, várias academias a cuja existência efêmera se associam os programas ambiciosos de atividades literárias e históricas, e em alguns casos científicas. Aponta-se como a primeira, em Portugal, fundada em 1628, a Academia dos Singulares, a que se seguem várias outras com denominações que tão bem exprimem o gosto que as preside, como por exemplo: Academia dos Generosos, Academia dos Solitários, Academia dos Únicos, Academia das Conferências Eruditas, Academia Instantânea, Academia dos Ilustrados; destacam-se, entre tantas, a Academia Real da História Portuguesa, fundada em 1720, e a Academia Litúrgica Pontifícia, de 1747-1767. Distribuem-se, ainda na classificação de Fidelino de Figueiredo, em dois tipos: *puramente literário* e *especialmente histórico*, observando-se logo a seguir, quanto às primeiras, que se tornaram "focos de culteranismo estilístico e mental e, justo é reconhecê-lo, centros de cultura literária".[3]

Se podemos dizer que na literatura portuguesa as manifestações cultistas e conceptistas — a hoje chamada literatura barroca — tiveram como importante fator de propagação o movimento academicista, desde o seu início, já no caso dessas manifestações no Brasil-Colônia isto só se verifica no decorrer do segundo quartel do século XVIII. As manifestações anteriores de tendência barroca entre nós representam repercussões a bem dizer isoladas, individuais, tomando corpo e tornando-se expressão de grupo, preferências e atitudes dominantes, a partir somente da fundação de nossa primeira academia de vulto, a Academia Brasílica dos Esquecidos, em 1724, na Bahia. Mas é indispensável à compreensão do paralelismo entre as manifestações literárias do Brasil-Colônia e as de Portugal, que reconheçamos, como de fato o foi, que o movimento academicista entre nós é expressão de literatura barroca e que, se se manifestou tardiamente, foi porque as nossas condições gerais assim o obrigaram. Representa, por isso, ao mesmo tempo um progresso considerável do nível cultural do Brasil-Colônia, então o estádio mais avançado de suas possibilidades.

Enquadra-se o movimento academicista na primeira época da era colonial de nossa literatura, época culteranista, ou barroca, porque aqui, como um reflexo da portuguesa, é a tendência que a caracteriza. As *Obras poéticas* de Cláudio Manuel da Costa, publicadas em 1768, marcam, superiormente, a existência da tendência seguinte entre nós, o Arcadismo. Destaca-se naquela fase o cultivo da poesia, da crônica histórica e da literatura informativa, da oratória (religiosa), e ainda se registram manifestações de literatura ou de atividade dramática. Todo esse esforço, numa sucessão de figuras que podem ser isoladas ou que assomam isoladas, a partir de Bento Teixeira, de Ambrósio Fernandes Brandão e Frei Vicente do Salvador, até Manuel Botelho de Oliveira, Gregório de Matos e Guerra, Pe. Antônio Vieira, converge para o trabalho em comum, ou pelo menos de tendência centralizadora e, portanto, unificadora e ao mesmo tempo irradiadora, do movimento academicista que, a partir de 1724, integra a bem dizer uma nova fase da época indicada.

É ele constituído de academias que não se enquadram no esquema, de dupla tendência, proposto por Fidelino de Figueiredo, já citado. Aqui, as academias são simultaneamente literárias, históricas e em alguns casos também científicas, além do espírito moralista, religioso e predominantemente bajulatório. Podem ser agrupadas, mas sob outro aspecto, em três categorias conforme a amplitude de seus objetivos, previstos em estatutos ou programas de trabalho, e as possibilidades — porque não é possível falar de outra maneira — de sua duração. Avultam, em primeiro lugar, as academias simultaneamente de caráter literário, histórico e às vezes científico reguladas por estatutos e com trabalhos previstos em programas, pressupondo uma duração ilimitada. São realmente centros de grande alcance, rigidamente orientadores e centralizadores da atividade cultural de grupos expressivos e numerosos, numa atividade crítica que é verdadeiramente uma severa censura. Contam-se, como tais, as mais importantes de todo o movimento entre nós, a Academia Brasílica dos Esquecidos, a Academia dos Felizes, a Academia Brasílica dos Acadêmicos Renascidos, a Academia Científica do Rio de Janeiro, a Sociedade Literária do Rio de Janeiro. Colocam-se, em segundo lugar, os atos ou sessões acadêmicas, feitos sempre em homenagem a uma autoridade de projeção no BrasilColônia, destacando-se como acontecimento literário e histórico em que predomina o espírito bajulatório. Talvez o melhor exemplo seja o da Academia dos Seletos, em homenagem a Gomes Freire de Andrada, como também o da Academia em Homenagem a Bernardo José de Lorena. Finalmente, semelhante a esse segundo grupo, mas com uma peculiaridade, como veremos, há as academias, ainda atos ou sessões, em homenagens a santos, em celebrações de acontecimentos religiosos ou em louvor de reis e príncipes, como parte integrante de festejos públicos comemorativos, quando então se dizia, conforme se lê em muitas relações desses festejos, que também se fez uma academia. Foram frequentes e mesmo obrigatórias, em cumprimento de determinações oficiais, em alguns casos feitas espontaneamente, tanto em Portugal como no Brasil, sobretudo no decorrer do século XVIII e até em princípios do século XIX, as celebrações de festejos públicos comemorativos (às vezes fúnebres, o que restringia o caráter festivo dessas comemorações) dos quais contamos hoje várias relações escritas por testemunhas ou figuras que deles participaram.[4] Compreendiam desde as celebrações religiosas, como missa, Te-Deum, sermões, procissões, até as festas profanas como cavalhadas, luminárias, representações dramáticas e finalmente as sessões acadêmicas com recitativos e panegíricos. Por tudo isto, além do seu valor histórico, assumem particular significado social e folclórico, revestem-se de importância literária notadamente no sentido de se nos apresentar hoje como o verdadeiro e único fator de comunicação da atividade literária de então — sob outro ângulo nula — com um público heterogêneo que devia ou embasbacar-se ou divertir-se. Citem-se, como exemplo, as relações do *Triunfo eucarístico*, do *Áureo trono episcopal* e de tantos festejos em louvor ou homenagem dirigidos a reis ou príncipes por ocasião de aclamação, nascimento, casamento, morte.

Eis, a seguir, uma relação ampla das manifestações gerais do movimento academicista rio Brasil-Colônia, tomado em seu significado lato:

1 — "Relação da Aclamação que se fez na Capitania do Rio de Janeiro do Estado do Brasil, e nas mais do Sul, ao Senhor Rei Dom João o IV", etc. (S/a., publicada em 1641.)

2 — "Sentimentos Públicos de Pernambuco na Morte do Sereníssimo Infante D. Duarte". (Da autoria de Frei Bernardo de Braga, data de 1651.)

3 — "Breve Compêndio, e Narração do Fúnebre Espetáculo, que na Insigne Cidade da Bahia, Cabeça da América Portuguesa, se viu na Morte de El-Rei D. Pedro II", etc. (Da autoria de Sebastião da Rocha Pita, publicado em 1709.)

4 — *Academia Brasílica dos Esquecidos*. Bahia, 1724-5.

5 — "Diário Histórico das Celebridades, que na Cidade da Bahia, se Fizeram em Ação de Graças pelos Felicíssimos Casamentos dos Sereníssimos Senhores Príncipes de Portugal, e Castela", etc. (Da autoria de José Ferreira de Matos, publicado em 1729.)

6 — "Triunfo Eucarístico Exemplar da Cristandade Lusitana em Pública Exaltação da Fé na Solene Trasladação do Diviníssimo Sacramento da Igreja da Senhora do Rosário para um Novo Templo da Senhora do Pilar em Vila Rica Corte da Capitania das Minas aos 24 de Maio de 1733". (Da autoria de Simão Ferreira Machado, publicado em 1734.)

7 — *Academia dos Felizes*. Rio de Janeiro, 1736-1740.

8 — "Áureo Trono Episcopal". Poemas e discursos lidos na posse do primeiro bispo de Mariana, D. Frei Manuel da Cruz, a 28 nov. 1748. Lisboa, 1749.

9 — "Súmula Triunfal da Nova e Grande Celebridade do Glorioso e Invicto Mártir S. Gonçalo Garcia (...) Com uma coleção de vários folguedos, e danças, oração panegírica, que recitou o Doutíssimo e Reverendíssimo Padre Fr. Antônio de Santa Maria Jaboatão (...) Em Pernambuco no primeiro de Maio do ano de 1745". (Da autoria de Sotério da Silva Ribeiro, pseudônimo de Frei Manuel da Madre de Deus, publicada em 1753.)

10 — "Monumento do Agradecimento Tributo da Veneração, Obelisco Funeral do Obséquio, Relação Fiel das Reais Exéquias, que à Defunta Majestade do Fidelíssimo e Augustíssimo Rei o Senhor D. João V dedicou o doutor Matias Antônio Salgado", etc. (Celebradas em São João d'el-Rei, e publicadas em 1751.)

11 — "Relação das Festas que fez Luís Garcia de Bivar (...) pela Feliz Aclamação do Nosso Fidelíssimo Rei e Senhor Dom José 1. Em 2 de fevereiro de 1752". (Era o promotor das festividades o Governador da Nova Colônia do Sacramento.)

12 — *Academia dos Seletos*. Rio de Janeiro, 1752.

13 — *Academia Brasílica dos Acadêmicos Renascidos*. Bahia, 1759.

14 — "Narração Panegírico-Histórica das Festividades com que a Cidade da Bahia Solenizou os Felicíssimos Desposórios da Princesa N. Senhora com o Sereníssimo Sr. Infante D. Pedro", etc... (Da autoria do Pe. Manuel de Cerqueira Torres; datam de 1760.)

15 — "Relação das Faustíssimas Festas que Celebrou a Câmara da Vila de N. Senhora da Purificação e Santo Amaro da Comarca da Bahia pelos Augustíssimos Desposórios da Sereníssima Senhora D. Maria Princesa do Brasil com o Sereníssimo Senhor D. Pedro Infante de Portugal", etc... (Da autoria de Francisco Calmon, publicada em 1762; datam de 1760.)

16 — "Epanáfora Festiva ou Relação Sumária das Festas, com que na Cidade do Rio de Janeiro Capital do Brasil se Celebrou o Feliz Nascimento do Sereníssimo Príncipe da Beira Nosso Senhor". (Sem indicação de Autor, publicada em 1763.)

17 — *Colônia Ultramarina*. Ouro Preto, 1768.

18 — *Academia dos Felizes*. São Paulo, 1770.

19 — *Academia Científica do Rio de Janeiro*. Rio de Janeiro, 1772-9.

20 — "Coleção das Obras Feitas aos Felicíssimos Anos do Ilmo. e Exmo. Senhor José César de Meneses Governador e Capitão General de Pernambuco na sessão acadêmica de 19 de março de 1775". (Da autoria de Antônio Gomes Pacheco.)

21 — *Sociedade Literária do Rio de Janeiro*. Rio de Janeiro, 1768-90, 1794.

22 — "Festejos Comemorativos do Aniversário do Diogo de Toledo, Lara e Ordonhes". Cuiabá, agosto de 1790.

23 — *Academia (ato acadêmico) em Homenagem a Bernardo José de Lorena*. São Paulo, 1791.

24 — "Relação dos Festejos Realizados a 10 de agosto de 1801, no Arraial da Conceição, Capitania de Minas Gerais, em homenagem a Bernardo José de Lorena".

25 — "Descrição da Maneira Porque Foi Aplaudido na Capitania da Paraíba do Norte o Memorável dia 13 de maio, de 1803, em que Fez Anos o Sereníssimo Príncipe de Portugal Nosso Senhor". (Sem indicação de Autor, publicada em 1803.)

26 — "A gratidão Parnambucana (sic) ao Seu Benfeitor o Exmo. e Revm. D. José Joaquim da Cunha de Azeredo Coutinho (...) O. D. e C. os sócios da Academia Parnambucana (sic) e os alunos do Seminário Olindense". (Publicada em 1808.)

27 — "Relação das Festas que se Fizeram no Rio de Janeiro, Quando o Príncipe Regente N. S., e Toda a Sua Real Família Chegaram pela Primeira Vez Àquela Capital". (Sem indicação de Autor, data de 1810.)

28 — *Sociedade Bahiense dos Homens de Letras*. Bahia, 1810.

29 — "Relação dos Festejos, que à Feliz Aclamação do Muito Alto, Muito Poderoso, e Fidelíssimo Senhor D. João VI" (...) (Da autoria de Bernardo Avelino Ferreira e Sousa, publicada em 1818.)

30 — "Relação das Festas com Que o Senado da Câmara com Toda a Nobreza da Vila de S. João da Paraíba Celebrou no dia 13 de Maio de 1820 o Aniversário Natalício de Sua Majestade El-Rei Nosso Senhor" (...) (Sem indicação de Autor, publicada em 1820.)

31 — "Relação Fiel da Ação de Patriotismo, e Fidelidade, Que a Câmara e o Povo da Cidade de S. Luís do Maranhão Praticou, em Obséquio do Muito Alto e Poderoso Rei o Senhor D. João VI" (...) (Da autoria de Isidoro Rodrigues Ferreira, publicada em 1820.)

32 — "Relação dos Sucessos do Dia 26 de Fevereiro de 1821, na Corte do Rio de Janeiro". (Não indica autor.)

Examinada a cronologia do movimento academicista entre nós, observamos que ultrapassa o limite de 1768, dado como marco final da época por ele caracterizada. Em primeiro lugar, as datas não podem ser tomadas rigidamente; em segundo lugar, a partir da data indicada, predomina de fato uma tendência que exprime uma reação crítica ao espírito barroco, o Arcadismo, mas especificamente na atividade poética. Finalmente, o fato de o movimento academicista projetar-se até princípios do século XIX exprime não só o processo retardado de nossa evolução cultural como sobretudo uma assimilação lenta do que nos sugeria a atividade mental da Metrópole, e a absoluta incapacidade de um esforço de renovação que fosse expressão de uma contribuição própria. Outros fatores são também importantes: o surto dos trabalhos históricos determinado pelos próprios programas das academias, a persistência do espírito barroco nos escritos dessa natureza, os quais, por sua vez, refletem o espírito nativista que se acentua na preocupação de nos valorizar, e é, ao mesmo tempo, atividade realmente independente das realizações arcádicas. Finalmente a tendência geral e também persistente, tanto falsa ou simulada quanto real, da atitude encomiástica, presente em toda a nossa literatura colonial, mas que encontrou ambiente adequado nas academias. Assim é que se justifica a frequência do movimento, simultaneamente com o Arcadismo, que igualmente se apoia em agremiações, em academias, chamadas arcádias, entre nós aliás pouco difundidas, citando-se a Arcádia Franciscana Fluminense e até mesmo a Sociedade Literária do Rio de Janeiro,[5] precursora, pelo caráter perigoso de agitação ideológica (o que as autoridades da época lhe atribuíram sem dúvida com razão), do movimento de sociedades que em Pernambuco, a partir do Seminário de Olinda, é o foco da efervescência inicial dos ideais liberais defendidos pelos revolucionários de 1817 e 1824. Aqui, para chegarmos à conclusão dessa tentativa de valorização do movimento academicista no Brasil, é necessário traçar um histórico rápido embora das academias sem dúvida alguma mais expressivas no conjunto do movimento geral, mas confinado na época barroca: a Academia Brasílica dos

Esquecidos e a Academia Brasílica dos Acadêmicos Renascidos, na Bahia, a Academia dos Felizes, a dos Seletos, a Academia Científica, no Rio de Janeiro.

A primeira informação sobre a existência da Academia Brasílica dos Esquecidos é-nos dada, em linguagem característica, por isso mesmo digna de transcrição, por um de seus fundadores, o historiador Sebastião da Rocha Pita, na *História da América portuguesa*:

> A nossa Portuguesa América, (e principalmente a Província da Bahia) que na produção de engenhosos filhos pode competir com Itália, e Grécia, não se achava com as Academias, introduzidas em todas as Repúblicas bem ordenadas, para apartarem a idade juvenil do ócio contrário das virtudes, e origem de todos os vícios, e apurarem a sutileza dos engenhos. Não permitiu o Vice-Rei, que faltasse no Brasil esta pedra de toque ao inestimável ouro dos seus talentos, de mais quilates, que os das suas Minas. Erigiu uma doutíssima Academia, que se faz em Palácio na sua presença. Deram-lhe forma as pessoas de maior graduação, e entendimento, que se acham na Bahia, tomando-o por seu Protetor. Tem presidido nela eruditíssimos sujeitos. Houveram (sic) graves, e discretos assuntos, aos quais se fizeram elegantes, e agudíssimos versos; e vai continuando nos seus progressos, esperando, que em tão grande proteção se deem ao Prelo os seus escritos, em prêmio das suas fadigas.[6]

Foi fundador e protetor da academia, em 1724, na Bahia, o então vice-rei do Brasil, Vasco Fernandes César de Meneses, que, conforme se lê, expressivamente, na ata de fundação, "para dar a conhecer os talentos que nesta província florescem, e por falta de exercício literário estavam como desconhecidos, determinou instituir uma academia", para o que convidou o Padre Gonçalo Soares da França, os desembargadores Caetano de Brito e Figueiredo e Luís de Siqueira da Gama, o Dr. Inácio Barbosa Machado, o Coronel Sebastião da Rocha Pita, o Capitão João de Brito Lima e José da Cunha Cardoso, que são os seus sete acadêmicos principais.[7] Ao gosto da época, adotaram o sol como empresa, como divisa "sol oriens in occiduo", escolheram cognomes como Obsequioso, Nubiloso, Infeliz, etc., e intitularam-se, "com louvável modéstia", os Esquecidos. Seu objetivo principal era o estudo da História do Brasil, em quatro partes: natural, militar, eclesiástica e política, a cargo dos acadêmicos Caetano de Brito e Figueiredo, Inácio Barbosa Machado, Gonçalo Soares da França e Luís de Siqueira da Gama, respectivamente. Não sabemos se elaboraram estatutos, no rigor da expressão, mas na citada ata de fundação estabeleceram-se os objetivos da academia e algumas normas de funcionamento. Assim, além do objetivo principal, já referido, ficou estabelecido que para todas as sessões seriam dados "dois argumentos ou assuntos, um heroico, outro lírico" e seriam admitidos poemas anônimos. Por exemplo, foram temas de algumas das poucas "conferências" realizadas, porque a academia só chegou a um ano de existência, os que se seguem: "Quem mostrou amar mais fielmente Clície ao sol, ou Eudimião à lua?"; "Uma dama que sendo formosa não falava para não mostrar a falta que tinha de dentes"; "Uma moça que metendo na boca umas pérolas, e revolvendo-as, quebrou alguns dentes". Veja-se, como exemplo do desenvolvimento do segundo tema, esse soneto da autoria de Sebastião da Rocha Pita:

> Pondero a emudecida formosura
> de Fílis sem temer que impertinente
> possa no meu soneto meter dente
> pois carece de toda a dentadura.
>
> Se por cobrir a falta esta escultura
> tão muda está que não parece
> gente estátua de jardim será somente
> se de pano de raz não for figura.
>
> O senhor secretário quer que a creia
> bela sem dentes, eu lho não concedo
> desdentada é pior do que ser feia;
>
> e em silêncio só pode causar medo
> ser relógio de sol para uma aldeia
> para um povo estafermo no segredo.[8]

Salta à vista que se tratava de verdadeiros jogos literários, habilidade de expressão senão de técnica versificatória, temas evidentemente ridículos e antilíricos cultivados com certo humor... De qualquer forma podem ser reconhecidos como atestado de um espírito decadente, e muito mais ainda o será, se admitirmos a seriedade e a intenção lírica de seus cultivadores. Melancolicamente, era o gosto da época, tão longe da nossa sensibilidade e sobretudo experiência, mas por isso mesmo tão legítimos quanto as realizações poéticas de qualquer época.

Se eram assim em versos, em prosa, apesar do estilo, e talvez exatamente por causa do estilo, eram graves e ponderados, a dissertarem eruditamente, em discursos, sobre a religião, a fortuna, ou sobre a sabedoria de Salomão. Por exemplo, este trecho de discurso ainda da autoria do nosso historiador Sebastião da Rocha Pita:

> É a religião a maior prerrogativa dos mortais, a mais firme coluna das monarquias. Os gentios, posto que erraram tanto no emprego da verdadeira fé, se empenharam de forma no culto da cuja idolatria, que nenhuma coisa antepunham à adoração de suas deidades: os tesouros que Eneias salvou da brasada Troia foram os deuses penates que levou à Itália: Numa a Deusa Egéria fez protetora do reino de Roma; Licurgo de baixo do patrocínio de Apolo deu lei aos lacedemônios; Caranda

a Catargo no amparo de Saturno; Minos e Creta no auxílio de Júpiter; Sólon a Atenas no favor de Minerva; e ao Egito Tismegisto na sombra de Mercúrio; os cônsules e senadores romanos não entravam na conferência dos negócios sem primeiro invocarem os ídolos.[9]

É certo que os acadêmicos se entregavam a um trabalho histórico sério, às vezes de natureza científica. Max Fleiuss, seguindo as pegadas de outros estudiosos do assunto, cita como obras destacadas, mas que não chegaram a ser publicadas, a de Caetano de Brito Figueiredo: *Memórias acerca dos pássaros da colônia luso-americana*; de Gonçalo Soares da França: *Dissertação sobre a história eclesiástica do Brasil*; e de Inácio Barbosa Machado: *Exercícios de Marte, Nova Escola de Betona, Guerra brasílica ou Dissertações críticas históricas do descobrimento e Origens dos povos e regiões d'América, Povoações, Conquistas, Guerras e Vitórias com que a Nação Portuguesa conseguiu o domínio das catorze capitanias que formam a Nova Lusitânia ou Brasil*. Por outro lado, não se pode deixar de ligar a obra de Rocha Pita, *História da América portuguesa*, embora concluída no ano da fundação da Academia Brasílica dos Esquecidos, ao espírito dessa mesma academia; assim, igualmente, as obras de José Mirales e Frei Jaboatão encontram seus propósitos iniciais no programa que aquela agremiação planejara e que só parcialmente executou. E é exato que foi continuada, e sob esse aspecto consideravelmente ampliada, pela Academia Brasílica dos Acadêmicos Renascidos, que contou com alguns dos seus sócios.

Data de 19 de maio de 1759, na Bahia, a fundação da Academia Brasílica dos Acadêmicos Renascidos, por iniciativa de José Mascarenhas Pacheco Pereira de Melo, que no ano anterior havia chegado a Salvador, como emissário do Marquês de Pombal. Organizou-se com quarenta sócios numerários, residentes em Salvador, e admitia, em número ilimitado, sócios supranumerários tanto residentes na Bahia quanto em outras capitanias, e mesmo europeus. Entre os numerários, alguns havia com a experiência da Academia Brasílica dos Esquecidos, de que foram sócios: Rev. Antônio de Oliveira, Rev. Antônio Gonçalves Pereira e José Mirales; teve figuras destacadas como a de Frei Antônio de Santa Maria Jaboatão. Entre os supranumerários, que atingiram o total de 115, destacam-se os nomes do Dr. Mateus Saraiva, fundador da Academia dos Felizes, no Rio de Janeiro, de Cláudio Manuel da Costa, Frei Gaspar da Madre de Deus, Frei Domingos de Loreto Couto, Antônio José Vitorino Borges da Fonseca, e em Portugal, João Pereira Ramos de Azeredo Coutinho.

Nenhuma outra academia, entre nós, apresentou plano mais ambicioso do que a Academia Brasílica dos Acadêmicos Renascidos, fundada para continuar os esforços da dos Esquecidos, para o engrandecimento cultural da pátria, como se lê em seus estatutos, e organizada sob os moldes da Academia Real da História Portuguesa. A alínea 8 do § I. dos estatutos esclarece os seus propósitos realmente exaustivos:

Para se escrever a História eclesiástica e secular, geográfica, e natural, política e militar, enfim uma História Universal de toda a América Portuguesa, com mais brevidade se dividirá este laborioso exercício pelos acadêmicos, que à pluralidade de votos forem eleitos, para cada uma das províncias deste continente: porém antes que se lhes encarregue a dita História, que deve compor-se em latim (e sujeitando-se aos preceitos não dá lugar a se averiguarem os pontos duvidosos, e a grande individuação, com que o historiador deve saber todos os fatos, e opiniões para escolher a melhor), se concluirão as *memórias históricas*, que se devem imprimir na língua portuguesa.[10]

Confirma a impressão da grandiosidade do plano, a distribuição dos trabalhos entre os diversos sócios, a indicação das numerosíssimas memórias a serem escritas sobre todos os aspectos da vida cultural, religiosa, econômica, política, militar, etc. do Brasil-Colônia, em todas as suas regiões conhecidas e exploradas. No campo específico da história literária — porque no da história geral e das observações de natureza científica é inestimável — podem destacar-se as seguintes recomendações, a título de exemplo:

Para compor na língua portuguesa as Memórias históricas para a Biblioteca Brasílica, incluindo todos os autores naturais do Brasil, e todos que escrevessem na América, ainda que não fossem naturais da mesma, e os que ex-professo escrevessem da América em qualquer parte do mundo, ou as suas obras se achem impressas ou manuscritas. Foram escolhidos nomeadamente quatro membros. Para compor a Biblioteca Brasílica na língua latina. Elegeu-se um membro. Para compor as Memórias históricas da Academia, juntando as notícias das conferências respectivas às obras que nela se recitarem.[11]

Recomendavam-se também dissertações sobre variados temas, indicações de assuntos para trabalhos poéticos e, finalmente, confirmando a ambição inicial, estabelecia-se:

Depois de concluídas as Memórias históricas se há de compor a História Latina, que se dividirá entre os acadêmicos seguintes, e os mais que então parecer conveniente.[12]

Como todas as congêneres, teve a sua empresa e o seu selo, na forma dos estatutos:

A empresa será a ave fênix, fitando os olhos no sol, e com esta letra *multiplicabo dies*, representando-se várias aves da América e da Europa em seguimento do fênix, com as seguintes palavras de Claudiano:

Conveniunt aquilae, cunctoeque ex orbe volucres,
Ut solis connitentur avem...

Nossa Senhora da Conceição foi sua padroeira, D. José I seu protetor e Sebastião José de Carvalho Melo seu mecenas. Impunham-se severa disciplina e censura aos trabalhos dos sócios: não podiam divulgá-los sem a permissão da academia, expressão que deviam ser de sua atividade.[13] Extinta em 1560, quando foi preso, por ordem do Marquês de Pombal, o seu presidente perpétuo, José Mascarenhas Pacheco Pereira de Melo, em quem os sócios depositavam irrestrita confiança e cuja orientação julgavam indispensável, deixou apenas no começo a realização do programa previsto. São conhecidas hoje, publicadas, além de copiosa produção inédita, várias memórias, dissertações e composições poéticas dos acadêmicos renascidos, suficientes para atestar a real importância e mudar o juízo corrente, conforme já observou Alberto Lamego, "da mediocridade dessa academia e de sua obra".[14]

É certo que a produção em prosa, memórias e dissertações, expressão da severidade, do gosto da pesquisa e da intenção patriótica dos objetivos principais da Academia dos Renascidos, verdadeiras fontes primárias de grande valor para o estudo da formação e das condições gerais do Brasil na época, destoa bastante, aos olhos e gostos atuais, da produção poética de assunto religioso, panegírico, lugares-comuns da bajulação e dos temas estereotipados repassados de erudição e escritos em estilo característico. Eis dois exemplos expressivos, o primeiro em louvor de D. José I, da autoria de Silvestre de Oliveira Serpa:

> Essa de Jove parto mais humano.
> Palas douta, Tritônia belicosa
> Ao arnês militar, a toga honrada
> Antepõe por obséquio o lusitano.
>
> As armas que lhe foram timbre ufano,
> Pelas letras dimite vangloriosa:
> De que nome maior nas letras goza,
> Pelo Rei Luso, Jove Soberano.
>
> Estes dos Renascidos luzimentos,
> Por quanto gira o sol e o polo abarca,
> De Glória parta o Rei são instrumentos.
>
> Que a Fênix superando as leis da Parca
> Tanto são para as Letras, os aumentos
> Quão são os pregões para o monarca.[15]

O segundo, em louvor da Virgem, culto tão frequente em toda a nossa poesia colonial, é da autoria de José Lopes Ferreira:

> Santíssima Senhora Virgem Pura,
> Estrela do mar, Luz resplandecente,
> Brilhante aurora Espelho transparente,
> Divina, sendo humana criatura.
>
> Protótipo da Graça em que se apura
> A grandeza de Deus Onipotente,
> Moral flagelo, da infernal serpente,
> Flor de Nazaré, Neve na candura.
>
> Já que por nós, em vós baixou a terra
> Um Deus que sendo Deus, homem se cria,
> Que o nosso maior mal assim desterra;
>
> Lembrai-vos pois, Puríssima Maria.
> Do nosso puro afeto que se encerra,
> De ser perpétua a vossa Academia.[16]

De grande fôlego é o poema de José Pires de Carvalho e Albuquerque dedicado à Virgem Maria, a primeira obra publicada de um acadêmico renascido e cujo título pomposo é bem do gosto da época: *Culto métrico, Tributo obsequioso, que às Aras da Santíssima Pureza de Maria Santíssima, Senhora Nossa e Mãe de Deus, dedica, oferece e consagra*, etc., etc. Igualmente extenso seria o poema épico do Pe. Domingos da Silva Teles, sobre o descobrimento do Brasil, apresentando como herói Pedro Álvares Cabral; intitular-se-ia *Brasileira* e dele só se conhece o esforço.

Por outro lado, voltando à produção em prosa, é evidente a ligação com a Academia dos Renascidos de certas obras de grande relevo da autoria de alguns de seus sócios. Notável, já ressaltada por Capistrano de Abreu, seu divulgador, é a obra de Domingos de Loreto Couto, *Desagravos do Brasil e glórias de Pernambuco*, a qual, embora realizada pouco antes da fundação da academia, foi, por manifesta vontade do autor, subordinada à sua apreciação. Apontem-se, ainda, as obras de Jaboatão, *Novo Orbe Seráfico brasílico* e *Catálogo genealógico*, e a de José Mirales, *História militar do Brasil*. Pretende-se, ao demais, que as *Memórias para a História da Capitania de São Vicente*, de Frei Gaspar da Madre de Deus, reflitam o estímulo dos trabalhos planejados da academia, assim como a *Genealogia pernambucana* de Borges da Fonseca.

Entre a Academia dos Esquecidos e a dos Renascidos, fundaram-se, no Rio de Janeiro, duas outras academias comumente mencionadas em destaque pelos nossos historiadores, porque academias ou atos acadêmicos e sessões panegíricas foram organizados em outros pontos do Brasil-Colônia, conforme a relação apresentada no início. Trata-se, aqui, da Academia dos Felizes e da Academia dos Seletos, às quais se associa, também no Rio de Janeiro, a Academia Científica, completando esse quadro que demonstra o sentido geral do movimento academicista entre nós.

Pouco se sabe da Academia dos Felizes e graças assim mesmo a referências contidas em uma carta do médico Mateus Saraiva, português radicado no Rio de Janeiro, ao abade Diogo Barbosa Machado. Foi fundada em 6 de maio de 1736, no Palácio do Governador, que era o então o Brigadeiro José da Silva Pais, na ausência do General Gomes Freire de Andrada. Textualmente, como se lê na referida carta, foi "regida com o fim de discorrer em assuntos vários, assim heroicos como líricos, sendo a sua empresa Hércules com a clava sacudindo os ares a obviar o ócio com esta letra — *Ignavia fuganda et fugienda*, alegorizando ao ócio de que se deve fugir, compondo-se de 30 sócios de um e outro estado, a qual tendo interrupção se abriu segunda vez em 12 de abril em casa do secretário o Dr. Inácio José da Mota, e feneceu em 28 de fevereiro de 1740, com o prazo de 15 em 15 dias para se dar conta dos estudos em verso, e em prosa o assunto heroico".[17] Além de Mateus Saraiva e Inácio José da Mota, os quais tomaram parte na Academia dos Seletos, sabe-se, ainda, que foi seu sócio Simão Pereira de Sá, que também figura nos *Júbilos da América*; é ele o autor da *História topográfica e bélica da Nova Colônia do Sacramento do Rio da Prata*, que Capistrano de Abreu admite ter sido escrita depois de 1737. Dados a estudos científicos e históricos, como o foram aqueles sócios conhecidos da Academia dos Seletos, é bem possível que em suas reuniões se ocupassem dessas matérias, ao lado das suas lucubrações poéticas. Hoje, contudo, só podemos formar uma apreciação dos trabalhos da Academia dos Felizes, notadamente da parte poética, através do que se conhece, daqueles sócios, nos *Júbilos da América*, coletânea da produção da Academia dos Seletos.

Por iniciativa de Feliciano Joaquim de Sousa Nunes, tendo como secretário Manuel Tavares de Sequeira e Sá, cuja escolha foi aprovada pelo homenageado, planejou-se em fins de 1751 um "ato acadêmico panegírico" — a Academia dos Seletos, em louvor de Gomes Freire de Andrada.[18] O Padre-Mestre Francisco de Faria, jesuíta, foi eleito seu presidente e encarregado de organizar os trabalhos que constituiriam a academia e que seriam previamente comunicados, em carta-circular, às pessoas especialmente convidadas a tomarem parte ativa nela. Declarava-se aí, igualmente, que para exprimir a satisfação que os amigos de Gomes Freire de Andrada sentiam pelo seu governo bem como a alegria geral pela sua nomeação para primeiro Comissário e Árbitro Superintendente da Demarcação dos Domínios Meridionais Americanos das duas Coroas, determinaram "(com beneplácito do mesmo Senhor, sempre apesar da sua modéstia) dedicar-lhe um Ato Acadêmico Panegírico".[19] Reza, ainda, a citada carta-circular, que a academia seria realizada em uma das salas do Palácio, "com assistência da Corte Militar, e Política".

Os assuntos que foram indicados para a produção poética da Academia dos Seletos distribuíam-se em três grupos de máximas: cristãs, políticas e militares, cada grupo formado de cinco máximas, cada uma, por sua vez, acompanhada de esclarecimento exemplar e orientador, desde que todas elas resumiam "as ações heroicas" do homenageado. É curioso enunciá-las aqui, porque exemplificam aspectos da mentalidade da época. São do primeiro grupo: 1. A primeira parte do tempo para Deus; 2. Fundar casa em Deus; 3. Atribuir tudo a Deus; 4. O que se dá a Deus, dá-lo totalmente; 5. A virtude de quem governa deve ser pública — esta, com o seguinte comentário: "Ouve Missa regularmente todos os dias em Igreja pública, para mover a outros com o seu exemplo. Quando fundava o seu Palácio, ordenou as portas de sorte que em nenhum tempo pudessem servir — sem serem vistos, e observados, os que por elas entrassem."[20] As máximas políticas foram: 1. A verdade é a alma das ações; 2. Do povo só o respeito; 3. Fazer-se temido pela justiça, e amado pelos benefícios; 4. Vagaroso em resolver, constante em executar; 5. Merecer o prêmio, mas não pedi-lo. A primeira máxima do segundo grupo, por exemplo, trazia essa observação elucidativa: "Costuma dizer: Que não pode haver motivo, nem respeito, que o obrigue a dizer o contrário do que julga; porque está certo, com isto agrada a Deus, e a El-Rei."[21] Finalmente, o terceiro grupo de máximas militares: 1. A verdadeira glória pelas armas; 2. Amar igualmente a honra, e o perigo; 3. Na paz, e na guerra a mesma vigilância; 4. Valor e diligência seguram a vitória; 5. Do inimigo recear sempre. Como exemplo de comentário, tomemos o da segunda máxima: "Achou-se presente em todas as batalhas, choques, e revoluções desta guerra, em que se distinguiu o seu valor com as últimas provas de ser ferido, e prisioneiro."[22] Havia "leis" que deviam ser observadas na elaboração das poesias, sobre todos os assuntos indicados: epigramas ou hexâmetros em língua latina; em português ou espanhol, os sonetos, oitavas e romances endecassílabos; rogava-se, outrossim, que os acadêmicos se afastassem o menos possível dos assuntos propostos como matéria poética, o que se concluía com essa linguagem alambicada: "pois neles têm amplo, e fértil campo, por onde espaçar-se, escolhendo as flores, que mais lhes agradarem, para a composição do seu favo".[23]

Abriu-se o ato acadêmico com uma longa "Oração panegírica ao General Gomes Freire de Andrada", excelente página exemplificativa da prosa e em particular da oratória acadêmica da época, da autoria do Padre-Mestre Francisco de Faria. E iniciou-se a produção poética com uma "Prefação — Adorando de longe os vestígios do Poeta", sem dúvida Camões, da autoria de Manuel Tavares de Sequeira e Sá. Só a primeira oitava já é suficiente exemplo do tom geral desta composição de imitação camoniana:

> As armas, e os Brasões santificados.
> Que da Cereal Província Transtagana,
> Passaram, pelos mares empolados,
> A ilustrar a Região Americana:
> Merecendo fiéis, Régios agrados,
> No Governo, por graça Soberana,
> Moderando as Brasílicas Comarcas,
> No Reinado feliz de dois Monarcas.[24]

E continua assim, numa consciente paródia das partes iniciais do poema camoniano (proposição, invocação, dedicatória), o que indiretamente eleva o propósito da homenagem. De resto, é impressionante tanta prodigalidade de elogios dirigidos a uma só pessoa, a par da erudição exibida e da expressão requintada, como a que se lê no copioso volume da produção acadêmica — *Júbilos da América*. É bom exemplo dessa atitude, sobre a primeira máxima militar, da autoria de Antônio Antunes de Meneses, o seguinte soneto:

> Vossa Espera, Senhor, se inculca d'arte,
> Que parece exceder de Polo, a Polo
> Na cabeça se observa o mesmo Apolo,
> Neste peito se admira o mesmo Marte.
>
> Rende o esforço o famoso Durandarte,
> Dobrando de espírito o forte colo.
> Nas douradas areias do Pactolo
> Vosso nome levanta em estandarte.
>
> Se Alexandre, e Dario em guerra viva,
> Tal Alcides em Vós então achara,
> De respeito e temor logo morrera;
>
> Pois à vida de espada tão ativa.
> Dar batalha Dario não ousara,
> Alexandre a espada suspendera.[25]

Apesar de sua natureza especificamente científica, deve ser ressaltada, finalmente, a Academia Científica do Rio de Janeiro, porque ela exprime muito bem uma das tendências do movimento academicista, na sua preocupação de pesquisas e estudos de natureza científica. No caso desta sociedade, é esse o objetivo principal, dominante, enquanto nas demais é uma decorrência da preocupação geral pelo progresso da cultura. Sob os auspícios do Marquês de Lavradio, vice-rei do Brasil, foi fundada no Rio de Janeiro pelo médico José

Henriques Ferreira. Seus estatutos datam de 1771, mas sua primeira sessão acadêmica só se realizou no ano seguinte. Compreendia três seções: de cirurgia; de história natural; de física, química, farmácia e agricultura. Realizou trabalhos científicos de valor, admitindo-se, por exemplo, que a *Flora fluminense* de Frei José Mariano da Conceição Veloso tenha sido escrita sob a sua influência. Atesta ainda a sua seriedade o contato que manteve com a Academia Real das Ciências da Suécia, tida como uma das primeiras da Europa.

De maneira geral, observa-se certo desprezo votado ao movimento academicista no Brasil, acusado não só pelos vícios do culteranismo como também pelo seu insucesso. Contudo, a opinião tende a mudar completamente ante a documentação que ultimamente vem sendo divulgada ou apontada. É certo que todas elas, o que de resto se verificou também na Europa, tiveram vida curta, incorreram em vícios e defeitos, excederam-se em prolixidade exaustiva e supérflua, sobretudo aos olhos atuais. Mas, por outro lado, apresentaram programas sérios, não importa que demasiado extensos e mesmo inexequíveis, em parte também sacrificados pela preocupação de engrandecer a Metrópole como igualmente a sua colônia ultramarina. Ainda assim encontramos uma justificativa que é uma decorrência das condições gerais da vida no Brasil-Colônia. Todo esse movimento academicista esteve na dependência da autorização, do patrocínio e da vigilância oficiais. As principais academias foram organizadas por iniciativa de representantes oficiais da autoridade e da mentalidade da Metrópole. Tornaram-se, fatalmente, engrossando uma tendência que se nota desde as nossas primeiras manifestações literárias, centros organizados de elogio aos grandes da Metrópole ou aos seus mandatários entre nós, conduzindo, sobretudo, a produção poética, para essa atitude encomiástica, exagerada pelos recursos da erudição e pelo rebuscado da linguagem, embora muita coisa mereça realmente a crítica literária dos estudiosos atuais. Se é verdade, portanto, que o movimento academicista apresenta aspectos negativos, é também certo que avulta, no século XVIII, como o movimento cultural mais complexo e legítimo que tivemos em toda a era colonial. Atesta amplamente a capacidade mental do Brasil-Colônia, o seu progresso geral, a intensificação do sentimento nativista, como também reflete, de maneira acentuada, preponderância exclusiva da mentalidade da Metrópole entre nós conduzindo-nos a uma atitude sem dúvida de servil imitação, mas ao mesmo tempo rica de sugestões e elementos próprios. Principia a desenvolver, dada a severidade vigilante de seus estatutos e a dependência da produção dos acadêmicos ao julgamento das próprias academias, uma atividade crítica orientada e valorizadora sobretudo dos estudos históricos e científicos, ao mesmo tempo que aperfeiçoadora da mentalidade. Intensifica os estudos dos aspectos fundamentais de nossa vida e de nossa formação. Aproxima os estudiosos delas, apresentando-se como o primeiro fator de intercomunicabilidade literária, congregando intelectuais, escritores, na sede das capitanias, estabelecendo a aproximação cultural entre os nossos principais centros de então, levando a atividade literária ao contato com o público, intensificando o sentimento nativista, num esforço de unificação, o que por si só justifica o relevante papel desempenhado pelas academias no Brasil-Colônia.

NOTAS

1   Sobre a história das academias no Brasil-Colônia, ver: Amora, A. Soares. "Uma academia paulista do século XVIII" (in Anuário da Fac. Filosofia do Instituto Sedes Sapientiae, São Paulo, 1951. pp. 47-60); Azevedo, J. Lúcio de. *Novas epanáforas*. Lisboa, Liv. Clássica, 1932. pp. 219-249; Falcão, R. "Academias literárias" (in *Rev. Acad. Fluminense Letras*. VIII, 1954); Figueiredo, F. de. *História da literatura clássica*. 2a ed. Lisboa, Liv. Clássica, 1931. vol. III. p. 209; idem. *Estudos de história americana*. São Paulo, 1929. pp. 115-120; Lamego, A. *A Academia Brasílica dos Renascidos*. Paris, Gaudio, 1923; São Leopoldo, Visconde de. "Programa histórico" (in *Revista IHGB*. Rio de Janeiro, 1839. I, 2. pp. 61-76); Max Fleuiss. *Páginas brasileiras*. Rio de Janeiro, Imp. Nac., 1919, pp. 379-456; Moreira de Azevedo. "Sociedades fundadas no Brasil desde os tempos coloniais até o começo do atual reinado" (in *Revista IHGB*. Rio de Janeiro, 1885, XLVIII, 2ª parte, pp. 265-327); Mota, A. *História da literatura brasileira*. São Paulo, Cia. Ed. Nac. 1930, vol. II, pp. 11-18, 19-32, 217-225; Rizzini, C. *O livro, o jornal e a tipografia no Brasil*, Rio de Janeiro, Kosmos, 1946. pp. 259-280; Sousa e Silva, J. N. "Literatura brasileira. As Academias literárias e científicas do século XVIII. A Academia dos Seletos." (in *Revista Popular*. Rio de janeiro. 1862, XV, pp. 363-376).
    O Instituto Histórico e Geográfico Brasileiro possui códices das academias, bem como a Biblioteca Nacional do Rio de Janeiro. Ver: "Catálogo da Exposição de História do Brasil". (in *Anais da Biblioteca Nacional*. 1881-1882, IX, p. 1093). Notável publicação é: Afonso Ávila. *Resíduos seiscentistas em Minas*. Belo Horizonte. Centro de Estudos Mineiros, 1967, 2 vols. A edição dos códices das Academias está em: *O movimento academicista no Brasil* (1641-1820/22), por José Aderaldo Castelo. São Paulo, Conselho Estadual de Literatura, 1969-, 15v.
2   Fidelino de Figueiredo. *História da literatura clássica*, 2ª época: 1580-1756, Lisboa, Liv. Clássica, 1922. pp. 45-46.
3   Id., ibid., p. 46.
4   Sobre o assunto, além das próprias *relações*, muitas das quais referidas adiante, ver: Afonso Taunay. *Sob el-rei Nosso Senhor — Aspectos da vida setecentista brasileira*, sobretudo em São Paulo. São Paulo. Ed. Museu Paulista, 1923, e *História da Cidade de São Paulo no século XVIII*. Vol. II, 1765-1801. São Paulo, Arquivo Histórico 1951; Joaquim Felício dos Santos. *Memórias do Distrito Diamantino*. Rio de Janeiro, Castilho, 1924; Alberto Lamego. *A terra goitacá à luz de documentos inéditos*. Bruxelas. 1931 Niterói, 1943. 6 vols.
5   Sobre as sociedades indicadas, ver: Caio de Melo Franco. *O inconfidente Cláudio Manuel da Costa — O Parnaso obsequioso e as "Cartas chilenas"*. Rio de Janeiro, Schmidt, 1931; Melo Morais Filho, *Parnaso brasileiro (Século XVI-XIX)*. Rio de Janeiro, Garnier,

6   1885, vol. I; *Revista IHGB.* XXVIII, 1ª parte, pp. 157-161; tomo XXXII, 1ª parte, pp. 291-294, e tomo XIV, 1ª parte, pp. 69-76 (*Sociedade Literária do Rio de Janeiro*).

6   Sebastião da Rocha Pita. *História da América portuguesa.* 2. ed. Bahia, Imp. Econômica, 1878, p. 453.

7   Documentos sobre a Academia Brasílica dos Renascidos, divulgados por J. C. Fernandes Pinheiros: *Revista IHGB.* Rio de Janeiro, 1868, XXXI, 2ª parte, pp. 18-31. A divulgação dos documentos é precedida de um estudo sobre a Academia (pp. 5-17).

8   Ibid., p. 26.

9   Ibid., p. 23-24.

10   "Estatutos da Academia Brasileira dos Acadêmicos Renascidos" (in *Revista IHGB*, Rio de Janeiro, XLV, 1ª parte, pp. 49-67). Ver também: *Revista IHGB*, etc., 1868, XXXI, 2ª parte, pp. 53-70.

11   Academia Brasílica dos Renascidos. "Distribuição dos empregos para os quais a Academia dos Renascidos elegeu por votos conformes, depois de repetidas conferências, alguns de seus sócios" e "Dissertações distribuídas pelos sócios da Academia dos Renascidos" (in *Revista IHGB.* T. I, 3. ed. 1908; T. I, 2º trimestre de 1839, n. 2, pp. 68-76).

12   Idem, ibidem.

13   V. Estatutos, loc. cit.

14   Alberto Lamego. *A Academia Brasílica dos Renascidos*. p. 120.

15   Apud Alberto Lamego, op. cit. pp. 38-39.

16   Apud Alberto Lamego, op. cit. p. 94.

17   "Documentos sobre a Academia dos Felizes. Carta do Dr. Mateus Saraiva" (in *Revista IHGB.* VI. 23, 1844. pp. 365-369).

18   Deve ter-se realizado a 30 de janeiro (?) de 1752 e sua produção literária foi reunida em volume cujo título, suprimidas algumas indicações de cargo e honrarias dos nomes mencionados nele, é o seguinte: *Júbilos da América* na gloriosa exaltação, e promoção do Ilustríssimo e Excelentíssimo Senhor Gomes Freire de Andrada, (...) ao posto, e emprego de Mestre de Campo General, e Primeiro Comissário da medição, e demarcação dos Domínios Meridionais Americanos, entre as duas Coroas, Fidelíssima e Católica: *Coleção das obras da Academia dos Seletos*, que na Cidade do Rio de Janeiro se celebrou em obséquio, e aplauso do dito Excelentíssimo Herói. (...) Pelo Doutor Manuel Tavares de Sequeira e Sá. (...) Lisboa: Na oficina do Dr. Manuel Álvares Solano. Ano de MDCCLIV. Com todas as licenças necessárias.

19   Id., ibid., pp. 1-2.

20   Id., ibid., p. 50.

21   Id., ibid., p. 51.

22   Id., ibid., p. 55.

23   Id., ibid., p. 91.

24   Id., ibid., p. 91.

25   Id., ibid., p. 284.

BIBLIOGRAFIA SOBRE O BARROCO

Indicam-se aqui as obras gerais e estudos especiais acerca do Barroco. O problema internacional do Barroco foi estudado em simpósios especiais publicados pelas seguintes revistas, onde há ademais abundante bibliografia, sendo, portanto, os pontos de partida fundamentais para a compreensão do assunto: *Journal of Aesthetics and Art Criticism*, December, 1946 e December, 1955; *Comparative Literature*, Winter, 1954; *Cahiers de l'Association Internationale des Etudes Françaises*, n. 1, juillet, 1951.

1. HISTÓRIA GERAL E CULTURAL DO PERÍODO BARROCO

Burdach, K. *Riforma, Rinascimento, Umanesimo*. Firenze, 1935; Castro, A. *España en su historia*. Buenos Aires, Losada, 1948; Charbonnel, L. *La pensée italienne au XVIe siècle et le courant libertin*. Paris, 1919; Christiani, L. *L'Église à l'époque du Concile de Trente*. Paris, 1948; Clark, G. N. *The seventeenth century*. Oxford, 1932; Croce, B. *La Spagna nella vita italiana durante la Rinascenza*. 4ª ed. Bari. 1949; Dejob, C. *L'influence du Concile de Trente sur l'art et la littérature des peuples catholiques*. Paris, Thorin, 1884; Dilthey, W. *Hombre y mundo en los siglos XVI y XVII*. Ed. esp. México, Fondo Cult. Econ., 1944; Ferguson, W. K. *The Renaissance in historical thought*. Boston, Houghton, 1948; França E. O. *Portugal na época da Restauração*. São Paulo, 1951; Friedell, E. *A cultural history of the modern age*. NY, Knopf, 1931, 3 vols.; Friederich, W. P. *Outline of comparative literature*. Chapel Hill. 1954; Frugoni, A. *Momenti della Riforma Catholica*. Pisa, 194 3; Gothein, E. *L'età de la contrariforma*. Ed. Ital. Firenze, 1928; Groethuysen, B. *La conciencia burguesa*. Ed. Esp. Mexico, 1943; Haydn, H. *The Counter-Renaissance*. NY, Scribners, 1950; Hazard, P. *La crise de la conscience européenne (1680-1715)*. Paris, Boivin, 1953. 3 vols.; Huizinga; J. *El concepto de la historia y otros ensayos*. Mexico, Fondo Cult. Econ. 1946; Imbart de la Tour, P. *Les origines de la Réforme*. Paris, 1914. 3 vols.; Kesten, H. *Copernicus and his world*. Londres, 1945; Lovejoy, A. C. *The great chain of being*. Cambridge, Harvard, 1942; Marcuse, L. *Ignace de Loyola, dictateur des ames*. Paris, 1936; Miller, R. F. *Os jesuítas e o segredo de seu poder*. Porto Alegre, Globo, 1935; Mumford, L. *The culture of the cities*. NY, Harcourt, 1936; Ogg. D. *L'Europe du XVIIe siècle*. Ed. fr. Paris, Payot, 1932; Palomeque Torres, A. *Historia general de la cultura*. Barcelona, Bosch, 1947; Pettrocchi; M. *La Controriforma in Italia*. Roma, 1947; Picón Salas, M. *De la conquista a la Independencia*. Mexico, Fondo Cult. Econ., 1944; Pinard de la Boullaye, H. *Saint Ignace de Loyola, directeur d'Ames*. Paris, 1946; idem. *Le spiritualisme ignatien*. Paris, 1949; Préclin, E. (e) Tapié. L. *XVIIe siècle*. Paris PUF, 1949 (clio); Quaza, R. *Preponderanze straniere*. Milano, Vallardi, 1938; Randall Jr., J. H. *The making of the modern mind*. Boston, 1940; Réau, L. *L'Europe française au siècle des lumières*. Paris. A Michel, 1938 (Evolution de l'Humanité); Ribadeneyra, P. *Histórias de la Contrarreforma*. Madrid,

1945; Ruggiero, G. *Rinascimento, Riforma e Controriforma*. Bari, 1947, 2 vols; Smith, P. *A history of modern culture*. NY, Holt. 1934, 2 vols.; Sombart, W. *Le bourgeois*. Ed. fr. Paris, Payot, 1926; Toffanin, G. *Storia dell' Umanesimo*. Bologna, Zanichelli, 1950, 3 vols.; *Utopias del Renascimento:* T. Moro, Campanella, Bacon. Mexico, Fondo Cult. Econ., 1941; Van Tieghem, P. *La litérature latine de la Renaissance*. Paris, 1931; Whitehead, A. N. *Science and the modern world*. N.Y. Londres, Macmilian, 1925; Zanta, L. *La renaissance du stöicisme au XVI siècle*. Paris, 1914.

2. HISTÓRIA DA ARTE BARROCA

Benesch, O. *The art of the Renaissance in Northern Europe*. Cambridge, 1947; Borghi, M. *Arte e civiltà dei popoli*. Milano. Ed. italiana, 1940; Bukofzer, M. F. *Music in the baroque era*. N.Y. Norton, 1947; Clercx, S. *Le baroque et la musique*. Bruxelas, Lib. Encyclopèdique, 1948; Díaz-Plaja, G. *El espiritu del barroco*. Barcelona, 1940; D'Ors, E. *Lo barroco*. Madrid, Aguilar, (s.d.); Faure, E. *Histoire de l'art*. Paris, Plon 1941. 4 vols.; Fleming, W. *Arts and ideas*. NY, Holt. 1955; Focillon, H. *Vie des formes*. Paris, PUF, 1939; Folker, T. H. *Roman baroque art*. Oxford, 2 vols.; Gengaro, M. L. *Crítica d'arte*. Brescia, 1948; Greene, T. M. *The arts and the art of criticism*. Princeton, 1940; Hartmann, K. D. *Historia de los estilos artísticos*. Barcelona, Labor, 1948; Hauser, A. *The social history of art*. Londres, Routledge, 1951. 2 vols.; Kallen, H. *Art and freedom*. NY, Duel, Sloan & Pierce, 1942; Kelemen, P. *Baroque and rococo in Latin America*. NY, Macmilian; 1951; Lavedan, P. *Histoire de l'art*. Paris, PUF, 1949-1950. 2 vols. (clio); Levy, H. *Henrich Wolfflin: sa théorie*. Paris, 1936; McComb. *The baroque painters of Italy*. Cambridge, Mass, 1934; Mâle, E. *L'art religieux du XIIe au XVIIIe siècle*. Paris, Colin, 1946; Malraux, A. *Les voix du silence*. Paris, NRF, 1951; Mayer, S.H. *La pintura española*. Barcelona, Labor; Pellicer, A. C. *El barroquismo*. Barcelona, 1943; Pillement, G. (e) Daniloff, *La sculpture baroque espagnole*. Paris. A. Michel, 1945; Rocheblave, S. *Les arts plastiques*. Paris. Bocard, 1928; Runes, D. D. (e) Schrickerl, H. G. *Encyclopedia of the arts*. NY Philosophical Library, 1946; Scott, G. *The architecture of Humanism*. Londres. 1914; Sitwell, S. *Southern baroque art*. Londres, 1928; Venturi, L. *History of art criticism*. NY, Dutton, 1936; idem. *Arte italiana*. Barcelona, Labor; Watkin, E.J. *Catholic and culture*. NY, Sheed Ward, 1944; Weisbach, W. *Spanish barroque art*. Cambridge, 1941; idem. *Barroco*. (in *Historia del Arte Labor*); idem. *El Barroco arte de la contrarreforma*. Madrid, Espasa, 1948, Wölfflin, H. *Rinascimento e Barocco*. Ed. ital. Firenze, 1928; idem. *Conceptos fundamentales de la historia del arte*. Ed. esp. Madrid, Espasa, 1955; idem. *Classic Art*. Ed. ingl. Londres, Phaidon, 1953.

3. HISTÓRIA LITERÁRIA DO BARROCO

Adam, A. *Histoire de la littérature française au XVII siècle*. Paris, Domet, 1948-1954. 4 vols; Aubrin, C. *Histoire des lettres hispano-américaines*. Paris, Colin, 1954; Aury, D. *Poetes précieux et baroques du XVIIe siècle*. Angers, 1941; Belloni, A. *Il Seicento*. Milano, Vallardi, 1929; Calcaterra, C. *I lirici del seicento e dell'Arcadia*. Milano, Rizzoli, 1936; Campos, J. *Historia universal de la literatura*. Madrid, Pegaso, 1946; Castex P. (e) Surer, P. *Manuel des études littéraires françaises*. Paris Hachette, 1948; Clements, R.J. *Critical theory and practice of the Pleiade*. Cambridge, Mass, 1942; Díaz-Plaja, G. *Historia de la poesia lirica española*. Barcelona, Labor, 1937; idem. *Historia general de las literaturas hispánicas*. Barcelona, Ed. Barna, 1949-1953, 5 vols.; *Dicionario de literatura española*. Rev. Ocidente, Madrid, 1949, 2 ed. 1953; *Dizionario letterario delle opere e dei personaggi*. Milano, Bompiani, 1947-1950, 9 vols.; Flora, F. *Storia della letteratura italiana*. Milano, Mondadori, 1948, 3 vols.; Henriquez Urena, P. *Literary currents in Hispanic America*. Cambridge, Harvard,

1955; Kohler, P. *Histoire de la littérature française*. Lausanne, Payot, 1947, 3 vols.; *Lirici maristi*. A cura de B. Croce. Bari, 1910; Maulnier, T. *Introduction à la poésie française*. Paris, NRF, 1939; Menéndez Pelayo, M. *Introducción y programa de literatura española*. Madrid, Ocidente, 1934; Grierson, H. J. G. *Metaphysical lyric poems of the XVIIth century*. Oxford, 1936; Pfandl, L. *Historia de la literaura española en la Edad de oro*. Barcelona, Gilli, 1933; Sáinz de Robles, F.C. *Historia y antologia de la poesia castellana*. Madrid, 1936; idem. *Diccionario de la literatura*. Madrid, Aguilar, 1949, 3 vols.; Toffanin, G. *Il Cinquecento*. Milano, Vallardi, 1941; Valbuena Pratt, A. *Historia de la literatura española*. Barcelona, Gilli, 1949, 2 vols.; Vossler, K. *Historia de la literatura italiana*. Barcelona, Labor, 1925; idem. *Introduccion a la literatura española del siglo de oro*. Madrid, Occidente, 1934.

4. BARROCO LITERÁRIO

Adam, A. "La préciosité" (in *Cahiers de l'Ass. Int. des études françaises*. Paris n. 1, juilet 1951); Alarcos, E. "Los sermones de Paravicino" (in *Rev. Filologia hispánica*. 1947); Albertini, L. *La composition dans les ouvrages de Sénèque*. Paris, 1943; Alonso, D. *Ensayos sobre poesia española*. Buenos Aires, Rev. Ocidente, 1944; idem. *Poesia española; ensayo de metodos y limites estilísticos*. Madrid, Gredos, 1955; idem. *La lengua poetica de Gongora*. Madrid, CSIC, 1950; idem. *Las Soledades de Gongora*. Madrid, Arbol, 1935; Anceschi, L. *Civiltà delle lettere*. Milano, 1945; Auerbach, E. *Mimesis*. Ed. esp. Mexico, Fondo Cult. Ec. 1950; Babb, L. *Elizabethan malady*. Michigan State College Press, 1951; Buffum, I. *Agrippa d'Aubignés "Les targiques": a study of the baroque style in poetry*. New Haven, Yale Univ. Press, 1951; Baily. A. *La vie littéraire sous la Renaissance*. Paris. Tallandier, 1952; Bajarléa, J. J. *Notas sobre el barroco*. Buenos Aires, Pereda, 1950; Baker, H. *Induction to tragedy*. Louisiana Univ. Press, 1939; Baudin, E. *La philosophie de Pascal*. Neuchatel, 1947, 4 vols.; "Barroque et Préciosité: communications de P. Kohler, R. Lebègue, A. Adam R. Bray" (in *Cahiers de l'Association intern. des études françaises*. Paris n. 1, juillet 1951); Bateson, F.W. *English poetry and the English language*. Oxford, 1934; Bell, A. *Castilian literature*. Oxford, 1938; idem. *Cervantes*. Norman, 1947; Bennett, J. *Four metaphysical poets*. Cambridge, 1933; Bethell, S. L. *The cultural revolution of the seventeenth century*. Londres, Dobson, 1951; Blanchot, M. *Faux pas*. Paris, NRF, 1943; Boase, A. (e) Ruchon. F. *La vie et l'oeuvre de Jean de Sponde*. Genève, Cailler, 1949, Bouvier, R. *Quevedo, hombre del diabo, hombre de Dios*. Ed. esp. Buenos Aires, 1945; Borgerhoff, E. B. O. "Mannerism and baroque: a simple plea" (in *Comparative literature*. V. 4, fall 1953); idem. *The Freedom of French classicism*. Princeton, 1950; Bradbrook, M. C. *Themes and conventions of Elizabethan tragedy*. N.Y., 1935; Bray, R. *La préciosité et les precieux*. Paris, A. Michel, 1946; Briganti, G. "Barocco, strana parola. Barock im uniform. Ossia il barocco" (in *Paragone*. 1950-1951. n. 1, 3, 13); Brisson, P. *Les deux visages de Racine*. Paris, Gallimard, 1944; Brooks, C. *Modern poetry and the tradition*. Chapel Hill, 1939; idem. *The well wrought urn*. NY, Reinal, 1947; Burnet, E. *Don Quichotte, Cervantes et le XVI siècle*. Paris, Soriano, 1955; Cahen, J.G. *Le vocabulaire de Racine*. Paris. 1946. Calcaterra, C. *Parnaso in rivolta*. Milano, Mondadori, 1940; idem. "Il problema del barroco" (in A. Momigliano. *Problemi ed orientamenti critici*. Milano, Marzorati, 1949. Vol. III. Com abundante bibliografia); Cauter, H.V. *Rhetorical elements in the tragedies of Seneca*. Urbana, 1925; Carpeaux. O. M. "Estudos sobre o barroco" (in *Correio da Manhã*. 7 jan. 1945); Carrilla, E. *Quevedo*. Tucumán, 1949; idem. *El gongorismo en America*. Buenos Aires, 1946; Carrillo y Sotomayor, L. *Libro de la erudición poética*. Madrid, 1946; Carry, M. E. C. *The allegorical and metaphorical language in the Autos Sacramentales of Calderón*. Washington Catholic univ. 1937; Casalduero, J. *Vida y obra de Galdós*. Buenos Aires, 1945; idem.

Sentido y forma de las Novelas Ejemplares. Buenos Aires, 1943; idem. *Sentido y forma de los Trabajos de Persiles y Sigismundo*. Buenos Aires, 1947; Cascales, R. *Cartas filológicas*. Madrid. Espasa Calpe, 1940, 3 vols.; Castro. A. *Aspectos del vivir hispánico*. Santiago do Chile, 1949; idem "Las complicaciones del arte barroco" (in *Universitas. Enciclopedia de iniciación cultural*. Barcelona, Salvat, 1943); idem. *El pensamiento de Cervantes*. Madrid, 1925; Chambers, R. N. *The Jacobean Shakespeare*. Londres, 1937; Charbonnel, L. *La pensée italienne au XVI siècle et. le courant libertin*. Paris, 1919; Charlton, H. B. *The Senecan tradition in Renaissance tragedy*. Manchester, 1946; Child, C. G. "John Lyly and Euphuism" (Pref. J. Lyly's *Euphuism*. ed. M.W. Croll-Clemens. NY, 1916); Constandse, A.L. *Le baroque espagnol et Calderón de la Barca*. Amsterdam, Boekhandel, 1951; Correia de Oliveira, A. *As segundas três musas de D. Francisco Manuel de Melo*. Pref. e notas. Lisboa, Clássica, 1945; Craig, H. *The enchanted glass*. Oxford, Blackwell, 1951; Croce. A. "La poesia di Luís de Góngora" (in *Critica*, 1944-1945-1946); Croce, B. Saggi *sulla letteratura italiana del Seicento*. Bari, Laterza, 1948; idem. *Nuovi saggi sulla letteratura italiana dei Seicento*. Bari, Laterza, 1931; idem. *Poeti e scrittori del pleno e del tardo Rinascimento*. Bari, Laterza, 1945, 2 vols; idem. *Letture di poeti*. Bari, Laterza, 1950; idem. *Storia della età barocca in Italia*. Bari, Laterza, 1946; idem. *Problemi di estetica*. Bari, idem, 1949; Cruttwell, P. *The Shakespearean moment*. Londres, Chatto & Windus, 1954; Cunliffe, J.W. INFLUENCE *of Seneca on Elizabethan tragedy*. Londres, 1893; Curtius, E. R. *European literature and the latin Middle Ages*. Ed. ingl. NY, Pantheon, 1948; Díaz-Plaja, G. *El espiritu del barroco*. Barcelona, 1940; idem. *Hacia un concepto de la literatura española*. Buenos Aires, Austral, 1942; Diego, C. *Antologia poetica en honor de Góngora*. Madrid, 1927; Echarri, E. D. *Theorias metricas del siglo de oro*. Madrid, CSIC, 1949; Eliot, T.S. *The sacred wood*. Londres, Methuen, 1920; idem. *Selected essas*. NY, Harcourt, 1932; idem. *Essays ancients and modern*. N.Y. Harcourt, 1932; idem *The use of poetry and the use of criticism*. Londres, Faher, 1933; Ellis Fermor, V. *The Jacobean drama*. Londres. Methuen, 1947; Empson, W. *Seven types of ambiguity*. Londres, Chatto, 1931; idem. *Some versions of pastoral*. Londres, ibidem, 1935; idem *The structure of complex words*. Londres, ibidem, 1951; Farinelli, A. *Divagazioni erutite*. Turim, 1925; idem. *Italia e Spagna*. Turim, 1929, 2 vols.; Ferrari, E. L. "La interpretación del barroco y sus valores españoles " (Intr. ed. esp. W. Weisbach. *El barroco arte de la Contrarreforma*); Firetto, G. *Torquato Tasso e la Controriforma*. Palermo, 1939; Fleming. W. "The element of motion in baroque art and music" (in J. *Aesthetics and art criticism*. Decemher, 1946); Francastel, P. "Le baroque" (in *Atti dei 5º congresso int. di lingue e letterature moderne*. Firenze, Valmartina, 1955); Friederich, W. P. "Late Renaissance, baroque or Counter-Reformation" (in *English-Germanic philology*, April 1947); idem. *Outline of comparative literature*. Chapel Hill, 1954; Gabriel Rey. *Humanisme et surhumanisme*. Paris, Hachette, 1951; Getto, G. "La polemica sul baroco" (in *Letteratura e critica nel tempo*. Milano, Marzorati, 1954); Gilman, S. "An introducion to the ideology of the baroque in Spain"(in *Symposium*. November, 1946); Gotas, M.C. *Bossuet and Vieira*. Washington, Catholic Univ. 1953, Grierson, H. Intr. *The Poems of John Donne*. Oxford, 1912, 2 vols; idem. Intr. *Mettaphysical lyrics and poems of the 17th century*. Oxford 1921; idem. *Cross currents in English literature of the XVIIth century*. Londres, Chatto & Windus, 1929; Grillo G. *Poets at the Court of Ferrara*. Boston, 1943; Guéguen, P. *Poésie de Racine*. Paris, 1946; Guillemin, M. *Pline et la vie littéraire de son temps*. Paris, Belles Lettres, 1929; idem *Le public et la vie littéraire à Rome*. Paris, ibidem, 1937; Harris, V. *All coherence gone*. Chicago Univ. Press, 1949; Hunsain, I. *Mystical elements in the Metaphysical poets of the 17th century*. Londres, Oliver Boyd, 1948; Hassold, E. C.

"The baroque as a basic concept of art" (in *College art jornal*. Autum, 1946); Hatzfeld, H. "El predominio del espiritu español em la literatura europea del siglo XVII" (in *Rev. Filología Hispánica*, jan.-marzo 1941); idem. "A critical survey of the recent baroque theories" (in *Bol. Inst. Caro y Cuervo*, 1948, 3); idem. "A clarification of the baroque problem in the romance literature" (in *Comparative literature*. Spring 1949); idem "Thirty years of Cervantes criticism" (in *Hispania*. August 1947); idem "Stylistic criticism as art-minded philology" (in *Yale French studies*. II, 1949, n. 1); idem. "Per una definizione dello stile di Montaigne" (in *Convivium*. n. 3, maggio-giugno 1954); idem. "The baroque from the point of view of the literary historian" (in *Comp. literature*. Dec. 1955); Highet, G. *The classical tradition*. Oxford, 1949; Hume, H. *Spanish influence on English literature* NY, 1905; Huxley, A. "Death and the baroque" (in *Themes and variations*. Londres, Chatto, 1950); Inge, W. R. *The philosophy of Plotinus*. Londres, 1918, 2 vols.; Isaacs, J. "A history of two concepts: baroque and rococo" (in *Bul. int. Commitee of hist. scienes*. IX 36, Paris, 1937); Jeffery, V. M. *John Lyly and the Italian Renaissance*. Paris, Champion, 1929; Jones, R. F. *The seventeenth century*. Stanford Univ. Press, 1951; Jucá Filho, C. A. "Projeção do Camões na literatura barroca" (in *Rev. Filológica*, 1955, n. 2); Kane, E. K. *Gongorism and the Golden Age*. Chapel Hill, 1928; Knights, L. C. *Drama and society in the age of Johnson*. Londres, Chatto & Windus, 1937; Knights, L.S. *Explorations*. Londres, Chatto & Windus, 1946; Kohler, P. *Lettres de France*. Lausanne, Payot, 1943; idem. "Le baroque et les lettres françaises" (in *Cahiers de l'ass. int. des études françaises*. Paris, n. 1 julliet 1951); Krakowski, E. *L'esthétique de Plotin et son influence*. Paris, 1929; Lea, R. M. Conceits. (in *Mod. Lang. rev.*, october, 1925); Lanson, G. "Rapports de la litérature française et espagnole au XVII siècle" (in *Revue d'Histoire Litteraire*. 1896-1897, 1901); Leavis, F. R. *Determinations*. Londres, Chatto & Windus, 1934; idem. *Revaluations*. Londres, inib. 1936; idem. *New bearings in English poetry*. Londres, ibid., 1942; Lebegue. R. "La poesie baroque em France" (in *Cahiers de l'ass. int. des études françaises*. Paris, n. 1, juillet 1951); Kra. "Le théatre baroque en France" (in *Bibl. d'humanisme et Renaissance*. II, 1942); Leishman, J.B. *Metaphysical poets*. NY, Longmans, 1934; idem. *The monarch of wit*. Londres, Hutchinsons, 1951; Lollis, C. *Cervantes reazionario*. Firenze, 1947; Lucas, F. L. *Seneca and the Elizabethan tragedy*. Cambridge, 1922; Maggioni, M. J. *The pensées of Pascal: a study in baroque style*. Washington, Catholic Univ., 1950; Mahood, M. M. *Poetry and Humanism*. Londres. Cape. 1950; Mark, J. "The uses of the term baroque" (in *Mod. Lang. Rev.* October 1948); Marzot, G. *L'ingegno e il genio del Seicento*. Firenze, Nova Italia, 1944; Maulnier, T. Intr. de D. Aury. *Poetes précieux et baroques du XVIIe siècle*. Angers, 1941; May, T. E. "Gracian's idea of the concepto" (in *Hispanic rev.* January 1950); Mendes, J. "Poesia e gongorismo" (in *Broteria*. XXIX, nov-dez. 1939; XXX, jan. 1940); Miles, J. *The continuity of poetic language*. Berkeley, 1951; Mitchell, M F. *English pulpit oratory*. Londres 1922; Mongrédien, G. *Madelaine de Scudery et son salon*. Paris, Hachette, 1946; idem. *La vie littéraire au XVIIe siècle*. Paris, ib. 1947; idem. *Les précieux et les précieuses*. Paris, 1929; idem, *La vie littéraire au XVIIe siècle*. Paris, Tallandier, 1947; J. Ares. *Gongora y la poesía portuguesa del siglo XVII*. Madrid, Gredos, 1956; Montoliu, M. *El alma de España y sus reflejos en la literatura del Siglo de Oro*. Barcelona, (s.d.); Moret. A. "Vers une solution du problème du baroque" (in *Rev. germanique*, 1937, 28); Mornet, D. "Comment étudier les écrivains ou les ouvrages de troisième ou quatrième ordre" (in *Romanic Rev.* October 1937); idem "La signification et l'évolution de l'idée de preciosité en France" (in *J. History of Ideas*. 1940, n. 2); Mourgues, O. de *Metaphysical baroque and précieux poetry*. Oxford, 1953; Mueller, J. H. "Baroque — it is datum, hypotesis, or tautology?" (in *J. Aesthetics and*

193

Art Criticism XII, n. 4, 1954); Nelson Jr., L. "Góngora and Milton: a definition of the baroque" (in *Comparative literature*. V. 1, winter 1954); Nicolson, M. H. *The breaking of the circle*. Evanston, Northwestern Univ. Press, 1950; O'Connor, W. van. *Sense and sensibility in modern poetry*. Chicago Univ. Press, 1948; Ogden, H. V. S. "The principies of variety and contrast in 17th cent. aesthetics" (in *J. History of ideas*. April 1949); Ortega y Gasset, J. *Obras*. Madrid, Espasa Calpe, 1932; Pellegrini, G. *Barocco inglese*. Firenze, D'Anne, 1953; Peyton, M. A. "Some baroque aspects of Tirso de Molina" (in *Romanic rev*. XXXVI, feb. 1945); Praz, M. *Richard Crashaw*. Brescia, Morceliana, 1945; idem. *La poesia metafisica inglese del seicento*. Roma, Ed. Italiene, 1945; idem. *Studi sul concettismo*. Firenze, Sansoni, 1946; idem. "Baroque" (in *Comp. literature*. Fali, 1954); Ramson, J. C. *The World's body*. N.Y., Scribners, 1938; Raymond, M. *Baroque et Renaissance poétique*. Paris, Corti, 1955; idem. *Génies de France*. Neuchatel 1942; idem. "Du barroquisme en France" (in *La profondeur et le rythme*. Paris, Arthaud, 1948); Reynold, G. *Le XVIIe siècle; le classicisme et le baroque*. Montreal, Arbol, 1944; Reys, A. *Questiones gongorinas*. Madrid, Espasa, 1927; Rocafuli, J. M. G. *El hombre, y el mundo de los teólogos espanoles de los siglos de oro*. Madrid, 1946; Roditi, E. "Torquato Tasso: the transition from baroque to neoclassicism" (in *J. Aesthetics Art Criticism* March, 1948); Rousset, J. *La litérature d'âge baroque en France*. Paris, Corti, 1953; Rylands, G, H. W. *Words and poetry*. NY, 1928; Sayce, R.A. "Boileau and french baroque" (in *French studies,* II, 2, april 1948); idem. "Baroque elements in Montaigne" (in *French studies*. VIII, 1, jan. 1954); idem. *The French biblical epic in the Seventeenth Century*. Oxford, 1955; Segond, J. *La psychologie de Jean Racine*. Paris, 1940; Sergio, A. *Ensaios*. Lisboa, Seara Nova, 1936, Vol. 5; idem. Pref. a *Sobre as verdadeiras e falsas riquezas,* de A. Vieira Lisboa, 1939; Simon, E. *Patrie de l'humain*. Paris, Gallimard, 1948; Simone, F. "I contributi europei all'identificazione dei Barocco" (in *Comparative literature*, VI, Winter 1954); Simpson, E. M. *A study of the prose works of John Donne*. Oxford, 1948; Sommerfeld, M. "The baroque period in German literature" (in *Essays in honor of W.A. Neilson*. Smith College studies, XXI, 1939); Spencer, T. and Van Doren, M. *Studies in metaphysical poetry*. NY, 1939; Stechow, W. "Definitions of the baroque in the visual arts" (in *J. Aesthetics and Art Criticism*. December, 1946); Strich, F. "Der Europaische barrock" (in *Der Dichter und die Zeit*. Bern, 1947); Strowski, F. *Pascoal et son temps*. Paris, Plon, 1907, 3 vols.; Sypher, W. "The metaphysycal and the baroque" (in *Partisan rev.*, Winter, 1944); idem. *Four stages of Renaissance style*. NY, Doubleday, 1955; Tate, A. *Reason in madness*. NY, Putnan, 1935; idem. *Reactionary essays*. NY, Scribner, 1936; idem. *On the limits of poetry*. NY, Swallow, 1948; Thomas, L.P. *Le lyrisme et la preciosité cultistes en Espagne*. Paris, 1909; idem. *Gongora et le gongorisme dans leur rapport avec le Marinisme*. Paris, 1911; Tillyard, E. M. W. *Poetry direct and oblique*. N.Y., Macmillan, 1934; idem. *The Elizabethan world picture*. NY, Macmillan, 1944; Toffanin, G. *La critica e il tempo*. Torino, 1930; idem. *Il Tasso e l'età che fu sua*. Napoli, 1947; Turnell, M. *The classical moment*. Londres, Chatto & Windus, 1950; Tuve, R. *Elizabethan and metaphysical imagery*. Chicago Univ. Press, 1947; Unger, L. *Donne's poetry and modern criticism*. Chicago, Univ. Press, 1950; Schucking, L. *The baroque character of the Elizabethan tragic hero (Proceedings of the British Academy*. Oxford, 1938); Ulivi, F. "Marco Boschini e il gusto Barocco" (in *Letterature moderne*. II, 2, 1951); Vedel, V. *Deux classiques français: Corneille et Molière*. Paris, Champion, 1935; Vilanova, A. *Erasmo y Cervantes*, Barcelona, 1949; Villoslada, D. G. "Humanismo y Contrareforma" (in *Razon y Fé*. 1940, 121); Vossler, K. *Escritores y poetas de España*. Buenos Aires, 1948; idem. *Algunos caracteres de la cultura española*. Buenos Aires, 1946; idem. *La poesía de la soledad en España*.

Buenos Aires, 1946; Spitzer, L. "El barroco español" (in *Bol. Inst. Invest. Históricas.* 1944); idem. *Linguistics and literary history.* Princeton Univ. Press, 1948; Walton, G. "Who are the English baroque poets" (in *Scrutiny* XVII, 3, 1950); Warren, A. *Rage for order.* Chicago Univ. Press, 1948; idem. *Richard Crashaw: a study in baroque sensibility.* Lousiana Univ. Press, 1939; Weise, G. "Considerazioni di storia dell'arte intorno al Barocco" (in *Rev. Letterature Moderne.* III, n. 1, gen.-marzo, 1952); Wellek, R. "The concept of baroque in literary scholarship" (in *J. Aesthetics and Art Criticism.* December, 1946); Wellek, R. (e) Warren, A. *Theory of literature,* NY, Harcourt, 1949; Well, H. W. *Poetic imagery.* NY, Columbia, 1924; White, H. C. *The metaphysical poets.* NY, Macmillan, 1936; Wilson, F. P. *Elizabethan and Jacobean.* Oxford, 1945; Willey, B. *The seventeenth century background.* Londres, Chatto & Windus, 1942; Williams, C. *The English poetic mind.* Londres, 1932; Williamson, G. *The Donne tradition.* Harvard, 1930; idem. "The rhetorical pattern of neo-classical wit" (in *Mod. Philology.* August, 1935); idem. *The Senecan amble.* Londres, Faber, 1951; Zonta, G. "Rinascimento, aristotelismo, Barocco" (in. *G. Storico della Lett. Ital.* CIV. 1934, pp. 218-219, 240); "Le Barroque et la Littérature Française" (in *Critique.* Paris, Juin, Juillet 1956, n. 109, 110); Buffum, Imbrie. *Agrippa d'Aubigné's Les Tragiques.* New Haven, 1951; idem. *Studies in the Baroque from Montaigne to Retrou.* New Haven, 1957; Hatzfeld, H. "Baroque Style: Ideology and the Arts" (in *Bucknell.* December, 1957); idem "L'ltalia, La Spagna e la Francia nello sviluppo del Barocco Letterario" (in *Atti del Secando Congresso Int. di Studi Italiani.* Firenze, 1958); *Retorica e Barocco.* Atti dei III Congresso Int. di Studi Umanistici. Roma, 1955; *Revue des Sciences Humaines.* N. Spécial, Paris, juillet-decembre, 1949; Roaten, D. H. *Wolfflin's Principies in Spanish Drama* (1500-1700). NY, 1952; Sayce, R.A. "The Use of the term Baroque in French Literary History" (in *Comparative Literature,* Summer, 1958); Montes, J. Ares. *Góngora y la Poesía Portuguesa del Siglo XVII.* Madrid, 1957.

5. ESTUDOS DO ESTILO BARROCO

Beachcroft, T. O. "The baroque style" (in *Criterion.* 1934, XIII, pp. 407-425;) Bourgéry, A. *Séneque prosateur.* Paris, 1922; Croll, M. "Juste Lipse et le mouvement anti-ciceronien" (in *Rev. Sezième siècle.* II, 1914); idem. "Muret and the history of attic prose" (in *PMLA.* XXXIX, 1924, 2); idem. "Attic prose, Lipsius, Montaigne and Bacon" (in *Shelling anniversary papers.* 1928); idem. "The baroque style in prose" (in *Studies in English Philology in honor of F. Klaeber.* Minneapolis, 1929); Daniels, R. "Baroque form in English literature" (in *Univ. Toronto Quarterly.* July, 1945); idem. "English baroque and deliberate obscurity" (in *J. Aesthetics and Art Criticism.* December, 1946); Elledge, E. "Study of the word 'wit'" (in *Mod. Lang. Quarterly.* June 1948); Ferreira, F. L. *Nova arte de conceitos.* Lisboa, 1718. 2 vols.; Jones, R .F. *The Seventeenth century.* Stanford, Univ. Press, 1951; Joseph, M. *Shakespeare's use of the arts of language.* N.Y., Columbia, 1947; Laurand, L. *Études sur le style de Cicéron.* Paris, Belles Lettres, 1940; Merchant, F. I. "Seneca, the philosopher and his theory of style" (in *American J. of Philology.* l, 1905); Nicolau, M. G. *L'Origine du "cursus" rhythmique.* Paris, Belles Lettres, 1930; Norden, E. *Die Antike Kunst-prose.* Leipzig, 1923; Oltramare. *Les origines de la diatribe romaine.* Lausanne, 1924; Steyins, D. *Les métaphores et les comparaisons dans la prose de Séneque.* Gand, 1906; Svoboda. "Les idées esthétiques de Séneque" (in *Mélanges à J. Marouzeau.* Paris, 1949); Uhrhan, E. E. "Linguistic analysis of Góngora baroque style" (in *Descriptive studies in Spanish Grammar,* ed. H. R. Kahane. Urbana, Univ. Illinois Press, 1954); Williamson, G. "Strong lines" (in *English studies.* August 1936); idem. "Senecan style in the 17th century" (in *Philological Quart.* October, 1936); idem. *The Senecan Amble.* Londres, Faber, 1951 — A obra de Morris W. Croll foi reunida em: *Style, Rhetoric and Rhythm.* ed. Patrick, J. M. Princeton, 1966.

6. BARROCO, MANEIRISMO, ROCOCÓ

Anceschl, L. *La Poetica del Barocco Letterario in Europa.* Milano, Marzoratti, 1959 (Extrato da *Momenti e Problemi di Storia dell'Estetica*); *Anthologie du Lyrisme Baroque en Allemagne*, ed. A. Moret, Paris, Aubier, 1957; *Anthologie de la Poésie Baroque Française*, ed. J. Rousset, Paris, Colin, 1961; "Le Baroque et la Littérature Française. *Critique*, Juin, Juillet 1956, n. 109, 110. Idem, ibidem, décembre 1961, n. 175; Baur-Heinhold, M. *The Baroque Theater.* NY, McGraw-Hill, 1967; Bazin, G. *L'Architecture Réligieuse Baroque au Brésil.* 2 vols. Paris, Plon, 1958; Blunt, A. *Artistic Theory in Italy* (1450-1600). Londres, Oxford, 1940; Batlori, Miguel. *Gración y el Barroco.* Roma, 1958; Briganti, G. *Italian Mannerism.* Londres, Hudson & Thames, 1962 (Tr. do italiano); Briggs, M. S. *Baroque Architecture.* Londres, 1913; Londres, 1913; Calcaterra, C. *Il Barocco in Arcadia.* Bologna, Zarichelli, 1950; Cemy, V. "Les origines européenes des études baroquistes". *Revue de Littérature Comparée.* Paris, XXIV, 1950, 7, I; Cerny, V. "Le Baroque en Europe". *Cahiers du Sud*, 1961, n. 361; César, Guilhermino. "O Barroco e a crítica literária no Brasil." *Tempo Brasileiro*, Rio de Janeiro, ano II, n. 6, dezembro 1963; Cioranescu, A. *El Barroco y el descubrimiento dei drama.* Laguna, 1957; *La Civiltá Veneziana nell'età Barocca.* Firenze, Sansoni, 1959; Constandse, A. *Le Baroque Espagnol et Calderón de la Barca.* Amsterdam, 1951; *La Critica Stilistica e il Barocco Letterario.* Atti del Secondo Congresso Int. di Studi Italiani, Firenze, Le Monnier, 1958; Cohen, J. M. *The Baroque Lyric.* Londres, Hutchinson, 1963; Daniels, Roy. *Milton, Mannerlson and Baroque.* Toronto. Univ. Press, 1963; Dehennin, E. *La Résurgence de Gongora et la Génération Poétique de 1927.* Paris, Didier, 1962; Entrambasaguas, J. *Discurso de Apertura del Curso Académico de 1962-1963.* Madrid, 1962; "Estudios sobre el Barroco." *Revista de la Universidad de Madrid.* Madrid. 1961, vol. XI, n. 42-43; Friedlander, W. *Mannerism and Antimannerism in Italian Painting.* NY, 1957; Geers, G. J. "Towards. thesolution of the Baroque Problem". *Neo philologus*, Gronningen, 1960; Hatzfeld, Helmut. *Estudios sobre el Barroco.* Madrid. Ed. Gredos, 1964; Hocke, G. R. *El Mundo como Laberinto.* "El Manierismo en el arte y en la Literatura" Madrid, Guadarrama, 1961; Kubler, Gand Soria. *Art and Architecture in Spain and Portugal and their Dominious.* Londres, Pelican; Laufer, Roger. *Style Rococo, Style des Lumières.* Paris, Conti, 1963; Lees-Milne, J. *Baroque in Italy.* Londres, Batsford, 1959; Lees-Milne, J. *Baroque in Spain and Portugal.* Londres, Batsford, 1960; Leonard, I. A. *Baroque Times in old Mexico.* Ann Arbor, Univ. Michigan Press, 1959; *Manierismo, Barroco, Rococo* (Concetti e Termini.) Convegno Intemazionale 1960. Roma, Academia dei Lincei, 1962; Montano, Rocco. *L'Estetica del Rinascimento e del Barocco.*1958; Briganti, G. *Italian Mannerism.* Napoli, 1962; Nelson Jr., Lowry. *Baroque Lyric Poetry.* Yale Univ. Press, 1961; Pevsner, N. *An Outline of European Architecture.* Londres, Pelican, 1963; *Poetry of the Baroque Âge. L'Esprit Créateur;* Vol. 1, n. 2, Summer 1961; Pope Hennessy, J. *Italian High Renaissance and Baroque Sculpture*, 3 vols. Londres, Phaidon, 1963; Powell, Nicolas. *From Baroque to Rococo.* Londres, Faber & Faber, 1960; Priest, H.J. *Renaissance and Baroque Lyrics.* Evanston, Northwestem Univ. Press, 1963; Raimondi, Ezio. *Letteratura Barocca.* Firenze. Olschki, 1961; Raymond, Marcel. "Le Baroque Littéraire Français". *Studi Francesi*, Torino, 1961, n. 13; *Retorica e Barocco. Atti del III Congresso Int. di Studi Humanistici 1954.* Roma, Fratelli Bocca, 1955; Roaten, D.H. & Escribane, F.S. *Wolflins Principles in Spanish Drama* (1550-1700). NY, Columbia, 1952; Roaten, Darnell. *Structural Forms in the French Theater*, 1500-1700. Philadelphia, Univ. Pennsylvania,

1960; Rowland, D. B. *Mannierism: Style and Mood*. New Haven, Yale Univ. Press, 1964; Sage, Pierre. *Le Préclassicisme*. Paris, del Ducca, 1962; Santagelo, G. *Il Secentismo*. Palermo, Palumbo, 1958; Scholz, J. *Baroque and Romantic Stage Design*. NY, Dutton, 1962; Schonberg, A. e Socher, H. *L'Europe du XVIII siècle*. Paris, Éditions des Deux-Mondes, 1960 (Trad. do alemão: A Era Rococó); Scrivano, R. *Il Manierismo nella Letteratura del Cinquecento*. Padova, Liviana, 1959; *Il Sei-Settecento*. Firenze, Sansoni, Unione Fiorentina, 1956; *Seventeenth Century English Poetry*. Ed. W. R. Keast. New York, Oxford, 1962; Simone, Franco. *Umanesimo, Rinascimento, Barocco*. Milano, Mursia, 1968; Simpson, J. G. *Le Tasse et la Littérature et l'Art Baroques en France*. Paris, Nizet, 1962; Smith, R. *Arquitetura Colonial*. Bahia, Progresso, 1955; Tapié, V. *Baroque et Classicisme*. Paris, Plon, 1957; Tapié, V. *Le Baroque*. Paris, PUF, 1961; *La Vita Italiana nel Seicento*. Diversos. Milano, Treves, 1939; Wallerstein, R. C. *Richard Crashaw*. Madison, 1962; Warnke, F. J. *European Metaphysical Poetry*. New Haven. Yale Univ. Press, 1961; Waterhouse, E. *Italian Baroque Painting*. Londres, Phaidon, 1962; Williamson, George. *The Proper Wit of Poetry*. Chicago Univ. Press, 1961; Wirtenberger, F. *Mannerism*. (The European Style of the Sixteenth Century). Londres, Weidenfeld e Nicolson, 1963. (Tr. do alemão).

Segunda Parte
ESTILOS DE ÉPOCA
Era neoclássica

18. *Afrânio Coutinho*
NEOCLASSICISMO E ARCADISMO. O ROCOCÓ

O Classicismo e as escolas neoclássicas. Correntes racionalistas e "ilustradas". O Brasil do século XVIII. A diferenciação e consolidação da vida na Colônia. O surgimento de novos cânones. A origem da Arcádia e a influência dos árcades italianos. A Arcádia lusitana. Os "árcades sem arcádias". O Rococó.

A corrente classicizante, inaugurada pelo Renascimento, encontrou na Itália do *Cinquecento* um clima ideal; detida, porém, durante o século XVII pelo Barroco, atingirá, nas últimas décadas do mesmo século, na França, o seu ponto culminante em um movimento que foi, de fato, na literatura, o único Classicismo moderno realizado, para, penetrando o século XVIII, pontilhar de tendências e escolas neoclássicas (em lugar do Classicismo e o Neoclassicismo) as diversas literaturas ocidentais a que vieram emprestar coloridos especiais as correntes racionalistas e "ilustradas" que então triunfaram, antecedendo e preparando a Revolução Francesa.

O século XVIII é uma encruzilhada de correntes espirituais e estéticas. Vindas de longe, atingem esse grande estuário, onde se chocam e misturam, desaparecendo umas, outras se transformando. A atmosfera cultural do século denota essa interpretação de tendências aparentes até nas figuras e obras que o representam. Não há absoluta pureza de estilos e ideologias. As correntes que atravessam a época impregnam-se mutuamente, como se, por caminhos diferentes, todas se inclinassem para o mesmo objetivo, havendo partido de uma só fonte, carreando elementos espirituais idênticos. É uma época de crise, a "crise da consciência europeia" iniciada por volta de 1680, e tão bem estudada por Paul Hazard, no bojo da qual se processou uma profunda transformação histórica. Transferiu-se, através do século, a liderança histórica de uma classe para outra, da aristocracia para a classe média. E essa transferência teve sua manifestação cultural, artística e literária, assinalada no início por um conflito entre antigos e modernos, muito bem delineada na França e na Inglaterra com a Querela entre Antigos e Modernos (1687-1716) e a Batalha dos Livros, e desdobrada por uma constante. oposição entre tradição e progresso, classicismo e modernismo, racionalismo e emocionalismo, antítese essa que Voltaire e Rousseau encarnaram. O século ficará um século francês — "L'Europe des Lumières" — hegemonia essa que se traduz na consolidação da revolução iniciada no Renascimento, na difusão das conquistas do racionalismo, experimentalismo, espírito de investigação, concepção científica do mundo e na larga renovação mental baseada no progresso das ciências e na atividade científica. Esse espírito encontrou guarida na *Enciclopédia* (1751-1765) de Diderot, d'Alembert, Helvétius, etc., suma de todo o movimento enciclopédico desencadeado desde 1675, com esses nomes e mais Rousseau, Voltaire, Montesquieu, etc., e que invadiu a Declaração dos Direitos do Homem (1789). Enciclopedismo e Iluminismo[1] ou filosofia da ilustração confundem-se num movimento sobretudo intenso entre 1715 e 1789 de que a *Enciclopédia* foi a bíblia, e a burguesia a classe social que o aplicou na vida, na economia, na arte, criando o tipo de sociedade dominada pela técnica, pela máquina, pela indústria. O Iluminismo teve sua repercussão política antes da Revolução Francesa (1789), que foi, com a Revolução Americana (1776), sua consequência natural, na forma do Despotismo Esclarecido de alguns monarcas e chefes de estado, políticos-filósofos, que acreditaram poder conciliar a estrutura do Antigo Regime com o espírito reformista do enciclopedismo.

Literariamente, máxime até o seu meado, o século está em transição, atravessado por tendências contraditórias, polarizado entre a liberdade e a tradição, a espontaneidade e o formalismo, a expressividade e o ornamentalismo. O subjetivismo burguês avança firme em substituição ao formalismo cortês, não sem experimentar de passagem formas transicionais, ainda de restauração clássica, mas de sentido diferente. Contra o gosto barroco seiscentista, que ainda perdura no século XVIII sob formas degeneradas e de decadência, o movimento espiritual para a conquista de nova forma artística, procura abrir caminho através de experiências sucessivas, que, misturando-se umas às outras, têm por efeito torná-lo confuso e impuro. Assim, ao gosto barroco do esplêndido e do grandioso, da ostentação e da desmedida, vai suceder, sem que haja uma completa libertação do primeiro, a procura das qualidades clássicas de medida, conveniência, disciplina, pureza, simplicidade, delicadeza, que informam o Rococó e o Arcadismo. Ao mesmo tempo, no entanto, que se busca o primado absoluto da razão, cultiva-se o sentimento, a sensibilidade, o irracionalismo. A ruptura com o Barroquismo, que também encontrava apoio na lei da imitação, baseia-se ainda na imitação dos antigos, o que seria a única justificativa para dar-se a denominação de Classicismo a todas essas correntes. Mas um movimento geral contra a autoridade caracteriza a linha iluminista, sobretudo na segunda metade do Setecentos.

Resulta destarte o emaranhado de correntes que concorrem para emprestar ao século XVIII sua fisionomia contraditória, em que se chocaram diversas dinâmicas sociais, diferentes constelações de ideias e tendências estéticas.

Também no Brasil, o século XVIII é momento da maior importância, fase de transição e preparação para a independência. Demarcada, povoada, defendida, dilatada a terra, o século vai dar-lhe prosperidade econômica, melhoria de suas condições materiais de vida, organização política e administrativa, ambiente para a vida cultural, terreno fecundo para a semente da liberdade. É a diferenciação de fisionomia da Colônia, como assinala Oliveira Lima, com a criação da consciência histórica. À descoberta e posse da terra; à façanha bandeirante de expansão e alargamento da fronteira de oeste; à defesa contra o invasor, sucedeu naturalmente a formação de uma consciência comum, de um sentimento nacional, que substituiu o nativismo descritivo da natureza e do selvagem. Em vez do sentimento lírico, há o orgulho "nacional" pelos feitos dos heróis e pelos fastos políticos e militares. Cresce a figura do "brasileiro", do mestiço de sangue e alma, o tipo local que a miscigenação e a aculturação foram desenvolvendo, plantado no chão, com a noção de propriedade da terra que defendeu e preservou e ampliou, falando uma língua cada vez mais diferente da reinol no sotaque e no vocabulário, e cantando numa voz própria canções de motivos locais e modulações rítmicas acordes com a nova sensibilidade que a alma nacional desenvolveu. Atravessa a Colônia um período de progresso geral, econômico, administrativo, social, a que correspondem o estado dos espíritos e dos sentimentos nitidamente orientados para a aquisição de uma consciência nacional. Com a exploração das minas sobreveio um aumento dos recursos econômicos e financeiros; a população crescia; as cidades civilizavam-se; uma classe aristocrática, repousada no trabalho do escravo, dispunha de ócios para a vida cultural, as festas públicas e de igreja, a vida de sociedade; seus membros iam estudar na Europa, ainda Coimbra, e depois, quando se enfraquece a tutela dessa universidade, Bordéus, Montpellier, Paris, trazendo de torna-viagem as "luzes" do saber e o gosto da cultura, que comunicavam aos que não tinham a mesma sorte. Surge daí um movimento de letrados, de academias, de salões. Por outro lado, entre o local e o reinol, entre o nativo e o adventício, a animosidade é crescente, opondo a consciência mestiça em formação e o despotismo luso, movimento nacionalista que precede a autonomia, e se dirige contra o absolutismo mantido pelos portugueses na Metrópole e na Colônia. Uma série de sublevações emancipacionistas, precursoras da Independência, sucedem-se com periódica regularidade desde o limiar do século XVIII.

Ao lado do progresso material, fatores espirituais concorriam para a transformação. Contra o monopólio coimbrão e jesuíta de educação manietada pelo formalismo decadente e tradicionalista, investe um movimento renovador. O livro de Luís Antônio Verney, *Verdadeiro método de estudar* (1746), publicado em Portugal, e a reforma do ensino (1759), empreendida pelo Marquês de Pombal, ministro "esclarecido" de D. José I, constituíram os pontos fundamentais nesta luta contra os métodos jesuítas, tradicionalmente estabelecidos no Reino e na Colônia. Com a expulsão dos jesuítas (1759), as reformas de Pombal no Brasil, a ruptura do monopólio comercial, houve um largo surto de curiosidade pelo país, por parte de cientistas estrangeiros e nacionais. A voga da ciência, típica no século, contaminou a vida da Colônia. Expedições varejaram o território, à cata de conhecimentos da flora, fauna e geografia. Sociedades sábias instalaram-se.

Os intelectuais típicos da época aliavam as letras, a filosofia, a política, a ciência. Eram filósofos, economistas, letrados. Preocupavam-se com os problemas agrícolas e mercantis, os problemas históricos e genealógicos, com a felicidade do gênero humano e os direitos do cidadão. Eram essas as normas que orientavam aqueles "francelhos", intoxicados da mania francesa, encharcados de ideias francesas, consideradas sediciosas e subversivas. Apesar de severamente vigiados e punidos pela censura e pela Inquisição os seus cultores, não deixaram de alastrar-se essas ideias, contrabandeadas para a Colônia em carregamentos de livros proibidos que chegaram a constituir verdadeiras bibliotecas, como as particulares do Pe. Agostinho Gomes, na Bahia, e do Cônego Luís Vieira da Silva, em Mariana, na época da Inconfidência Mineira.

Assim a revolução mental processa-se contra a escolástica decadente e convencional em nome da cultura científica. Domina a época um tom polêmico, irreligioso, anticlerical, racionalista, procurando incorporar a ciência natural e a técnica, dando relevo ao método científico, à claridade racionalista. Combate as contorcidas expressões barrocas em favor da linguagem direta e simples.

Fatores de ordem material, expressões do progresso da Colônia; fatores políticos, ligados, de um lado, ao despotismo e à decadência da vida da corte portuguesa, e, do outro, ao crescente espírito emancipacionista e nacionalista, relacionados, aliás, a idêntico estado de espírito nas outras partes do continente americano; fatores culturais, as ideias modernas originárias do movimento enciclopedista, e que se infiltravam na Colônia por intermédio dos brasileiros que regressavam de viagens de estudos na Europa, e por meio de importação clandestina de livros; fatores psicológicos, provenientes de maior consciência e amadurecimento da população mestiça, "a base física da revolução", isto é, o homem novo que foi o elemento diferenciador da civilização, e que adquiriu por esse tempo sua plena consciência histórica; tudo concorreu para a consolidação da vida colonial, comunicando ao século XVIII essa fisionomia complexa e fazendo dele um momento decisivo da história brasileira.

O início do século XVIII entremostra a decadência do Barroquismo. Pressente-se que formas novas vão ser preparadas e novos cânones surgirão. À sombra das academias literárias, pratica-se uma literatura anêmica e sensaborona, literatura empolada, de louvação e encômios, numa linguagem farfalhante, carregada de exagerado metaforismo e de conceitos arrevesados. É uma parenética de panegíricos de santos e nobres, uma historiografia de genealogias, de memórias, de relatos históricos e descrições da terra, de crônicas militares. É uma poesia de versejadores, dominada pelo artifício e insulsez, e pelo propósito encomiástico, em que se deturparam as normas da estética barroca, através de silvas, ecos, acrósticos, centões, emblemas, cruzes, pirâmides, e que revelam um estado de decadência e perversão das letras, pelo exagero do convencionalismo e da intenção imitativa, pelo gosto dos poemas armados em formas complicadas, que, se exigem grande habilidade mecânica, são vazios de espontaneidade e vitalidade poéticas.

Tal situação refletia também o estado de atraso cultural reinante em Portugal nessa fase, e que perdura até o meado do século, quando se procedem às reformas de Pombal, inspiradas no livro de Verney, contra o obscurantismo intelectual, a escolástica decadente e a retórica mumificada.

O fenômeno típico da época é a instalação das academias, reunindo as "pessoas de maior literatura". Remonta à Itália quinhentista a ideia das academias, naturalmente de inspiração platônica. Mas no Brasil a moda chegou proveniente de Portugal, onde, no século XVII, se estabeleceram, com a boa intenção de bem servir às letras, muito embora tivessem como resultado agravar a situação, transformando-se em focos do pior gongorismo.[2] A princípio de cunho literário e barroco, passaram no século XVIII a ter caráter científico, como a Academia Real de História e a Academia Real das Ciências, ou arcádico, como a Arcádia Lusitana.

No Brasil, ao alvorecer do século XVIII, já se faz notar certa atividade intelectual de que dá notícia Nuno Marques Pereira no *Peregrino da América*, admirado do número dos poetas existentes na Bahia: "Porque verdadeiramente apenas se acharam, entre cem filhos do Brasil que versaram e versam os estudos, dez que não sejam poetas, porque os restantes todos fazem versos latinos e vulgares" (II, p. 53). Era natural, pois, que tendessem a congregar-se, daí surgindo as academias, os primeiros centros de comunhão literária e atividade intelectual corporativa. Foi à sua sombra que a vida literária brasileira se formou, a despeito do mal que é lícito dizer da sua produção geralmente medíocre, embora de acordo com o gosto da época. No meio rarefeito para tal atividade, deve-se-lhes um forte incentivo e, mais que isso, constituíram o foco maior de sentimento de brasilidade, que aí reponta já coletivamente, não mais ligado apenas aos esplendores da terra, porém, como o orgulho relativo aos feitos pátrios, nas obras que aos seus membros inspiravam ou que delas saíram, como as de Rocha Pita, Mirales, Jaboatão, Itaparica, etc., sentimento que também se patenteia, por exemplo, na polianteia dos *Júbilos da América* (1754). Não será demais, portanto, ressaltar a importância desse movimento academicista no Brasil, como aliás fizeram Romero, Veríssimo, Ronald, Mota, Figueiredo, índice que é de nascente espírito associativo, no campo intelectual, e de nacionalismo que se tornava consciente. Era o preparo da emancipação, como se pode depreender da própria denominação, que já incluía a qualificação de "brasileiro" ou "brasílico", em franca reação contra as academias metropolitanas, das quais os intelectuais brasileiros se consideravam "esquecidos". Era, pois, o nacionalismo que se organizava.

A literatura barroca, não obstante a decadência, ainda logrará infiltrar-se, ao longo do século XVIII, nas manifestações literárias mais variadas em forte instinto de sobrevivência; no entanto, acompanhando o declínio aristocrático e a ascensão burguesa, há uma evidente mudança de gosto literário, que se orienta para novos rumos. Em vez de procurar exprimir o poder e a grandeza da vida, são a graça e a beleza, que encantam e agradam os sentimentos, que buscam tradução artística. Enquanto não se atinge o Pré-romantismo, a literatura cortês do Barroco deixa o lugar para uma forma de transição. Mas essa passagem não se faz insensivelmente. Ao contrário, há uma reação consciente contra o Barroquismo de seiscentos, expressa num amplo movimento de restauração classicizante, que, se não logra refazer o Classicismo absoluto, a exemplo da grande geração francesa de Luís XIV, se desenvolve sob a forma de neoclassicismos. Como afirma Toffanin, morreu o Classicismo, nasce o "espírito clássico". Embora fazendo parte daquela restauração, a partir do Renascimento, das formas e tradições do mundo antigo, teve, todavia, o movimento neoclássico do século XVIII um feitio diferenciado em relação ao Classicismo do *Quattrocento* italiano ou da Era de Luís XIV. Tendo aparecido, como uma tendência geral, nas artes e nas literaturas europeias ao longo do século, o Neoclassicismo, no propósito de recapturar o espírito dos antigos, o faz sem espontaneidade, antes como um resultado de erudição e entusiasmo intelectualista decorrente de um gosto arqueológico pela Antiguidade clássica. Resultou da aplicação de fórmulas e de princípios abstratos, do jugo preceptístico, de rígidos códigos de valores críticos e formas literárias, da preponderância crítica e didática, da preferência pela satisfação intelectual e lógica em lugar da emoção, pela elegância exterior em vez de unidade interna. Daí a frieza, o refinamento decorativo, a ausência de sentimentos humanos, paixão, fantasia, nessa arte de liberdade criadora coagida, pobre de frêmito criador, que cultivava uma beleza idealizada.

Inspirava o Neoclassicismo um código de regras críticas oriundas do Renascimento, congeladas e mecanizadas pelo cartesianismo rígido no credo neoclássico, em que se fundiram princípios aristotélicos e horacianos, conforme o preceito central do Neoclassicismo, a imitação dos antigos. Assim, a regra das três unidades para o drama, o absolutismo como critério de gosto, a preponderância da forma, o respeito pelo decoro, "propriedade", clareza, contenção, polidez, *bienséance*. Esse é o espírito que domina a teoria crítica de Boileau, Luzán, Pope, Dryden, Rymer, Gottsched, Dr. Johnson.[3]

Na literatura neoclássica predominam as formas de prosa expositiva. As formas líricas e imaginativas lhe eram de todo desfavoráveis, enquanto a epopeia, o drama, o poema, o herói-cômico, a sátira social, a tragicomédia, prestavam-se à maravilha à sua expressão.

O Neoclassicismo espalhou-se pela Europa na França pós-clássica de Voltaire, Rapin, Bouhours; na Inglaterra da "era augusta" de Pape, Dryden, Dr. Johnson, Addison, Steele, Swift, Defoe, etc.; na Alemanha de Winckelmann, Morhof, Gottsched; na Itália de Goldoni e Alfieri; na Espanha de Huerta, López de Ayala, Feijó, Luzán, etc.

A vivência neoclássica infiltrou-se também no espírito luso-brasileiro da época, e se encontra por toda a parte, procurando combater a frondosidade barroca em nome do ideal de precisão e lógica, sem embargo de, no mais dos casos, esse Neoclassicismo não passar de um pseudoclassicismo, pela submissão antes à letra do que ao espírito dos clássicos, e de nem sempre libertar-se das constantes barrocas. Aparece em alguns escritores colorido de tintas "ilustradas" e de liberalismo ideológico, contamina o Arcadismo, e incorpora elementos pré-românticos, como o sentimentalismo e o nacionalismo. Todavia, como acentua Sílvio Romero, à parenética neoclássica, ao lado da poesia lírica dos árcades, deveram-se reais progressos na linguagem, sem falar na influência que exerceu no pensamento filosófico e no espírito autonômico bem delineáveis em escritores pré-românticos.

A forma neoclássica a que mais permeável se mostrou a literatura de língua portuguesa do século XVIII foi a corrente de proveniência italiana, conhecida como o Arcadismo.

Pelos finais do século XVII fixou residência em Roma a jovem exrainha da Suécia, Cristina, filha do Rei Gustavo Adolfo, e que havia pouco abdicara ao trono e ao luteranismo, convertendo-se ao catolicismo. Depois de vagar pelas cortes europeias escandalizando nobreza e povo com seu saber e extravagâncias, com enorme séquito e uma rica biblioteca, encontrou guarida no Vaticano. Inteligente, culta, dada aos estudos filosóficos e literários, desde a Suécia formara o hábito de reunir no palácio real sábios, artistas, poetas, cientistas, com os quais constituíra verdadeiras academias para a discussão de problemas ou a leitura de trabalhos de natureza literária ou científica. Em Roma, a soberana atraiu para suas reuniões a fina flor da inteligência italiana, formando um cenáculo intelectual que, à sua morte em 1689, se transformaria na *Arcádia* (1690) organizada pelos amigos da rainha desejosos de não se dispersarem e de não deixar perder-se a semente que lançara.

Nasceu, assim, com regulamento e programa, a nova academia composta de 16 membros, presidida por Crescimbeni.

O nome da Arcádia veio da lendária região da Grécia antiga dominada pelo deus Pan e habitada por pastores que se divertiam com canções de amor e pugnas poéticas, caracterizadas pela simplicidade e espontaneidade. Era a pátria da antiga poesia pastoral (Toffanin). Os membros da Arcádia chamavam-se "pastores", cada um deles adotando um nome pastoril, grego ou latino, sendo o presidente o "Guardião Geral". Era patrono da instituição o Menino Jesus, símbolo de simplicidade, o que prova também a ausência no movimento arcádico de contaminação de anticlericalismo ou irreligiosidade ilustrada. Como sinal do espírito pastoril, as reuniões efetuavam-se em parques ou jardins das grandes vilas romanas, até que, em 1725, o opulento Rei D. João V, de Portugal, ofertou à academia o idílico bosque Parrasio, junto ao Janículo.

O propósito expresso da Arcádia era combater *il cattivo gusto*, o mau gosto reinante, herança do seiscentismo. Era, pois, um movimento de reação contra o Barroquismo decadente, no seu estilo ampuloso, suas sutilezas conceptistas e sua retórica artificial, com um programa precioso e antecipado de reforma linguística e literária, de reconstrução antisseiscentista. A norma geral preconizada pela Arcádia para atingir essa renovação dos cânones gastos foi um retorno ao equilíbrio e à simplicidade da arte clássica, à naturalidade e clareza dos modelos primitivos greco-romanos, em suma, ao Classicismo puro e genuíno, através do restabelecimento da verdadeira estética e poética antigas, da forma clássica, do *buono stile* da *naturalezza del dire*, da boa tradição humanística e do conteúdo cristão, conforme o exemplo de Petrarca ou, melhor ainda, do petrarquismo quinhentista. Nessa "premissa antisseiscentista e classicizante" reside a principal inspiração do Arcadismo. É o último rebento do movimento de restauração clássica e racionalista iniciado no Renascimento. Na oposição ao irracionalismo barroco, o Arcadismo concilia, como assinalam Croce, Fubini e Moncallero, o Racionalismo e o Classicismo: a soberania da razão e da autoridade literária, a lei da imitação, o regularismo estético, a disciplina literária racional, perseguindo a verdade na imagem e no sentimento, a precisão e a realidade da expressão, a medida, a disciplina, a conveniência. Assim, ao Barroco se contrapõe a razão, a simplicidade, a naturalidade expressional, como caminhos para a boa realização poética. O mito da Arcádia faz parte do complexo mítico de regiões de sonho, produtos do idealismo renascentista, terras de utopia e cidades do sol. A Arcádia é uma região ideal e fictícia, de extrema beleza, de onde foram expulsas as paixões perturbadoras, refúgio maravilhoso e feliz das ideias e do deleite espiritual. Essa região ideal situava-se no campo, em plena natureza pura, por isso o tema da Arcádia sempre esteve ligado à literatura pastoril e bucólica, e ao denominarem-se pastores os árcades significavam muito bem seu anelo fantástico de evasão para um paraíso campestre, traduzindo seu sentimento numa poesia ingênua e idílica, de inspiração e motivação pastorais, e situando-se fora de sua condição real. Sannazaro, publicando o romance pastoral *Arcádia* (1504), introduziu o tema e o nome na literatura ocidental moderna, influindo no desenvolvimento da voga arcádica italiana, da qual partiu o movimento para outros países.

    O que estava implícito no sonho árcade era o desejo de "uma livre e pura expressão lírica do sentimento", como define Calcaterra,[4] "em contraste com a realidade e a razão, ao pressuposto de que a verdadeira poesia se inspira em um entusiasmo natural e se exprime com naturalidade, em nome de uma simplicidade quase pastoril, de uma fictícia inocência primitiva e de uma ingenuidade bucólica, considerando o sentimento a fonte mesma da poesia". E acrescenta o crítico italiano: "Seu segredo artístico, sua *quidditá* poética, será colher liricamente, por via interior, o contraste entre o sentimento e a razão, tornados os dois polos espirituais da vida setecentista."

Do ponto de vista formal, a aspiração arcádica a uma maior liberdade e simplicidade conduziu a um retorno aos modelos anacreôntico e pindárico, realizando-se através do verso solto, e de elegias e odes, a simples e idílica, suspirosa e mélica alma lírica da Arcádia setecentista. A verdade seja dita, como acentua ainda Calcaterra, que há algo de falso e artificial nessa simplicidade procurada, que, reagindo contra o retoricismo barroco, redunda afinal em outra forma de retórica, a esconder não um ânimo lírico, mas um ânimo literário, amestrado pela nova razão poética.

Duas características fizeram da Arcádia um movimento — mais um estilo do que uma escola, disse com razão José Verissimo — tipicamente setecentista: sua tendência supernacional ou internacional e seu espírito democrático. A par de sua finalidade renovadora que fez que a instituição empreendesse uma guerra de destruição das aberrações literárias vigentes, reunindo não apenas os homens mais famosos do tempo (como é o caso da Academia Francesa), mas os que estavam deliberados na luta pelas reformas literárias e linguísticas, a Arcádia assumiu um cunho internacional, irradiando-se em filiais pelos diversos reinos e cidades da Itália, além de atrair filiações de indivíduos e associações culturais de países estrangeiros, que se denominaram "colônias".

Além disso, a Arcádia, pela sua organização igualitária, filia-se ao espírito democrático, proclamando-se uma "república literária", com um presidente eleito, e pastores com nomes fictícios para demonstrar a renúncia à sua condição social, igualando-se aos demais, sem preferências ou privilégios.

O conceito básico da utopia arcádica é a identidade entre a Civilização e a Natureza, nesta residindo toda a beleza, sede da vida pastoril exótica e estranha, povoada de pastores e pastoras, contrastante com a vida das cidades, desconfortável e angustiosa, da qual fugiam os que desejavam a paz do espírito e o deleite do amor puro. A noção de Natureza, mostrou-a Willey,[5] não teve rival como ideia diretora universal no século XVIII: a Natureza e suas leis tinham autoridade indiscutível, desempenhando papel significativo em todos os domínios, esperando-se dela que introduzisse, na arte e na literatura, ordem, unidade, proporção. Por todo o século o conceito de Natureza foi o padrão, apesar das mudanças de sentido que se operaram no seu decorrer. De qualquer modo, a ideia de Natureza ocupa o centro da concepção setecentista do mundo: a Natureza cósmica e paisagística, a Natureza do coração (sentimento) e a Natureza do cérebro (*esprit*).

Através das várias figuras da época e das suas diversas correntes estéticas, a noção de Natureza está presente como a constante mais forte. O próprio mito do Setecentos é o da união do Homem com a Natureza, na paisagem, como se pode compreender na pintura do tempo, sobretudo em Watteau, com a criação das *fêtes galantes*, sempre *fêtes champêtres*, grupos de jovens divertindo-se despreocupadamente em pacíficos ambientes bucólicos e pastoris, com música, dança e poesia, ou em episódios de caça. Tudo isso reflete a concepção do estado de natureza como situação áurea e feliz e como a idade da pureza e da bondade, que iria traduzir-se no conceito do homem naturalmente bom de Rousseau, de tanta fortuna, como ponto de partida de verdadeira religião por todo o Romantismo. Assim, a emoção da Natureza infiltra-se por toda a literatura do século XVIII, mesmo de permeio com elementos clássicos e mitológicos, barrocos e iluministas.

Dos escritores italianos da época, os que mais influenciaram a literatura de língua portuguesa foram Metastasio (1698-1782), Rolli (1687-1765), Maffei (1675-1755), Goldoni (1707-1793).

Da Itália, o movimento arcádico passou a Portugal e ao Brasil. Encontrando, no século XVIII, um Portugal empenhado numa reação contra o castelhanismo, inclusive como reação paralela à restauração da independência política em face da Espanha, o movimento arcádico antisseiscentista de origem italiana só poderia despertar boa ressonância. Demais disso, o terreno estava preparado pela voga das academias, que, tendo-se tornado focos de culteranismo, se transformaram, na segunda metade do século XVIII, em corporações de tipo arcádico ou científico e prático. Essa reação antibarroca processou-se no sentido do regresso à boa tradição clássica, e também das normas francesas, a cuja influência os próprios italianos já não fugiam. Assim, a corrente academicista reagia contra os seus próprios excessos, continuando sob outra forma e com outros objetivos. Era a volta à simplicidade e pureza dos modelos clássicos, à tranquilidade da vida antiga que inspirava essa renovação dos cânones cediços.

Em Portugal, o Arcadismo instalou-se com a Arcádia Lusitana (1756-1774), reunindo escritores de nomeada e de importância na história literária portuguesa, como Antônio Dinis da Cruz e Silva, Gomes de Carvalho, Manuel de Figueiredo, Cândido Lusitano, Domingos dos Reis Quita, Correia Garção, José Caetano de Mesquita. Houve, ainda, a Nova Arcádia, no final do século XVIII, de que foram membros Bocage e José Agostinho de Macedo.

No Brasil o movimento arcádico vingou com os poetas da chamada "escola mineira":[6] Cláudio Manuel da Costa, Basílio da Gama, Santa Rita Durão, Alvarenga Peixoto, Tomás Antônio Gonzaga, Silva Alvarenga. Seu início é assinalado pela distribuição das *Obras poéticas* (1768), de Cláudio Manuel da Costa. De todos os árcades, o único a pertencer realmente a alguma corporação arcádica foi Basílio da Gama, filiado à Arcádia romana, com o nome de Termindo Sipílio. Os brasileiros foram, no dizer de Alberto Faria, "árcades sem arcádias",[7] pois parece fora de dúvida que jamais existiu uma Arcádia brasileira e que a denominação de árcades e Arcádia Ultramarina, que tanto ocupou nossos historiadores, é um problema definitivamente superado, desde que nenhum documento idôneo até hoje apareceu que comprovasse sua existência, o que leva a crer tratar-se de designação genérica, ideal, geográfica ou domiciliar, com referência aos poetas arcádicos brasileiros ou que viviam no

Brasil, ou de uma das muitas "reuniões acadêmicas" ou academias comuns no século XVIII.[8]

A importância dos árcades brasileiros tem sido posta em relevo por uma série de eruditos e críticos — Januário da Cunha Barbosa, Varnhagen, Pereira da Silva, Joaquim Norberto, Fernandes Pinheiro, Oliveira Lima, José Veríssimo, Ramiz Galvão, Sílvio Romero, João Ribeiro, Alberto Faria...

Oferecendo condições para o aparecimento de um grupo de intelectuais, Vila Rica pôde agasalhar os homens de maior cultura literária do tempo, aptos a receber as sementes da renovação que estava em curso para substituir o decadente Gongorismo. Por outro lado, o país apresentava evidentes sinais de progresso intelectual, de vida literária associativa, de público ledor mais interessado, de maior divulgação da cultura e do livro.

E assim, incorporando qualidades novas — o individualismo e o sentimento da natureza — o Arcadismo mineiro é o início propriamente do lirismo pessoal brasileiro. O velho nativismo transformou-se e desenvolveu-se, imprimindo um selo que se tornará, sobretudo depois do Romantismo, distintivo da literatura brasileira. Destarte, é um passo novo, uma contribuição que através da forma e da sensibilidade arcádica e adaptando a temática de origem clássica ao ambiente e ao homem locais, com sentimento e emoções específicas, conduz a literatura brasileira para a autonomia artística. É a "transição da fase puramente portuguesa da nossa literatura para a sua fase brasileira", afirmou-o José Veríssimo, sobre ser, como salientaram Teófilo Braga e Fidelino de Figueiredo, um momento em que a poesia portuguesa recebe um impulso de renovação da parte dos brasileiros. Releva assinalar que essa nova vibração artística encontrou, por primeira vez na história brasileira, um grupo numeroso de artistas altamente conscientes de seu ofício e dotados de superior estro poético.

O essencial na compreensão do século XVIII, no concernente às formas artísticas, é abstrair qualquer preocupação de isolar as correntes. É que as que atravessam o século — a barroca retardatária, a neoclássica, a arcádica e a iluminística — correm de mistura, mesmo quando se opõem, constituindo uma rede de complicado entrelaçamento, para desaguar no Romantismo, passando por uma fase pré-romântica em que atinge ao auge a confusão de tendências.

É certamente difícil, senão impossível, estabelecer limites precisos entre Barroquismo e Neoclassicismo ou entre Arcadismo e Iluminismo e Pré-romantismo. Em verdade, como ensina Fubini, o Pré-romantismo é a tendência implícita a toda a literatura setecentista.[9] Encontram-se no século a continuação do renascimento clássico; o impetuoso movimento racionalista e iluminista; a reação aristocratizante expressa na beleza ideal e na graça em vez de no poder e na grandiosidade; uma nova irrupção do emocional, da sensibilidade e do irracionalismo, traduzido no movimento do *Sturm und Drang* alemão e finalmente no Romantismo.

As épocas ou períodos oferecem uma unidade interna. Ideias, pontos de vista, atitudes, mundividências, valores, crenças e normas de pensamento, transformam-se em vida, fluindo com o seu curso, criando a ideologia corrente, o "espírito da época". É nesse processo que Dvorak assinala, como já foi referido, uma identidade de impulso dos produtos espirituais da época, o que levaria a compreender o seu espírito como um único manancial, de cujas águas derivariam as criações da arte, da literatura e do pensamento, em uma palavra, as formas de vida. Por isso, mudanças internas na sociedade refletem-se na eclosão de novos estilos nas artes, como acentua Wylie Sypher,[10] ao estudar o problema da analogia dos estilos segundo a organização formal. E acrescenta: "Um estilo é um aspecto do curso de uma história mais ampla, e o crítico deve tentar relacionar o advento de estilos diferentes com o de atitudes humanas que se representam, numa direção, pelas artes (...). Há relações entre os estilos eles próprios e entre os estilos e a história." Não se deve, ensina ainda Sypher, encarar os estilos como absolutos; nem pressupor que toda obra de arte ou literatura revela de maneira completa o estilo do período ao qual se pensa que pertence. De qualquer modo, porém, no dizer de W. J. Bate, em *From Classic to Romantic*, "as concepções da natureza e os propósitos da arte correm estreitamente paralelos às concepções do homem e do seu destino, pois a arte, em uma de suas funções primárias, é o intérprete dos valores".

Destarte, a unidade das épocas é um fato revelado estilisticamente, com uma correspondência estreita entre o estilo individual e o estilo da época, pois, conforme o ensinamento de T. M. Greene,[11] o estilo característico de um autor é, usualmente, comum à sua escola e ao seu período, não podendo servir, de modo absoluto, de elemento distintivo, tomado isoladamente, de um autor, como ocorre com o Barroquismo e o Arcadismo, quando suas características se encontram em diversos autores do período e em nações diferentes.

Essa noção é que leva certos historiadores a procurar definir a época setecentista em bloco, rotulando-a com uma etiqueta oriunda da história das artes — o termo "rococó". A palavra deriva de *rocaille*, em forma de concha, que era um motivo comum da ornamentação da época, e seu uso remonta a 1830, aplicado às manifestações artísticas da fase Pós-barroca de 1720 a 1780. É entre os alemães, sobretudo, que vigora a tendência, expressa em obras de Ermatinger e Cysarz.[12] À espera, porém, de que se configure entre os historiadores, como acontece com a época barroca, a definição e caracterização integral da era rococó, é indubitavelmente lícito o emprego do termo em estudos comparatistas de artes e letras, onde se evidencia mais facilmente a unidade do período estético. É natural a lentidão com que se fixam essas denominações periodológicas, e se, como assinala Cysarz, o Barroco só no último quinquênio conquistou a história literária, já de vários lados as portas se abrem à recepção do conceito de Rococó e uma obra fundamental sobre o Rococó na literatura flutua no ar.[13]

Dentro dessa ordem de ideias, Hatzfeld estuda o século XVIII francês como a expressão do Rococó nas artes e literatura, em termos aplicáveis às outras manifestações artísticas fora da França.[14] Segundo sua análise, o espírito rococó encorpa-se em aspectos particulares do espírito, do ânimo e da vida francesa setecentista, refletido em muitos exemplos da literatura e da arte, de Marivaux, de Gresset, de Crébillon, de Voltaire, de Watteau, de Fragonard, de Boucher, de Lancret. Mostra Hatzfeld de que se compõe esse espírito rococó: 1) uma gama de amor, do namoro ao idílio, à lascívia, ao erotismo; 2) a natureza como o lugar ideal para o prazer voluptuoso (*fêtes champêtres*, paisagens eróticas, etc.); 3) intimidade na vida e nas instituições sociais (interiores, música de câmara, *bijous*, cenas íntimas, etc.); 4) máscaras e disfarces, como recurso intimista para velar e revelar; 5) *esprit*, talvez o maior predicado do espírito rococó (ironia de Montesquieu e Voltaire). Essas qualidades mostram a inseparabilidade, no espírito rococó, entre o *esprit* e o gracioso, combinados na "paixão racionalista". É a esse espírito que se aplicam certos epítetos e qualificativos, como *mignardise*, *marivaudage*, *galanterie*, *goût voltigeant*, *jolies bagatelles*, *gamineries folles*, designativos, como afirma Hatzfeld, de uma arte polida, de indecência velada, de correção coberta pela inteligência e polidez, de sonhos reprimidos, de ironia melancólica, de mais desejos inflamados pela razão e transformados em algo encantador, leve, idílico, insolente, insinuante, contagioso.

É a época do minueto, a dança amaneirada, de elegância sofisticada, de movimentos miúdos e precisos.

Examinando-se a literatura arcádica, encontram-se disseminados os elementos típicos do espírito rococó: culto sensual da beleza, afetação, refinamento, frivolidade, elegância, linguagem melodiosa e graciosa, sentimentalismo, intimismo, lascívia, gosto da natureza. Arte de transição de uma era de transição, exprime a passagem da época cortês para a sociedade em que a classe média fornecerá os padrões de gosto e sensibilidade, caminhando no sentido do subjetivismo.

No Brasil, a literatura produzida nos fins do século XVIII reflete, de modo geral, esse espírito e esse estilo rococó, podendo-se apontar a obra de Tomás Antônio Gonzaga como a sua expressão máxima.[15]

ROCOCÓ

As tentativas de aplicação do conceito do Rococó, originário das artes plásticas, à literatura do século XVIII, são recentes. Mesmo o uso da palavra na historiografia e crítica das artes figurativas e como termo de periodização artística só no final do século XIX adquiriu caráter generalizado e ainda assim na Alemanha. Mas a coincidência entre o Rococó e o século XVIII, como um bloco, ainda agora é matéria controversa, inclusive nas artes figurativas. Em literatura, a aplicação do conceito remonta, mais ou menos, à década de 40. A adoção do termo em história literária, as tentativas de precisão do conceito, a valorização do estilo literário, a extensão do período nos planos nacional e europeu, em suma as questões de princípio e método, essa aplicação tornou-se mais assídua entre os *scholars* alemães, italianos e franceses em torno daquela década, paralelamente aos mesmos esforços a propósito do uso de outro termo, o Barroco. Podem citar-se alguns nomes pioneiros: H. Cysarz, E. Ermatinger, A. Koster, H. Kindermann, F. Sengle, E. Bockmann, T. Erb, H. Barth, F. Martini, R. Newald, E. Rohrmann, R. Hubner, L. Falda, M. Greve, J. E. Hiller, V. Klemperer, H. Heckel, H. Hatzfeld, M. J. Isaacs. Em 1958, deu-se um acontecimento fundamental: a exposição em Munique dedicada ao Rococó europeu, a que se seguiu o Congresso Internacional em Roma, em 1960, dedicado aos três conceitos: *Maneirismo, Barroco, Rococó*, publicado em livro do mesmo título, em 1962. Os trabalhos de então mostram que o uso da palavra entre os estudiosos alemães supera de muito os que surgem entre os italianos, franceses, ingleses e espanhóis. Mas há, de então para cá, uma tendência crescente ao uso e consideração do termo como problema importante em historiografia literária e como solução para a periodização do século XVIII.

O eminente romanista alemão Helmut Hatzfeld, radicado nos Estados Unidos, como professor, depois aposentado, da Universidade Católica da América, de Washington, foi dos primeiros a propor a aplicação do termo à literatura. Em um livro de 1952, *Literature through Art*, e diversos ensaios em revistas, aquele sábio veio exemplificando a possibilidade e conveniência da aplicação do conceito à literatura do século XVIII. René Wellek, em sua *Teoria literária*, dissera que estava no ar a necessidade de um estudo de conjunto sobre a literatura rococó. Como a responder a esse desejo, Hatzfeld publicou esse livro: *Rococo: Eroticism, Wit, and Elegance in European Literature* (Nova Iorque, Pegasus, 1972). É o primeiro livro de conjunto sobre a literatura rococó, abrangendo a França, a Inglaterra, a Alemanha, a Itália, a Espanha e Portugal. Anteriormente, havia o ensaio de Alfred Anger, sobre o Rococó literário alemão, o livro de Roger Laufer, *Style Rococo, style des Lumieres* (1963) e o esplêndido estudo do mestre italiano Walter Binni, apresentado ao Congresso de Roma. Sem falar no livro de Fiske Kimball sobre arte em geral, *The Creation of the Rococo* (1943), e o de Philippe Minguet, *Esthétique du Rococo* (1966). Ainda sobre literatura rococó, há estudos de Wylie Sypher, Frederick Artz, Herbert Dieckmann, este último excelente *mise au point*, no volume *The Disciplines of Criticism* (1968), dirigido por Peter Demetz em homenagem a René Wellek. Ainda mais recente é um ensaio de Patrick Brady sobre o estado presente dos estudos acerca do Rococó, publicado em *Comparative Literature* (Winter, 1975). Por último, cabe menção ao estupendo livro de Arno Schoenberger e Haldor Sohner, cuja tradução inglesa obedece ao título do original alemão: *The*

Age of Rococo (1960), ao contrário da francesa que se intitula *L'Europe du XVIIIe siècle* (1960).

Hatzfeld concebe a literatura rococó preenchendo um período completo. Diz ele: "Todas as obras literárias do século exibem o mesmo espírito ou estilo cultural, que combina o erotismo, *wit* e elegância de apresentação." É o que se pode chamar um critério monolítico do período (século XVIII), marcado por aquelas qualidades acima indicadas. Esse critério desperta ainda entre os estudiosos alguma controvérsia, outros inclinando-se por uma visão pluralística do período, no qual coexistiriam outros estilos, fosse superpondo-se, fosse combinando-se, fosse interpenetrando-se. Há diferenças entre as várias áreas culturais quanto a datas e predomínio deste ou daquele *medium* artístico de realização. Aqui é a arquitetura, ali a literatura, acolá a jardinagem ou a decoração interior, ou a escultura ou a pintura. A partir de sua premissa metodológica, Hatzfeld examina os aspectos típicos da literatura rococó nos países da Europa aludidos acima. Todavia, em literatura, o Rococó é sobretudo um estilo francês. Para bem apontar as características do Rococó literário, compara-as com as do Barroco. No Barroco domina o teatro da palavra, no Rococó o da ação, em que os cenários, vestuários e movimento são enfatizados; a *bienséance* do Barroco desaparece no Rococó; o claro-escuro do Barroco, em que as coisas são veladas, é substituído pela clareza franca, como no Renascimento. O Barroco acredita no épico heroico, enquanto o Rococó só conhece o herói-cômico. As paixões humanas são o grande objetivo do Barroco, tratadas com seriedade e profundeza metafísica; o Rococó as encara com superficialidade, cinicamente, socialmente. A intervenção divina, os mistérios e milagres são aceitos pela Era Barroca, ao passo que o homem do Rococó é cético, agnóstico, naturalista. Os gêneros preferidos do Rococó são o romance de costumes, o romance social, escrito em forma de carta ou de memórias. Esses romances galantes ou libertinos, unindo erotismo, *wit* e elegância ou graciosidade, e sentimentalismo, ironia cética, caracterizam a época.

A primeira figura a apontar é, por excelência, Marivaux, no romance e teatro. Seguem-se Crébillon, Prévost, Duclos, Laclos (este "o mestre crítico do resumo e condenação da civilização rococó", o fim do Rococó, sendo *Les liaisons dangereuses* superior a todos os outros romances do Rococó), Diderot, Beaumarchais, Voltaire. Na Inglaterra, o Rococó francês aparece especialmente na chamada "era augusta", com Gay, Pope, Burns, Defoe, Sterne, Smollet. Na Alemanha, o espírito rococó aparece em várias figuras, como o jovem Goethe, Wieland, Lessing, Gellert, von Thummel. Os italianos também participam do estilo: Parini, Saviola, Gravina, Moratori, Frugoni, Goldoni, entre outros. Na Espanha, citam-se Alonso de Aragón, Estéban de Arteaga, Moratín Cadalso, Ramón de la Cruz, Meléndez Valdez. Em Portugal, o Rococó não oferece tão claras características, visto à luz do Rococó francês. Mas aparecem, muita vez de mistura com elementos iluministas ou arcádicos, em Cavaleiro de Oliveira, Antônio José da Silva,

Correia Garção, Antônio Dinis da Cruz e Silva, José Agostinho de Macedo, Bocage. De qualquer modo e quaisquer que sejam as restrições e controvérsias ainda possíveis em relação ao problema, o livro do grande Hatzfeld é um seguro roteiro que avança as discussões e aprofunda os debates de modo alto e sobre documentação e reflexões à altura da melhor erudição.

NOTAS

1   A palavra "iluminismo" é tradução da alemã Aujklaerung, tendo entrado no uso, ao lado de "ilustração", para designar a mentalidade, dominante no século XVIII, constituída de racionalismo, investigação científica, concepção otimista do mundo, crença no progresso ascensional, espírito enciclopédico, científico e experimental, e que era definida pela metáfora das "luzes" da razão, da razão que "ilumina", que ilustra, que esclarece. Daí filosofia das luzes, da ilustração, iluminismo, mentalidade iluminada ou iluminística.
2   Sobre as academias portuguesas, a partir da dos Singulares (1628) e da dos Generosos (1647), do século XVII, ver o quadro que levantou Fidelino de Figueiredo, em *História da literatura clássica*. II vol. E, quanto às ideias literárias que defenderam, consultar a História da crítica em Portugal, do mesmo autor.
3   Sobre os pressupostos teóricos do Neoclassicismo, ver: Atkins, J. W. H. *English Literary Criticism. 17th and 18th Centuries*. Londres, Methuen, 1951; Bate, W. J. *From Classic to Romantic*. Cambridge, Harvard Univ. Press, 1946; Bosker. A. *Literary Criticism in the Age of Johnson*. Groningen, 1953; Menéndez y Pelayo, M. *Historia de las ideas estéticas en España*. Buenos Aires, Espasa Calpe, 1943, vol. III; Monk, S. H. *The Sublime*. NY, MLA, 1935; Needham, H. A. *Taste and Criticism in the Eighteenth Century*. Londres. Harrap, 1952; Saintsbury, G. *A History of Criticism and Literary Taste in Europe*. Edinburgh, 1900. vol. II; Wellek, R. *A History of Modern Criticism*. New Haven, Yale Univ. Press, 1955, vol. I; Hipple, W. J. *The Beautiful, the Sublime and the Picturesque in Eighteenth Century British Aesthetic Theory*. Carbondale, 1957.
4   C. Calcaterra. *Il Parnaso in revolta*, pp. 223 ss.
5   Basil Willey. *The Eighteenth Century Background*. Londres, 1946.
6   Não há nenhuma propriedade no uso das fórmulas "escola baiana", "escola mineira", "escola Fluminense", "escola maranhense", como fazem diversos historiadores literários brasileiros, para designar os grupos de escritores que viveram na Bahia seiscentista, em Minas, na época da Inconfidência, no Rio de Janeiro e no Maranhão. Não passavam de grupos circunstanciais, que não constituíram escolas, no sentido estrito, justificando apenas a referência como "grupo" ou, como fez José Veríssimo, "plêiade".
7   A. Faria. *Aérides*. Rio de Janeiro, 1918, pp. 88-99.
8   Sobre o assunto, ver: A. Faria, op. cit.; J. Verissimo. *Estudos de literatura*, vol. IV, pp. 157-200; T. Braga. *Filinto Elísio e os dissidentes da Arcádia*; F. Figueiredo. *História da literatura clássica*. vol. III, pp. 205-238; A. Mota. *Hist. lit. brasil*. vol. II. Ver o cap. "O movimento academicista", no vol. III desta obra.

9   M. Fubini. "Arcádia e lliuminismo" (in A. Momigliano. *Problemi de orientamenti critici*. vol. IV: *Questioni e correnti di storia letteraria*. Milano, Marzorati, 1949, p. 595).
10 Wylie Sypher. *Four Stages of Renaissance Style*. NY, 1955, p. 7.
11 T.M. Greene. *The Arts and the Art of Criticism*. Princeton, 1940.
12 "Fora da arquitetura o Rococó deveria envolver manifestações tão díspares na aparência como o são a pintura de Watteau e Tiepolo, o estilo Luís XV, o frívolo Arcadismo, as músicas de Jomelli, Gluck, Cimarosa, Mozart, o melodrama, as comédias de Marivaux e de Goldoni, a Enciclopédia, a franco-maçonaria, o Antimecanicismo de Berkeley, o Mecanicismo de Condillac, o Experimentalismo de Hume e dos herdeiros de Locke, as tendências econômicas e sociais que irão redundar na chamada Revolução Industrial da Inglaterra e as tendências sociais, econômicas e ideológicas que desembocarão na Revolução Americana e na Revolução Francesa.
"Formas de pragmática e etiqueta, móveis e utensílios caseiros, preferência dada a determinados materiais sobre outros (a seda, o vidro, a porcelana, a madrepérola, a madeira, nos países do norte, substituindo largamente a pedra), estilos de ornamentação e de jardinagem, movimentos religiosos (o Metodismo, o Pietismo), charlatanismo místico (Cagliostro), reordenação de classes, de ideias, de valores, inspirada em parte pela crescente afirmação da burguesia, coexistência de atitudes e princípios contrastantes, do aulicismo com a revolta, da sentimentalidade lacrimosa com o epicurismo ético, do sensualismo com o racionalismo, da mitologia pagã e da *chinoiserie*, tudo isso deveria congregar-se e irmanar-se sob o mesmo rótulo. Que sutilezas de raciocínio não seriam necessárias para se forjar um comum denominador entre elementos tão adversos uns aos outros?
"Todavia, não precisa uma extrema atenção para verificar-se como entre essas formas distintas e opostas existem certas zonas de contato e mesmo laços secretos que justifiquem e até pareçam reclamar um tratamento comum. Quando elas não se explicam pelo parentesco, podem explicar-se, não raro, pela própria contrariedade. E será talvez proveitoso, para melhor entendê-las, tentar considerar essas formas discordantes em uma só e mesma perspectiva, capaz de unificá-las e momentaneamente averiguá-las, contanto que, logo em seguida, possam reaver sua liberdade e que o artifício provisório não se converta para o historiador numa fatal armadilha." Sérgio Buarque de Holanda. "Domínio rococó" (in *Diário Carioca*, 6 de setembro de 1953).
13 In *Filosofía de la ciencia literária*. Dir. E. Ermatinger. Edição em língua espanhola. México, 1946, p. 130.
14 H. Hatzfeld. *Literature through Art*. Oxford, 1952, p. 102 ss.
15 Os estudos sobre o Rococó multiplicaram-se ultimamente: Bazin, G. *Classique, Baroque and Rococo*. Paris, Larousse, 1964; Kaleman, P. *Baroque and Rococo in Latin America*. NY, Macmillan, 1951; Kaufmann, E. *L'Architecture au Siecle des Lumières*. Paris, julliard, 1955; Kimball, F. *The Creation of the Rococo*. NY, Norton, 1943; Lanfer, R. *Style Rococo, style des Lumières*. Paris, Corti, 1963; Millon, H. *Baroque and Rococo Architecture*. NY, Brazille, 1965; Minguet, P. *Esthétique du Rococo*. Paris, Urin, 1966; Powell, N. *From Baroque to Rococo*. Londres, Faber, 1959; Schoenberger, A. Soehner, H. *L'Europe du XVIIIe siècle*. Paris, Deux Mondes, 1960. Ver também: *Encyclopédie de la Pléiade*. "Histoire de l'Art. Paris, NRF, 1961-1965, 3 vols.; Huygue, R. *L'Art et l'Homme*. Paris, Larousse, 1957, 3 vols.; Peusner, N. *An Outline of European Architecture*. Londres, Pelican, 1953; Hauser, A. *A Social History of Art*. Londres, Kegan, 1951, 2 vols.

19. *Antônio Soares Amora*
A LITERATURA DO SETECENTOS

O Setecentismo: Neoclassicismo e reação anti-barroca. A ideologia da época. O Iluminismo. A ideia de Natureza. O Bom Selvagem. Pré-romantismo.

Não há, pelo menos de início, grande dificuldade em definir as linhas mestras da literatura brasileira do século XVIII e princípios do século XIX. O nosso Setecentismo caracterizou-se, do mesmo modo que o europeu, antes de mais nada como um movimento geral de regresso às fontes mais puras do Classicismo, e pela sobrestimação, e consequente imposição, dos cânones clássicos considerados ortodoxos. Quer dizer: o nosso Setecentismo também se caracterizou pelo Neoclassicismo, em princípio uma declarada reação contra os exageros do Cultismo e do Conceptismo. Reabilitada a fidelidade aos princípios fundamentais da estética clássica, foi natural, na época, o empenho de imitar escritores e tendências do Classicismo greco-latino, e também do Classicismo moderno, que tinham sido fiéis intérpretes desses princípios: Homero, Anacreonte, Píndaro, Teócrito, Virgílio, Horácio, Ovídio, Petrarca, Sannazaro, Garcilaso, Camões, Corneille, Racine, Molière (para só falar de poetas). E não foi menos natural, quando se defendia um novo ideal de vida simples, na intimidade com a Natureza, que se pusesse em alta estima o bucolismo, que autenticamente viveram os pastores da Arcádia, da velha Grécia, e no seu sentido estético e ético estava superiormente expresso nos *Idílios* de Teócrito, nas *Églogas* de Virgílio e na *Arcádia* de Sannazaro. Com o movimento neoclássico impôs-se, assim, ao lado de outras tendências, como o Horacianismo, o Ovidianismo, o Virgilianismo, o Petrarquismo, o Camonianismo, o Arcadismo, que teve a sua primeira definição na *Arcádia romana* (1690) e que em Portugal e no Brasil se impôs, respectivamente, a partir da *Arcádia lusitana* (Lisboa, 1756-1776) e das *Obras* de Cláudio Manuel da Costa (1768).

Mas saber apenas que o Neoclassicismo caracteriza a literatura setecentista; que nesse movimento o Arcadismo foi das tendências mais dominantes; e mais, que, na segunda metade do século, o Romantismo anglogermânico se foi impondo, no mundo latino, como Pré-romantismo — parece que não é tudo para a compreensão da obra de Cláudio Manuel da Costa, Tomás Antônio Gonzaga, Alvarenga Peixoto, Silva Alvarenga, Basílio da Gama, Santa Rita Durão, Domingos Caldas Barbosa, Sousa Caldas, Frei Francisco de São

Carlos, José Bonifácio. Para ir ao mais importante da poesia e da poética dos nossos poetas setecentistas, impõe-se uma tomada de posição que possibilite uma perspectiva mais ampla da época, uma perspectiva que deixe surpreender e apreender aspectos mais variados e mais vivos de uma idade de nossa cultura que foi ao mesmo tempo, paradoxalmente, de requintes de Classicismo ortodoxo e de gestação do Romantismo. E está claro que essa tomada de posição tem de possibilitar ainda a projeção da referida perspectiva no plano da cultura ocidental, nessa altura a passar, é bem sabido, por profundas transformações.

Não é esta a oportunidade de fazer a análise das causas da revolução mental, moral, política, social e estética que tão vivamente caracteriza o século XVIII. Para o que importa ver em seguida, tenha-se presente apenas que só nos meados do século XVIII Portugal é atingido em cheio pela revolução setecentista, já então com francas afirmações na Inglaterra, na França, na Alemanha. E tenha-se ainda presente que se nós, na altura própria, fomos recolhendo, através de nossa Metrópole europeia, as ideias e os ideais novos e revolucionários, e os fomos afirmando em atos políticos (como a Inconfidência), em atos administrativos (como exemplificam os governos de Gomes Freire de Andrada, do Marquês de Lavradio, de Luis de Vasconcelos, de Bernardo José de Lorena, e mais francamente o de D. João VI), em atos mentais e estéticos (como suficientemente documenta a literatura da época) — essas afirmações, em nosso caso, não traduziram, muito naturalmente, uma comoção cultural, como ocorria na Europa: lá, uma cultura densa a revolver-se profundamente; aqui, uma cultura ainda o seu quanto informe e de superfície, a se arrepiar ao sopro de mais brandos ventos agitadores, se não por vezes de simples virações.

Confinando-nos no âmbito da poesia neoclássica e arcádica, mas tendo em mente a integração dessa poesia no complexo da cultura ocidental da época, não é difícil ver que os nossos poetas (no fim de contas, é preciso não esquecer, formados e alguns até radicados em Portugal) caracterizaram-se, como os seus contemporâneos europeus, por uma específica atitude perante a realidade e por uma não menos específica maneira de compreender e expressar essa realidade.

No que respeita à atitude é fácil verificar que, desde Cláudio Manuel da Costa a José Bonifácio, há em todos os nossos poetas dessa época, não importa que afirmado com mais ou menos veemência, um franco desejo de renovação da vida, de renovação do homem e de coerente renovação da arte; desejo que se traduz não apenas na afirmação corajosa de verdades novas sobre a vida moral e sentimental, como se pode verificar na poesia lírico-amorosa e de reflexão moral de Cláudio, Gonzaga, Silva Alvarenga, Sousa Caldas, José Bonifácio, mas até mesmo na atitude declaradamente revolucionária que se expressa em invectivas e sátiras, como é o caso, para só falar de obras relativas ao Brasil, das *Cartas chilenas*, de Tomás Antônio Gonzaga, e de certo modo o caso do *Uraguai*, de Basílio da Gama, declarado libelo contra a Companhia de Jesus.

Propugnando pela renovação do homem, os nossos poetas arcádicos (Cláudio Manuel da Costa, Tomás Antônio Gonzaga, Silva Alvarenga, Basílio da Gama, Santa Rita Durão, Sousa Caldas e José Bonifácio — para só falar agora dos principais) procuraram afirmar, como os seus contemporâneos, a convicção de que o homem ideal (que cada um a seu modo procurava definir e também realizar) era o "homem em estado natural", movido, racionalmente, por ideias claras e simples; moralmente, por princípios éticos naturais; sentimentalmente, por um coração ingênuo e portanto simples e puro (é Glauceste Satúrnio, transfiguração arcádica de Cláudio; Dirceu e Marília, idealizados por Gonzaga; Alcindo e Glaura, idealizados por Silva Alvarenga; é Diogo Álvares Correia, o "herói" puro, iluminado, piedoso e leal do *Caramuru*; são os índios de Basílio da Gama e do mesmo Santa Rita Durão; é o " homem selvagem" da ode de Sousa Caldas). Regressando ao seu "estado natural", que é o que sinceramente se desejava, o homem reintegrar-se-ia na Natureza, e assim estaria livre de todos os morbos mentais, morais, passionais da vida urbana "civilizada", reconquistando plenamente a sua pureza ingênita e sua existência natural, plena de felicidades. O *fugere urbem* horaciano repõe-se nos ideais de vida feliz. Tais convicções, não é demais repetir, informam assim as *Liras*, de Gonzaga; *Glaura*, de Silva Alvarenga; o *Uraguai*, de Basílio da Gama; o *Caramuru*, de Santa Rita Durão; a ode de *Ao homem selvagem*, de Sousa Caldas e a *Epístola*, de José Bonifácio,

Sobrestimada a Natureza, pelo que esta poderia oferecer de solução para o problema da felicidade humana, para ela se volta o Homem, com um interesse, com uma curiosidade, com uma amorável compreensão que se podem considerar das notas mais típicas do Setecentismo: um interesse, uma curiosidade, uma amorável compreensão, enfim, uma insólita sobrestimação que produziu, é sabido, como consequência, um franco progresso das ciências naturais (capítulo dos mais importantes da cultura da época) e, como vimos, todo um novo temário artístico, em nosso caso, todo um novo temário poético. Voltado francamente para a Natureza, o poeta setecentista não cura, como no Seiscentismo barroco (que agora se procurava superar), de surpreender e trabalhar os valores plásticos e estéticos que a mesma Natureza oferece, mas compreender o seu sentido moral e sentimental, ou por outras palavras, o seu sentido humano, o seu sentido para o drama existencial do Homem. Assim, em nossos poetas neoclássicos e arcádicos, bem como nos românticos, a Natureza (que não é apenas a paisagem, mas o Cosmo, na sua totalidade, na sua complexidade, a envolver, a compreender o Homem) contemplada e sentida conduz o Homem a um sentido novo do Divino, a um sentido novo das "sábias leis da vida" e a um sentido não menos novo e surpreendente da vida interior nos seus dramas morais e sentimentais. Resulta daqui, nesta poesia, a par de muitas descobertas, na Natureza, de novos motivos literários, uma especial concepção "naturalista" da existência, que é necessário entender, sob pena de se não compreender o mais importante de nossa poesia nesta época.

Compreende-se então a Natureza, não apenas como a paisagem, mas como o Cosmo, na sua totalidade, na sua complexidade, obra perfeita da Criação divina, regido por sábias leis. Integrado nesse Cosmo, o Homem tinha de conduzir sua existência no sentido da compreensão dessa sábia criação divina e no sentido da integração constante de sua vida espiritual, moral e sentimental na vida desse mesmo Cosmo. Essa compreensão e essa integração traduzem-se numa poesia em que é facilmente observável um franco e emocionado animismo, expressão, sempre que possível, com os recursos do simbolismo e do alegorismo neoclássico (*a lua, mansa consoladora; o sol, alegria, por vezes aspereza: negras tempestades; hórridos ventos; ásperos penedos: escabrosas, negras, tenebrosas grutas; rigoroso estio; ameno bosque; zéfiro suave; branca aurora; natureza habitada pelo homem em convívio com deuses, semideuses e personagens mitológicas: Vênus, Cupido ou Amor; Ninfas, Faunos, Sátiros, Orfeu, Dríades, Hamadríades, Eco, Narciso*). Empenhada a poesia numa redescoberta da Natureza, que se transfigura pelo animismo, e que comparticipa, numa intimidade *natural*, dos dramas morais e sentimentais do poeta, essa mesma poesia, neoclássica, arcádica e pré-romântica não chega apenas ao ponto de emprestar à Natureza um novo sentido humano e estético; vai mais além: acha e valoriza as notas locais da mesma Natureza; notas locais tão vivas em Cláudio, Gonzaga, em *Glaura*, de Silva Alvarenga, nos épicos, nos últimos clássicos do começo do século XIX; notas locais, de paisagem, de costumes (o Ribeirão do Carmo, o trabalho dos escravos na mineração, exotismos indianistas, a Gávea, o Pão de Açúcar, a mangueira, o beija-flor, o cajueiro, etc. etc.) depois de 1830 tão apreciadas pelos românticos, porque supostas notas antecipadoras de nacionalismo literário.

Mas para o século XVIII a felicidade não estava apenas na compreensão da Natureza e no regresso do homem às suas sábias leis. A perfeita integração Homem-Natureza só o "bom selvagem" realizava (daí sua entusiástica apologia na pena dos intelectuais e muito especialmente dos poetas setecentistas); na verdade, o *fugere urbem* só se poderia praticar, de fato ou em espírito, até certo ponto, e como solução circunstancial de paz e prazeres da alma e do corpo, porque o civilizado tinha de viver a sua vida urbana. Para o século XVIII o civilizado também poderia construir uma "idade de ouro", um "estado de felicidade" urbana, desde que procurasse o "bem comum" e o "progresso", e reconduzisse o Estado aos princípios do Direito Natural (veja-se o *Tratado de Direito Natural*, de Gonzaga) e pusesse no governo do Estado um "governante esclarecido". Nesta ordem de ideias ou no sentido destes ideais, típicos do século XVIII, puseram-se os nossos vice-reis, governadores e homens públicos do fim do colonialismo, todos ou quase todos tendo muito presente no espírito os modelos que a Europa de então ofereceu de "déspotas esclarecidos". Por sugestão do novo estilo político, à sombra de um generalizado protecionismo à vida espiritual, respondendo interesseiramente a vaidades públicas de toda ordem — foi natural na época uma profusa produção de poemas encomiásticos, comemorativos, apoteóticos, panegíricos, traduzidos em sonetos, odes, epístolas, epitalâmios, genetlíacos, quase sempre de conteúdo alegórico, e que têm, sabidamente, seu paralelo na pintura, na escultura e nas artes decorativas da época. Poesia laudatória de que nos oferecem nossos neoclássicos farta exemplificação, e que hoje consideramos importante documento para a história política e social do fim do colonialismo, incontestavelmente expressão de boa arte neoclássica, mas não lirismo de sincera e comovida expressão, que só a poesia dos dramas sentimentais e morais, e da natureza, logrou no século XVIII produzir.

Realizada uma modificação que estamos a ver profunda na atitude do Homem perante a realidade e na maneira de agir sobre essa realidade, os poetas neoclássicos e os pré-românticos vieram, muito naturalmente, a impor também um novo estilo poético, entendendo-se como tal, não apenas uma linguagem, isto é, uma expressão literária, mas também uma estrutura poemática, tudo muito diferente do que caracterizara a poesia seiscentista. Quanto à linguagem, percebe-se, já nas *Obras* de Cláudio, o quanto se busca a simplicidade nas ideias, nas imagens, nos conceitos, no recorte da frase, na linha do discurso e na composição da obra. No que toca ao verso, se por um lado libertam o decassílabo de constrangimentos (acentos fixos, corte quase que exclusivamente no fim do verso, rimas obrigatórias) vindos do século XVI, por outro lado cultivam fartamente os versos curtos, com especial preferência o redondilho maior e menor, de tradição popular, portanto mais natural e ingênuo, se não de fato, pelo menos nas intenções dos novos cultores. Finalmente, quanto aos gêneros poéticos, se por um lado se volta, por sugestão do Neoclassicismo, ao equilíbrio e à harmonia da ode horaciana, do soneto camoniano na sua forma mais espontânea, por outro lado se volta aos gêneros ligeiros, como a ode anacreôntica, as liras, os rondós, os madrigais. Até mesmo o poema épico, de nobres tradições na língua portuguesa, sofre uma substancial reforma no sentido poemático e temático, uma substancial reforma no sentido da liberdade de concepção, da simplificação da estrutura, e da clarificação (como se pode ver no *Uraguai* e no *Caramuru*).

Do que se disse até agora não é difícil depreender que há em nossa poesia neoclássica duas tendências, de diversa origem, que de início (terceiro quartel do século XVIII) se conciliam, mas acabam (no primeiro quartel do XIX) por tomar rumos históricos diversos. De um lado é evidente na época uma "poesia neoclássica", inspirada na preceptiva poética de Horácio, de Boileau e de seus glosadores e intérpretes, poesia neoclássica muito característica pela intencional fidelidade a modelos antigos considerados fiéis à estética clássica (Anacreonte, Píndaro, Virgílio, Horácio, Ovídio, Sannazaro, Petrarca, Camões, Garcilaso) e pela preocupação de uma expressão poética com as qualidades preceituadas por um Horácio: clareza, simplicidade, equilíbrio, harmonia, e pelo regresso franco ao alegorismo mitológico greco-latino. A esta tendência responderam quase todos os nossos poetas da época. De outro lado é evidente, nos quadros do Neoclassicismo, um como que "modernismo" temático e formal, que para nós, do mundo da cultura luso-brasileira, corre por conta do Pré-romantismo (um Pré-romantismo na altura do Romantismo anglo-germânico). E esse "modernismo" ou "Pré-romantismo" surpreende-se num à vontade expressivo e poemático de certas liras de Gonzaga, em certas confissões líricas mais íntimas, mais espontâneas, mais realistas do mesmo poeta; na poesia folclórica do cantador e violeiro palaciano Domingos Caldas Barbosa (*Viola de Lereno*, 1798); na poesia de inspiração ou de paráfrases bíblicas de Sousa Caldas (*Poesias sacras e profanas*, 1820-1821) e de Frei Francisco de São Carlos (*A Assunção; poema composto em honra da Santa Virgem*, 1819); em certas notas realistas na descrição da natureza brasileira, encontradas nos épicos, em Gonzaga, em Silva Alvarenga.

Os nossos românticos, e se quisermos ser mais completos, os românticos brasileiros e portugueses, ao imporem uma cultura, uma estética e um gosto, nas suas intenções anticlássicas, iniciaram o exame crítico e o julgamento dos poetas arcádicos ou neoclássicos, pré-românticos. E ao fazerem esse julgamento não tiveram a preocupação de rejeitar e condenar a herança poética dos últimos clássicos, que chegaram, é sabido, aos primórdios do Romantismo: contrariamente ao que poderiam supor os leigos em história literária, os românticos estudaram, valorizaram e divulgaram todo esse patrimônio, chegando mesmo a salvar do ineditismo e do olvido muita produção poética, como é o caso das *Cartas chilenas*, dos inéditos de Alvarenga Peixoto, dos dispersos de Silva Alvarenga (para citar apenas obras mais conhecidas).

Hoje não podemos, naturalmente, compreender e valorizar os setecentistas como o fizeram os românticos (e mesmo como o fizeram posteriormente realistas e simbolistas: Sílvio Romero, José Veríssimo, João Ribeiro). A moderna erudição crítica e histórica vai-nos pondo cada dia mais na intimidade da cultura e da poesia do século XVIII e dos primórdios do XIX, e dessa penetração estamos a sair com outras ideias, com outros interesses e com diversos juízos de valor.

De toda a nossa produção poética neoclássica, arcádica, se sobressaem, pré-romântica pelo incontestável valor lírico, as *Liras*, de Gonzaga; para a compreensão em profundidade da poesia dos nossos últimos clássicos, já não se põe em dúvida que é necessário um estudo mais detido e mais exigente da cultura luso-brasileira da época, dos seus ingredientes mentais, morais e sentimentais, e mui particularmente um estudo do exato sentido do Neoclassicismo, do Arcadismo e do Pré-romantismo, e um estudo das relações históricas entre as épocas barroca, neoclássica e romântica. Por estes caminhos poderemos chegar a uma compreensão mais clara da poesia brasileira ou luso-brasileira vista aqui no essencial de suas características culturais e estéticas.

20. *Waltensir Dutra*
O ARCADISMO NA POESIA LÍRICA, ÉPICA E SATÍRICA

O lirismo arcádico. O Rococó. Cláudio, Gonzaga, Alvarenga, Caldas Barbosa, Sousa Caldas; poesia narrativa: Basílio. Durão. As Cartas chilenas. Melo Franco.

Não se deve, ao estudar a poesia arcádica no Brasil — e até certo ponto também em Portugal — considerá-la como um Neoclassicismo muito rígido, como um movimento que se voltasse, em tudo, contra os excessos do século XVII, simplesmente porque não tiveram, na literatura portuguesa e brasileira, a mesma proporção com que ocorreram na italiana ou espanhola. A Arcádia romana, pedra básica do Arcadismo, fundada em 1690, teve características bem definidas de reação aos exageros formalísticos da escola de Marino — o Marinismo — que passou a ser sinônimo de estilo excessivamente figurado, com formas sintáticas retorcidas, abundante de hipérbatos, sinédoques, metonímias, metáforas, alusões e elipses. O mesmo sucedeu na Espanha, onde o Seiscentismo barroco encontrou em Góngora o seu expoente. Tanto num como noutro país, o Arcadismo foi um retorno aos padrões mais tradicionais da poesia, aos cânones greco-latinos e aos modelos quinhentistas, e teve, na força com que o Barroco ali se apresentara, a sua razão de ser e explicação histórica como movimento de deliberada oposição ao anterior. O mesmo não se pode dizer de poesias como a portuguesa ou a francesa, onde o Barroco se revestiu de características mais modernas, ficando longe dos extremos gongóricos ou marinistas. Embora a Arcádia lusitana, fundada em 1756, se colocasse dentro dos mesmos rígidos princípios da romana, a realidade literária da época impediu que o Arcadismo português se distinguisse nitidamente do Seiscentismo, porque este está ainda bem próximo do Quinhentismo. A diferença entre aqueles dois séculos é, na Espanha, enorme, e em Portugal, mínima: de um soneto de Garcilaso a outro de Góngora há muito mais distância do que de Camões a D. Francisco Manuel ou Rodrigues Lobo.

É portanto lícito admitir que, se para a literatura italiana ou espanhola o Arcadismo ou o Neoclassicismo têm um sentido marcadamente reacionário, o mesmo não ocorre na literatura em língua portuguesa. E o que dizer então dos árcades brasileiros que, distantes da Metrópole, estavam isentos da influência das querelas entre árcades e barrocos, e sujeitos à condição de iniciadores da poesia lírica nacional, sem nenhuma tradição literária? Um destacado árcade português, Correia Garção, pedia literalmente, num dos seus poemas:

>Imite-se a pureza dos antigos,
>mas sem escravidão, com gosto livre.

É verdade que o Arcadismo em língua portuguesa seguiu — ou pretendeu seguir — as linhas gerais da Arcádia romana, consubstanciadas nos seguintes princípios: simplicidade, mas nobreza, na linguagem; imitação da natureza, aformoseando-a, ou como diríamos hoje, estilizando-a; procura de motivos bucólicos, simples, utilizando-se os poetas de vocabulário e situações mais ou menos comuns, figurando-se um pastor residindo numa choça, tratando do seu gado, etc. É possível ver nos árcades uma tendência para a linguagem direta, e para um realismo que não exclui o subjetivismo.

Mas se essa foi a doutrina, tal não foi exatamente a realização. A imitação da natureza se fez, frequentemente, cópia chã; o bucolismo, antes de ser uma constante arcádica, já era um motivo usado em todos os tempos e em todas as literaturas. Quanto à simplicidade, é bom lembrar que o próprio Garção — além de poeta, um dos mais completos teóricos e críticos do Arcadismo — tem trechos como este:

>Soberbo galeão, que o porto largas,
>aonde o férreo dente presa tinha
>a cortadora proa, que rasgava
>de um novo mar as ondas,

que não diferem, em nada, do estilo seiscentista de D. Francisco Manuel. É esse, em linhas sumárias, o quadro no qual se situa o nascimento da poesia lírica brasileira. Nele vamos encontrar, além dos aspectos formais, exteriores, verificados em Portugal, manifestações próprias e algumas das constantes presentes tanto na poesia do Renascimento como na barroca, mas menos frequentes no Arcadismo português.

CLÁUDIO MANUEL DA COSTA[*]

---

[*] Cláudio Manuel da Costa (*Glauceste Saturnio*) (Mariana, 1729 — Vila Rica, MG, 1789) fez os estudos primários em Vila Rica e no Rio de Janeiro, o curso de Mestre em Artes pelo Colégio da Companhia de Jesus. Em Coimbra, tirou o curso de Direito e publicou as primeiras produções. Formado, regressou a Vila Rica, onde viveu da profissão e do cargo de secretário do governo, que ocupou duas vezes. Envolvido na Inconfidência Mineira, apareceu morto na prisão, na Casa dos Contos, em Vila Rica, em 1789, acreditando uns em suicídio, outros em homicídio.

Dos poetas inexatamente classificados como árcades brasileiros, ou mineiros — já que não pertenceram, em conjunto, a nenhuma arcádia, nem há neles, com exceção de Gonzaga, um cunho predominante de Arcadismo — é Cláudio Manuel da Costa o mais próximo, cronológica e literariamente, do Seiscentismo e, ao mesmo tempo, do Renascimento, através de uma forte influência de Camões. Isso, aliás, não é de surpreender, pois o ciclo literário compreendido pelo Renascimento-Barroco-Arcadismo guarda, apesar das numerosas correntes que nele se contrapõem, certos elementos comuns.

O Arcadismo em Cláudio é antes concessão à moda do que gosto natural: suas primeiras composições modelaram-se pelo espírito seiscentista, do qual é exemplo o "Epicédio à memória de Frei Gaspar da Encarnação", onde há versos como estes:

> Quantas de Pedro o Oráculo Sagrado
> Logrou disposições naquele peito.

que lembram imediatamente estas outras linhas, das *Soledades*, de Góngora:

> Pasos de un peregrino son, errante,
> cuantos me dictó, versos, dulce musa,

A preferência de Cláudio pelo cultismo é por ele mesmo confessada no "Prólogo ao leitor", das *Obras* (1768):

Bibliografia

Munúsculo métrico, 1751; *Epicédio, Labirinto do amor, Números harmônicos, Culto métrico*, todas em 1753. Em 1768, publicou o mais importante da sua produção: *Obras*, em Coimbra. Em 1773, terminou o poema "Vila Rica" (primeira publicação: no jornal *O Patriota*. Rio de Janeiro, 1813; em livros: Tipografia de *O Universal*. Ouro Preto, 1839). João Ribeiro editou (Garnier, 1903) as *Obras poéticas de Cláudio Manuel da Costa*, a coleção mais completa até hoje organizada, mas da qual não constam: *Munúsculo, Labirinto, Números harmônicos* e *Culto métrico*.

Consultar

"Comemoração do centenário de Cláudio Manuel da Costa" (in *Revista do Instituto Histórico e Geográfico Brasileiro*, tomo LIII); Franco, Caio de Melo. *O inconfidente Cláudio Manuel da Costa. O Parnaso obsequioso e as Cartas chilenas*. Rio de Janeiro, Schmidt, 1931; Lamego. Alberto. "Autobiografia e inéditos de Cláudio Manuel da Costa" (in *Revista da Academia Brasileira de Letras*, janeiro de 1912); Ribeiro, João. Introdução das *Obras poéticas*. Garnier, 1903; idem. *Clássicos e românticos brasileiros*. Rio de Janeiro, Academia Brasileira de Letras, 1952; Sertório de Carvalho, J. "O homicídio do Dr. Cláudio Manuel da Costa" (in *Jornal do Comercio*. Rio de Janeiro, 26 de setembro de 1954, 9 de janeiro de 1955).

> Bem creio que te não faltará que censurar nas minhas Obras, principalmente nas Pastoris; onde preocupado da comum opinião te não há de agradar a elegância de que são ornadas. Sem te apartares deste mesmo volume, encontrarás alguns lugares que te darão a conhecer como talvez me não é estranho o estilo simples. (...) Pudera desculpar-me, dizendo que o gênio me fez propender mais para o sublime: mas temendo que ainda neste me condenes o muito uso das metáforas, bastará, para te satisfazer, o lembrar-te que a maior parte destas Obras foram compostas ou em Coimbra ou pouco depois, nos meus primeiros anos, tempo em que Portugal apenas principiava a melhorar de gosto nas belas letras. (...) É infelicidade que haja de confessar que vejo, e aprovo, o melhor, mas sigo o contrário na execução.

Não necessitava o poeta desculpar-se: os próprios quinhentistas que cita como modelo de clareza (Sá de Miranda, Bernardes e Camões) trazem em si o esboço do "estilo sublime", dos virtuosismos formalísticos do Seiscentos, com suas "brincadeiras verbalísticas dos trocadilhos, abc poéticos, labirintos, até o cultismo da frase escura, por carregada da erudição mitológica, ou destituída, pelas elipses, dos elementos de ligação que a tornem compreensível".[1]

João Ribeiro, que publicou esse prólogo na sua edição de *Obras poéticas de Cláudio Manuel da Costa* (1903), acha discutível a afirmação de que a maior parte dos poemas foi escrita em Coimbra. Toma as palavras de Cláudio como para "justificar o seu tanto falar das ninfas, das faias, dos soveiros e outras cousas de que no novo mundo não acha como substituir". É preciso não esquecer, porém, que a intenção do poeta era justificar o "muito uso das metáforas" e o gosto do sublime, e não o "estilo simples" que era, então, o das ninfas e das faias.

Por outro lado, manifesta-se na poesia de Cláudio Manuel da Costa uma propensão ao conceitismo, ao jogo de ideias ou sentimentos sutis, não raro lembrando Camões. São exemplos disso os sonetos "Neste álamo sombrio aonde a escura", "Faz da imaginação de um bem amado" e "Este é o rio, a montanha é esta". Sua poesia escapa, à luz dessa compreensão, a uma classificação rigorosa de Arcadismo: aproxima-se, antes, do Quinhentismo, distinguindo-se dele apenas pela maior ênfase dada à expressão subjetiva. É nela que vamos encontrar elementos novos: motivação pré-romântica, um sentimento melancólico de perda ou de abandono, às vezes de exílio. As saudades de Portugal, do Tejo e do Mondego, são motivos de queixas frequentes, e na comparação da paisagem brasileira com a portuguesa, a primeira não sai favorecida. Como de resto em toda a poesia da época, a de Cláudio ressente-se de certa pobreza temática; seus assuntos prediletos são o desencanto da vida e a ausência de Nize, a amada, que existe como um símbolo de distância, que vem aumentar as penas naturais do poeta, para quem o amor é apenas mais um motivo de sofrimento, e o sofrimento o motivo principal da sua lira.

Manejando o decassílabo com um desembaraço que não demonstraria nos metros menores, Cláudio realiza, assim, uma poesia de tons delicados, suaves, em que o desespero vem amortecido pela resignação:

> Inclina o teu ouvido: eu entoando
> A minha fraca voz, agreste e triste,
> Estarei minhas mágoas recitando.
>
> Dura consolação! A quem assiste
> Um fado tão cruel, outra esperança
> Não tem mais do que a queixa, em que persiste.

Mesmo quando esse sentimento se torna mais intenso, o poeta o mantém em surdina, sem cair nunca nos excessos a que se entregaram alguns contemporâneos seus, em Portugal:

> E se inda crês no rosto da esperança,
> Examina por dentro o fingimento
> E verás tempestade o que é bonança.

Desse subjetivismo intenso resulta, entre outras coisas, o condicionamento da natureza, ou melhor, da visão da natureza, ao estado de espírito do poeta. Sílvio Romero já acentuou serem pálidas as suas descrições exteriores, contrastando com a expressividade com que discorre sobre as emoções. Não serão exatamente *pálidas*, antes *sombrias* — um adjetivo romântico muito usado por ele. O álamo, por exemplo, é sempre sombrio; as sombras da noite serão mais gratas à sua dor; ou então, está distante do tempo, pois "quem anda, como eu, assim penando / não sabe quando é noite ou quando é dia"; de resto, que lhe importa o tempo, se "eu sem o prazer de uma esperança / passo o ano, e o mês, o dia, e hora". O poeta se volta, então, para a natureza, "ao campo me recolho e reconheço / que não há maior bem que a soledade". Não será o campo arcádico, todo amenidades e prazeres, mas uma natureza profundamente identificada com o poeta:

> Tudo cheio de horror se manifesta,
> Rio, montanha, troncos e penedos;
> Que de amor nos suavíssimos enredos
> Foi cena alegre, e urna é já funesta.
>
> Mas que peito há de haver tão desabrido
> que fuja à minha dor! que serra, ou monte
> Deixará de abalar-se a meu gemido!

> Se é certo que inda vive a doce avena,
> Que chorou Coridon, chorou Amintas,
> Tu me tens de escutar, ó Selva amena.
>
> Eu por entre estas sombras mal distintas
> Ao resplendor da Lua, que aparece,
> Quero que tu comigo o meu mal sintas.
>
> Agora pois que o vento se enfraquece
> Que o sussurro do mar está mais brando,
> Que o ar se acalma, o campo se entristece.

Nesse "entristecer do campo" tanto se pode ver uma antecipação romântica como um eco quinhentista, já que, embora não sendo habitual nos poetas do Renascimento a subjetivação do elemento objetivo, encontra-se em Camões "triste e leda madrugada / cheia toda de mágoa e de piedade". O mesmo processo será encontrado também em Silva Alvarenga, mas estará praticamente ausente em Gonzaga.

Não é, aliás, no jogo ou habilidade formal que reside a essência da poesia de Cláudio Manuel da Costa. No ritmo fluente e no acento melancólico do decassílabo, encontrou ele a forma ideal de expressão do seu gosto do sublime, ao qual não é estranha certa dose de eloquência. A predominância das vogais fechadas, principalmente as de pausa da sexta sílaba, bem como a adjetivação pesada, dão ao verso um tom sombrio, que se pode identificar como sendo a característica fundamental da sua poética. Além do "álamo sombrio", já assinalado, encontram-se, num único soneto, "noite escura", "próprio medo", "feio assombro", "hórrida figura", "fúnebre arvoredo", e este verso, um dos mais belos da língua portuguesa:

> Fido, estátua de dor, se congelava.

Uma linguagem assim estará, certamente, muito mais próxima da expressão romântica do que a moderação de Gonzaga.

O soneto não foi um gênero muito praticado pelos nossos árcades, e o fato de Cláudio colocar-se como um dos maiores sonetistas brasileiros é ainda um traço de sua aproximação com o Quinhentismo. Os de Gonzaga, por exemplo, não podem ser comparados à perfeição melódica e estrutural dos sonetos do primeiro. Nestes, e em dois epicédios ("À morte de um amigo" e "À morte de Salício") e numa écloga ("Lísia"), sua poesia atinge, sem dúvida, altura dificilmente superada em nosso idioma.

Toda a vez que Cláudio fugiu ao seu temperamento e sacrificou no altar da Arcádia, travestindo-se, por força da moda, de pastor, perdeu em qualidade a sua poesia, transformada em lugar-comum. O bucolismo arcádico apresentou, na literatura brasileira, um duplo aspecto: se por um lado o fato de viverem os poetas num ambiente rústico, cercados pela natureza, marcou muitas de suas manifestações (a autenticidade de numerosas liras de Gonzaga, por exemplo), por outro, essa mesma natureza muito pouco propícia se mostrava ao aparecimento de ninfas e dríades, de pastores flautistas e ociosos — ao modelo dos árcades, enfim. A consequência foi que os poetas se viram ante o dilema de ou ser fiel ao meio e realizar uma poesia fora dos cânones, ou usar uma linguagem artificial, procurando imitar uma natureza que não existia. Dessa última experiência resultou uma Arcádia de opereta, de uma incongruência que não resistiu ao tempo.

TOMÁS ANTÔNIO GONZAGA[*]

[*] Tomás Antônio Gonzaga (*Dirceu*) (Porto, 1744 — Moçambique, 1810) formou-se em Direito, em Coimbra, em 1768, e veio para o Brasil em 1782. Exerceu o cargo de ouvidor em Vila Rica, onde noivou com D. Maria Doroteia Joaquina de Seixas, a Marília de suas liras. Envolvido na Inconfidência, os desentendimentos que tinha com o Governador Cunha de Meneses foram a sua perdição. Condenado ao degredo, vai para Moçambique, onde reconstrói sua vida, esquecendo completamente a poesia. A última palavra sobre a biografia de Gonzaga está nos estudos recentes de M. Rodrigues Lapa.

Bibliografia

POESIA: *Marília de Dirceu*. Lisboa, 1792. Escreveu uma tese sobre o Direito Natural só publicada em 1942; atribui-se-lhe, ainda, a autoria de um poema, "Marialva" que teria sido escrito em Moçambique.
EDIÇÕES: *Marília de Dirceu*, que sinta Gonzaga entre os maiores poetas do amor, é, depois de *Os lusíadas*, a obra de poesia mais lida em língua portuguesa. De 1972 em diante sucedem-se as edições. Até 1930, Osvaldo Melo Braga de Oliveira, em excelente monografia bibliográfica, arrolou 47 edições em português e 9 em idiomas estrangeiros (inglês, francês, italiano [3], latim [2], espanhol e alemão). Rodrigues Lapa registrou 40 apenas.
O problema bibliográfico das edições da *Marília de Dirceu* encontra-se estudado nos seguintes trabalhos:
Braga de Oliveira, O. M. *As edições de Marília de Dirceu*. Rio de Janeiro, Sousa, 1930; Gaudie Ley. "Catálogo da Gonzaguiana da Biblioteca Nacional" (in *Anais da Biblioteca Nacional*, XLIX, 1930, pp. 417-492); Mota, A. *História da Literatura no Brasil*. II. pp. 286-292; idem. *Boletim Bibliográfico Brasileiro*. São Paulo, 1931, n. 4; Oliveira, A. (in *Revista de Língua Portuguesa* n. 26; repr. in *Autores e livros*. I, 14, 16 nov. 1941).
Esses trabalhos contêm também numerosas indicações bibliográficas.
As melhores edições modernas são:
Obras completas de Tomás Antônio Gonzaga. Edição crítica de Rodrigues Lapa. São Paulo, Cia. Ed. Nac., 1942 (Livros do Brasil, vol. 5º); *Marília de Dirceu e mais poesias*.

Ressente-se desse defeito boa parte da obra de Tomás Antônio Gonzaga, autor do livro de poemas mais lido na língua portuguesa, depois de *Os lusíadas*: *Marília de Dirceu*. Gonzaga foi o mais árcade dos nossos poetas do século XVIII, inclusive pela tendência acentuada para a poesia bucólica. O problema da imitação da natureza não foi de fácil solução para o Arcadismo: demasiada fidelidade poderia atentar contra o bom gosto, contra a nobreza da linguagem, pois a vida pastoril é rude e os pastores são gente simples, primitiva. Eis como coloca e resolve a questão um crítico da época, Juan Pablo Forner:

> Si hubiéramos de introducir a los pastores pensando y hablando como ellos piensan y hablan en el campo, las églogas serían los ejemplos de la rudez y barbarie; pero si, por huir de esa culpa, doy en usar pensamientos agudos, brillantes, filosóficos, mereceré el nombre de tonto que, según Horacio, no sabe tomar *el justo medio*. Este *medio* estriba en perfeccionar la naturaleza, describiendo estas gentes sencillas con toda la sencillez que pueda caber en ellas; pero con sencillez discreta, de modo que sus pensamientos, ni se hagan inverosímiles por lo agudo y brillante, ni enojosos por lo salvaje y rudo.[2]

Prefácio e notas de M. Rodrigues Lapa. 2. ed. Lisboa, Sá da Costa, 1944; Tomás Antônio Gonzaga. *Marília de Dirceu*. Introdução de Afonso Arinos de Melo Franco. São Paulo, Martins, 1944.

Destas, a da Cia. Ed. Nac. é completa, incluindo além das *Liras*, as *Cartas chilenas* e o *Tratado de Direito Natural*. Para o presente estudo, utilizou-se a edição de Rodrigues Lapa (Liv. Sá da Costa, 1944).

Consultar

Alcântara Machado. "Discurso" (in *Discursos acadêmicos*. n. 8, Rio de Janeiro, Editora ABC, 1937); *Autores e livros*. VII, 7, 20 ago. 1944 (Nota biobibliográfica, florilégio, opiniões criticas); idem. 1, 14, 16 nov. 1941 (sobre Marília); Araripe Júnior, T. A. *Dirceu*. Rio de Janeiro, Laemmert, 1890; Braga, Teófilo. *Recapitulação da história da literatura portuguesa*. IV, "Os árcades". Porto, Chardron, 1918, pp. 397-428; Brandão, T. *Marília de Dirceu*. Tip. Guimarães, Belo Horizonte, 1932 (biografia de Marília); Delamare, A. *Vila Rica*. São Paulo, Cia. Ed. Nac.; Faria, Alberto. *Aérides*. Rio de Janeiro, Jacinto, 1918; Frieiro, E. *Como era Gonzaga?* Belo Horizonte, Secretaria de Educação, 1950; Gomes, E. "Tomás Antônio Gonzaga e o tempo" (in *Correio da Manhã*, 2 julho 1955); Machado, L. G. *O "Tratado de Direito Natural" de Tomás Antônio Gonzaga*. Rio de Janeiro. Serviço de Documentação, Ministério da Educação e Saúde, 1953; Ribeiro, J. "Gonzaga e Anacreonte" (in *Fabordão*. Rio de Janeiro, Garnier, 1910); Rodrigues Lapa, M. Prefácio à edição das *Obras completas* (São Paulo, 1942) e Prefácio à edição Sá da Costa (Lisboa, 1944); Sousa e Silva, J. N. de. "Notícia sobre Tomás Antônio Gonzaga e sua obra." Introdução à edição da *Marília de Dirceu*. Rio de Janeiro, Garnier, 1862; Verissimo, José. "Gonzaga e a Marília de Dirceu." Prefácio da edição Garnier, 1908.

Não era uma solução individual, mas da própria escola. Antônio Diniz da Cruz e Silva, árcade português que foi juiz dos Inconfidentes, tem sobre o problema o mesmo julgamento:

> Os campos quase sempre hão de ser os mais férteis, os ares os mais puros, os rios os mais serenos, as aves as mais harmoniosas, e ainda os mesmos montes hão de brotar copiosas flores. (...) Nos pastores deve reinar a singeleza, a inocência, uma simples alegria e ainda a mesma delicadeza, contanto que não seja buscada, ou, como os franceses dizem, *recherchée*. Os seus discursos se hão de encerrar dentro dos limites do campo: poderão ser delicados, mas não excederão a esfera dum homem sem mais instrução que a que lhe pode permitir a guarda do rebanho e a tradição dos seus maiores.[3]

Como outros, na literatura neoclássica, este preceito visava a excluir da poesia todo o excesso; vedava ao poeta a expressão de sentimentos e emoções próprios, já que a linguagem média a que obrigava seria inteiramente imprópria para manifestá-los. Deixava-lhes, desse modo, aberta apenas a porta da objetividade, da poesia exterior, descritiva. Linguagem, situações e imagens tornam-se comuns à época, chavões que todos repetem depois de um pequeno aprendizado.

Estes defeitos eram gerais, da escola, e o bucolismo apenas os fazia mais evidentes. O princípio da imitação impunha o realismo, inclusive o uso de elementos biográficos, em contraposição à poesia barroca, onde predominava o exercício lúdico, impessoal. Se a realidade era feia, porém, cumpria alindá-la; se na biografia havia drama, era preciso orná-lo com os recursos retóricos em voga, porque nada devia chocar ou ferir, na poesia, que era feita para agradar. O elemento subjetivo ficava, de saída, praticamente eliminado. O poeta era um pintor de *situações*, não de *emoções*. O motivo devia restringir-se aos fatos, à descrição de situações. Sentimentos e emoções não deviam ser referidos diretamente, mas subentendidos do jogo das comparações e da analogia com incidentes mitológicos, transformados em símbolos, como nesta Lira 13 da Parte I da *Marília*:

> Oh! quantos riscos,
> Marília bela,
> não atropela
> quem cego arrasta
> grilhões de amor!
> Um peito forte
> de acordo falto,
> zomba do assalto
> do vil traidor.

> O amante de Hero
> da luz guiado
> c'o peito ousado
> na escura noite
> rompia o mar.
> Se o Helesponto
> se encapelava
> ah! não deixava,
> de lhe ir falar.
>
> Do cantor trácio
> a heroicidade
> esta verdade,
> minha Marília
> prova também:
> cheio de esforço
> vai ao Cocito
> buscar aflito
> seu doce bem.

Somente um poeta que se sentisse à vontade dentro dessas limitações estaria em condições de imprimir à sua obra um toque pessoal, que a preservasse. E Gonzaga foi esse poeta, teve essa conformação ao gênio da época, essa completa adequação ao seu tempo: o tempo do *justo meio*, da *aurea mediocritas*. O fato não passou despercebido a Rodrigues Lapa, que o assinalou em várias passagens do prefácio à sua edição da *Marília de Dirceu*. Citamos uma: "A obra de Gonzaga, no que ela tem de mais profundo e certamente mais duradouro, é a viva concretização deste ideal familiar e burguês, para que tendiam os espíritos e sobretudo os espíritos ingleses do século XVIII", e que se contrapunha ao "herói à antiga, batalhador e inumano". E, conclui ele, o principal da mensagem gonzaguiana, está numa poesia suave, de acentuado cunho realista, de concepção burguesa da vida, dentro do espírito moralizador e didático do século.

Como exemplo desse espírito, cite-se a Lira 27, parte I:

> O ser herói, Marília, não consiste
> em queimar os impérios: move a guerra,
>   espalha o sangue humano,
>   e despovoa a terra
>   também o mau tirano.

> Consiste o ser herói em viver justo:
> e tanto pode ser herói o pobre,
>   como o maior Augusto.
>
> Eu é que sou herói, Marília bela,
> seguindo da virtude a honrosa estrada:
>   ganhei, ganhei um trono
>   ah! não manchei a espada,
>   não o roubei ao dono!

Como homem da época, Gonzaga, ao contrário de Cláudio, não aceitava apenas a poética neoclássica, mas estava convicto dela, a ponto de adotá-la como legítima expressão do seu sofrimento. Assim, sua desgraça, na prisão, é ainda um motivo exterior, descritivo:

> Nesta sombria masmorra,
> aonde, Marília, vivo,
> encosto na mão o rosto,
> fico às vezes pensativo.
> Ah, que imagens tão funestas
> me finge o pesar ativo!

As saudades de Marília são cantadas em expressões arcádicas, gastos expedientes da poética contemporânea, como por exemplo na Lira 9 da Parte II, onde o poeta nada mais faz de que repetir lugares-comuns: fala na inveja que os outros pastores têm do seu amor, na estrela-d'alva, na fresca rosa, no gado que àquela hora soltava quando estava livre, na ovelha que mais amava, no prado e na selva, nas finas roças que para Marília lavrava, no passarinho que procura o ninho e na sanfonina que o pastor tocava. A saudade limitou-se à descrição de cenas imaginárias e, como sentimento em si, é apenas mencionada na última estrofe. Na Lira 12 da mesma Parte, invertem-se as situações, e o poeta descreve a saudade que Marília deve estar sentindo dele. O tratamento continua o mesmo: é a campina deleitosa, a "tua mesma aldeia", o gado de Dirceu, a choça de Glauceste (nome arcádico de Cláudio Manuel da Costa), os deuses. Hoje, que a moda passou, e sabendo que não há campina na paisagem de Vila Rica e que Cláudio evidentemente não morava numa choça, essa linguagem parece falsa, alambicada, artificiosa, pedante: exatamente o efeito contrário ao que buscava o Arcadismo. É o rococó típico.

Realizada dentro dessas limitações da escola, a poesia de Gonzaga guarda sempre um tom menor, não destituído de beleza, e de uma tranquilidade que se apoia na convicção de que o bem predominaria sobre o mal, a justiça triunfaria sobre os maldosos e prepotentes. Faltou-lhe qualquer inquietação, a idade madura amortecera-lhe o ardor. Seu idílio é tranquilo, e os poucos desgostos e ciúmes que provoca são antes convencionais do que verídicos — ainda um aspecto do exercício poético que praticava.

Dirceu era um espírito confiante, ao qual a vida já não oferecia problemas: tinha seu alto posto, gozava de reputação como poeta e jurisconsulto, ia casar-se com uma adolescente. Tudo lhe parecia tão seguro que nem a prisão e acusação debelaram seu ânimo: teve sempre a certeza da absolvição.

Sua poesia emana, assim, não dos conflitos, como a de Cláudio e Silva Alvarenga, ou a dos românticos, mas da ausência de conflitos: tinha como clima a tranquilidade, e quando o mundo, no qual acreditava com tanta fé, desaba, e no exílio africano o homem tem de refazer sua vida, o poeta desaparece.[4] Foram os versos, para Dirceu, um ócio do espírito; talvez mesmo uma atração mundana. Faltou-lhes a marca mais pessoal de uma vivência.

O fato de ter vivido num ambiente rústico, sob a influência de uma natureza violenta, trouxe para Gonzaga uma seiva nova: a de uma "imitação" direta, e não pura cópia através dos clássicos greco-latinos. Daí ser o seu realismo mais exato, o seu bucolismo superar, muitas vezes, a linguagem amaneirada, rococó. Surgem então motivos locais, tomados ao vivo, como a mineração, as cenas entre animais, reproduzidas em linguagem direta, na qual as coisas recebiam seus nomes exatos:

> Atende como aquela vaca preta
> o novilhinho seu dos mais separa,
> e o lambe, enquanto chupa a lisa teta.
> Atende mais, oh cara,
> como a ruiva cadela
> suporta que lhe morda o filho o corpo
> e salte em cima dela.

Exemplos dessa linguagem realista podem ser vistos, entre outras, nas liras "Em cima dos viventes fatigados" e "Tu não verás, Marília, cem cativos". É evidente que, ao escrevê-las, o único princípio arcádico a que Gonzaga obedecia era o da imitação. O embelezamento da natureza, sua conformação ao padrão clássico, ficava inteiramente desprezado. A força da terra se impunha ao poeta que, embora se afastasse de um preceito da escola, continuava fiel ao espírito da época. Seria, apenas, um árcade menos ortodoxo.

Não é de estranhar, portanto, que o sensualismo repontasse, aqui e ali, mal contido, na lira de Dirceu. Demora-se ele na descrição da figura física da amada, com o mesmo realismo:

> O seu semblante é redondo,
> sobrancelhas arqueadas,

>   negros e finos cabelos,
>   carnes de neve formadas.
>
>   A boca risonha e breve,
>   suas faces, cor-de-rosa,
>   numa palavra, a que vires
>   entre todas mais formosa.

Ou então:

>   Lisas faces cor-de-rosa,
>   brancos dentes, olhos belos,
>   lindos beiços encarnados,
>   pescoço e peitos nevados,
>   negros e finos cabelos.

Nessa sequência de lugares-comuns — dois dos quais repetidos — e que evidenciam a pobreza da imagística arcádica, um verso como "lindos beiços encarnados" soa lubricamente; aliás, a palavra "beiços" em lugar de "lábios", muito mais dentro do espírito de nobreza do Arcadismo, é encontrada em várias passagens de Gonzaga. "Carnes de neve formadas" e "pescoço e peitos nevados" mostram uma preocupação sensual com a carnadura da amada. O desejo é manifestado ainda mais claramente na Lira 8 da Parte I, de onde destacamos estas estrofes:

>   As grandes deusas do céu
>   sentem a seta tirana
>   da amorosa inclinação.
>   Diana, com ser Diana,
>   não se abrasa, não suspira,
>   pelo amor de Endimião?
>
>   Todos amam: só Marília
>   desta lei da Natureza
>   queira ter isenção?
>
>   Desiste, Marília bela,
>   de uma queixa sustentada
>   só na altiva opinião.
>   Esta chama é inspirada
>   pelo céu pois nela assenta
>   a nossa conservação.

Note-se a menção do amor (chama), sobre o qual se assenta a conservação da espécie. Nada de platônico tinha o sentimento de Gonzaga, que noutra lira, a 14 da Parte I, lembra a Marília que as venturas e as graças humanas são passageiras, e convida-a ao ato amoroso, antes que seja impossível realizá-lo:

> Ornemos nossas testas com as flores,
> e façamos de feno um brando leito;
> prendamo-nos, Marília, em laço estreito,
> gozemos do prazer de sãos amores.
>   Sobre as nossas cabeças,
> sem que o possam deter, o tempo corre;
> e para nós o tempo, que se passa,
>   também, Marília, morre.
>
> Com os anos, Marília, o gosto falta,
> e se entorpece o corpo já cansado;
> triste, o velho cordeiro está deitado,
> e o leve filho sempre alegre salta,
>   A mesma formosura
> é dote, que só goza a mocidade:
> rugam-se as faces, o cabelo alveja,
>   mal chega a longa idade.
>
> Que havemos de esperar, Marília bela?
> que vão passando os florescentes dias?
> As glórias, que vêm tarde, já vêm frias;
> e pode enfim mudar-se a nossa estrela.
>   Ah! não, minha Marília,
> aproveite-se o tempo, antes que faça
> o estrago de roubar ao corpo as forças,
>   e ao semblante a graça.

Nas *Cartas chilenas* há trechos de acentuado sensualismo, que traem a mão de Gonzaga, como nos versos 238 a 248 da Carta 6ª, ou em toda a Carta 11ª, destacando-se os versos 140 a 150:

> O sucesso lhe conta, desta sorte:
> "Fizemos esta noite um tal batuque!
> Na ceia todos nós nos alegramos,
> Entrou nele a mulher do teu lacaio;
> Um só, senhor, não houve que, lascivo,

> Com ela não brincasse: todos eles,
> De bêbados que estavam, não puderam
> O intento conseguir; só eu, mais forte..."
> Apenas isto diz o vil criado,
> O chefe as costas vira e lhe responde,
> Soltando um grande riso: "fora, fracos!"

À primeira leitura, o que fica desses versos é a habilidade descritiva. A palavra, adquirindo um grau de precisão pouco poética, tem o seu poder de sugestão reduzido ao mínimo — este se transfere quase que exclusivamente para a linha melódica das estrofes de decassílabos e heroicos quebrados, para o perfeito equilíbrio dos sons agudos e graves, para a correlação entre sons vocálicos e consonantais, que estruturam internamente o verso, dando-lhe um ritmo binário, reforçado por certa preferência pelos tempos de dois sons. A arte de Gonzaga atingiu, sob tal aspecto, refinamentos, sem dúvida, excepcionais.

A estrofação dos versos heroicos se fez sempre irregularmente. É manifesta a inclinação de Gonzaga pelas estrofes de quatro e sete versos, mas o modo de combiná-los ficou talvez ao sabor da improvisação. Somente as estrofes de quatro versos têm um padrão: 10-10-10-6. Há, ainda, a assinalar uma tendência para manter o decassílabo no segundo verso. Usando, num conjunto de 38 poemas de dez e seis sílabas combinadas, mais de 25 tipos de estrofe, conseguiu ele quebrar um pouco a monotonia da repetição da mesma forma poética.

Quanto à rima, não foi ele menos rigoroso. Nas redondilhas maiores evitou as rimas agudas, nas menores obedeceu à disposição agudas antes das graves e fechou, quase sempre, as estrofes com versos agudos. Nos versos longos não usou nunca rimas agudas, alternou as rimas de sons fechados com as de sons abertos, preferindo colocar primeiro as rimas fechadas ou graves.

Essa valorização da forma que se superpõe ao conteúdo vai ganhando destaque à medida que o leitor se familiariza com o poeta. Através dela revela-se o melhor do engenho poético de Gonzaga: não importa sejam as vacas ou os escravos mineradores os motivos desses belos poemas; o que importa, em poesia, não é o que se diz, mas a forma pela qual se diz. E a forma de Dirceu é, em muitas ocasiões, realmente admirável.

SILVA ALVARENGA[*]

O preciosismo formalístico, mostra evidente do espírito decadentista e rococó da Arcádia, torna-se intenso, embora pouco variado, em Manuel Inácio da Silva Alvarenga, cronologicamente o último poeta do chamado Grupo Mineiro (Gonzaga, Cláudio, Alvarenga), denominação inexata porque apenas ele e Cláudio eram mineiros de nascimento.

Da obra de Silva Alvarenga, a *Glaura* — coleção de rondós e madrigais dedicados à sua amada — foi a única a sobreviver. O restante, quase que exclusivamente poemas encomiásticos, louvação aos grandes da época, merece o esquecimento em que se encontra, inclusive o poema satírico *O desertor das letras*, feito com a intenção de apoiar a reforma realizada pelo Marquês de Pombal no ensino de Coimbra. Pode-se considerar a *Glaura* como um poema único, ou uma série de variações sobre o mesmo motivo: o amor que Alcindo sente por ela e as habituais situações que daí derivam. Para isso contribui ainda a unidade formal a que o livro obedece, mostrando ter sido concebido como um conjunto, e não um apanhado de versos esparsos. Os rondós — sempre em redondilha — começam, com poucas exceções, por um quarteto que serve de estribilho, com rimas encadeadas. Seguem-se dois quartetos (que em algumas edições foram apresentados como estrofes de oito versos, o que não é exato, pois não é essa a lição da primeira edição) onde rimam o 2º e 3º versos, e o 1º com o 1º membro do último. A rima dos últimos versos dos quartetos é sempre a mesma, e aguda. O esquema rítmico dos rondós de Silva Alvarenga pode ser assim configurado:

---

[*] Manuel Inácio da Silva Alvarenga (*Alcindo Palmireno*) (Vila Rica, 1749 — Rio de Janeiro, 1814). Mestiço, de ascendência humilde. Formou-se em Cânones em Coimbra. Preso em 1794, acusado de conspirar contra o governo e a religião (sobretudo pelo fato de ter sido o fundador e principal membro da Sociedade Literária do Rio de Janeiro), passou dois anos na cadeia. Morreu solteiro, sem deixar descendentes.

Bibliografia

POESIA: Em vida, o poema satírico: *O desertor das letras*. 1774; *Glaura*, 1799. Lisboa, Nunesiana, 1801. Joaquim Norberto de Sousa e Silva reuniu em 2 vols.: *Obras poéticas*. Rio de Janeiro, Garnier, 1864. De *Glaura*, há a edição do Instituto Nacional do Livro. Rio de Janeiro, 1943, com introdução e bibliografia de Afonso Arinos de Melo Franco.

Consultar

Barreto, Abílio. "Elogio de Silva Alvarenga" (in *Revista da Academia Mineira de Letras*. vol. IV, 1926, pp. 181-213); Sílvio Júlio. *Fundamentos da poesia brasileira*. Rio de Janeiro, Coelho Branco, 1930, pp. 50-64.

Refrão: a-ab-bc-cd'
Quadras: e-f-f-ed'

Como a métrica, as rimas também são pouco variadas, repetindo-se, no correr dos poemas, com as mesmas palavras: *inflama/chama, vales/mares, Citera/espera, amores/flores, laços/braços, monte/fonte, Glaura/aura*, etc. Quanto ao ritmo das redondilhas, a rima interior, ou encadeada, obrigou o poeta a um também rigoroso uso de um tempo de três sons e dois tempos de dois sons. Os madrigais, como as liras de Gonzaga, constroem-se um pouco ao sabor da improvisação, guardadas sempre as medidas do verso heroico de dez ou seis sílabas. Nas redondilhas menores, naturalmente, o ritmo será um tempo de dois sons e outro de três.

Dentro desses limites, Silva Alvarenga realizou uma poesia cuja marca mais forte é a espontaneidade. "É o mais moderno dos poetas do grupo, o menos iscado dos vícios da época, o mais livre dos preconceitos da escola", diz dele José Veríssimo,[5] num julgamento que o tempo só tem tornado mais válido. E, de certo modo, não deixa de ser paradoxal que, sendo ainda mais pobre de motivos e variações formais do que Cláudio e Gonzaga, e com uma produção qualitativamente ainda mais irregular, tenha Silva Alvarenga conservado até hoje uma linguagem atual. Deve-se isso, em parte, ao fato de que nele o bucolismo arcádico é apenas um eco, e um eco muito apagado: fica somente na qualidade de pastor, na invocação de ninfas e dríades. Acrescente-se certa ingenuidade e simplicidade muito autênticas, e teremos a definição da *Glaura*: a forma exterior é elaborada, *preciosa*, mas a estrutura interna dos poemas, pela linguagem e monotonia dos motivos, é ingênua e simples:

> Sem cessar na intensa frágoa
> cresce o mísero desgosto:
> só ao ver teu belo rosto
> minha mágoa se abrandou.

Os rondós e madrigais inspirados pela morte de Glaura, que, como Marília, realmente existiu, ganham uma nova dimensão, transformando-se num lamento profundo, em que se encontram antecipações das exclamações românticas:

> Ó tempo, ó triste morte,
> Por quem tudo se abate e se arruína
> ....
> Mortal saudade, é esta a sepultura;
>   Já Glaura não existe.
> Ah, como vejo triste em sombra escura,

> O campo, que alegravam os seus olhos.
> ....
> Ó águas dos meus olhos desgraçados,
> Parai que não se abranda o meu tormento:
> 	De que serve o lamento
> Se Glaura já não vive? Ai, duros Fados!
> 	Ai, míseros cuidados!
> Que vos prometem minhas mágoas? Águas,
> 	águas!... responde a gruta,
> E a Ninfa, que me escuta nestes prados!
> Ó águas de meus olhos desgraçados,
> Correi, correi: que na saudosa lida
> Bem pouco há de durar tão triste vida.

Se por vezes suas imagens surpreendem, como no madrigal XIX,

> Ó sono fugitivo.
> De vermelhas papoulas coroado,

o que predomina é o uso de *topos* já consagrados do Renascimento, como o do pássaro que vai levar à amada as saudades e as carícias do poeta, apenas com a substituição de pássaros por suspiros, ares, ventos, garças, e semelhantes. O uso desses *topos*, que em Gonzaga é limitado, torna-se em Silva Alvarenga insistente. Por outro lado, estão presentes nele certos elementos da paisagem brasileira: o cajueiro, a mangueira, o jambeiro, a laranjeira, etc., sem que isso consiga dar cor local aos seus versos — aquela cor local que têm, embora moderadamente, alguns poemas de Gonzaga, como os que descrevem a mineração do ouro ("Tu não verás, Marília, cem cativos"). Talvez porque, simultaneamente, nos versos de Alcindo apareçam também a neve, faunos, dríades. O absurdo não chega, entretanto, a prejudicar os poemas, porque a qualidade da poesia não reside na exposição lógica e sim no poder de sugestão, qualquer que seja a escola a que ela se filie. E sugestão não falta no cantor de *Glaura*. Sua paisagem, ao contrário da paisagem de Gonzaga, é apenas debuxada, apresenta-se vaga e fantástica — a ênfase é colocada na manifestação dos sentimentos pessoais, traduzidos numa suave melancolia.

A descrição é, quase sempre, breve, utilizada como "pano de fundo" das emoções e sofrimentos:

> Onde eu via as tenras flores
> Vejo cardos, vejo espinhos.
> Já não ouço os passarinhos
> Seus amores gorjear.

Esse aproveitamento da natureza em função do poeta está presente também na poesia de Cláudio Manuel da Costa, e é antes dele do que de Gonzaga que o tom — não a *fatura* — da *Glaura* se aproxima. Sílvio Romero tentou um paralelo para mostrar a diferença entre a poesia visual e descritiva de Gonzaga e a auditiva e subjetiva de Alvarenga. Mas o cantor de Marília era também um auditivo: basta atentarmos para a musicalidade de suas liras, cujo aspecto formal os madrigais do segundo chegam a lembrar. O que distingue fundamentalmente esses dois poetas é a atividade psicológica, o tom de seus versos, insista-se: um, extrovertido, o outro, introvertido.

Consequência de tal diversidade é a linguagem despojada dos requebros arcádicos que se observa na *Glaura*, em contraposição ao amaneiramento de Gonzaga. Esse modo de dizer mais direto e mais rápido chegou às elipses violentas, inteiramente contrárias ao espírito analítico do Arcadismo:

> Chorando a bela Glaura
> me teve nos seus braços:
> ah! que tão doces laços
> não viu jamais o amor!

Ou ainda:

> Geme agora; se é que viste
> expirar... e nos meus braços...
> Glaura... ó céus! ó puros laços!
> Dia triste! horrível dor!

> Rouca a voz... o peito frio...
> vista incerta... ai, Glaura! ó sorte!
> Tremo... choro... insulto a morte,
> desafio o seu rigor.

Glaura marcou a última manifestação importante da lírica erótica no Arcadismo, já prenunciando modificações que dentro em pouco seriam iniciadas com o Pré-romantismo.

Dentro do critério histórico, cumpre mencionar ainda o poeta Inácio José de Alvarenga Peixoto[*] cujas obras, em sua maior parte, se perderam no confisco

---

[*] Inácio José de Alvarenga Peixoto (Rio de Janeiro, 1744 — Angola, 1793).

Bibliografia

Obras poéticas. Ed. J. Norberto de Sousa e Silva. Rio de Janeiro, Garnier, 1865 (com abundante material crítico, biográfico e bibliográfico).

de seus bens, ao ser preso como Inconfidente. Os poemas que hoje se conhecem sob o seu nome não permitem um juízo muito favorável de seu talento. O melhor da inspiração de Peixoto está em duas peças, que se tornaram muito populares: a lira a D. Bárbara Heliodora, sua mulher ("Bárbara bela/do Norte estrela"), e o soneto "Estela e Nize". Quanto a este, é necessário assinalar a sua extrema semelhança com outro, atribuído a Gonzaga, que começa: "É gentil, é prendada a minha Alteia". A ideia é a mesma: o poeta tem a sua afeição dividida entre duas musas, e hesita entre elas. A semelhança é mais forte nos tercetos. Diz Peixoto:

> Mas ha! que aquela me despreza amante,
> Pois sabe que estou preso em outros braços,
> E esta não me quer por inconstante.
>
> Vem, Cupido, soltar-me destes laços,
> Ou faz de dois semblantes um semblante,
> Ou divide o meu peito em dois pedaços!

Diz Gonzaga:

> Prender as duas com grilhões estreitos
> é uma ação, ó deuses, inconstante,
> indigna de sinceros, nobres peitos.
>
> Cupido, se tens dó de um triste amante,
> ou forma de Lorino dois sujeitos,
> ou forma desses dois um só semblante.

Até a identidade das rimas — inconstante, amante e semblante — fazem com que se tomem esses dois sonetos como vindos da mesma fonte. Ou são ambos de Peixoto, e um foi a primeira versão (possivelmente o atribuído a Gonzaga, que é inferior) ou foram traduzidos ou adaptados de um original, talvez italiano, o que era muito o uso da época.

A preocupação didática e moralizadora caracteriza o restante da produção de Alvarenga Peixoto, que ocupa um lugar intermediário entre os três poetas maiores do Arcadismo brasileiro e a grande cópia de versejadores que,

---

Consultar

Faria, Alberto. *Aérides*. Rio de Janeiro, Jacinto, 1918; Sousa e Silva, J. N. "Notícia sobre Alvarenga Peixoto". Prefácio da edição Garnier, 1865, pp. 27-65; Sussekind de Mendonça, C. "Alvarenga Peixoto". Biblioteca da Academia Carioca de Letras, cad. n. 9. Rio de Janeiro, Sauer, 1943.

principalmente em Minas, inunda de nomes as páginas da história literária do Brasil, dos meados do século XVIII às primeiras décadas do século XIX.

POETAS DE TRANSIÇÃO

Quando apareceu, em 1798, o primeiro volume de *Viola de Lereno* — a obra principal de Domingos Caldas Barbosa[*] e que se situa na linha de transição entre o Arcadismo e o Pré-romantismo — o ciclo daquele primeiro movimento ainda não se completara. Somente no ano seguinte Silva Alvarenga publicaria a sua *Glaura*, a mais trabalhada das manifestações arcádicas entre nós, e com ela encerrava um período que, embora já esgotado, não fora ainda superado, e continuava a influir nas formas poéticas dos fins do século XIX. Como outros poetas dessa época, Caldas Barbosa intitulou-se pastor, falou em gado e choça, seguindo, sempre que podia, os modelos da Arcádia. Mas mesmo quando o continente era repetição, o conteúdo trazia inovações: o bucolismo era menos frequente, a linguagem mais espontânea, coloquial, jogando com elementos e situações urbanas.

A sua posição social impunha-lhe ser, nas festas da corte lisboeta, onde viveu grande parte da sua vida, uma espécie de jogral; para distraí-la, cantava, acompanhando-se ao violão, lundus e modinhas, graciosas e alambicadas — precisamente os que formam a maior parte da *Viola de Lereno*. As liberdades que tomava para enquadrar os versos em música, ou ao improvisar, afastaram-no do rigor arcádico, impedindo-lhe a adoção de um esquema métrico,

---

[*] Domingos Caldas Barbosa (Rio de Janeiro, 1738? — Lisboa, 1800). Mestiço, de origem muito humilde, teve vida aventurosa, de soldado a sacerdote. Seu sucesso como cantor e compositor de modinhas abriu-lhe as portas da sociedade portuguesa, onde entrou pela mão dos Vasconcelos e Sousa, irmãos do vice-rei do Brasil.

Bibliografia

Viola de Lereno teve sua primeira edição em Lisboa, 1798; a 2ª ainda em Lisboa, em 1806; a 3ª na Bahia; a 4ª em Lisboa, em 1819. O 2º vol. publicou-se em Lisboa em 1826, existindo uma edição brasileira, anterior, de 1825. O Instituto Nacional do Livro tirou, em 1944, uma edição em 2 vols. que deve ser manuseada com cautela, visto conter numerosas incorreções no texto e inexatidões de data. A sua restante produção poética, bem como as farsas e comédias, estão decididamente fora da literatura.

Consultar

Sílvio Júlio. *Fundamentos da poesia brasileira*. Rio de Janeiro, Coelho Branco, 1930, pp. 96-100.

rítmico, ou rimático. A forma, que com isso poderia ter-se tornado mais flexível, apenas afrouxou-se.

O fato de ter Caldas vivido em Portugal praticamente a metade da sua vida tornou suscetível de polêmica, por muito tempo, a sua inclusão na literatura brasileira. Era um debate ocioso: sua linguagem é muito mais brasileira, pelo que tem de espontânea e informal, do que a dos árcades. A colocação dos pronomes já é bem característica, *você* é usado com frequência, depois do ostracismo a que fora relegado pelos árcades, e a expressão não obedece à sintaxe de Portugal. Por outro lado esse fato, bem como o uso de palavras regionais, curiosas para os portugueses, talvez possa ser explicado pela necessidade de manter o tom exótico, que assegurava ao violeiro a voga das suas modinhas. As quadras de Caldas são cheias de um dengue e um requebro tipicamente crioulos, de um sensualismo chão, ao mesmo tempo ingênuo, que seria impossível em homem de outra raça. Sua linguagem ressuma languidez, e tem um tom desabusado, servil quase, inteiramente fora da expressão nobre preceituada pela Arcádia:

> Tem nhanhá certo nhonhó
> Não temo que me desbanque,
> Porque eu sou calda de açúcar
> E ele apenas mel do tanque.

O valor de Caldas Barbosa como poeta é exclusivamente histórico. Escrevendo uma poesia de decadência e transição — embora cronologicamente ainda dentro do Arcadismo — faltou-lhe habilidade para disfarçar com jogos formais rebuscados, como fez muito bem Silva Alvarenga, os lugares-comuns da poesia arcádica, e imaginação para criar uma linguagem que correspondesse ao estado de espírito mais ou menos novo que se evidencia em poema como "Desafogo do estro", e no maldizer da existência, tão do gosto romântico e nada arcádico.

Têm sido assinaladas em Domingos Caldas Barbosa a influência da poesia popular e a semelhança, nas quintilhas, com as de Sá de Miranda. Duplo engano. Responsável pelo primeiro talvez seja Sílvio Romero, que recolheu modinhas de Caldas no interior do Brasil, cantadas anonimamente. Caldas era um cantor e compositor de música popular, e forçosamente teria que conservar nas suas composições o tom de simplicidade que lhe é característico, ou pelo menos era característico à poesia popular de língua portuguesa, da época. Mas não fugiu, em poemas mais pretensiosos, às referências mitológicas e a expressões como "emplumado cantor" e "escamoso nadador". É possível, por outro lado, que muitas das modinhas que lhe são atribuídas tenham sido apenas recolhidas por ele do cancioneiro popular. Quanto ao segundo equívoco, vem de ter Varnhagen, no *Florilégio*, escrito: "Quintilhas nos deixou [Caldas Barbosa] que têm muito da natural graça e singeleza das de Sá de Miranda." Daí passaram os críticos a ver uma semelhança e uma influência que o confronto de textos não autoriza.

Embora cronologicamente situado no Arcadismo, o Padre Antônio Pereira de Sousa Caldas* está literariamente mais distante dele do que Caldas Barbosa, tanto pelos motivos, forma e linguagem de seus poemas, como pela própria essência da poética, que, ao contrário da arcádica, não visava ao deleite, mas à expressão de um pensamento, talvez superficial, mas de qualquer modo filosófico. Foi ele, aliás, o único poeta brasileiro a dar formulação explícita a uma das tendências espirituais — a volta ao estado natural — peculiar do Setecentos, já assinalada acima. Essa tendência, da qual todo o bucolismo arcádico pode ser considerado uma projeção, é justificada por Gonzaga e Cláudio com razões práticas imediatistas: a vida do campo é preferida porque não tem os aborrecimentos, as intrigas e as lutas da vida na cidade — e por "cidade" entendiam a corte. A fundamentação filosófica, ou racional, da "volta à natureza", era inteiramente desprezada, pois à Arcádia desagradavam os motivos sérios, os grandes assuntos: a morte, o amor trágico, as preocupações transcendentais. O árcade pretendia haver reencontrado, na sua pantomima bucólica e rococó, a paz do Éden. Sousa Caldas, na "Ode ao homem selvagem", publicada em 1783, lamenta a perda da felicidade primitiva, da qual *ainda* se considerava afastado:

> Ó céus! que imenso espaço
> Nos separa daqueles doces anos
> Da vida primitiva dos humanos.

Em lugar de atribuir essa separação ao pecado original, como seria de esperar, Sousa Caldas procura razões mais objetivas, e vai encontrá-las na estrutura social, nas leis humanas que se opõem às naturais:

> Que montão de cadeias vejo alçadas
> Com o nome brilhante

---

*   Antônio Pereira de Sousa Caldas (Rio de Janeiro, 1762-1814). Aos sete anos, transferiu-se para Portugal, onde se educou e passou a maior parte de sua vida, bacharelando-se em Direito, em Coimbra. Estudante ainda, foi castigado pelo Santo Ofício, por suas ideias avançadas. Mais tarde, viajando pela Europa, teve o sentimento religioso despertado ao visitar a Itália, e ali tomou ordens. Voltou ao Rio de Janeiro, definitivamente, em 1808, com a família real.

Bibliografia

As obras de Sousa Caldas só foram editadas, em conjunto, em 1820-21, em Paris, pelo seu amigo e testamenteiro literário, o Tenente-general Garção-Stockler, que nelas introduziu numerosas alterações. Houve uma 2ª edição, em Coimbra, pela Tipografia Trovão & Cia., 1836.

> De leis, ao bem dos homens consagradas!
> A Natureza simples e constante,
> Com pena de diamante,
> Em breves regras escreveu no peito
> Dos humanos as leis, que lhes tem feito.

Há nisso um elemento definidamente romântico — não a volta à natureza, constante da época, mas a condenação, claramente expressa, da sociedade. O racionalismo valeu ao Padre Sousa Caldas não poucas dificuldades com o Santo Ofício. A ânsia de liberdade, a revolta contra a opressão — ainda uma consequência do racionalismo setecentista — encontram nele um eco nacionalista que, ao contrário dos poetas Inconfidentes, não se limitou à paisagem:

> Ali a terra com perene vida
> Do seio liberal desaferrolha
> Riquezas mil, que o Lusitano avaro
> Ou mal conhece, ou mal aproveitando,
> Esconde com ciúme ao mundo inteiro.
> Ali, ó dor!... ó minha Pátria amada!
> A Ignorância firmou seu rude assento
> E com hálito inerte tudo dana,
> Os erros difundindo, e da verdade
> O clarão ofuscando luminoso.
> Ali servil temor, e abatimento
> Os corações briosos amortece.

Um padre que admirava Rousseau, se voltava contra os colonizadores e condenava a sociedade, seria presa fácil da dúvida religiosa:

> A minha alma inconstante
> Crê, presume, vacila, incerta treme,
> E em dúvidas cruéis aflita geme.

Era Sousa Caldas, portanto, um espírito inquieto e indagador. Pelos exemplos citados, pode-se ver que seus motivos diferem substancialmente dos motivos arcádicos. A linguagem não poderia deixar de acompanhar essa transformação: desaparecem os pastores e ninfas, os montes, os rios e o gado. A afetada simplicidade arcádica é substituída pela preocupação transcendental, num estilo grandiloquente, discursivo e sublime, no qual volta a se acentuar a alegoria mitológica, lembrando mesmo a poesia barroca. Numa época em que os poetas voavam rasteiro, Sousa Caldas tinha versos como estes:

> Inda o cetro quimérico empunhava
> O Nada, avassalando
> Informe reino, e vão, que dominava
> A seu lado o silêncio venerando;
> E tudo, repousando
> No seio incerto e imenso do possível
> De existir era apenas suscetível.
>
> Somente a Eternidade,
> Concentrada em si mesma, em si contida,
> Em si gozando interminável vida.
> Perene mocidade,
> Com infinitas perfeições brilhando,
> Sotopunha os futuros a seu mando.

A forma, em Sousa Caldas, é bem elaborada, chegando a atingir momentos de verdadeira beleza, embora prejudicados pela insistência do lugar-comum, do chavão poético, que era uma das suas muletas indispensáveis. O padre discursava sempre, e não se constrangia de lançar mão do arsenal retórico de imagens mitológicas, por mais surradas que estivessem. O início de uma de suas melhores composições, a "Cantata à imortalidade da alma", é disso exemplo característico:

> Por que choras, Fileno? Enxuga o pranto
> Que rega o teu semblante, onde a amizade
> De seus dedos gravou o terno toque.
> Ah! não queiras cortar minha esperança
> E de dor embeber minha alegria,
> Tu cuidas que a mão fria
> Da morte, congelando os frouxos membros
> Nos abismos do nada inescrutáveis
> Vai de todo afogar minha existência?
> É outro o meu destino: outra a promessa
> Do espírito que em mim vive e me anima.
> A horrenda sepultura
> Conter não pode a luz brilhante e pura
> Que soberana rege o corpo inerte...

Os três primeiros versos ilustram o contraste: "enxuga o pranto que rega o teu semblante", "mão fria da morte", "abismos do nada", ao lado de "semblante onde a amizade gravou o terno toque de seus dedos", e os três últimos versos (onde o adjetivo "horrenda", formando com o substantivo o verso, ganha inesperada força) que vestem com forma original uma já muito explorada ideia. Poderíamos apontar, ainda, entre as belezas de Caldas: "voz que aviventa o nada", "Febo, que almo calor a tudo dava", "mádida terra", "animante calor", e estas linhas:

> A água sobre as nuvens remontando
> E do ar retalhando a massa espessa.

A fortuna literária de Sousa Caldas tem sido incerta: Garrett chegou a dizer dele, no *Bosquejo da história da poesia e língua portuguesa*:

O Padre Antônio Pereira de Sousa Caldas; brasileiro, é dos melhores líricos modernos. A poesia bíblica, apenas encetada, de Camões, na paráfrase do salmo *super flumina Babylonis*, foi por ele maravilhosamente tratada; e desde Mílton e Klopstock ninguém chegou tanto acima neste gênero.

Depois do Romantismo, o nome do autor das *Poesias sacras e profanas* caiu no esquecimento, um pouco amenizado após revisão realizada pelo Modernismo.

As traduções dos Salmos, feitas por Sousa Caldas, em nada contribuem para melhorar o juízo crítico que se possa fazer de suas qualidades poéticas.

POESIA NARRATIVA ARCÁDICA

A denominação de "poesia épica" ao gênero que aqui se vai estudar tem sido contestada por historiadores e críticos, inclusive Sílvio e Veríssimo. A épica pressupõe, em primeiro lugar, um motivo bastante grande, nobre e sublime, que quase sempre transcende os limites do individual, para se projetar nos do nacional ou universal. A *Eneida* é, em última análise, a história de Roma; *Os lusíadas*, o momento de grandeza que Portugal viveu; e o *Paraíso perdido* não é somente a fábula bíblica por si já simbólica — mas também a luta do bem contra o mal, segundo as convicções religiosas de Mílton. Falta à chamada poesia épica brasileira do século XVIII essa nobreza de assunto e sentido simbólico que supera o imediato. O *Caramuru* é apenas uma aventura individual, que dificilmente poderia vir a ser a epopeia do europeu que descobre o Novo Mundo. Já o *Uraguai* tem um motivo bem mais próprio à épica porque mostra um drama coletivo — a exploração e o massacre do índio, seja pelos jesuítas, seja pelos portugueses e espanhóis; mas a conveniência política levou o poeta a deixar em segundo plano o verdadeiro assunto épico, transformando seu poema numa narrativa da qual não se tira nenhum exemplo ou consequência — um dos pontos característicos do poema heroico, cuja intenção, segundo definição de Dryden, "é habituar o espírito à virtude heroica por meio do exemplo; expõe em verso o que pode deleitar, ao mesmo tempo que instruir". Bowra, que cita tal definição, comenta: "Os autores da epopeia literária quase são forçados a indicar uma moral. Os seus heróis são exemplos daquilo que os homens deviam ser ou tipos do destino humano, cujos próprios erros devem apontar-se e recordar-se. Esta intenção didática nunca se encontra muito afastada, apesar de não precisar de haver referência imediata ou contemporânea."[6]

Privados dessas características, o *Uraguai* e o *Caramuru* se ressentem da pretensão heroica. Perdem a espontaneidade do romance, sem conseguir a grandeza do épico; são epopeias frustradas, embora cheguem a ter momentos belos — significativamente, aqueles em que o sentimento lírico predominou.

Não cabe a Basílio e a Durão culpa maior do que a de não terem compreendido que a matéria da epopeia é fruto de uma tradição e um sentimento coletivos, que lhes faltava. Fidelino de Figueiredo afirma que "só com o poema de Camões se verificou o processo de gênese das epopeias; todos os outros poemas do fim do século XVI aos meados do XIX, são crônicas versejadas, poemas narrativos, panegíricos biográficos em verso, porque o poeta, com ou sem gênio, não cria a matéria épica que, recordarei, é obra coletiva e anterior à sua individual coordenação artística".[7]

Explicada a razão da preferência da expressão *narrativa* à *épica* — o que é antes uma questão de situação, e não de simples denominação — podemos dizer que a poesia descritiva arcádica não se caracterizou tão nitidamente como a lírica. O único ponto de identidade entre elas será, talvez, a linguagem direta, despida dos artifícios barrocos e seiscentistas. Se, por um lado, Basílio adota o modelo mais virgiliano, e mais arcádico, do verso branco e da estrofação livre, por outro, Santa Rita Durão segue o modelo camoniano. O indianismo que esses dois poetas introduzem na literatura de língua portuguesa tem o mesmo caráter do nacionalismo dos poetas líricos: é apenas exterior. É bem verdade que o problema da colonização, tal como possivelmente o sentira o índio, aparece várias vezes em Basílio, inclusive nestes famosos versos:

> Gentes da Europa, nunca vos trouxera
> O mar e o vento a nós. Ah não debalde
> Estendeu entre nós a natureza
> Todo esse plano espaço imenso de águas!...

que tanto valem para os portugueses como para os jesuítas. Em princípio, porém, não são os assuntos indígenas — as tradições, lendas e costumes — que preocupam esses poetas, mas apenas o índio como elemento exótico e decorativo, exatamente como a paisagem na poesia lírica. Não são motivos indígenas, mas o índio como motivo. É, ainda, uma forma de nativismo, não de nacionalismo, como de nativismo são os traços da paisagem mineira encontráveis em Cláudio, Gonzaga ou Silva Alvarenga. No caso de Basílio, *nacionalismo* seria o partido dos índios — os verdadeiros americanos — e não o dos portugueses, que, pelo menos ostensivamente, parece tomar. Mais adiante, será examinada essa questão.

Assinale-se, ainda, que é possível ver, no fato de preferirem os poetas narrativos a figura do índio à do pastor, uma nova manifestação, mais de acordo com a realidade, do desejo de retorno ao "estado natural". E, enquanto os árcades se satisfaziam com uma pantomima, e dentro dela tinham características extremamente realistas, como nas descrições de Gonzaga, os narradores, preferindo a realidade do índio, o retratavam, e à natureza, com menos verdade. Embelezavam o nativo, atribuindo-lhe, em alto grau de intensidade, um aspecto físico e uma formação moral que não se poderia, sem alterar as leis da probabilidade, encontrar senão no europeu.

Pelos motivos ou pela linguagem, ou ainda mais certamente porque era mais poeta, Basílio superou seus contemporâneos portugueses. É principalmente a ele que se referem as histórias literárias, ao falar nos épicos do século XVIII, e não ao Conde de Ericeira, a José Agostinho Macedo ou outros.

BASÍLIO DA GAMA[*]

[*] José Basílio da Gama (*Termindo Sipílio*) (São José do Rio das Mortes, hoje Tiradentes, 1740 ou 1741 — Lisboa, 1795) fez estudos secundários com os jesuítas, no Rio de Janeiro. Iniciou o curso de Direito em Lisboa, que não terminou. Por suspeita de ser amigo dos jesuítas, foi preso e condenado ao degredo em Angola. Com um epitalâmio dedicado às núpcias da filha de Pombal, obteve perdão e a proteção do Marquês. Viveu principalmente na Europa, pouco visitando o Brasil.

Bibliografia

Epitalâmio às núpcias da Sra. D. Maria Amália e *O Uraguai*, 1769; *A declamação trágica*. Tradução, 1772; *A liberdade*. Tradução de Metastásio, 1773; *Os Campos Elísios*, 1776; *Soneto à aclamação de D. Maria I*, 1777; *Lenitivo da saudade*, 1788; *Quitúbia*, 1791. Até o momento, publicaram-se 12 edições do *Uraguai*. (Em 1941, a Academia Brasileira de Letras publicou uma edição fac-similar da 1ª, com introdução crítico-biográfica de Afrânio Peixoto, notas de Rodolfo Garcia e um estudo bibliográfico de Osvaldo Melo Braga de Oliveira, sobre as edições do *Uraguai* e principais estudos críticos). Como salientou Clóvis Monteiro, "Uraguai é como se acha em todo o poema, desde o título, até a 8ª edição, em vez de *Uruguay*, cuja forma antiga é *Uruay*, que se lê, conforme lembra Teodoro Sampaio (Cf. *O tupi na geografia nacional*. 3. ed. p. 338), na carta de Diogo Garcia, de 1526". A polêmica sobre o poema e os jesuítas está em: *Revista do Instituto Histórico e Geográfico Brasileiro*, 68, 1ª parte, 1906, p. 93.

A obra de Basílio da Gama divide-se em duas partes: a narrativa, sem dúvida a mais numerosa e a melhor, e a lírica, reduzida e de pouco interesse. No exame da primeira, não importa a pesquisa de versos e imagens inspirados, adaptados ou literalmente tomados de empréstimo de Virgílio, Petrarca, Tasso e Camões: eram os modelos do poeta, e na época essa a forma de mostrar cultura e homenagear os autores prediletos. Gonzaga, Cláudio e Silva Alvarenga não fizeram de outro modo.

O Uraguai, a obra mais importante de Basílio, é um poema em cinco cantos, em versos brancos e estrofação livre, de ação limitada: narra a expedição empreendida por espanhóis e portugueses contra os índios e jesuítas habitantes da Colônia de Sete Povos das Missões do Uruguai, que segundo o Tratado de Madri, de 1750, deveria passar a pertencer a Portugal, em troca da Colônia do Santíssimo Sacramento, possessão portuguesa encravada em águas e território espanhol. Mas os índios, apoiados pelos jesuítas, se recusaram a ser súditos portugueses. Portugal e Espanha iniciam então a expedição de conquista, em 1752. A campanha inglória só se concluiu em 1756, sob o comando do Comissário Real Gomes Freire de Andrada; é dessa fase final que trata o poema de Basílio.

Inicia-se o poema no momento em que às tropas portuguesas vão juntar--se as espanholas, comandadas por Catâneo. Andrada faz, em longa fala, a descrição da guerra, dando o motivo histórico do poema. No segundo canto está a parte mais épica: a batalha entre índios e conquistadores, com a derrota dos primeiros. No canto terceiro, a sombra de um dos chefes índios, morto em combate, aparece ao cacique Cacambo e lhe aconselha que ateie fogo ao acampamento dos brancos, e fuja. Assim faz Cacambo, e volta à sua aldeia, onde um jesuíta, Balda, por motivos que não são claros, manda prendê-lo, e o envenena. Um feiticeira, Tanajura, faz com que Lindoia, esposa de Cacambo, tenha visões: inexplicavelmente, ela vê Lisboa destruída pelo terremoto e a sua reconstrução, mero pretexto para referência a Pombal. O canto quarto descreve a reunião dos índios para a cerimônia do casamento de Lindoia com Baldeta, índio protegido

---

Consultar

Braga Teófilo. *Filinto Elísio e os dissidentes da Arcádia*. Porto, Lelo, 1909, pp. 480-505; Buarque de Holanda, S. "Uma epopeia americana" (in *Diário Carioca*, 20, 27 dez. 1953); Ferreira, Félix, *Basílio da Gama*. Rio de Janeiro, *Jornal do Commercio*, 1895; Gomes, E. "A poesia de Basílio da Gama" (in *Correio da Manhã*, 4 dez. 1954); Guerra, A. *Basílio da Gama*, São Paulo, Melhoramentos, 1923; Monteiro, C. "*O Uraguai* e o *Caramuru*" (in *Correio da Manhã*, 7 maio 1910); Mota, A. *Vultos e livros*. São Paulo, 1921; Nunes, A. *Basílio da Gama*. Niterói, Academia Fluminense de Letras, 1942; Sousa Pinto, M. O *indianismo na poesia brasileira*. Coimbra, 1948; Pacheco, Francisco. Introdução, edição Francisco Alves, 1895, p. I-XXIV; Veríssimo, José. Introdução, edição Garnier, 1902; idem. *Estudos*. 2ª série. 1901.

de Balda, e de quem o poeta insinua ser ele o pai. Mas Lindoia suicida-se, fazendo-se picar por uma cobra: é o momento mais belo do poema. À notícia de que o inimigo já estava a cair sobre a aldeia, fogem todos. No último canto, apenas a descrição do templo, a narração dos crimes da Companhia de Jesus, a última surtida e a vitória final, com a prisão dos jesuítas.

    A trama tem pontos obscuros: não fica explicada a razão que leva Balda a manter separados Lindoia e Cacambo, nem o assassinato deste. O templo dos jesuítas é majestoso demais para a aldeia e a fuga final não se justifica, quando, todos reunidos, mais fácil teria sido aos índios enfrentar os brancos. A inverossimilhança talvez se compreenda pela necessidade de criar episódios que enriquecessem a pobreza da história. E se Cacambo precisava morrer, para que o suicídio de Lindoia tivesse lugar, melhor que fosse morto pelos jesuítas do que pelos portugueses: teria sido mais lógico que ele morresse no campo de batalha, mas seria um ato antipático, que não convinha atribuir àqueles que o poema devia exaltar. A impressão que se tem é que a história foi posteriormente modificada para servir aos interesses de Pombal. O poema não poderia ter sido composto e impresso nos poucos meses que medeiam a publicação do *Epitalâmio* e a do *Uraguai*. Em nota, Basílio o declara inspirado pelo desejo de informar aos povos da Europa dos sucessos das Missões, vários anos antes, quando se encontrava em Roma e seu antijesuitismo ainda não se manifestara. Pelo contrário, segundo a *Resposta apologética ao poema intitulado Uraguai*, publicada em 1786, o poeta naquela época desfrutava, se não favores, pelo menos de boas relações com a Companhia. O desejo de agradar ao Marquês justificaria a inclusão, no poema já quase concluído, de trechos e notas antijesuíticas, principalmente as notas. Explica-se, assim, o aparecimento de Balda, personagem que, não fosse o assassinato de Cacambo, seria desnecessária. Também o forte sentimento americanista que se nota, entre outras passagens de caráter definidamente antieuropeu, na fala de Cacambo, no Canto II, deixa margem para a suposição de que foram escritas sem nenhuma preocupação de agradar ao governo metropolitano. A argumentação do índio é, em tudo, mais sentida e expressiva do que a resposta que lhe dá Andrada:

>
> Bem que os nossos Avós fossem despojo
> Da perfídia de Europa, e daqui mesmo
> C'os não vingados ossos dos parentes
> Se vejam branquejar ao longe os vales.
> ....
> E quererão deixar os Portugueses
> A Praça, que avassala, e que domina
> O Gigante das águas, e com ela
> Toda a navegação do largo rio,
> Que parece que pôs a natureza

> Para servir-vos de limite, e raia?
> Será; mas não o creio. E depois disto,
> As campinas, que vês, e a nossa terra,
> Sem o nosso suor, e os nossos braços,
> De que serve ao teu Rei? Aqui não temos
> Nem altas minas, nem os caudalosos
> Rios de areias de ouro...

A esse raciocínio, fundado em razões estratégicas, práticas e sentimentais, opõe o general português um simples palavreado e veladas ameaças. Principalmente, deixa sem nenhuma resposta as seguintes palavras de outro índio, Cepé:

> .... e o vosso Mundo
> Se nele um resto houver de humanidade,
> Julgará entre nós; se defendemos
> Tu a injustiça, e nós o Deus e a Pátria.

O mesmo sentimento contrário ao domínio do colonizador se manifesta no soneto a Tupac Amaru, "inca que no Peru, armando algumas tribos, declarou guerra aos espanhóis e por algum tempo os debelou".

Os momentos épicos do *Uraguai* pertencem aos índios, e não às figuras portuguesas que ele pretendeu exaltar. O herói não é o Andrada, mas Cacambo, o índio perseguido pelos portugueses e ludibriado pelos jesuítas, o chefe espoliado de suas terras e esmagado pelo peso de dois grandes impérios — única figura simbólica, de grandeza intrínseca. Nisso, como na estrutura, na linguagem, na ausência de invocações mitológicas, o poema de Basílio parece contrapor-se ao de Camões, embora lhe renda homenagem em várias passagens: apesar das aparências, resulta que o herói é o conquistado, e não o conquistador português.

Por isso, as melhores personagens são os índios, e entre eles, Cacambo e Lindoia, esta principalmente a mais completa como realização literária, e o primeiro melhor como criação de ficcionista. Note-se que a coincidência entre o Cacambo de Voltaire e o de Basílio — o primeiro, personagem do *Candide* — começa e termina no nome.

Na sua estrutura formal — métrica, estrofação, rima — o poema foge aos moldes camonianos. Resumidas nos primeiros vinte versos, quase não são percebidas a proposição e a invocação, tendo-se a impressão de que a narrativa começa diretamente. As descrições estão presentes, com a visão de Lindoia, a primeira fala de Andrada, as cenas pintadas no templo, etc., que embelezam a qualidade poética do *Uraguai*, sem prejudicar a integridade da narrativa. Apenas a visão do terremoto e reconstrução de Lisboa destoa na evolução da narrativa, por desnecessária e até prejudicial. Era, porém, o tributo que Basílio pagava à exigência clássica do elemento maravilhoso, já que são raras no seu poema as alusões mitológicas e não há nenhum recurso aos poderes sobrenaturais.

A linguagem direta e sem artifícios faz com que o *Uraguai* possa ser lido ainda hoje com facilidade, sem obrigar o leitor médio a exercícios gramaticais e consultas a dicionários de mitologia para elucidar trechos complicados. Serviu-se Basílio quase que somente da adjetivação, vindo em seguida a metáfora e, em escala bem mais reduzida, o símile. A metáfora nele se confunde frequentemente com o adjetivo, sendo por vezes difícil distingui-los. Sua técnica se opõe fundamentalmente à da metáfora barroca, onde os dois elementos da comparação podem ser claramente distinguidos, e pertencem quase sempre à mesma espécie material. D. Francisco Manuel, por exemplo, afirma:

> Mas que fora de nós, se esta, se alguma
> Fora mais que uma gota, a ser medida
> C'o largo mar de tua graça imensa?

(Que seria de nós se a nossa vida — *esta, alguma* — fosse mais do que uma gota a ser medida com a graça imensa de Deus, que é como um largo mar?) Observe-se a paridade dos elementos associados (*gota* a ser medida com o *mar*), fundamentada na matéria comum, implícita, *água*. É claro que a metáfora barroca nem sempre é assim característica, podendo tomar formas bem mais sutis. O princípio, porém, continuará o mesmo, e é a ele que Basílio contraria, quando escreve:

> .... Aos ares
> Vão globos espessíssimos de fumo,
> Que deixa ensanguentada a luz do dia.

Acompanhemos o processo de elaboração da imagem: (a) o fumo deixa a luz do dia como que vermelha — ideia original; (b) o fumo deixa a luz do dia *vermelha como sangue* — símile original; (c) o fumo deixa a luz do dia *como sangue* — desaparece um dos elementos da comparação, a cor; (d) o fumo deixa *ensanguentada* a luz do dia — adjetivação da metáfora (luz ensanguentada). Na fase (b) os elementos comparativos, *vermelha como sangue*, estão expressos; na fase (c) a conjunção *como* sugere a comparação com a cor. Mas na fase final (d) essa ideia desapareceu, já que o sentido principal de *ensanguentada* não é *cor de sangue*, mas *cheia de sangue*.

A adjetivação era realmente o forte de Basílio. A famosa cena da morte de Lindoia, no canto III, nos oferece um exemplo de gradação bem característico:

> Um frio susto corre pelas veias
> De Caitutu, que deixa os seus no campo,
> E a irmã por entre as sombras do arvoredo
> Busca com a vista, e teme de encontrá-la.
> Entram enfim na mais remota, e interna
> Parte de antigo bosque, escuro, e negro,
> Onde, ao pé de uma lapa cavernosa
> Cobre uma rouca fonte, que murmura,
> Curva latada de jasmins, e rosas.
> Este lugar delicioso, e triste,
> Cansada de viver, tinha escolhido
> Para morrer a mísera Lindoia.
> Lá reclinada, como que dormia,
> Na branda relva, e nas mimosas flores,
> Tinha a face na mão, e a mão no tronco
> De um fúnebre cipreste, que espalhava
> Melancólica sombra.

Começa o episódio: há ainda um eco dos preparativos da festa, descritos imediatamente antes, nas *brancas* penas de que são revestidas as *gentis* donzelas. Lindoia não chega, vão buscá-la: a *crespa* Tanajura informa que a princesa se encontra no jardim, para onde fora *triste e chorosa*. *Um frio susto corre pelas veias / de Caitutu* — verso admirável pela síntese com que *frio susto* traduz o pressentimento do irmão de Lindoia. A procura se faz na direção de um bosque *escuro* e *negro*, junto de lapa *cavernosa* e *rouca fonte* — todos adjetivos sombrios, que reforçam a sugestão inicial. Mas a figura da morta, em si, era bela e suave: quando a descrição dela se aproxima, surgem, como um jato de luz, dois adjetivos claros:

> Lá reclinada, como que dormia,
> Na *branda* relva, e nas *mimosas flores*.

Nesse passo, muito expressivamente, encontra-se um dos poucos símiles de Basílio: a ideia da morte é mais fortemente sugerida por esse processo do que o seria por qualquer metáfora.

Dos poucos recursos retóricos usados por Basílio, são as figuras de repetição, em suas várias formas, as que mais se destacam, ocorrendo frequentemente até na obra lírica. Alguns exemplos:

> Dobrou as pontas do arco, e quis três vezes
> Soltar o tiro e vacilou três vezes

.... Quis três vezes,
Levantar-se do chão: caiu três vezes,

Tinha a face na mão, e a mão no tronco.

E esse exemplo de quiasma, que se reproduz quase que do mesmo modo no *Uraguai* e no soneto "Já Marfiza cruel não me maltrata":

O Índio habitador de quando em quando
Com estranha cultura entrega ao fogo

Muitas léguas de campo: o incêndio dura,
Enquanto dura, e o favorece o vento.

Gozemo-nos agora, enquanto dura,
Já que dura tão pouco a flor dos anos.

Dentro do decassílabo, a metrificação do *Uraguai* é das mais variadas, encontrando-se praticamente todas as suas formas nos cinco cantos do poema, com ligeiro predomínio das alternâncias combinativas, ou seja, do ritmo que se poderia chamar de sincopado. Os movimentos trocaicos parecem gozar da preferência do poeta; grande número de versos tem o primeiro hemistíquio iniciado com sílabas tônicas, até com palavras proparoxítonas, forçando deslocamentos de pronúncia. Veja-se a linha *único que na paz e em dura guerra*, que, não fosse a tônica no *u*, poderia ser lido com o ritmo anapéstico: *uniCO que na PAZ*, no primeiro hemistíquio, e o último como dois iambos. Teríamos então uma alternância uniforme. Mas a tônica inicial modifica completamente o ritmo, dando ao primeiro hemistíquio uma alternância combinada, de um troqueu e dois iambos: *Único QUE na PAZ*; o restante do verso, naturalmente, mantém-se inalterado, já que os acentos de 8ª e 10ª são forçosos. Não obstante, em alguns versos o de 8ª pode passar perfeitamente despercebido, numa leitura mais rápida. A alternância combinada, com essas oscilações de ritmo que muitas vezes embaraçam o leitor, visa, principalmente, a quebrar a monotonia do decassílabo de acentuação fixa, o que Basílio consegue plenamente.

Entre outras particularidades de metrificação no *Uraguai*, observe-se que o uso de elisões é feito livremente, principalmente *com a* e *co'a*. Quando a métrica o exige, Basílio obriga à pausa e contagem clara de duas sílabas: *com a pistola lhe fez tiro aos peitos*, verso que, quando se encontrou antes, no mesmo Canto II, e apenas algumas linhas acima, *co'as choupanas o gado. Aflito e triste*, e mais, *forçando os seus co'exemplo, e co'as palavras*, soa mal ao ouvido, mais pronto a aceitá-lo como formado de três trímetros regulares; de ritmo perfeitamente ariapéstico: *co'a pisTOla lhe FEZ tiro aos PEItos*. São notáveis, ainda, os decassílabos formados de apenas duas palavras:

> A Discórdia, o Furor, a torpe, e velha
> Hipocrisia vagarosamente

onde o *enjambement* provoca forçosamente a ligação da última sílaba do primeiro verso com a primeira sílaba do segundo, reforçando-a. Neste outro exemplo: *Visionária, supersticiosa*, note-se a manutenção do hiato na primeira palavra. A esse respeito, já Francisco Xavier de Meneses, o Conde de Ericeira, no prefácio da sua *Henriqueida*, publicada em 1741, declarava:

> As sinalefas faço quantas vezes posso, sem ofensa da pronúncia, que nos antigos era mais vagarosa, fazendo, por exemplo, a palavra *glorioso* de quatro sílabas, que agora se reduz a três somente, mas algumas vezes tomo a licença de não as fazer seguindo o uso e pronúncia da língua portuguesa.

A flexibilidade com que, já em 1741, Ericeira maneja os hiatos, não deve causar surpresa no *Uraguai*, de 1769.

Basílio da Gama escreveu, além do *Uraguai*, um poemeto narrativo, *Quitúbia*, sobre feitos de um herói negro nas guerras coloniais portuguesas em África. É obra de autor já esgotado, que repete mal os lugares-comuns do gênero.

A escassa obra lírica atualmente atribuída a Basílio muito pouco contribui para sua glória, além de ser de autoria discutível.[8] Assinale-se apenas a experiência métrica de adaptação do alexandrino ao metro português na tradução do poema "A declamação trágica", de Dorat, e — melancolicamente — que seus poemas encomiásticos superam, em apuro formal, os dos poetas mais destacados da época. Leia-se, como exemplo, o soneto de apresentação do *Uraguai*: "Ergue de jaspe um globo alvo, e rotundo". Até que se desenterre dos arquivos a sua produção lírica, o melhor do poeta estará nos versos do *Uraguai*. E mesmo que isso aconteça algum dia, muito provavelmente a morte de Lindoia continuará sendo a sua obra-prima.

SANTA RITA DURÃO[*]

---

[*] Frei José de Santa Rita Durão (Cata Preta, 1722 — Lisboa, 1784). Ainda criança, foi para Portugal, onde veio a professar na Ordem de Santo Agostinho. Já padre, formou-se em Teologia na Universidade de Coimbra. No fim da vida, escreveu seu poema, ou melhor, ditou-o a um liberto, serviçal seu.

Bibliografia

Caramuru (poema épico do descobrimento da Bahia). Lisboa, 1781.

Publicado em 1781, doze anos portanto após o *Uruguai*, o *Caramuru* sobrevive ainda apenas pela sua posição histórica: foi o primeiro poema a tomar como motivo uma lenda local, a falar no índio brasileiro e a descrever seus costumes. O índio de Basílio era antes americano do que caracteristicamente brasileiro, e da sua vida cotidiana nada, ou quase nada, aparece no *Uraguai*. Coube-lhe, além disso, a primazia de ter cantado alguns heróis brasileiros, como Henrique Dias, da guerra contra os holandeses.

Composto fielmente segundo o modelo camoniano, o poema de Durão não difere dos numerosos poemas narrativos do século XVIII, senão pelo exotismo do argumento, a lenda do aventureiro português Diogo Álvares Correia, que naufragou na costa da Bahia e, recolhido pelos índios, maravilhou-os com sua espingarda, vindo a gozar de grande autoridade entre eles e a esposar a índia Paraguaçu, que levou à Europa para ser batizada.

Para encher os dez cantos do poema, Durão teve de introduzir, nessa minguada lenda, guerras, visões da história do Brasil dos séculos XVI ao XVIII, viagens, festas na corte, narrações, extensas e monótonas descrições do Brasil, com verdadeira nominata de frutas e legumes, provavelmente inspirada na *Descrição da ilha de Itaparica*, de Manuel de Santa Maria Itaparica. O resultado foi a perda completa da unidade de ação e integridade do assunto; acrescente-se a isso a falta de conteúdo heroico e, consequentemente, de grandeza e interesse no *Caramuru*.

Se os costumes indígenas e a realidade do índio tiveram em Durão um narrador mais exato e minucioso do que em Basílio, esse realismo limitou-se à parte descritiva, pois os nativos que aparecem como personagens, influindo na ação, são inautênticos, estilizados, agindo como europeus vestidos de penas. Ao geral, o nativo é assim descrito:

> A brutal catadura, hórrida e feia:
> A cor vermelha em si, mostram tingida
> De outra cor diferente, que os afeia.
> Pedras e paus de embiras enfiados,
> Que na face e nariz trazem furados.

Consultar

Braga, Teófilo. *Filinto Elísio e os dissidentes da Arcádia*. Porto, Lello, 1901; Mendes dos Remédios. "Alguma coisa de novo sobre Santa Rita Durão" (in *Revista de Língua Portuguesa*. I, 1920, pp. 69-82); Oliveira Lima, M. *Aspectos da literatura colonial brasileira*. Leipzig, Brockhaus, 1896; Verissimo, José. "O *Caramuru* de Santa Rita Durão" (in *Estudos da literatura brasileira*. 2ª série. Rio de Janeiro, Garnier, 1901); Veigas. *O poeta Santa Rita Durão*. Bruxelas, Gaudio, 1914; Vilhena de Morais, E. "Segundo centenário do nascimento de Frei José de Santa Rita Durão" (in *Revista do Instituto Histórico e Geográfico Brasileiro*. XCIX, 1928, pp. 185-218).

> Na boca, em carne humana ensanguentada,
> Anda o beiço inferior todo caído,
> Porque a tem toda em roda esburacada,
> E o lábio de vis pedras embutido.
> Os dentes, que é beleza que lhe agrada,
> Um sobre outro desponta recrescido.
> Nem se lhe vê nascer na barba o polo.
> Chata a cara e nariz, rijo o cabelo.

As personagens principais, porém, embora da mesma raça e tribo, são idealizadas, e não se parecem a essa descrição. O retrato que Durão pinta de Paraguaçu, por exemplo, mostra uma índia em tudo semelhante às beldades brancas:

> De cor tão alva como a branca neve;
> E donde não é neve, era de rosa:
> O nariz natural, boca mui breve
> Olhos de bela luz, testa espaçosa.

Certos costumes indígenas são minuciosamente contados, como nas estrofes 58 a 68 do Canto II, por exemplo, lado a lado com acontecimentos absolutamente improváveis, como a guerra que, por ciúme, Jararaca move contra a nação de Gupeva, ou a morte e a fala de Moema (sem dúvida o melhor trecho do poema), a viagem pela Europa, ou o episódio em que Diogo, um aventureiro, expressando-se como um missionário versado em teologia, tenta a catequese do gentio. Esse conflito acentua ainda mais a falta de unidade e verossimilhança do *Caramuru*.

Sílvio Romero viu no poema de Durão "o mais brasileiro que possuímos", esquecendo-se de que, desde a estrutura até a linguagem, ele é uma cópia camoniana, e que o simples "pano de fundo" local não justifica tal afirmação. Ao longo dos seus 6.672 versos, poucos são os momentos que despertam no leitor qualquer interesse. É um metrificar pesado e pretensioso, má prosa rimada, que dificilmente se consegue ler integralmente.

O *Caramuru* gozou, na época de sua publicação, de alguma fama, tendo influenciado o poeta português José Agostinho de Macedo, autor de *Gama ou o Oriente*. Caiu, pouco depois, no ostracismo em que permanece até hoje. Durante seus 174 anos de vida, teve apenas cinco edições, sendo a última de 1878; em período pouco maior, o *Uraguai* foi reproduzido nada menos do que treze vezes.

O poema épico de Cláudio Manuel da Costa, o *Vila Rica* — que descreve a descoberta dos sertões pelas bandeiras paulistas e suas lutas contra os gentios e os emboabas — é lembrado ainda hoje pela "Justificativa histórica", espécie de prefácio que o acompanha, e cujo mérito principal é o de revelar o nome de Diogo Grasson Tinoco, possivelmente o primeiro poeta épico brasileiro, que em 1689 escreveu um "Descobrimento das esmeraldas", sobre a bandeira de Fernão Dias Paes Leme, e do qual se conhecem apenas as estrofes transcritas no *Vila Rica*.

O poema de Cláudio serviu, ainda, de inspiração e fonte para "O caçador de esmeraldas", de Bilac.

SATÍRICOS

A sátira ocupou lugar de relevo entre os gêneros cultivados no século XVIII, seguindo uma tradição que vem do Renascimento e da época barroca. Sem sair da literatura portuguesa, o poema herói-cômico de Antônio Dinis da Cruz e Silva, *O hissope* (publicado em 1802, mas escrito entre 1770-1772), evidencia a voga do gênero numa época tão rica de motivos à crítica e à censura ética e estética da sátira, e em que se chocavam o espírito retrógrado e tendências renovadoras, oferecendo o flanco às arremetidas mordazes.

As *Cartas chilenas**

---

* *Bibliografia*

Cartas chilenas. 1. ed. por Santiago Nunes Ribeiro (*Minerva Brasiliense*, n. 8, 1845). (Edição incompleta, contendo apenas sete cartas.)
Cartas chilenas. 2. ed. 1863. (É a primeira completa.) por Luís Francisco da Veiga. Rio de Janeiro, Laemmert.
Critilo (Tomás Antônio Gonzaga), *Cartas chilenas*. Introdução e notas por Afonso Arinos de Melo Franco. Rio de Janeiro, Ministério da Educação e Saúde, 1940.
Critilo. *Cartas chilenas*. São Paulo, Livraria Martins, 1944. Coleção Turquesa, I.
Obras completas de Tomás Antônio Gonzaga. Edição de Rodrigues Lapa. São Paulo, Cia. Ed. Nac., 1942 (Coleção Livros do Brasil, vol. 50). (Inclui as *Cartas chilenas*.)
As *Cartas chilenas*, fontes textuais. Por Tarquínio J.B. de Oliveira. São Paulo, Referência, 1972.

Consultar

Almeida, Sílvio. "Divagações acerca das *Cartas chilenas*" (in *Revista da Academia Paulista de Letras*, n. 12, dezembro de 1940); Athayde, Tristão de. *"Cartas chilenas"* (in *O Jornal*. Rio de Janeiro, 22 de dezembro de 1940); Bandeira, Manuel. "A autoria das *Cartas chilenas*" (in *Revista do Brasil*, abril de 1940); Buarque de Holanda. *"As Cartas chilenas"* (in *Diário de Notícias*. Rio de Janeiro, 26 de janeiro, 2 de fevereiro de 1941); Castro, Tito Lívio de. *Questões e problemas*. São Paulo, 1913; Chaves, Arlindo. "Identificação estilística do autor das *Cartas chilenas*" (in *Revista Brasileira de*

Os desmandos do Governador Luís da Cunha Meneses, que respondeu pelos destinos da Capitania das Minas Gerais de 10 de outubro de 1783 a 11 de julho de 1788, deram motivo a uma das mais curiosas sátiras do Setecentos e a um dos mais intricados problemas da literatura brasileira: as *Cartas chilenas*. Tais cartas — em decassílabos brancos, assinadas por Critilo (pseudônimo muito provavelmente tomado de *El Criticón*, de Baltasar Gracián, onde toda a sátira parece ter sido inspirada) e endereçadas ao seu amigo Doroteu — foram escritas, ao que tudo indica, entre 11 de julho de 1788 e 9 de fevereiro de 1789, segundo Alberto Faria, e entre aquela primeira data e 28 de março de 1789, segundo Sud Mennucci. Delas se conhecem atualmente três manuscritos, que eram propriedade de Francisco Luís Saturnino da Veiga, e que se encontram depositados no Instituto Histórico Geográfico Brasileiro.

As *Cartas* são um libelo contra a arbitrariedade do Governador Meneses, a quem ridicularizam. Têm, a par disso e do seu valor literário intrínseco, o valor de documentário de costumes da época e de registros de incidentes ilustrativos da corrupção instalada pelo Fanfarrão Minésio — nome sob o qual é mal oculta a figura de Cunha Meneses. Seu autor usou outros elementos de disfarce: figurou-se no Chile, escrevendo de Santiago e modificou sempre os nomes, mas não de forma a impedir a sua identificação. Os pesquisadores conseguiram estabelecer a identidade de todas as personagens das cartas. Apenas uma dúvida permanece — a maior delas: quem teria, ou quais teriam, sido o autor ou autores das *Cartas chilenas*?

Estatística, n. 14, abril/junho de 1943); idem. *Ainda as "cartas chilenas"*. Belo Horizonte, [s.d.]; Coutinho, A. *"As Cartas chilenas"* (in *Diário de Notícias*, 13 de junho de 1954); Faria, Alberto. *Aérides*. Rio de Janeiro, Jacinto, 1918; idem. *Acendalhas*. Rio de Janeiro, Jacinto, 1920; Gomes, Lindolfo. *A autoria das "Cartas chilenas"*. Juiz de Fora, Tip. Brasil, 1932; Lima Júnior, A. *Serões e vigílias*. Rio de Janeiro, Livraria de Portugal, 1952; Meireles, Cecília. "Um enigma do século XVIII; Antônio Dinis da Cruz e Silva" (in *Atas do Colóquio Internacional de Estudos Luso-brasileiros*. Nashville, Vanderbilt University Press, 1953); Melo Franco, Afonso Arinos. Introdução à edição das *Cartas chilenas*. Rio de Janeiro, 1940; Melo Franco, Caio. *O inconfidente Cláudio Manuel da Costa*. Rio de Janeiro, Schmidt, 1931; Mennucci, Sud. *À margem das "Cartas chilenas"*. São Paulo, 1942; Oliveira, José Feliciano. "As *Cartas chilenas*" (in *Jornal do Commercio*. Rio de Janeiro, 12 de março de 1950); Oliveira, Luís Camilo de. "A autoria das *Cartas chilenas*" (in *O Jornal*. Rio de Janeiro, 24, 31 de dezembro de 1939; 7 de janeiro de 1940); Osório, J. de Castro. *Gonzaga e a justiça*. Confrontação entre Gracián e T. A. Gonzaga. Lisboa, 1950; Pena Júnior, A. ("Estudo sobre a autoria das *Cartas chilenas*" (in *Revista do Brasil*, junho de 1941); Ribeiro, Joaquim. "As *Cartas chilenas* e o *Hissope*" (in *Revista Filológica*, agosto de 1941); idem. *As "Cartas chilenas" e a Inconfidência Mineira*. Rio de Janeiro, Publicitan, 1950; Oliveira Neto, J. Camilo de. *História, cultura e liberdade*. Rio de Janeiro, José Olympio, 1975; Rino, A. "Gonzaga e as *Cartas chilenas*" (in *Revista da Academia Fluminense de Letras*. Niterói, 1955, julho, vol. VIII, pp. 219-232); Rodrigues Lapa, M. Prefácio à edição de *Marília de Dirceu*. Lisboa, Sá da Costa, 1937.

Não é pequena a bibliografia em torno dessa pergunta. Tendo sido escritas em Vila Rica na época em que ali habitavam dois grandes poetas — Gonzaga e Cláudio — era natural que a eles fosse atribuída, logo de início, a autoria das *Cartas*. Dividiram-se entre esses dois nomes os estudiosos da questão e o resultado não foi dos melhores: as pesquisas, em vez de procurarem simplesmente encontrar o autor, buscavam antes provar uma opinião preconcebida e quase sempre sustentada ao calor da polêmica.

Depois do trabalho de Afonso Arinos de Melo Franco, publicado como introdução à edição das *Cartas* feita em 1940 pelo Ministério da Educação, a tese da autoria de Gonzaga vem recebendo as preferências das publicações oficiais. Para ela se inclina, na verdade, a maioria dos que examinaram a questão: Alberto Faria, José Veríssimo, Artur Mota. As demais teorias têm tido os seus defensores: "Como Varnhagen (primeira fase), atribuíram as *Cartas* a Alvarenga Peixoto, entre outros, os seguintes: Ferdinand Denis, Camilo Castelo Branco, Teófilo Braga, Sílvio Romero. Como Varnhagen (segunda fase) atribuíram-nas a Cláudio Lindolfo Gomes, Caio de Melo Franco e Ronald de Carvalho. A tese da colaboração, lembrada, entre outros, por Pereira da Silva, voltou, modernamente, a ser defendida, e não sem brilho, por Sud Mennucci."[9]

A defesa da autoria de Gonzaga baseia-se, em termos gerais, em três aspectos: a tradição, os fatos concretos e históricos, e as provas do confronto de textos, chamadas provas de estilo. Por tradição entende-se a opinião popular e três depoimentos escritos: o de Francisco Luís Saturnino da Veiga, proprietário dos manuscritos que chegaram até nós, e que, num deles, se referiu expressamente a Gonzaga como sendo o autor. Saturnino da Veiga viveu em Vila Rica de 1788 a 1789, precisamente a época em que foram escritas as *Cartas*. Seu depoimento tem, dessa forma, o valor da palavra de um contemporâneo dos fatos. O segundo registro é o de Francisco das Chagas Ribeiro, e aparece no manuscrito que serviu de base à primeira edição das *Cartas*, feita por Santiago Nunes Ribeiro: também ele atribui aqueles versos a Gonzaga. Como Saturnino, Chagas foi contemporâneo dos fatos. Finalmente, o terceiro depoimento é o do bispo de Anemúria, Frei Antônio de Arrábida, que, no catálogo da Biblioteca Régia, por ele elaborado, indicou a existência de um manuscrito das *Cartas chilenas*, como "traduzidas em verso por Tomás Antônio Gonzaga".

Entre as provas históricas e de fato, destacam-se:

1. Critilo, o autor das *Cartas*, era português. Na Carta 1ª, depois de se referir ao nascimento de outros poetas, diz:

>.......... a Providência
>Lançou na culta Espanha o teu Critilo.

A palavra "Espanha" está no texto como "Portugal", assim como "Santiago" e "Chile" estão por "Vila Rica" e "Minas". O único português daquele grupo de poetas é Gonzaga.

2. Nas *Cartas* há duas alusões contra Robério — Padre Manuel Joaquim Ribeiro, autor de poemas que plagiavam os de Gonzaga. Este, em revide, o teria atacado na sátira.

3. A situação das casas de Gonzaga e Cláudio em Vila Rica, embora próximas, torna mais provável que fosse o primeiro o prejudicado pela passagem tardia dos carros, mencionada na Carta 1ª.

4. Entre trechos das *Cartas* e uma representação de Gonzaga à rainha, contra as violências e as interferências do governador em assuntos da alçada da Justiça, há grandes semelhanças.

5. O edifício da cadeia, objeto de desprezo e hostilidade de Critilo, era admirado por Cláudio, como se pode ver pelos poemas às páginas 257 e 277 das *Obras poéticas*, vol. II (edição de João Ribeiro).

6. Gonzaga tinha inimizade aberta com Cunha Meneses, desde que, contra o voto de toda a junta da Fazenda, o governador mandara dar a José Pereira Marques, o Marquésio das *Cartas*, o contrato das entradas, ou seja, a concessão da cobrança do imposto de importação.

7. O teor do voto e protesto de Gonzaga, emitido nessa ocasião, assemelha-se muito ao do trecho da Carta 8ª, onde o incidente é contado.

8. A maioria dos fatos relatados nas *Cartas* são de caráter judiciário, estando, direta ou indiretamente, ligados ao Desembargador Gonzaga.

As provas de estilo são bem mais numerosas e complexas, sendo impossível enumerá-las todas, pelo espaço demasiado longo que tomaria a transcrição de textos para o confronto. Por outro lado, é preciso ter em mente que certas semelhanças estilísticas são antes devidas à linguagem da época do que às características de um autor, e podem ser observadas tanto entre Critilo e Gonzaga, como entre Gonzaga e Cláudio ou Critilo e Cláudio. Assim, os versos da Carta 1ª:

> Como as pombas, que geram fracas pombas,
> Como os tigres, que geram tigres bravos,

e estes, da Carta 9ª:

> Venturoso costume, que promete
> Produzir de cordeiros tigres bravos,

têm sido comparados com Cláudio (Caio de Melo Franco):

> De uma águia não se cria

>   A pomba humilde e pobre.
> Com Gonzaga (Manuel Bandeira):
>
> As águias geram águias generosas,
> Não feras nem serpentes horrorosas.
>
> Com Alvarenga Peixoto (Sílvio Romero):
>
> Nem do forte leão fora de Espanha
> A fereza nos filhos degenera.

Alberto Faria, em *Acendalhas*, mostrou que imagens jogando com animais eram comuns na época, bem como o emprego da palavra "augusto" como sinônimo de soberano, que Varnhagen considerou característica de Alvarenga e que no entanto é corriqueira nos poemas encomiásticos do Arcadismo.

Como provas de estilo a favor de Gonzaga, Manuel Bandeira verificou, entre outras, as seguintes:

1. Uso de expressões náuticas em Gonzaga e em dois versos da Carta 1ª, aliás já notado por Alberto Faria, em sua edição das *Liras* escolhidas:

> Gonzaga: Verás, verás d'alheta
>   soprar o brando vento;
>
>   mover-se o leme, desrinzar-se o linho.
> Critilo: Inda que o vento, que d'alheta sopra,
>   lhes inche os soltos, desrinzados panos?

2. Alusão à saia de Aquiles, duas vezes encontrada nas *Liras* e uma vez nas *Cartas*.

3. Semelhança entre estes versos da Carta 6ª:

> Mezêncio ajuntava os corpos vivos
> aos corpos já corruptos...

e estes de Gonzaga, no "Poema à aclamação de D. Maria I":

> Nem houve um só Mezêncio
> que mandasse que ao morto o vivo corpo se ligasse.

4. Semelhanças entre a Lira 8, Parte III, e a Carta 11ª:

> Critilo: Estende na cidade as negras asas

>   em cima dos viventes espremendo
>   viçosas dormideiras....................
> Gonzaga: Em cima dos viventes fatigados
>   Morfeu as dormideiras espremia...

5. Peculiaridades linguísticas usadas tanto nas *Cartas* como nas *Liras*, mas completamente ausentes de Cláudio: uso de expressões "todos três"; "restaurar o acordo" (no sentido de voltar a si); "bom Dirceu"; "pegar em"; "mais" no sentido de "e" e de "que é mais"; "chegar-se o dia", "chegar-se a noite"; "chegarem-se as horas".

A essas acrescentou Afonso Arinos de Melo Franco, entre outras, mais as seguintes:

1. Uso da expressão "grossos beiços", repetida em Critilo, sendo que em Gonzaga, como já se notou antes, a palavra "beiços" substitui "lábios" em várias passagens, o que não acontece nunca em Cláudio.

2. Uso da expressão "embrulhar-se no capote", comum a Critilo e Gonzaga, sendo que este último a repete também nos depoimentos. Na Lira 17, Parte II, encontra-se "Mal embrulhada/ na larga roupa".

Afonso Pena Júnior encontrou ainda mais estes rasgos estilísticos comuns a Critilo e Dirceu, mas ausentes de Cláudio:

1. Uso do "sim" expletivo:

> Gonzaga: Eu vivo, minha bela, sim, eu vivo
>   Padece, minha bela, sim, padece
> Critilo: Devera, doce amiga, sim, devera

2. Idem, com o advérbio "agora":

> Gonzaga: Agora, agora sim, agora espero
> Critilo: Agora, agora sim, agora é tempo.

3. Uso do vocativo "honrado amigo":

> Gonzaga: Ah, sim, honrado amigo
> Critilo: Agora, dirás tu, amigo honrado.

4. Repetição de "também":

> Gonzaga: Também, Marília, também consome
> Critilo: Também, prezado amigo, também gosto.

5. Repetição de "aqui":

>Gonzaga: Aqui, aqui a espera
>Critilo: Aqui, aqui só entram as virtudes.

6. Repetição de "já":

>Gonzaga: Eu já, eu já te sigo
>Critilo: Tu já, tu já batucas escondido.

7. Repetições com advérbios "ainda", "longe", e com o verbo "recriar".
8. Repetições das negativas com o verbo, ao contrário de Cláudio, que repetia apenas o advérbio:

>Gonzaga: Não praguejes, Marília, não praguejes
>Critilo: Não esperes, amigo, não esperes
>Cláudio: Não fiques, não, Marina: porque teme.

Menos numerosos — talvez por serem também menos numerosos os defensores da tese da autoria de Cláudio — são os argumentos favoráveis ao poeta de Nize. Examinemos os principais.

1. Uso da expressão "impresso na memória":

>Cláudio: Se ainda guarda impressas na memória
>Critilo: Que impressos ainda tenho na memória

2. Uso e adjetivação da palavra "estrondo", comum a Cláudio e Critilo, e completamente ausente de Gonzaga.
3. Os versos da Carta 1ª:

>Já lá vai, Doroteu, aquela idade
>em que os próprios mancebos que subiam
>à honra do Governo, aos outros davam
>exemplos de modéstia, até nos trajes,

referem-se não ao Governador D. Rodrigo de Meneses, como querem os defensores da autoria exclusiva de Gonzaga, mas sim ao Conde de Valadares, que assumiu o Governo da Capitania aos 24 anos, em 1768, antes da chegada de Gonzaga a Vila Rica.

4. Figuras de repetição: com "outro":

Cláudio: Passar de uma vitória a outra vitória
Critilo: Sucede a um desmaio outro desmaio.

5. Repetição de nomes de figuras célebres, frequente em Cláudio e nas *Cartas*, e quase ausente em Gonzaga.
6. Repetição de nome próprio, adjetivado, entre o sujeito e o verbo:

Critilo: Critilo, o teu Critilo, é quem te chama
Cláudio: Antônio, o grande Antônio, é quem segura

7. Uso da expressão "leso", encontrada em Cláudio e Critilo, mas não em Gonzaga, o mesmo acontecendo com a expressão "influxo".
8. Ideias expendidas no "Epicédio ao Conde de Bobadella" são encontradas nas *Cartas*.

Muitos desses argumentos são levantados pelos que defendem a tese da autoria conjunta de Gonzaga e Cláudio: parecendo inegável a participação de Dirceu, empenham-se em mostrar que seu amigo está também presente nas *Cartas*. Não deixam de ter certa razão: se a Epístola que antecede as *Cartas* é hoje aceita por todos como sendo de Cláudio, é perfeitamente possível que a sua colaboração se tivesse estendido ao texto.

A principal objeção à tese da autoria conjunta é a unidade de estilo das *Cartas chilenas*, que leva a pensar terem sido escritas pela mesma mão. Sud Mennucci mostra que essa unidade pode perfeitamente ser consequente da linguagem da época — se entre as obras autênticas dos dois poetas há semelhanças, por que não poderiam eles, animados pela mesma ideia da sátira, aproximar ainda mais os respectivos estilos poéticos? Além disso — continua o mesmo autor, e o seguem os partidários da colaboração — pode-se notar nas *Cartas* pelo menos uma diversidade de estilo: o uso e a rejeição do *enjambement*, que corresponderia, respectivamente, às partes escritas por Cláudio e Gonzaga.

A ideia da colaboração não é totalmente negada. Afonso Arinos de Melo Franco acha que ela pode ter existido — a controvérsia é principalmente sobre a extensão da participação de Cláudio. E os próprios defensores dessa participação admitem ser ela proporcionalmente bem menor do que a contribuição do ouvidor.

Não se resume nessas três teorias — autoria de Cláudio ou de Gonzaga, autoria de Cláudio-Gonzaga — o problema das *Cartas chilenas*. José Feliciano de Oliveira, por exemplo,[10] defende a colaboração de Gonzaga com o procurador da Fazenda Francisco Gregório Pires Bandeira, baseado nos seguintes argumentos:

1. Bandeira era amigo de Gonzaga e membro, como ele, da Junta de Arrematação, tendo ambos protegido o arrematador Antônio Ferreira da Silva contra José Pereira Marques (Marquésio), protegido pelo Governador Meneses.

2. O motivo mais extensamente explorado na sátira é a arrematação, descrita na Carta 8ª. "Só vates irritados, acrimoniosos membros da Junta, estavam indicados para associar-se e vingar-se poeticamente com seus versos candentes", diz Feliciano de Oliveira.

3. Na *Revista* do Instituto Histórico (cuja identificação o autor não dá) há uma relação, segundo a qual em 1856 o vigário Filipe Correia de Melo ofereceu ao Instituto um manuscrito com o título "Cartas apologéticas sobre a honestidade das usuras, escritas pelo desembargador Tomás Antônio Gonzaga a seu colega e amigo desembargador Francisco Pires Monteiro Bandeira". Tal manuscrito desapareceu dos arquivos.

Outra teoria atribui as *Cartas chilenas* ao poeta português Antônio Dinis da Cruz e Silva, autor do *Hissope*, e que funcionou como juiz na Inconfidência. Essa ideia foi levantada por Cecília Meireles, em tese apresentada ao Colóquio Internacional de Estudos Luso-Brasileiros, realizado em Washington em 1950, e dela se conhece apenas uma síntese, publicada nas atas do referido colóquio, o que não permite o seu exame crítico. São os seguintes os argumentos principais de Cecília Meireles, em seu estudo, que é antes sobre a estranha personalidade de Dinis do que propriamente sobre as *Cartas*:

1. Semelhanças temáticas e estilísticas entre o *Hissope* e as *Cartas*.

2. Embora composto, o primeiro não estava impresso na época em que foram escritas as segundas — logo, o autor destas deve ter conhecido a sátira portuguesa.

3. Dinis estava em Minas em 1788, quando foram escritas as *Cartas*, sendo, além disso, o único poeta contemporâneo no Brasil (salvo Cláudio) capaz de obra de tanto fôlego.

4. Dinis possuía índole satírica, que faltaria a Gonzaga.

As semelhanças dos processos literários entre o *Hissope* e as *Cartas* são, ainda, as que se observam entre os poetas arcádicos; Critilo não conheceu, necessariamente, a sátira de Dinis, mesmo porque sua superioridade é flagrante. Dificilmente se pode acreditar que tenham sido escritos pelo mesmo autor. O fato de Dinis estar em Minas nada prova, e à alegação de que faltava a Gonzaga índole satírica já deu Rodrigues Lapa resposta plena.

Joaquim Ribeiro é autor de outra teoria sobre as *Cartas*. Para ele não são elas que prefaciam a Inconfidência, como era geralmente admitido, tendo chegado a essa tese pela verificação de que a cronologia das *Cartas* é posterior à conjuração. Estudando comparativamente o *Hissope* e as *Cartas* (antes, aliás, de Cecília Meireles) concluiu, dada a semelhança entre os dois poemas, inclusive no verso branco, decassílabo, que o *Hissope* é anterior e seria uma das fontes das *Cartas*. Assim, estas deveriam ter sido compostas depois de 1802, data da 1ª edição do poema de Dinis, e seriam antes provocadas pela indignação diante da reação absolutista desencadeada pela Metrópole contra a Colônia. Todavia, o exame de laboratório dos manuscritos parece mostrar que tanto o papel como a tinta com que foram escritos são do século XVIII.

Preocupados com a identificação de Critilo, perdendo-se em argumentos na maioria das vezes bizantinos, os críticos das *Cartas chilenas* têm esquecido o seu aspecto literário, que é qualidade fundamental dessa sátira e que impediu o seu esquecimento.

O que ressalta das *Cartas chilenas*, ao compará-las com as demais produções satíricas da época, é a sua espontaneidade e vivacidade. A linguagem direta e simples, a rapidez da narrativa, só encontram paralelo, noutro poeta arcádico, em Basílio da Gama. Por outro lado, o realismo de Gonzaga é lembrado pela minúcia e exatidão das descrições que, embora rápidas, nada têm de impreciso. Vejam-se os versos 1 a 63 da Carta 2ª, entre muitos outros exemplos que poderiam ser mencionados, como toda a belíssima Carta 6ª. Quem quer que fosse, Critilo era um pintor de cenas movimentadas e sua pena trabalhava quase como uma câmara cinematográfica, variando os ângulos e as cenas focalizadas. Não era um retratista, mas antes um "costumbrista": seu estilo cai ao tentar fixar figuras como a de Minésio e seu séquito, na Carta 1ª.

As cartas de Critilo constituem um desabafo justo ante os desmandos de um mau governador; são uma sátira séria, não poucas vezes amarga, lembrando mais o *humour* inglês do que o espírito latino: falta-lhes, quase sempre, o "tom jocoso" que nos acostumamos a esperar desse gênero. Critilo buscou antes provocar lágrimas e indignação do que o riso de Doroteu:

> Tu já tens, Doroteu, ouvido histórias
> Que podem comover a triste pranto
> Os secos olhos dos cruéis Ulisses.
> Agora, Doroteu, enxuga o rosto.
> Que eu passo a relatar-te coisas lindas.
> Ouvirás uns sucessos, que te obriguem
> A soltar gargalhadas descompostas.
> Por mais que a boca, com a mão, apertes.
> Por mais que os beiços, já convulsos, mordas.
> Eu creio, Doroteu... Porém aonde
> Me leva, tão errado, o meu discurso?
> Não esperes, amigo, não esperes,
> Por mais galantes casos que te conte
> Mostrar no teu semblante um ar de riso.
> Os grandes desconsertos, que executam
> Os homens que governam, só motivam

>Na pessoa composta, horror e tédio.
>Quem pode, Doroteu, zombar, contente,
>Do César dos romanos, que gastava
>As horas em caçar imundas moscas?
>Apenas isto lemos, o discurso
>Se aflige, na certeza de que um César
>De espíritos tão baixos, não podia
>Obrar um fato bom no seu governo.
>Não esperes, amigo, não esperes
>Mostrar no teu semblante um ar de riso;
>Espera, quando muito ler meus versos,
>Sem que molhe o papel amargo pranto,
>Sem que rompa a leitura alguns suspiros.

O "horror e o tédio" aparecem em várias passagens, principalmente no fecho da Carta 7ª, onde o procedimento de Minésio é duramente verberado em versos que se aproximam do espírito épico:

>Suspiram pobres amas e padecem
>Crianças inocentes, e tu podes
>Com rosto enxuto ver tamanhos males?
>Embora! sacrifica ao próprio gosto
>As fortunas dos povos que governas:
>Virá dia em que mão robusta e santa,
>Depois de castigar-nos, se condoa
>E lance na fogueira as varas torpes.
>Então rirão aqueles que choraram.
>Então talvez que chores, mas debalde,
>Que suspiros e prantos nada lucram
>A quem os guarda para muito tarde.

Há momentos em que a tristeza de Critilo se sobrepõe a qualquer outro sentimento, mostrando seu espírito contemplativo e melancólico:

>Que triste, Doroteu, se pôs a tarde!
>Assopra o vento sul, e densa nuvem
>Os horizontes cobre; a grossa chuva,
>Caindo das biqueiras dos telhados
>Forma regatos, que os portais inundam.
>Rompem os ares colubrinas fachas
>De fogo devorante e ao longe soa
>De compridos trovões, o baixo estrondo.[11]

O valor das *Cartas* como documento histórico, demonstrativo do estado de espírito que havia na Colônia, é relativo: Critilo era um bom vassalo, preocupado com a exorbitação de poderes de um governador, sem que em nenhum momento se insurgisse contra o colonizador distante. Acrescente-se a isso o fato de terem sido escritas quando Cunha Meneses já havia deixado o poder, sem que visassem, por isso, a nenhum efeito político imediato. Afonso Arinos quis ver em certa passagem da Carta 6ª uma velada alusão "à trama da Inconfidência, que já se urdia ao tempo da redação das cartas". Vai nisso algum excesso: se elas são de Gonzaga, e a participação dele na conspiração foi o que hoje sabemos, não seria lógico que tivesse o ouvidor conhecimento do que "já se urdia", e muito menos que à base disso fizesse a velada ameaça que o trecho em questão encerra. A Critilo preocupava a legalidade dos atos do Governo, a sua decência — e apenas.

Retrato, admiravelmente pintado, de uma época, as *Cartas chilenas* valem pelo que são: uma sátira nobre, a melhor que em língua portuguesa se escreveu no século XVIII.

SATÍRICOS MENORES

Dentre os satíricos menores do Setecentos, destaca-se, pela inovação métrica que tentou, Silva Alvarenga, cuja *Glaura* já se estudou entre os líricos.

Basílio da Gama, na tradução *A declamação trágica*, usara indistintamente o alexandrino francês (dois hexâmetros justapostos, com sinalefa na 7ª sílaba quando o primeiro é grave) e o espanhol (justaposição pura e simples de dois versos de seis sons, sem qualquer sinalefa, seja o primeiro hemistíquio agudo, grave ou esdrúxulo), jogando até com alexandrinos formados de três tetrâmetros regulares, como assinala Sérgio Buarque de Holanda.[12]

Silva Alvarenga seguiu-lhe a lição, e tanto nas *Epístolas* a Dom José I e a Basílio da Gama como na sátira *Os vícios* usou alexandrinos espanhóis de 12 sílabas (com o 1º hemistíquio agudo) e 13 sílabas (com o 1º hemistíquio grave), e franceses, como se vê nestes exemplos:

> Castelhanos: Quanto se deve à mão, que rege o cetro augusto!
> Caiu a estupidez; podemos rir sem susto:
> Se a querem levantar os tímidos sequazes,
> já sofrem piparotes e pulhas dos rapazes.
> Ânimo agora, ó Musa, que as letras têm Mecenas:
> Não temos que invejar de Roma, nem de Atenas
> No meio é que a virtude tem firme o seu lugar.
> Quem vai pelo extremos, não a deseja achar.

> Franceses: Triste, cansado e magro o sórdido avarento
> ....
> Oh nabos! oh desgraça! oh infeliz panela!

Sílvio Romero viu nessas composições "alexandrinos errados quase todos, formando versos de 14 sílabas, duros e insuportáveis".

Se a métrica de *Os vícios* desperta ainda interesse histórico, nem isso acontece à outra sátira de Alvarenga, *Desertor das letras*, em versos decassílabos brancos, sobre a reforma da Universidade de Coimbra.

Há ainda a mencionar Francisco de Melo Franco (1757-1823), mais notável como cientista do que como poeta. Quando estudante, escreveu uma sátira também sobre a reforma de Coimbra — um tema que serviu para agradar a Pombal — *O reino da estupidez*, escrita em 1785 e só publicada em 1812 (João Ribeiro o incluiu na sua edição dos *Satíricos portugueses*, Rio de Janeiro, 1910). O poema fez sucesso na época; hoje, nada justifica a sua leitura. Pouco maior é o mérito de Melo Franco como poeta lírico, apreciável num volume de elegias, *Noites sem sono*.

NOTAS

1   Hernâni Cidade. *Lições de cultura e literatura portuguesa*. 3. ed. Coimbra, 1951, vol. 1, p. 194.
2   *Cotejo de las églogas que ha premiado la Real Academia*. 1780. Ed. de Fernando Lázaro, Salamanca, Consejo Superior de Investigaciones Científicas, 1951.
3   Apud Hernâni Cidade, op. cit., vol. II, p. 224.
4   Teófilo Braga cita (*Filinto Elísio e os dissidentes da Arcádia*. Porto, 1910) dois poemas atribuídos a Gonzaga e que teriam sido escritos em Moçambique: "Poema sobre o naufrágio da nau virgem Marialva", dedicado ao governador, e uma lira, escrita num exemplar das Liras e publicado por Campos Oliveira na *Revista Africana*, n. 1, [s.d.] A título de curiosidade; transcrevemos a poesia, que, se realmente de Gonzaga, mostra a decadência de sua inspiração:

> A Moçambique, aqui vim deportado
> descoberta a cabeça ao sol ardente,
> trouxe por irrisão duro castigo
> ante a africana; pia, boa gente:
>   Graças, Alcino amigo,
>   graças à minha estrela.
>
> Não esmolei, aqui não sou mendigo;
> os africanos peitos caridosos,
> antes que a mão o infeliz lhe estenda,
> a socorrê-lo correm pressurosos:
>   Graças, Alcino amigo,
>   graças à minha estrela.

Rodrigues Lapa levanta a hipótese de que a Lira "Já vou tocando, ó Lício" tenha sido escrita também na África. Mesmo que se aceite a autoria de Gonzaga e se acredite que tenham sido escritos em Moçambique, esses três poemas não invalidam a tese acima: são três produções em oito anos, que tantos os viveu o poeta na África, antes de morrer.

5   História da literatura brasileira. 3. ed. Rio de Janeiro, José Olympio, 1954, p. 125.
6   C. M. Bowra. *Virgílio, Tasso, Camões e Mílton*. (Tradução portuguesa de From Virgil to Milton). Porto, Civilização, 1950.
7   Fidelino de Figueiredo. *A épica portuguesa no século XVI*. Ed. Pátria, 1932.
8   As poesias líricas de Basílio da Gama só foram publicadas, até agora, na Obra poética preparada por José Veríssimo para a Livraria Garnier, 1902, edição que não prima pela correção tipográfica nem pela exatidão do texto. Na p. 14 diz o editor literário que o soneto "Poeta português, bem que eloquente" é citado por Teófilo Braga, em *A Arcádia lusitana*, com a indicação de se encontrar no Ms. U-1-51 p. 303 da Biblioteca Nacional de Lisboa. Não é exato. O soneto é realmente transcrito por Teófilo Braga, mas em Filinto Elísio e os dissidentes da Arcádia, e foi copiado do Ms. da Academia de Ciências de Lisboa. G. 5, Est. 23, no 33. Ora, essas indicações Veríssimo as atribui ao soneto a Garção ("Lisboa, três de abril. Cheio de sarro"), quando é este que se encontra na Biblioteca Nacional de Lisboa com a catalogação atribuída ao anterior, e é citado por Braga em A Arcádia lusitana. Houve evidente lapso, com troca das indicações dos dois sonetos. Mais adiante, declara Veríssimo que o soneto XX foi descoberto por João Lúcio de Azevedo, historiador português, em pesquisas realizadas a pedido dele, Veríssimo, e se encontra na Biblioteca Nacional de Lisboa, Coleção Pombalina, Poesias, Códice Ms. 685, fls. 86. Mas como, se o soneto XX é o mesmo "Poeta português, bem que eloquente"? A quantas ficamos — Braga ou Lúcio de Azevedo?
O soneto "A Nua Vênus, a formosa Flora", que Veríssimo também recebeu de Lúcio de Azevedo, tem erro de cópia ou então não é de Basílio, pois fecha com um verso de pé quebrado. Teria sido encontrado numa "coleção de sonetos não impressos, extraídos de manuscritos antigos e modernos, datada de 1786", Códice Ms. 8610, fl. 43 da Biblioteca Nacional de Lisboa. O erro de métrica, porém, é grosseiro demais para ser de Basílio.
O soneto "A resignação" ("Temam embora a morte os que aferrados"), incluído sob o número IX na coleção de Veríssimo, que lhe dá como fonte a *Coleção dos melhores autores portugueses*, tomo III, Lisboa, 1811, está no tomo II das *Rimas* de João Xavier de Mattos, publicado em 1775, ainda em vida de Basílio e reproduzido na segunda edição, de 1827. Note-se que Xavier era inimigo do autor do *Uraguai*, que o atacou em versos, por ocasião da Guerra dos Poetas. Basílio não deixaria de ter protestado, caso o soneto atribuído ao rival lhe pertencesse. Esse erro de Veríssimo — ou antes, de Norberto, que foi o iniciador da edição das *Obras poéticas* e quem anotou este soneto — foi repetido por Sérgio Buarque de Holanda, que o reproduz na sua *Antologia dos poetas brasileiros da fase colonial* (vol. II), sem nenhum comentário quanto à autoria.
9   Afonso Arinos de Melo Franco, in *Prefácio à edição das Cartas chilenas*.
10   José Feliciano de Oliveira. "As Cartas chilenas. Subsídios históricos e literários" (in *Jornal do Commercio*. Rio de Janeiro, 12 de março de 1950).
11   Eis um trecho que poderia ser atribuído a Cláudio: a melancolia da paisagem, o uso da expressão "baixo estrondo", a empatia do poeta e a paisagem (a tarde que se põe triste), tudo isso é característico do poeta de Nize.
12   Sérgio Buarque de Holanda. *Antologia dos poetas brasileiros da fase colonial*. II, pp. 275-280.

21. *Cândido Jucá Filho*
PROSADORES NEOCLÁSSICOS

Matias Aires, Silva Lisboa, Sotero.

Certos autores do fim do século XVIII, e mesmo do começo do seguinte, não puderam ou não quiseram praticar integralmente os preceitos e normas válidos e correntes entre os clássicos. Foram notáveis eruditos, e granjearam merecida fama. Escreveram muito, e algumas vezes escreveram bem; mas fizeram-no propugnando um ideal, buscando um intuito exterior à literatura, que entretanto cortejaram. A língua não foi para eles uma finalidade, nem a matéria plástica em que deveria trabalhar o artista: foi simples instrumento, ainda que com talento a souberam manejar.

Está neste caso Matias Aires,[*] que aliás só abusivamente costumamos considerar brasileiro, porquanto desde idade dos onze anos se afastou dentre nós. É ele o erudito autor de uma obra sedutora, que teve quatro edições no século XVIII, e outras tantas já conseguiu nestes últimos decênios. Trata-se das *Reflexões sobre a vaidade dos homens*, livro que muito agradou, e que alguns, com exagero, chamaram clássico.

O autor dispõe de uma dialética perfeita. Sua argumentação, tendente a demonstrar que o móvel de todas as nossas ações é a vaidade, chega a convencer

---

[*] Matias Aires Ramos da Silva de Eça (São Paulo, SP, 1705 — Lisboa, c. 1770) era bacharel em filosofia pela Universidade de Coimbra, e *in utroque jure* pela de Baiona (França). Fez-se cavaleiro da Ordem de Cristo. Versado em línguas vivas e mortas, deixou obras em português, latim e francês. Muitas delas se perderam definitivamente. Era irmão de Teresa Margarida da Silva e Orta.

Bibliografia

Reflexões sobre a vaidade dos homens, ou Discursos morais sobre os efeitos da vaidade. Lisboa, F. L. Ameno, 1752. Edições: 5. ed. Rio de Janeiro, J. Leite, 1921; 6. ed. São Paulo, Livraria Martins, 1942; 7. ed. Rio de Janeiro, Z. Valverde, 1948 (a 5. e a 6. ed. fac-similares).

Consultar

Autores e livros. IX, n. 13, outubro de 1949; Athayde, Tristão de. Introdução da 6. ed., Livraria Martins, 1942; Enes, Ernesto. *Dois paulistas insignes*. São Paulo, Cia. Ed. Nac., 1944. 2 vols.; Freire, Laudelino. *Clássicos brasileiros*. Rio de Janeiro, 1923; Leão, Mário Lobo. Prefácio da edição Zélio Valverde, 1948; Leite, Solidônio. *Clássicos esquecidos*. Rio de Janeiro, J. R. dos Santos, 1914, pp. 159-171; Peixoto, Jarba. "Reflexões sobre Matias Aires" (in *Jornal do Commercio*, 9 de janeiro de 1938).

os espíritos primários; os espíritos críticos terão trabalho de desvencilhar-se da sua argumentação, tanto mais que as premissas são hábeis, e irrecusáveis. Segundo ele, tudo fazemos por vaidade, sendo menores todos os demais estímulos. As ações mais nobres e dignificantes não são no fundo senão obra da vaidade.

> De todas as paixões, a que mais se esconde é a vaidade; e se esconde de tal sorte, que a si mesma se oculta, e ignora: ainda as ações mais pias nascem muitas vezes de uma vaidade mística, que quem a tem não a conhece, nem distingue: a satisfação própria, que a alma recebe, é como um espelho em que nos vemos superiores aos mais homens pelo bem que obramos, e nisso consiste a vaidade de obrar bem (p. 4).

> Nada contribui tanto para a sociedade dos homens, como a mesma vaidade deles: os impérios e repúblicas não tiveram outra origem, ou ao menos não tiveram outro princípio, em que mais seguramente se fundassem: na repartição da terra, não só fez ajuntar os homens os mesmos gêneros de interesses, mas também os mesmos gêneros de vaidades, e nisto se vê (sic) dois efeitos contrários; porque, sendo próprio na vaidade o separar os homens, também serve muitas vezes de os unir. Há vaidades que são universais, e compreendem vilas, cidades, e nações inteiras: as outras são particulares, e próprias a cada um de nós; das primeiras resulta a sociedade, das segundas a divisão (p. 12).

Suas teorias, em pleno século XVIII, antecipam-se no gênero e na argumentação a certas outras que convulsionaram o mundo no século subsequente, veiculadas por línguas que tiveram mais leitores. É o caso do materialismo histórico de Marx, e da libido de Freud. Evidentemente, todas três elevam causas condicionais à categoria de causas primeiras, e eficientes. A vaidade, em maior ou menor dose, está no fundo de todos nós, bem como o interesse material de sobreviver, ou o impulso sexual. Estão como condicionais, como o ar, e o calor, e para que possamos viver. Não explicam entretanto as nossas atitudes, nem a razão por que alguém é médico, ou lavrador: não explicam o homem, não explicam a história.

A linguagem de Matias Aires é persuasiva, fluente, e clara. Mas descamba aqui ou ali em plebeísmos e barbarismos sintáticos que o distanciam dos estremes vernaculistas.

*

Observa-se no Brasil certa tendência classicista nalguns sábios. Mas como quer que esses vultos não se hajam de todo furtado às novas correntes que varriam a nação, às suas tendências temperadas se tem chamado Neoclassicismo.

O primeiro deles é cronologicamente José da Silva Lisboa,* feito barão, e ulteriormente Visconde de Caim.

Não se trata propriamente de um escritor. Mas, depois dos quarenta anos, as circunstâncias políticas o obrigaram a uma fecundidade excepcional; e, homem erudito, poliglota, e de formação clássica, escreveu enxuto, e até bem, quando não sentiu pruridos de beletrista. Não raro é prolixo, ou tumultuoso. Era a atitude de sábio que desejava tornar-se realizador: e sabemos quanto lhe ficou devendo o país. Escrevia também para justificar-se, *caramuru* que era, para conciliar seu marcado liberalismo econômico com a sua posição política conservadora.

De suas produções aquela que apresenta caráter mais literário é a *Memória da vida pública do Lord Wellington* (1815), trabalho alentado, de mais de quatrocentas páginas. Talvez ainda se lhes possa agregar a *História dos principais sucessos políticos do Império do Brasil* (1829).

Quando surgiu o Romantismo brasileiro, não estava José da Silva Lisboa em idade de adaptar-se à nova escola, nem consta que ele o houvesse compreendido. Todavia, seu exemplo de labor fecundo e honesto, bem como seu marcado liberalismo econômico sempre foram meritórios, e elogiáveis às gerações revolucionárias, que nele viram um sainete pré-romântico.

*

Deve ser lembrado, ainda, o seu irmão Baltasar da Silva Lisboa,** cuja formação é quase a mesma nos domínios literários.

---

* José Maria da Silva Lisboa, Visconde de Cairu (Salvador, BA, 1756 — Rio de Janeiro, 1835) educara-se em Coimbra, onde foi excelente aluno de línguas. Aos 22 anos, ainda não formado em Direito, alçou-se, por concurso memorável, professor de grego e de hebraico. De volta ao Brasil, o seu espírito largo e culto o fez reagir contra o sistema fechado da exploração colonial portuguesa.

Bibliografia

Princípios de direito mercantil e Leis de marinha. Lisboa, 1798, 2 vols.; *Constituição moral e deveres do cidadão*, 1924-1925; *História dos principais sucessos políticos do Império do Brasil*, 1829.

Consultar

Athayde, T. de. "Cairu" (in *A Ordem*. Rio de Janeiro, setembro/outubro de 1936, pp. 217-243); Outra, José Soares. *Cairu, precursor da economia moderna*. Rio de Janeiro, Vecchi, 1943; Sacramento Blake. *Dicionário bibliográfico brasileiro*, pp. 193-203; Vale Cabral, A. do. *Vida e escritos de José da Silva Lisboa*. Rio de Janeiro, Tipografia Nacional, 1881. (Há aí uma lista crítica das suas 77 obras.)

** Baltasar da Silva Lisboa (Bahia, 1761 — Rio de Janeiro, 1840) graduou-se *in utroque jure* em Coimbra, seguiu a magistratura, e foi lente da Faculdade de Direito de

Trata-se de um erudito, de menor projeção histórica.

Não era tampouco homem de letras, mas sagrou-se com uma obra de vulto qual sejam os *Anais do Rio de Janeiro* (1834-5), em sete volumes.

*

Entre os escritores da época, deve-se citar Sotero dos Reis,* gramático e crítico literário. Embora tenha redigido com diversos colaboradores um romance intitulado *A casca de caneleira* (S. Luís, 1866), e sem embargo de sua fecunda produção em jornais e revistas, o seu justo renome lhe advém dos seus manuais para o estudo do vernáculo e da literatura, e sobretudo dos cinco volumes do *Curso de literatura portuguesa e brasileira*.

Caracterizando-se como neoclássico, procedeu a uma rigorosa seleção de autores, com exclusão dos românticos brasileiros, dos quais só admitiu Gonçalves Dias.

*

Dos prosadores neoclássicos há que aproximar um grupo de poetas de tendências semelhantes, embora o estado de transição da época — fins do século XVIII e início do XIX — dê lugar a que os elementos neoclássicos, ilustrados e pré-românticos se misturem, ora mais ora menos, na obra desses poetas. Devem mencionar-se: José Elói Otoni (1764-1851), José Bonifácio (1765-1838), Frei São Carlos (1768-1829), Natividade Saldanha (1795-1830), Odorico Mendes (1799-1864). Alguns deles, por circunstâncias especiais e por pendor mais pronunciado, têm papel de destaque no Pré-romantismo.

São Paulo. Em trabalhos publicados revelou-se conhecedor de botânica e naturalista distinto. Como historiador, pertenceu ao Instituto Histórico e Geográfico Brasileiro.

* Francisco Sotero dos Reis (São Luís do Maranhão, 1800-1871) foi jornalista e professor. Revelou grandes conhecimentos da linguagem clássica.

Bibliografia

HISTÓRIA LITERÁRIA: *Curso de literatura portuguesa e brasileira*. São Luís do Maranhão, Tip. do País, 1866-73, 5 vols. GRAMÁTICAS: *Postilas de gramática geral*. São Luís do Maranhão, 1862; *Gramática portuguesa*. idem, 1866-73.

Consultar

Freire. Laudelino. *Clássicos brasileiros*, 1923, pp. 169-174; Leal, Antônio Henriques. *Panteon maranhense*. Lisboa, Imprensa Nacional, 1873, vol. I, pp. 119-183.

É bem de assinalar-se que, diferentemente da poesia, a prosa neoclássica avança muito mais pelo século XIX, encontrando-se suas manifestações, misturadas ou isoladamente, em escritores que exerceram sua atividade até a altura do meado do século. É o caso de Mont'Alverne e dos grandes jornalistas do período.

22. *Luiz Costa Lima*
DO NEOCLASSICISMO AO ROMANTISMO

Hipólito, Mont'Alverne, João Francisco Lisboa.

Do ponto de vista político-social, as datas de 1808 e 1840 encerram a etapa decisiva tanto na formação da nacionalidade brasileira, quanto na determinação institucional e estrutural que, malgrado as diferenças, persiste até os nossos dias.[1] As datas limites na formação e determinação aludidas são 1808 e 1840. Se a chegada de D. João ao Rio de Janeiro, com as medidas de abertura dos portos, de criação de bibliotecas, escolas superiores, uma instituição de crédito, com a permissão de funcionamento das tipografias, estabelecerá o ponto de arranque decisivo do movimento da Independência, já a declaração da maioridade de D. Pedro II, numa manobra vitoriosa do partido liberal,[2] fixará o compromisso entre a forma monárquica de governo e os interesses da burguesia rural, então afidalgada. Estabelece-se um governo de caráter moderado, moderadamente conservador, moderadamente autocrático, que se opõe quer aos defensores de um regime absolutista, quer aos eventuais republicanos. Ainda na repressão às sublevações que estouram desde o Rio Grande até o Maranhão, o segundo reinado primará pelo exemplo de moderação. Estava assim traçado o modelo que orientaria as relações do príncipe com o legislativo e dos poderes em geral com os senhores da terra. Cairá depois a monarquia ao se deslocar a pilastra em que se apoiara, o açúcar ultrapassado pelas fazendas de café do sul, mas a república conservará, constatada a deslocação, o mesmo tipo de suporte econômico. Daí os seus presidentes, malgrado a ausência do cetro, lembrarem o modelo imperial no seu moderado (e disfarçado) autocratismo, na sua cautelosa defesa dos interesses constituídos. Se uns raros se afastam, logo são castigados por sua desobediência.

Correlatamente a este quadro sociopolítico é da maior importância o que se escreve sobre o mesmo. Origina-se então a linha do bom e seguro jornalismo nacional. Os seus nomes mais representativos são Hipólito da Costa e Evaristo da Veiga. João Francisco Lisboa, que com eles forma a tríade dos maiores, entretanto relegado à província, não teve a influência aos dois assegurada pelo *Correio Brasiliense* e pela *Aurora Fluminense*. Em comum, representam a ilustração moderada brasileira. Evaristo da Veiga é definido por Antonio Candido, que o distingue daqueles "cuja força vem da singularidade". O publicista antes pertenceria à categoria daqueles que encarnam "as qualidades médias, em que a maioria se vê espelhada. Evaristo da Veiga (...) foi o herói das virtudes medianas, e ninguém justifica melhor o dito de Leopardi, segundo o qual *a paciência é a mais heroica das virtudes* justamente por não ter aparência alguma de heroísmo".[3]

Deslocado em São Luís, cuja localização geográfica e em face das condições de comunicação ficara mais próxima de Lisboa que do Rio, João Lisboa escreve quase que só para os amigos e a posteridade. Por um lado, ele considera impossível a república no país, por outro defende um governo de atitudes antes flexíveis que rígidas. Por isso advoga a razão da anistia contra os sublevados, estabelecendo a inexistência jurídica dos crimes políticos, em tudo dependentes de uma situação de fato, sem pressuposto algum de direito. Indo mais além, pugna pelo reconhecimento do direito revolucionário, como a ilação lógica da conclusão anterior.[4]

Através do *Correio Brasiliense*, editado em Londres entre junho de 1808 e dezembro de 1822, Hipólito da Costa[*] constituirá o mais ponderável dos escritores públicos do período. O "gosto pelo conhecimento útil" (*a taste for useful knowledge*) que o Duque de Sussex referirá na sua lápide[5] define não só a Hipólito como à grande maioria dos intelectuais do momento que, se também foram literatos como José Bonifácio, daí não retirariam a sua glória. Pelo *Correio*, Hipólito marca uma atividade serena e antilaudatória. Assim quando analisa as causas efetivas que forçaram D. João VI a autorizar a liberação do comércio às nações amigas (na verdade, à Inglaterra, interessada protetora da sua cambaleante coroa). Será a mesma posição que o conduzirá às críticas à Santa Aliança e a saudar o, como assinala, embora tardio, início da imprensa no país. Órgão informativo, o *Correio* ainda acompanhará com detalhe as lutas pela independência da América Espanhola, na mesma oportunidade em que teme e aconselha os príncipes portugueses sobre o perigo da extensão do conflito ao Brasil. É que Hipólito defendia a união dos dois países em base de igualdade. Através da análise de Carlos Rizzini,[6] vamos verificando como Hipólito da Costa é obrigado a se desgarrar dessa ideia. A intolerância das cortes não permitia senão a luta pela independência. Hipólito só aderiria a esta pouco antes de efetivado o definitivo rompimento.

---

[*] Hipólito José da Costa Pereira Furtado de Mendonça (Colônia do Sacramento, 1774 — Londres, 1813) começou os estudos no Rio Grande do Sul e bacharelou-se em Coimbra em leis e filosofia. Esteve em missão nos Estados Unidos, e, em 1805, partiu para Londres, onde viveu até morrer. De junho de 1808 até a proclamação da Independência editou o jornal *Correio Brasiliense*, perfazendo 175 números.

Consultar

Dourado, Mecenas. *Hipólito da Costa e o Correio Brasiliense*. Rio de Janeiro, Biblioteca do Exército, 1957; Rizzini, Carlos. *Hipólito da Costa e o Correio Brasiliense*. São Paulo, Cia. Editora Nacional, 1957.

Se, como veremos adiante na análise de João Lisboa, quanto à linguagem Hipólito não é igualmente o melhor escritor dos três distinguidos, a sua frase, entretanto, tem em comum com eles o tom policiado, a palavra enxuta, o corte da razão, sem o desperdício dos ornatos da época.

Ao passarmos agora a encarar os escritores de intenção propriamente literária não encontraremos reproduzidas semelhantes características e qualidades formais. Entenda-se sempre excluído destas restrições a João Lisboa.

Como define Antonio Candido, nos deparamos com uma literatura de rotina[7] que não se desprende da carga antes fecunda do legado neoclássico. Este caráter rotineiro torna-se mais absoluto, ademais, por não encontrarmos em Mont'Alverne a diferença sensível de qualidade que o distinguisse da mediocridade literária da época.

Como então explicar esta dupla diferença de tipo da frase e do seu nível?

Podemos recorrer primeiramente a uma interpretação de natureza organicista, como a de que se baseia na vontade da forma. Segundo ela, trataríamos com uma rotina neoclássica, porquanto o estilo já se exaurira e entrava, portanto, em um momento de decadência ou saciedade.

Entretanto, mesmo que não se indague por que tal se verificaria neste preciso momento, restaria sem justificação a qualidade conseguida pelos escritores de intenção pública, ainda que enraizados na mesma tradição. Afinal seria por acaso que o "cansaço" ou o afã de novidade atingisse em conjunto os escritores de intenção literária sem que contaminasse os mais relevantes do outro grupo?

A defasagem assinalada torna-se ainda evidente se lembramos que um bom escritor político como Hipólito da Costa fracassava redondamente na sua única tentativa literária,[8] quando o inverso acontecia — a julgarmos pelas cartas políticas que Antonio Candido analisa — com um poeta medíocre e espartilhado como Sousa Caldas. A sua forma alambicada e pesadona converte-se em límpida prosa.

Talvez a recorrência à situação ambiental possa-nos vir em ajuda. É o que começaremos a tentar perguntando se haveria uma demanda do público e qual seria ela.

É bem sabido que não teve o Brasil até então uma opinião pública, que só principiaria a se esboçar no século XX. Esta era inclusive a razão por que Lisboa desacreditava no acerto de uma mudança de regime. É importante, contudo, assinalar os efeitos das mudanças introduzidas pela transmigração da família real. Assim, o aumento da população urbana do Rio,[9] ligado à presença inusitada do rei na Colônia, suscitavam um ânimo alvissareiro que despertava as gentes do marasmo habitual. É verdade que esta animação seria limitada a uns poucos círculos. Martius que visitou o Brasil entre 1817 e 1820 verificou a pouca frequência da biblioteca do Rio. E os viajantes estão acordes quanto à pobreza de sortimento das raras livrarias brasileiras. Esses dados, todavia, não devem ser julgados como absolutos. Frente às condições do século XVIII, a situação já é bem mais favorável. Por efeito da disposição pombalina de 1768 que, na sua luta antijesuítica, moderava[10] os excessos inquisitoriais da Mesa Censória e permitia a maior circulação de livros até então interditos, podiam também os brasileiros entrar em contato com a literatura de conteúdo mais vivo da época. Que a oportunidade não foi perdida, nem o hábito dessas leituras abandonado com a repressão que acompanhou a queda do ministro, são dados que Martius ainda confirma ao destacar ser a literatura francesa a mais conhecida no país, na época, e, dentro dela, Voltaire e Rousseau os autores mais procurados.[11]

Tratava-se, portanto, de uma demanda fundamentalmente de natureza social e política. Hipólito e Evaristo tinham, por conseguinte, um germe de público, ainda não suficientemente trabalhado e por isso ainda mais predisposto ao caráter das informações, comentários e discussões que oferecem nos seus jornais. Elas convergiam para a discussão dos acontecimentos e manobras políticas bem como para a difusão de conhecimentos úteis. É o que se vê já pela divisão das seções do *Correio Brasiliense*: "Compreendia quatro seções — Política, Comércio e Artes, Literatura e Ciências, e Miscelânea, abrangendo esta as Reflexões sobre as novidades do mês e a Correspondência."[12]

A existência de tal demanda é, ademais, comprovada por não se restringir à capital. Lisboa cedo principia como jornalista político e o que hoje lemos no *Jornal de Timon* apenas representa a sua produção de maturidade. Igualmente em Pernambuco, um pensador político de importância, embora que ainda quase de todo ignorado, Antônio Pedro de Figueiredo, concentra o seu talento numa atividade de esclarecimento, de combate e de elaboração pela imprensa.[13]

Haveria, entretanto, outra demanda por parte do público que melhor se ajustasse ao escritor literário? Havia a representada pelo púlpito, pela necessidade de pregadores para a corte recém-estabelecida e mal curada dos sustos do General Junot. Desta precisão decorrem S. Carlos, o cônego Januário da Cunha Barbosa, ao lado de nomes hoje completamente apagados como um Monsenhor Neto, aos quais Mont'Alverne chamaria de "gigantes" com que teve de se enfrentar ("Discurso preliminar" às *Obras oratórias*). Este seria naturalmente um público mais fechado, que procurava o sermão antes como um exercício lúdico de prazer, como um entretenimento de alcance moral e nunca como uma maneira precisa de se abeirar de uma fonte de conhecimentos e esclarecimentos práticos.

Trata-se, por consequência, de um segundo público, com interesses diversos, específicos, não propriamente literários ou estéticos. De toda maneira, esta era a via de contato permissível da literatura com a comunidade. Caminho estreito que previamente diminuía a concorrência e dificultava um aprimoramento da qualidade.

Contudo, esta interpretação exclusivamente sociológica explicaria no máximo a diferença da matéria e a diferença de inflexão da frase, uma mais racional e enxuta, a outra mais inflada e sonora. Mas não parece possível ir muito além na explicação.

Haveremos de buscar uma aproximação mais sensível ao desnível observado. Esta, estando menos apoiada em fatos materiais, pode ser mais discutível. Leva-se então em conta o problema da ideação da realidade.

Quanto ao assim chamado primeiro grupo, o dos escritores de intenção pública, haveremos de considerar antes de tudo que as novas condições derivadas do início do século não implicavam uma ruptura com a tradição iluminista. Ao contrário, tinha-se agora a oportunidade de exercê-la, de aplicá-la à situação local. Oportunidade que poderia não ser muito vasta. Afinal, o crescimento urbano do Rio de Janeiro era um fenômeno isolado. E com isso continuava impossível pensar-se em uma opinião pública nacional. E mais ainda, as modificações imprimidas eram mais de superfície que de estrutura. O Brasil continuava e continuaria economicamente dependente da exportação de matérias-primas tropicais. Com isso, não havia a formação de classes economicamente fortes além da dos senhores de terra e de engenho. Esta a ação do fracasso dos movimentos de cunho libertário maior, republicanos ou até mesmo separatistas. Daí a consciência moderada comum a Hipólito, Evaristo da Veiga e João Lisboa. Mas o que interessa diretamente é verificar que não se tratava no caso de romper com a aprendizagem intelectual de cada um, mas sim de exercê-la quanto a um público pouco conhecido e disseminado. A frase enxuta, portanto, respondia quer à tradição do racionalismo iluminista, quer à razão do leitor que procurava. o jornal.

Quanto à prosa literária, o mesmo não se dava. O púlpito reclamava uma palavra cheia, uma frase constituída em meandros, coisas que não encontravam paralelo no Arcadismo ou no Neoclassicismo. Havia no caso, ao contrário, uma crise entre as formas expressionais imediatamente ao dispor e a necessidade expressional atual. O que por outras palavras equivale a dizer: havia a necessidade de uma nova ideação do mundo, captada, fundada e estimulada pela palavra. Daí que Mont'Alverne — o autor que se destaca entre os literatos da capital — mantendo a primazia da literatura francesa, escolhesse o pré-romântico Chateaubriand como sua constante fonte. Não se trataria de uma simples compatibilidade de fé religiosa, pois o acervo das bibliotecas mostraria a preferência pelos "heréticos".

Entretanto, para corrigir qualquer tentação de determinismo, defrontam-se Mont'Alverne e João Lisboa. Houvesse a partir dos condicionamentos traçados ou que poderiam ser traçados um rigoroso determinismo e não seria explicável a diferença de sentido e de valor encontrada entre os dois autores.: Mont'Alverne é o escritor típico — não o médio — da época, defrontado com a necessidade de se desfazer do racionalismo intemporal neoclássico que o persegue e de, correlatamente, incorporar uma ideação em que o sentimento, a paisagem, a emoção tivessem lugar. Por isso, a sua obra oferece a melhor possibilidade ao analista que se preocupe em acompanhar a "formatividade" (*Gestaltung*)[14] da nossa expressão romântica. Já Lisboa, mesmo por se encontrar fora da capital, pôde efetuar o seu trajeto sem ser pressionado pela "formatividade" latente na época. Daí que, enquanto Alverne é um escritor de passagem, dirigindo-se do Neoclassicismo à frase pré-romântica, João Lisboa é um escritor de ruptura, quebrando o legado neoclássico por uma ideação realista, só muito depois desenvolvida em sistema na literatura brasileira, em que inclusive, fato ainda não observado, penetram antecipações do realismo cósmico e visionário de que só hoje em dia temos exemplos patentes.

MONT'ALVERNE[*]

Embora haja sido numerosa a sua produção oratória, ela apresenta a repetição uniforme de um mesmo paradigma ideológico e estilístico.

Quanto ao primeiro, Frei Francisco de Mont'Alverne encarna a reação conservadora da época do império, quer no terreno da filosofia da história, quer no da política. Na filosofia da história, o frade é o adversário do racionalismo na sua busca de explicar logicamente os eventos e as mudanças. Para o pregador, a tentativa não passaria de uma pasmaceira caso não levasse os homens a se desviarem da sã doutrina, exposta pelo providencialismo:

> A filosofia nunca pôde conhecer a verdadeira causa destas revoluções, que mudam o assento das monarquias, e fazem surgir outras monarquias. Inventaram-se

---

[*] Frei Francisco de Mont'Alverne (no século Francisco José de Carvalho) (Rio de Janeiro, 1784 — Niterói, 1859) foi professor de retórica, de teologia e de filosofia, além de famoso orador sacro.

Bibliografia

SERMÕES: *Obras oratórias*. Rio de Janeiro; Laemmert, 1854, 4 vols.; idem. Porto, P. Podesta, 1867, 2 vols.; FILOSOFIA: *Compêndio de filosofia*. 1859.

Consultar

Castilho, A. F. de. "Frei Francisco de Mont'Alverne" (in *Revista Contemporânea de Portugal e Brasil*, 1860-61. II-III); França, Leonel, S. J. *Noções de história da filosofia*. 9. ed., São Paulo, Cia. Ed. Nac., 1943, pp. 235-238; Freire, Laudelino. *Clássicos brasileiros*. Rio de Janeiro, 1923, pp. 151-158; Gonçalves de Magalhães, D. "Biografia do Padre-Mestre Frei Francisco de Mont'Alverne" (in *Revista do Instituto Histórico e Geográfico Brasileiro*. Rio de Janeiro, 1882, XLVI/2, pp. 391-404); Magalhães, H. "Mont'Alverne" (in *Anais do 2º Congresso de História Nacional*. Rio de Janeiro, Imprensa Nacional, 1942, vol. III, pp. 363-383); Ramiz Galvão, B. F. *O púlpito no Brasil*. Rio de Janeiro, 1867, pp. 178-233.

sistemas; forjaram-se definições; criou-se o direito das gentes; apoiou-se na legitimidade; admitiu-se a soberania do povo; o homem social teve contratos; e a política mostrou-se com o seu manto de variadas cores, apresentando a cada momento novas fases, e modificando a cada instante suas teorias, e suas convenções. Mas o Eterno se deixa ver sustentando em suas mãos a balança, em que pesa o Universo; espantando a terra com o estrondo de suas maravilhas; quebrando o cetro dos senhores do mundo; fundando novos reinos; estabelecendo outras dinastias; e cingindo com o diadema aqueles que ele tem escolhido para fundadores dos impérios suscitados na sua providência. ("Sermão da Fundação da Ordem do Cruzeiro".)[15]

Esta posição que, com dificuldade, ainda podemos colocar no campo da filosofia da história, conduz de imediato a uma visada política. A teoria providencialista fornece ao frade o velho argumento em favor dos reis: seriam eles os representantes da vontade divina na terra. Mas o que nos importa no franciscano não é a teoria, gasta e repetida, mas as incontestes consequências práticas da atividade. Pois ela terminava por estatuir a necessidade de a realeza apoiar-se sobre a religião e os seus ministros a fim de que pudesse aspirar à legitimidade e à perduração. Daí os elogios que ainda não poupa a D. Pedro I:

> Sua política ilustrada sabe conhecer que a Religião santifica a obediência dos súditos, e fortalece a autoridade suprema. ("Panegírico da Senhora da Glória", pregado na capela do mesmo título, em 1823, na presença do imperador.)

Ideologicamente, portanto, Mont'Alverne representa a defesa de uma ordem estática, monárquica, defendida e defensora do catolicismo, consequências práticas do providencialismo que, sabiamente, responsabilizava uma inescrutável vontade pelos movimentos da trama histórica e acusava de ímpio o esforço da razão humana em compreendê-los. Não se tratava, portanto, de uma ideologia apenas conservadora, mas de uma em que a Igreja penetrava, representando uma das pilastras de força básicas. Do que naturalmente decorria que a religião exercesse o papel de defensora do Estado e do Poder. E lhe assegurasse a permanência:

> Não cairá pois o império do Brasil escudado com uma tão eficaz mediação: os punhais dos nossos inimigos serão quebrados por o anjo tutelar da nação brasileira, porque Maria protege um povo que teve bastante discernimento para escolher um príncipe digno dos seus cuidados. ("Panegírico de Nossa Senhora da Glória".)

Não são estranhos, portanto, os altos elogios comumente dirigidos ao primeiro imperador. Ele estava naquele justo meio-termo que para Alverne o caracterizava como "herói". De um lado, libertara a pátria, doutro, esmagara "os projetos sanguinários da democracia" ("Oração pelo restabelecimento do Sr. D. Pedro I").

A única peça que destoa da unicidade deste modelo é o sermão pregado quando do aniversário da Constituição. O pregador agora concede não terem sido inúteis as indagações da filosofia a respeito da história. Contraditoriamente ao que antes inúmeras vezes repetira, Mont'Alverne diz agora:

> Consultando os monumentos, que atestam a passagem destas lavas, que têm alagado as monarquias, e as mais florentes repúblicas, a filosofia assinala com segurança a causa destas comoções violentas... Há um instinto de felicidade, que levanta sua voz poderosa no seio dos povos, assim como impera em cada um homem. ("Oração em Ação de Graças" no dia 25 de março de 1831, aniversário do solene juramento da Constituição.)

É verdade que o pregador franciscano guardava os seus limites e não avançava demasiado a ponto de se confundir com os defensores da "democracia", os liberais. No seu elogio à carta de 1824, ele a exalta como o documento que se opôs com êxito a "os excessos da democracia pura" (idem). Não se há, contudo, de pensar em uma "crise da consciência" ou em uma mudança de ponto de vista do pregador. A data do sermão é bastante sintomática e não seria provável que Alverne já soubesse do que concretamente era tramado? Não parece provável alegarmos motivos mais nobres. A discricionariedade do imperador, sabem os historiadores, não era novidade. E não conhecemos tenha o pregador real protestado ante as manifestações de força e arbitrariedade do monarca. Mas o momento era outro e a Mont'Alverne pareceria preferível então antes tratar da liberdade que da providência. Assim já não lhe basta moderar seu providencialismo, cabem-lhe palavras mais diretas de repulsa aos tiranos e de justificativa das revoluções:

> Não, o Brasil não queria, o Brasil não quererá mais um déspota: o reinado da escravidão passou para não voltar mais: a arbitrariedade não vingará na terra sagrada...
> É uma injustiça estigmatizar as revoluções com o ferrete do crime. É um absurdo supor que as nações se deixam arrastar por uma cega fatalidade ao abismo, em que vão irrevogavelmente perder-se.

Entendida, portanto, a "hora" em que foi pronunciado, este sermão não desmente, antes confirma a orientação da ideologia do pregador. Integrada nesta linha conservadora, a religião em Alverne não possui mais que um sentido defensivo. Ela é o dique contra o "filosofismo" que corrompe os costumes e assanha as paixões dos súditos. Contra as ímpias doutrinas do século, ela oferece a eminência da fé e a pureza dos sentimentos, de que a Igreja é a guardiã e os sacerdotes, malgrado os deslizes que o frei acusa em irmãos seus, os ministros sagrados. Defensiva e sustentáculo da ordem constituída, a função da religião, como a encontramos em Alverne, é uma função formalista. Ela ataca os hábitos, a devassidão da mocidade, o luxo com que as fiéis comparecem aos templos e realça a imagem de um Deus vingador, de cuja graça não há certeza para os que esperem a última hora para o arrependimento. Mas a semelhança que estas críticas parecem ter com Vieira são aparentes. Neste a religião era mais que defensiva, atacava a vida dos colonos mas propugnava uma *praxis* socioeconômica diversa, com a experiência afinal frustrada das missões. Abstraindo-se deste segundo e incômodo aspecto, Mont'Alverne podia harmonizar então as suas recriminações à condição de pregador real. O público nobre e a corte podiam atender submissos as suas prédicas, embora, como dissese o próprio Alverne, nunca se tivesse ouvido falar de que delas saíra alguém convertido. As suas pregações eram apesar disso concorridas e célebre o seu nome, pois o interesse daquele público não seria essencialmente religioso. Podemos mesmo nos atrever a acrescentar que, o fato de a corte atender humilde e enlevada à prédica do franciscano, era uma maneira de que ela se confirmasse não estarem em campos opostos a sua forma de vida e a pureza sobrenaturalmente recomendada, de que falava o seu pregador. A participação aos sermões era, portanto, uma maneira de formalisticamente confirmar as suas prerrogativas. A corte parecia assim receber a sanção divina.

*

Se, do ponto de vista ideológico, Mont'Alverne é um só bloco de conservadorismo, quanto ao estilo ele oscila entre o Neoclassicismo e o Pré-romantismo. Oscilação que resulta da impossibilidade de conciliação entre o irracionalismo da história que defendia e o culto da razão estatuído pelo Neoclassicismo. Não haveremos, contudo, de converter Mont'Alverne em um pré-romântico. As características mais comuns das suas peças oratórias são elementos negativos do legado neoclássico. Quais sejam, a abstração e a intemporalização.

Embora a abstração fosse também uma estratégia ideológica — o inimigo não é acusado nominalmente, mas de modo vago e sempre responsável pelas calamidades do século — não podemos tomá-la como um recurso apenas de interesse naquela área. Ao contrário, ela incide no campo estilístico e é decorrente da falta de força de Alverne como escritor. A abstração se mostra pelos clichês frequentes — a viúva como pobreza, a irreligiosidade dos moços como prova de sua perversão, etc. etc. — pela pobreza da imagética, pelas repetições no desenvolvimento dos sermões.

A abstração, por sua vez, está ligada a outro traço da herança neoclássica, a intemporalização. Os sermões do autor são dramatizações retóricas dos evangelhos e passagens da Bíblia, ilustradas por citações e reflexões retiradas dos Padres da Igreja. Os vícios e as virtudes são tratados como eternos e comuns a todos os tempos. Se há alusões ao presente — e elas seriam imprescindíveis à intenção do pregador — elas são arroladas aos opróbrios, sacrilégios e expiações conhecidas no Velho Testamento. Os males e as virtudes, a excelência das instituições defendidas e o horror que causam os sanguinários (os inimigos) independem de um conhecimento localizado, pois basta ao pregador identificá-lo na sua diferenciação conceitual. Seria parcial, entretanto, o analista que acentuasse apenas as vinculações de Mont'Alverne a este legado negativo do movimento neoclássico. Se a abstração permanece constante no autor — e sendo uma constante que nada tinha de temática ela só poderia ser ultrapassada mediante uma evolução que não houve no pregador — a intemporalização pode ceder lugar a uma natureza retoricamente referida. Não parece mesmo exagero aproximar-se textos como os seguintes do que depois se faria muito conhecido com Castro Alves:

> Caminhai ao Setentrião... dirigi vossos passos à Índia; voai à Mauritânia, aos desertos do Norte, às vastas solidões d'África, aos países temperados da Europa; aí encontrareis esta Igreja, etc. etc. ("2º Sermão do Espírito Santo".)

> Os mares, as tempestades, os gelos do polo, os fogos do trópico não poderão retardar a lava incendiada, com que a Religião abrasou o Universo. Ela vive com o esquimó no seu odre de pele de vaca-marinha; nutre-se d'azeite de baleia com o groenlandês; corre a solidão com o tártaro, e o iroquês; monta no dromedário do árabe, ou segue o cafre vagabundo nos seus desertos abrasados. ("2º Panegírico de Santa Luzia".)

Este percurso retórico de extremo a extremo do globo, nomeando-se as partes mais estranhas da África e da Ásia, indica o início da transplantação até à literatura do culto do exotismo, que na época encontramos na pintura contemporânea de Delacroix. Mont'Alverne poderia ter encontrado em Chateaubriand, a quem cita com alguma frequência, o seu modelo.

Esta modificação no tratamento da natureza indica um caminho de passagem em que um paradigma estético é abandonado por outro. Mais precisamente, trata-se, usando da distinção de Meyer H. Abrams, da passagem de um ideal de espelho para um outro que o escritor tem a lâmpada por modelo. O que equivale a dizer, com Mont'Alverne começa a literatura a renunciar à teoria da imitação em favor de teoria da expressão.

No autor tudo isto é muito tênue, mesmo porque não se trata de uma modificação ditada por uma consciência estética, mas sim de uma decorrência da sua concepção irracional da religião, leitura de pré-românticos franceses. Daí que possamos discriminar entre duas procedências os demais elementos pré-românticos de sua obra. Assim, de inspiração literária é o culto do gênio:

Há no gênio uma superioridade, que arrasta os espíritos medíocres. Os homens superiores possuem a chave deste segredo, que sabe dirigir os sentimentos mais exaltados, e empregá-los na razão direta de seus interesses, ou de sua glória. Era sem dúvida para recear, que o Fundador do Cristianismo contraísse este estigma de sedução, que a posteridade lança em rosto a todos esses chefes, que aparecendo à testa dos povos para reformar seu culto, fizeram servir à sua grandeza a mediocridade dos talentos, ou a simplicidade de seus primeiros discípulos. ("Sermão do Senhor Bom Jesus Atado à Coluna".)

O gênio, como já se vê no trecho e melhor se declara na sua continuação, é sempre associado a um tratamento conservador:

A Religião devia tremer de sua estabilidade, vendo levantar-se à sua frente homens tirados da última classe dos cidadãos, sem algum título à consideração pública... (Idem.)

A maior parte destes elementos, todavia, decorre da concepção da religião. Assim, desde logo, o elogio da religião como força superior à razão:

Para que convencer a razão, quando a crença do gênero humano, quando o sentimento interior de cada homem reclama irrefragavelmente a existência d'uma eternidade, e uma justiça imparcial, que sabe recompensar os esforços da virtude, e castigar as transgressões da lei? ("Sermão sobre a Palavra de Deus".)

Esta preponderância concedida à vontade, aos sentimentos poderia nos seus discípulos ser facilmente transposta a termos laicos. O próprio Mont'Alverne dá exemplo desta laicização:

É preciso que nuvens sombrias tenham envolto a atmosfera, que o horror da tempestade tenha comprimido nossos espíritos para vermos com interesse a pompa do astro do dia, e a beleza da estação. Os ósculos d'uma mãe nunca são mais ternos do que quando são impressos nas faces d'um filho ainda descoradas por a enfermidade: seus êxtases escapam-se no meio das mais doces efusões... Seu grito nunca é mais sinistro, do que quando ela vê o sangue que corre das feridas de seu filho: sua alegria tem uma expressão celeste, quando a saúde lhe dá em todo o seu vigor o filho, que chorava morto. ("Panegírico dos prazeres".)

Para o desenvolvimento da análise do Pré-romantismo em Mont'Alverne deve-se destacar em especial o sermão citado do "Panegírico dos prazeres". Já no exórdio encontramos uma aproximação da estética romântica, com a alusão de que as palavras são imperfeitas "para descobrir o verdadeiro valor" das situações de forte densidade emocional; a que se segue um esboço de análise dos sentimentos ("é um segredo de nossa constituição não sentirmos o prazer em toda a sua vivacidade, se os reveses não o têm aguilhoado", etc. etc.); com o tratamento da natureza como correspondência de estado psicológico (trecho acima transcrito que começa "É preciso que nuvens sombrias...").

*

Vistas sumariamente as características de Mont'Alverne e conhecida a influência que exerceu sobre um Gonçalves de Magalhães, que foi seu aluno, não estranha que o nosso Pré-romantismo surgisse tão vincado de uma impregnação neoclássica e de que, ideologicamente, mantivesse uma clara vinculação conservadora.

*

Conclui-se por fim que a resistência do leitor contemporâneo à obra de Mont'Alverne resulta de que, não sendo ele um escritor de qualidades mais do que medianas, a sua difusão esteve na dependência de uma situação ideológica, hoje desaparecida: a da reação contra os liberais, exercida durante o reinado de Pedro I. Reação que terminou vencida, porquanto foram os liberais, não os republicanos mas o moderados, conforme escreve João Cruz Costa, que, através do ecletismo, passaram a dirigir os destinos do império.[16]

Despojado, portanto, das qualidades próprias de grande escritor, Mont'Alverne é hoje matéria para história das correntes literárias no Brasil e para o conhecimento da causa da oscilação do gosto no período estudado.

JOÃO FRANCISCO LISBOA[*]

---

[*] João Francisco Lisboa (Pirapema, ltapecuru-Mirim, MA, 1812 — Lisboa, 1863), autodidata, fez-se jornalista, redigindo com brilho diversos jornais de 1832 até 1836. Encarregado pelo governo maranhense de coligir documentos para a história da província, viajou para Lisboa, onde morreu.

Bibliografia

Jornal de Timon (publicado em fascículos, 1852-1854); *Vida do Padre Antônio Vieira* (póstuma). 5. ed. Rio de Janeiro, Garnier, 1891; *Obras completas*. São Luís do Maranhão, B. de Matos, 1864-65, 4 vols.; idem, 2. ed. Lisboa, Matos Moreira & Pinheiro, 1901, 2 vols.; *Obras escolhidas*. Rio de Janeiro, Americ-Edit., 1946.

João Francisco Lisboa participa do estranho privilégio de, considerado um clássico, estar, no entanto, ignorado quer pela crítica, quer pelo público. Por esta situação respondem a escassez de estudos categorizados e a quase impossibilidade de conhecimento de suas obras.[17] Só a qualidade e a atualidade do que escreveu correm de par com esta quase clandestinidade. Ao indagar as suas razões, não haveremos de concordar com a opinião do crítico suíço Pierre Furter de que ela é outro fruto de terem as histórias da literatura brasileira sido escritas segundo uma ótica sulista? Com efeito, assim como não se pode compreender o surto literário maranhense dos meados do século passado sem correlacioná-lo com a efeméride do ciclo do algodão, não se pode perceber a razão do desconhecimento de Lisboa sem acentuar o caráter não metropolitano consciente de sua realização intelectual. Não é que se proponha uma interpretação rígida, segundo a qual todos os escritores maranhenses do período que se tivessem confinado à província, como Sotero dos Reis, ou que dela tivessem partido quase diretamente para o estrangeiro, como Odorico Mendes e Joaquim de Sousândrade, fossem esquecidos por esta falta de familiaridade com a Metrópole. Todo determinismo é simplificador e não será lícito insinuar mais um.

Grosso modo, Sotero e Odorico merecem o sossego em que estão postos e Sousândrade ainda necessita vencer muitos preconceitos. Mas com Francisco Lisboa, que não se integra em nenhum dos dois casos assinalados, a ignorância não tem outra razão que a de haver parecido um provinciano, metido entre as inferiores idades e desordens da pequena política regional.

Entretanto, como já acentuara José Veríssimo[18] — o único dos velhos críticos a estimá-lo com entendimento — nas constantes trapalhadas daquele Maranhão cabia inteiro o Brasil da época. Por isso Francisco Lisboa, à medida em que avance uma reinterpretação do Brasil antes crítica que sagrada, antes totalizante que patriarcal, Francisco Lisboa haverá de convergir para o eixo das indagações. Para isso, entretanto, a sua obra exigirá um prévio mapeamento, tanto mais necessário porque ela se desenvolve não segundo fases, saltos ou ilhas, mas a partir de fulcros centrais diversos e simultâneos. São eles o fulcro historiográfico e o ficcional.

Consultar

Almeida, R. "Revisão de valores: João Francisco Lisboa" (in *Movimento Brasileiro*. I, 6. de junho de 1944); *Autores e livros*. VI, n. 3, 16 de junho de 1944; Corrêa, F. J. *Um livro de crítica*. São Luís do Maranhão, Tip. do Frias, 1878; pp. 177-203; Freire, Laudelino. *Clássicos brasileiros*. Rio de Janeiro, 1923, pp. 191-196; Leal, Antônio Henriques. *Panteon maranhense*. Lisboa, Imprensa Nacional, 1875, vol. 4; Lessa, Pedro. "João Francisco Lisboa" (in *Revista do Instituto Histórico e Geográfico Brasileiro*. LXXVI/1, 1915, pp. 65-97). Mota, Artur. "João Francisco Lisboa" (in *Revista da Academia Brasileira de Letras*. n. 96, dezembro de 1929, pp. 434-449); Santiago, Clarindo. *João Francisco Lisboa*. São Luís do Maranhão, Teixeira, 1928; Sousa, Otávio Tarquínio de. Prefácio da edição das *Obras escolhidas*. Rio de Janeiro, Americ-Edit., 1946.

A passagem do plano historiográfico ao ficcional, dentro da obra analisada, processa se *naturalmente*, pela acumulação de uma densidade impossível de ser expressa dentro do plano a seguir estudado. De logo, basta assinalar que é da recapitulação da história das eleições na antiguidade que flui a ficção das eleições no Maranhão, assim como é de dentro da história da repressão aos franceses e da sublevação dos colonos contra o estanco que avultam os perfis "ficcionais" de Jerônimo de Albuquerque e de Manuel Beckmann.

Não se esgotam, contudo, os argumentos. Mesmo não levando em conta o exposto, como não compreender que a obra inteira de João Francisco Lisboa parte de um mesmo ponto modal, impossível de ser fracionado: o esforço de ensinar a lição da história aos seus contemporâneos? Mesmo em um texto aparentemente de circunstância, como o sobre a festa dos Remédios, não se afasta de Lisboa a urgência de expor, ora satírico, ora amargo, ora pacífico e confiante, uma lição aos seus contemporâneos. Pois é a "intenção pública" o seu princípio de comunicação. A este núcleo, no estudo citado, chama Veríssimo de moralismo. Será preferível, contudo, guardar a palavra para caracterizar um determinado modo de tratamento, talvez mais superficial, daquela raiz. De fato, o moralismo de Lisboa surge à primeira vista, já do início da primeira parte da *História das eleições*. Mas também já daí a constante apresenta uma inferioridade que, se abrangesse a inteireza do *Jornal de Timon*, colocaria o prosador maranhense em um segundo plano.

Vejamos se há razão para a afirmativa.

Lisboa começa a *História das eleições* fazendo uma copilação de autores consagrados e que lhe chegariam mesmo na sua província. De Tácito a Montesquieu, Lisboa destaca as passagens dedicadas às lutas e procedi mentos eleitorais.

Se os resume é porque não pretende inovar, ou melhor, porque tem consciência de lhe ser impossível. De todo modo, o seu fito não é o de um historiador — o que seria na *Vida do Padre Antônio Vieira* — mas o de um pedagogo, em que já fortemente transparece o moralista. Os dois elementos se mostram em textos iniciais à semelhança dos seguintes:

> A nossa própria história (...) será precedida de uma breve notícia sobre os costumes eleitorais de alguns povos antigos e modernos; o leitor há de encontrar nos ditos, rasgos, ações e personagens de Atenas, Esparta e Roma, matéria para sisudas reflexões, e picantes aplicações; e comparando uns e outros tempos, vendo a pasmosa semelhança com que os fatos se reproduzem, depois do intervalo de uns poucos de séculos, talvez venha concluir que este velho mundo, na sua última decrepitude, torna aos sestros e desmanchos da primeira infância e mocidade (pp. 7-8).

> (...) Que quem estuda os acontecimentos contemporâneos, e os que se passaram na antiguidade, alcança facilmente que os mesmos desejos e as mesmas paixões

reinam hoje como então, e sempre, em todos os povos, e em todos os governos, devem produzir constantemente os mesmos resultados (p. 57).

Não custa perceber que, ao lado da permanente procura de extrair uma lição que sirva ao seu "obscuro e pequeno canto do mundo", há uma represada ironia no primeiro texto que previamente corrói e alarga o moralismo do segundo. Já Timon, a figura alegórica a que emprestava as suas meditações, continha aquela dupla carga. E as palavras que o apresentam carreiam tanto o moralismo quanto o realismo maior que por ele ficcionalmente se exprimirá:

> Timon, antes amigo contristado e abatido, do que inimigo cheio de fel e desabrimento, empreende pintar os costumes do seu tempo, encarando o mal sobretudo, e em primeiro lugar, senão exclusivamente, sem que nisso todavia lhe dê primazia, ou mostre gosto e preferência para a pintura do gênero. Ao contrário, faz uma simples compensação, porque o mal, nas apreciações da época, ou é esquecido, ou desfigurado; esquecido, quando para o louvor se inventa o bem que não existe, ou se exagera o pouco bem existente; desfigurado, quando para o vitupério se carregam as cores do mal, e ele se imputa e distribui com parcialidade e exclusão, sem escolha, crítica ou justiça (p. 6).

É bem verdade que Francisco Lisboa não teria consciência da riqueza com que moldava o seu narrador fictício e, por isso, certas vezes pode parecer que certo seja o juízo mais pobre guardado pela tradição a seu respeito. Contudo, antecipando o que depois encontraríamos n'*Os sertões* de Euclides da Cunha, a obra ultrapassará a "teoria" com que começara a ser forjada. Ou seja, ultrapassará o lado moralizante do seu propósito a ponto de que seria unilateral considerá-la hoje a criação melancólica de um misantropo. Este designativo caberia bem caso a *História das eleições* não houvesse passado da primeira parte, cuja debilidade resulta não só da carência bibliográfica do autor, como da entronização de uma ética abstrata absoluta a julgar os povos e os tempos. Desta combinação decorre a miopia histórica mostrada, por exemplo, no capítulo dedicado à França — onde está Timon cheio de horror a clamar pelas vezes com que a carta constitucional fora rasgada desde 1789 — ou no que encara com desprezo as revoluções diárias dos mestiços mexicanos.

Contudo, ao atingir a segunda etapa da sua obra, aquela em que toma por matéria a constituição do poder e as eleições no Maranhão, Francisco Lisboa ultrapassa o domínio do moralismo. Por uma questão de ordem expositiva, entretanto, deve ser analisado o aspecto moralista, o qual, embora sempre acompanhe a "intenção pública" do autor, incidirá com mais intensidade e mais nocivos efeitos na *Vida do Padre Antônio Vieira*.

Do ponto de vista estritamente de método e das pesquisas realizadas, não se negará a superioridade do trabalho de João Lisboa aos panegíricos de um André de Barros e dos biógrafos oficiais do padre. O que deve interessar, contudo, não será a contribuição do escritor brasileiro ao entendimento da personalidade e da ação do jesuíta, mas sim verificar a presença e repercussões da preocupação moralizante.

A tese central de Lisboa é a de que Antônio Vieira antes fora um cortesão do que um sacerdote. Daí que ele se esforce em demonstrar os desacertos da sua conduta como religioso:

> Digamo-lo sem rebuços e desenganadamente, todos esses manejos eram indignos de um religioso animado de uma verdadeira vocação... (p. 220)

Estará, contudo, João Lisboa certo nesta deslocação?

Os episódios sobre os quais o autor insiste com veemência particular são o das gestões de Vieira para a entrega de Pernambuco aos holandeses, a tentativa de negociar uma aliança do trono português com o espanhol, a questão da sua partida para a Bahia e a luta dos colonos contra os padres quanto aos indígenas. Fica para outra ocasião o exame detalhado de cada uma destas referências, assim como doutras que se lhes associam. Em síntese, diremos que em todos os exemplos a crítica de Lisboa é séria, documentalmente apoiada e não passional. E mais, em casos como o das gestões para o casamento do Príncipe Teodósio com a filha do rei espanhol, haveremos de concordar que Vieira levava muito longe a sua fidelidade: aos interesses da coroa portuguesa. Interesses que eram da coroa e não do povo que, a se concluir a negociação, teria ameaçada a sua autonomia. Neste sentido é ainda mais esclarecedor o episódio da partida de Vieira, em 1652, para a Bahia. O padre carteia-se simultaneamente com o provincial do Brasil e com o rei. Ao primeiro explica os seus esforços em livrar-se da poderosa mão de el-rei que não lhe permitia abandonar o paço. Doutro lado, poucos dias passados do seu embarque, ao chegar a Cabo Verde, Vieira escreve amargurado a D. João IV, queixoso de que afinal não se tivesse cumprido o que haviam entre si concertado. Pelo desacerto que lhe levava à Bahia, não sabia Vieira dizer o que padecia "desde a hora em que o navio desamarrou desse rio... tais que não fui eu que me embarquei, senão elas (as circunstâncias) as que me levaram".

O jogo, a indiferença com a mentira, a busca de justificar-se e de usar de dois senhores sem se comprometer por definitivo com nenhum, tudo isso amarguraria o analista, que não teria menos exemplos atuais e em volta de si a deixá-lo alerta contra as falsidades.

A este ponto, podemos retirar uma primeira conclusão: a importância básica do estudo que João Lisboa empreende está na revelação do comportamento do biografado. Lisboa não se limita a narrar. Curva-se sobre o personagem, não como se fosse ele um objeto arqueológico ou de culto mas sim como um ser cujo exercício da vida necessita ser compreendido e julgado. As provas que então retira demonstram que o padre era menos venerável que o diziam os seus panegíricos. O estudo tem assim um mérito inicial de desmistificação do mito vieiriano. Isso, entretanto, não significa que esteja correta a sua tese do padre-cortesão. Onde encontrar o limite de sua afirmativa.

Na questão de Pernambuco e os holandeses, o autor reproduz e comenta os opostos pareceres do procurador do reino, Pedro Fernandes Monteiro, e o do padre.

O primeiro se opõe à entrega e aconselha a ajuda da Metrópole à guerra a que se dispõem os pernambucanos. Entregá-los ao inimigo seria castigar a lealdade que manifestavam, ademais que seria provisória que se alcançasse pelo procedimento, porquanto de posse de ricos e extensos territórios os holandeses forçariam passagem para diante.

A oposição de Vieira no chamado "Papel Forte" pode ser consultada com facilidade, o que evita a reprodução de seus argumentos. Do ponto de vista da conduta moral do padre podemos ainda dizer com Lisboa:

> Dir-se-ia que o autor do parecer, como esses advogados resolvidos de antemão a sustentar indiferentemente o pró e o contra, fazia valer como podia todos os argumentos, bons e maus, para sustentar a tese preferida, sem se lhe embaraçar absolutamente com a realidade dos fatos, a natureza das coisas, e a justiça da causa (p. 113).

Pois, na verdade, ora Vieira se opunha ao que antes defendera (a viabilidade das companhias de comércio), ora utilizava argumentos capciosos (os colonos não poderiam alegar haver sido abandonados pelo rei português porquanto a rebelião nunca lhes fora explicitamente recomendada...), ora negava a própria evidência (a outorga não era tão relevante como dizia o procurador).

Como então não concordarmos com a amarga severidade de Lisboa? Desde logo convém notar que os argumentos do procurador de D. João IV soavam em tecla habitual — "concluía o ministro... invocando a Providência e os sentimentos generosos da honra nacional, e do régio decoro" (p. 93) — enquanto a dissecação do pensamento do padre, a comparação dos seus argumentos com os expedidos noutras ocasiões, demonstravam hábitos e torneios que, se eram frequentes, não pareceriam muito sacerdotais.

João Lisboa impressiona-se por essa conclusão a curto prazo estrita, sem perceber que Vieira não pode ser julgado de acordo com a visão moralista e patriótica do procurador. A oposição de padre jesuíta não pertence a um jogo de advogado e as suas armas só parecerão pouco lícitas, de início, se o julgarmos por uma concepção da realidade que não parece fosse a sua. Mais que um cortesão, Antônio Vieira era alguém que sabia que "as razões da justiça só servem para quando o que ficou leso se vê melhorado de fortuna" (p. 96).

Por isso, embora a paz fosse desvantajosa, ele tinha diante de si uma situação de fato, constituída pela impotência lusa. A força da Holanda não nascera do acaso, ao contrário, ela se processara amparada pelas causas que geravam o debilitamento português e ibérico em geral. Desde D. João I, embora elevado por uma revolução de índole burguesa, o afidalgamento da burguesia nacional mascararia, a princípio, e depois cortaria de vez, a possibilidade de domínio do capitalismo mercantil. Por isso, nobres mas pobres, os portugueses, como hoje se sabe, ainda no começo da exploração do açúcar no Brasil, não tiveram onde conseguir capitais senão se ligando aos banqueiros flamengos.

Vieira, que lutara contra a mentalidade responsável por esta situação, ao tomar a defesa dos cristãos-novos e ao defender a constituição das companhias de comércio, via-se outra vez posto de encontro a esta mentalidade. Por isto, ainda quando pareçam capciosos os argumentos de que o "Papel Forte" se sustenta, o que o jesuíta mantém coerente é o seu método de abordagem do mundo: método de procedência realista. Ele sabe que os caminhos do mundo são muito confusos e que não bastam coração quente e intenções puras para melhor resolver as suas questões. Daí a semelhança pascaliana que encontramos nesta sua máxima, ainda citada por Lisboa:

> Os milagres, é sempre mais seguro merecê-los, que esperá-los; e fiar-se neles, ainda depois de os merecer, é tentar a Deus (p. 110).

Não seria ocasional a contemporaneidade destes dois nomes, Vieira e Pascal. Não seria mesmo de se aventar a hipótese de que o Barroco levava o homem a encarar a história já de modo polifacético e não mais linear? A encará-la mais como uma mistura de manchas do que uma combinação de linhas? Pois uma norma comum parece depreender-se das manifestações artísticas da época e ao campo destas também atrair a *praxis* que é teorizada em *Les Pensées* e efetivamente exercida por Vieira. Assim, se a escultura barroca exige a deslocação do observador em volta de si, se lhe obriga a tomar sucessivos pontos de vista, se na pintura o artista se torna, como Velázquez, o pintor do próprio pintar,[19] afastado de uma mimetização natural, tomando o seu objeto não como cópia mas autonomia, assim também, pode-se acrescentar, na política praticada pelo padre português encontra-se a mesma ausência de um ponto de vista fixo, único, que distinguisse com perfeição as luzes das sombras e tomasse o seu exercício como a cópia ditada por um princípio externo (que no caso seria ético, religioso, patriótico).

Salvo engano, portanto, o que o moralismo de João Lisboa — e a sua estreiteza não estaria vinculada ao curto racionalismo da época? — ignorava em Vieira foi a descoberta praticada do procedimento dialético. Descoberta tão barroca quanto as que se referem na poesia, na música e na pintura. Mas a existência deste procedimento, cabe ainda acentuar, não desculparia Vieira dos deslizes que Lisboa lhe apontava. Como diria atualmente L. Goldmann, justamente por serem dialéticas as relações entre fins e meios, nestes já se projetam as razões dos fins. Mas, entre a distorção deste relacionamento, expresso na máxima "os fins justificam os meios", e o moralismo de Francisco Lisboa, escapa o que é decisivo neste padre: a sua compreensão prática de que a ética não se sobrepõe ou antecede à *praxis*, mas com esta entra em luta, mutuamente se influenciando. Vieira sabe praticamente que a ética ao se mundanizar torna--se flexível e sinuosa e não rígida e perfeita.

Assim, da biografia analítica de Vieira por João Lisboa resulta um verdadeiro diálogo ou desafio entre biógrafo e biografado. Por um lado, ganha Lisboa não tanto do jesuíta como dos panegiristas, desmistificando a sua auréola. Por outro fado, fica Lisboa aquém da altura do biografado, pois o seu moralismo não o dispunha a compreender toda a extensão do procedimento enfocado. Por isso ainda, Francisco Lisboa não concluirá até onde poderia quanto à questão dos indígenas. Outra vez, ele se defronta com Vieira e, malgrado os séculos que tem de vantagem, o embate não lhe favorece.

O autor acompanha as dissensões entre os jesuítas e os colonos, mostrando como a rebelião contra o estanco ou monopólio, estabelecido em 1682, durante o governo de Francisco de Sá de Meneses, tinha por móvel a posse dos indígenas. Ou seja, tanto para os padres como para os sublevados com Beckmann, os indígenas eram o meio para uma empresa econômica. Lisboa não nega os sacrifícios dos missionários, mas recusa que o seu interesse fosse tão só o da libertação dos índios escravizados:

> (...) A luta prolongada que travaram os moradores (...) nunca passou, bem considerada e em geral, de uma questão de influência e primazia, em que a liberdade dos índios era um objeto muito secundário. (Vol. III, p. 96.)

Cumpre-se assim a primeira tarefa positiva do autor: a de desmistificar uma intenção que até hoje é repetida nos compêndios. Ela, contudo, é acompanhada de um moralismo implícito que critica os jesuítas, em primeiro lugar, porque negavam ter qualquer interesse material no assunto e, em segundo, porque como missionários não deveriam pretender mais que o poder espiritual. Mantidas estas coordenadas, só lhe poderia escapar o significado do projeto ideado por Vieira. João Lisboa encara a razão e os valores como se tratasse com um fio de prumo e tudo o que se desviasse deste rigor geométrico, ou melhor, que conscientemente procurasse não se acercar dele, não mereceria o nome de justo e positivo. Assim sendo, nada mais natural que condenar Vieira e os jesuítas nas suas famosas "reservas mentais".

Mas seria esta uma forma legítima de compreensão de um projeto histórico? A João Francisco Lisboa não teria faltado uma visão estrutural da história? Esta carência parece evidente nas críticas acerbas que ainda reserva para Vieira pelo fato de que, condenando a escravidão indígena, propusesse como maneira de desafogo e progresso para o norte a introdução de escravos negros.

Sem dúvida que, do ponto de vista da santidade pessoal e da moral absoluta, não haveria como desculpar o padre. Mas será que estes designativos, santidade pessoal e moral absoluta, são compatíveis com um propósito de realização histórica? E como tal, de realização coletiva? Vieira preferiu o profano em vez do santo como maneira de tentar conciliar uma iniciativa jesuítica própria com o desenvolvimento da comunidade. Mas Lisboa não o aceitou assim. Para o escritor maranhense, escarmentado com as falácias e falsidades dos governantes que conhecera, nas omissões, reservas e ambiguidades do Pe. Vieira escondia-se a fonte daquela tradição. Com a perspectiva que hoje temos em relação a ele, ao mesmo tempo que podemos compreendê-lo, podemos verificar os limites da sua dissecação. Pois, optando por atuar, Vieira tinha de pensar em termos da estrutura a que se voltava. Na verdade, se retirasse o braço indígena, qual seria a outra solução, tendo em conta as coordenadas da realidade colonial, senão a de recorrer a outro braço igualmente não assalariado? A história, malgrado nossas lamentações, não é edificada sobre os bons princípios.[20] E dado o limite de entrada dos colonos europeus, a ausência de mecânicos e de artesãos, a busca, pelas razões já explicadas, de afidalgamento dos portugueses advindos e, principalmente, devido às extensas propriedades latifundiárias, as condições se mostravam completamente adversas a um tipo de colonização baseada no braço livre, como a norte-americana. Este estava em relação com a pequena propriedade e esta, por sua vez, com a impossibilidade de exportar para os mercados europeus produtos tropicais ou de que chegassem em condições vantajosas de venda. Tendo, portanto, que raciocinar com fatos (e eles não seriam para Vieira tão claros como se nos apresentam agora), ao jesuíta se antepunham duas alternativas: ou a de lutar ferrenhamente não só contra os hábitos, mas contra a própria estrutura econômica dos colonos ou a de libertar o indígena, aceitando uma solução de compromisso. Vieira não preferiu uma ou outra. Dialeticamente dispôs-se a ambas: a de libertar o indígena dos colonos e tentando com eles a experiência das missões. Mas não estaremos confundindo o processo dialético com o simples embuste? Pois, se os padres reclamavam a liberdade dos índios e os colocavam a seu serviço nas missões haveria outro nome para substituir o de hipocrisia? Francisco Lisboa não nos pode vir em auxílio para a resposta. Talvez lhe faltassem maiores informações sobre as missões, talvez, não lhe ocorrendo semelhante dúvida, não tivesse tido necessidade de maiores investigações. O fato é que uma resposta àquela interrogação haveria de esperar pelos estudos de João Lúcio de Azevedo. Com ele verificaremos[21] que, se as missões jesuíticas eram mais prósperas que as propriedades dos colonos, os bens pessoais dos padres, entretanto, eram poucos. Só posteriormente, segundo este historiador, a regra se modificaria, como seria visto ao tempo da expulsão por Pombal.

Impunha-se esta discussão, por conseguinte, para demonstrar as razões dos limites do julgamento levado a cabo por João Lisboa.

Assim, a problemática aqui esboçada mostra a dupla dificuldade com que Lisboa se defrontava, decorrente das dimensões do meio — a pobreza bibliográfica, a reação contra os desmandos dos politiqueiros — e, em segundo lugar, do racionalismo também moralizador do seu tempo. Ademais, como se verá a seguir, não há um João Lisboa historiador visceralmente distinto de um João Lisboa escritor. A estética não tem fronteiras fixas e não é a beleza da palavra que constitui uma literatura, mas sim a consciência da linguagem depurada ou em caminho para a depuração na beleza (ou no sublime). Francisco Lisboa desenvolve esta consciência e é por ela, em momentos decisivos e quando a nova forma permita-lhe ampliar a apreensão, que sem salto, sem nova fase, transpõe a primitiva fronteira e penetra no campo da expressão estética.

*

Durante três anos se apresentara em Pernambuco a expedição contra os franceses invasores do Maranhão, até que em 1614 partisse a "expedição milagrosa". A palavra milagrosa, que aparece no texto de Lisboa em itálico parece indicar uma modificação no seu conceito. Pois, na verdade, como não seria milagrosa uma expedição que só para arribar necessitara daquele decurso e afinal não compreendesse mais de "dois navios redondos, uma caravela e cinco caravelões, com uma equipagem de menos de cem homens de mar e guerra, os quais reunidos aos de Jerônimo de Albuquerque, dariam para quatro companhias de sessenta cada uma, e alguns aventureiros mais, afora índios de serviço e armas, que seriam o duplo" (vol. II, p. 84)? O maior milagre, todavia, terá sido o de vencer com um capitão como o velho Jerônimo de Albuquerque. Mas, se este não era mais o grande estrategista, a sua vaidosa confiança com que o retrata Lisboa lhe daria foros de personagem de ficção. A sua firmeza é de romance de cavalaria. E os sonhos de fidelidade e de confiança nos índios de uma realidade maior que a dos fatos. Assim, se o sargento-mor Diogo de Campos protesta contra os devaneios como instrumento de guerra, Jerônimo lhe contrapõe sua séria fantasia:

> Apostemos, lhe disse, umas meias de seda que antes de sábado tenho índios do Maranhão comigo (p. 93).

Jerônimo de Albuquerque, na pena de João Lisboa, converte-se no primeiro descendente brasileiro da linhagem quixotesca. Como tal, a experiência não lhe emenda. Ainda no começo dos recontros, navega Albuquerque entre índios e sonhos. Na verdade eles existem, porém do lado de lá, inimigos que acometem, matam e escalpelam. Seria, entretanto, verossímil este remanescente dos "fortíssimos" camonianos tão manchegamente iludido? O autor concede que talvez já não fosse da antiga crença que se nutria. Mas o seu proceder nos dias seguintes mostra a sua rebeldia às reflexões de Lisboa. A este, então, não cabe outro remédio que o de segui-lo, naquele seu realismo pausado que parece prolongar as cenas de um Fernão Lopes:

> Por este teor foram as coisas até o dia 7, em que os franceses arvoraram uma bandeira branca em uma coroa fronteira ao forte. Palpitou o coração a Jerônimo de Albuquerque, que logo em altas vozes manifestou que não deviam de ser senão os seus compadres tupinambás que, fugindo à tirania dos franceses, ou a nado, ou por qualquer outra indústria, vinham ali buscar a sua proteção. Neste pressuposto mandou embarcações que os conduzissem; mas estas acharam inimigos em vez de amigos, e à fuga deveram a salvação (pp. 101-2).

É certo porém que na vez do combate, Albuquerque mostraria que o seu gosto de ilusão não implicava a incapacidade de lidar com a realidade. Hostilizado, ele hostiliza, acometido, ele acomete e, se os franceses erram, Jerônimo tem sorte. Depois da vitória, ele se carteará com La Ravardière, inimigo malferido que, se não tornou à luta, foi porque na palavra milagre muitas vezes se inclui a pouca correspondente fraqueza. Fraqueza do adversário. Jerônimo, de regresso à realidade, já sem precisar de sonhos e de índios, dedica-se à coerência de velho fidalgo. Concerta com o inimigo o enterro dos mortos, o trato dos feridos, as cláusulas de trégua e de paz. E em todos os procedimentos manteria a mesma seriedade com que antes acreditara nos tupinambás. Enganado pelo rei que passa por cima de suas cláusulas e põe o nobre francês a ferros, Jerônimo de Albuquerque se retiraria desgostoso. Mais uma vez mostrara a sua realidade. As cláusulas e o respeito ao inimigo não passavam também de sonhos. De sonhos que igualmente desciam para frequentar a realidade.

Isto posto caberia de logo a pergunta: então com que direito se toma um personagem que foi verdadeiro, que combateu realmente tal adversário, como se pode tomá-lo como obra de ficção?

Não se pode duvidar da veracidade histórica dos diálogos, hesitações, do perfil enfim que Lisboa concede a Jerônimo de Albuquerque. Podemos mesmo pressupô-los verdadeiros. Isto porque, quando incluímos o personagem como a primeira manifestação ficcional do autor, não pretendemos negar a sua efetividade histórica. A coerência de comportamento que guarda o sério e fantasioso Albuquerque, mantida ao lado da sua constatação histórica, mostra-nos simplesmente que o plano do imaginário não é antitético ao plano dos acontecimentos. E que a estética não é uma região pura, incontaminada, acima e além das vis preocupações cotidianas e que, portanto, o seu plano próprio e o que se chama de plano dos acontecimentos são apenas, de fato, dimensões franqueáveis e intercomunicantes da mesma realidade. Como diria Kenneth Burke, a realidade artística não é uma realidade diversa ou *a menos* da realidade inconteste dos fatos. Envolvendo-a, ela não se confunde com esta, pois que é uma realidade *a mais*. Ainda com Burke — prescindindo embora da sua carta psicologizante — acrescentamos que Jerônimo de Albuquerque move-se tanto em um plano material, como em um simbólico, no sentido de que "o ato simbólico é a dança de uma atitude" que, corporalmente (entre os acontecimentos e ela mesmo acontecimento) desenrolada, é reorganizada pela expressão.[22]

Esta mesma passagem natural do campo histórico para o ficcional descobre-se na constituição de Manuel Beckmann. Se quisermos vê-lo reduzido à sua pura dimensão histórica não temos mais que recorrer ao já citado João Lúcio de Azevedo. Em João Lisboa, ao contrário, como já percebera José Veríssimo,[23] Beckmann cria uma realidade a mais, que se acrescenta, amplifica e não trai o seu perfil histórico. Beckmann faz-se realidade dramática. Figura mais complexa que Albuquerque, é ele apreendido coletivamente com o próprio tempo da Balaiada, que chefiou. João Lisboa principia por *selecionar* os elementos biográficos que preparam a sua conspiração. A fortuna que constrói, o golpe da prepotência que lhe amarga o espírito e destrói sua fazenda, a espera da demorada justiça, enquanto envelhece com o calabouço. Beckmann, saído, trama contra o estanco. Arremetido à pobreza, era ele o mais predisposto à luta contra o governo. Os ameaçados de empobrecer o seguiam. O povo o acompanha ou, antes, Beckmann tem de seguir o povo. Logo, porém, estes se perguntam se não haveriam ultrapassado os limites. Expulsos pela terceira vez os jesuítas, sublevados contra os representantes da Metrópole, sem que visassem desligar-se de Portugal, as dúvidas e os receios arrefecessem os ânimos:

> Cevada a paixão do povo naquele grande ato (a expulsão dos padres) e afastados os velhos inimigos cuja presença não podia sofrer de boa sombra, a febre ardente que o devorava, entrou a declinar a olhos vistos. Frouxos, tíbios e remissos, começaram a murmurar da disciplina militar a que não andavam afeitos, e não menos peso do serviço, agravado então pelos rigores de um prolongado inverno. Os rebates frequentes, as rondas, as guardas, as noites chuvosas e úmidas, passadas fora do lar doméstico, as lembranças das roças e engenhos abandonados, tudo os tornava descontentes e malsofridos; nem já descobriam enlevos nos folguedos e arruamentos noturnos a que nas primeiras semanas acudiam tão açodados e folgazões. Talvez não fossem de todo estranhos ao seu mau humor os receios do perigo que já enxergavam vagamente no futuro (Vol. III, pp. 239-40).

Beckmann fica só, com suas inquietudes, enquanto o povo deserta e o irmão, mandado confabular no reino, lá é preso. Havia a ordem a manter; Beckmann recusa o suborno a que já se anima o espantadiço governador do Pará. O acordo entre os chefes e o povo fora transitório e aqueles não tinham meios para insuflar novo entusiasmo que evitasse a volta da massa à apatia. A única solução seriam os *descimentos*, que cobrissem os descontentamentos com bastantes escravos para todos. Mas tal se revelava impossível. A Balaiada sucumbe aos poucos e mal sobrevive com o seu chefe quando desembarcam as tropas repressivas de Gomes Freire. Por todas as partes as deserções. O antigo povo em armas escapole ligeiro ou se retira, quando não denuncia. É então o historiador ou o ficcionista que escreve?

Gomes Freire com um séquito numeroso foi primeiro à catedral fazer oração, e depois à câmara, onde imediatamente tomou posse do governo, e ouviu um discurso gratulatório. Da parte de fora os sinos, as salvas e os vivas atroavam os ares; e a queda da revolução festejava-se pelo mesmo teor que o seu triunfo, desempenhando os mesmos atores os mesmos papéis na nova cena, salvas algumas ligeiras variantes na posição e na frase (p. 265).

Depois de atraiçoado e preso, Beckmann não intenta fugir. Lisboa já o trata livremente como personagem, no qual penetra e descobre os sentimentos. É o *plus* do imaginário que adensa o plano da historicidade:

> Dir-se-ia que a ruína de todas as suas esperanças, a fraqueza e esquivança dos amigos, e sobretudo a última e abominável traição, ferindo-o cruel e sucessivamente, o haviam tornado indiferente à conservação de uma existência, que agora se lhe afigurava inútil para o bem a que sempre aspirara (p. 271).

Não tratamos mais agora com observações gerais sobre a fatuidade dos sentimentos coletivos ou tampouco com observações mais circunstanciadas, como sobre a ausência de uma verdadeira consciência pública ou de classe naquele Brasil. Estas poderiam bem caber em um tratamento puramente historiográfico, que se desdobrasse ao social. Tratamos agora sim com um verdadeiro modelo dramático, que incide ao mesmo tempo singular e coletivamente, sobre as figuras de Manuel Beckmann e da massa. Não lidamos tão só com uma ação desenrolada no plano pragmático — aquele que Burke chamaria de retórico — mas, como alguém que sentisse a necessidade e força para dar um passo além, passamos a pisar em plano mais denso porque mais articulado: o plano ficcional do imaginário.

Haveria, contudo, a objeção de que lidamos com cenas incrustadas num corpo antificcional.

O retorno à *História das eleições*, na parte referente ao Maranhão, virá para resposta. Aqui o entrecruzamento de planos, a dominância do ficcional que não consome a realidade historicizada, não é transitório nem insulado.

O capítulo já começa sob o modo do "era uma vez":

> Corria o ano de 184..., e esta heroica província gozava então da honra talvez pouco apreciada de ser presidida pelo excelentíssimo Senhor Doutor Anastácio Pedro de Moura e Albuquerque (p. 163).

E a duplicidade de planos encontra um correlato expressional no recurso contínuo da ironia. Assim é evidente, logo em passagem do início em que Anastácio Pedro hesita em aceitar ou não a sua candidatura a deputado geral. Os motivos, sendo opostos, eram igualmente fortes. Por um lado, a corte severamente dispondo em contrário, por outro, uma nunca disfarçada vontade de brilhar, de falar ou tão só simplesmente de estar na capital. Anastácio inclina-se para uma conclusão tangencial e favorável: se aceitasse ao pé da letra a disposição ministerial não seria afinal o partido, a província e, quem sabe até, a própria pátria os que restariam prejudicados com a sua volta ao ostracismo doméstico? Neste entretempo e enquanto amadurecia o laborioso pensar, Anastácio Pedro não descurava dos encargos de presidente da província e de membro do partido:

> ... e como delegado fiel do gabinete, consultava consigo mesmo e na intimidade dos amigos dedicados da administração, todos os meios legítimos e honestos, com ajuda dos quais não deixasse ficar mal, em uma conjuntura tão melindrosa, a política dominante, que era em verdade a única capaz de salvar o estado. Ora... já é de simples intuição que o meio mais óbvio e eficaz de reabilitar o princípio decadente da autoridade consiste em rodear os seus agentes do prestígio da confiança popular, revelada no voto espontâneo e sincero da urna; e como a alta posição de um presidente não pode sofrer manifestações de somenos preço, a nenhum pensamento deixava de ocorrer a ideia da candidatura do Exmo. Sr. Anastácio Pedro para deputado geral (p. 164).

Não seriam, contudo, tranquilas as noites, palacianas. Já "a oposição anárquica" espalhava "a escandalosa falsidade de estar o governo em completa minoria na província". Anastácio tem conclusão magistral: "O único desmentido capaz de salvar o crédito do mesmo governo, e de consolidar a um tempo as instituições abaladas, era nem mais nem menos a eleição do presidente." Magistral conclusão que seria ainda mais perfeita caso não fosse a sua doença das hesitações. Não já seria vez de declarar que as novas condições de fato obrigavam a retroceder das declarações de posse, quando exclamara não ter outros interesses que os de promover a ordem pública, o bem-estar do povo, etc. etc.? As dúvidas não deixam de crescer no pobre e atarefado cérebro do presidente. Como se já não bastasse, ainda lhe advinham dúvidas quanto às intenções dos ocultos, poderosos e distantes ministros de estado:

> ... e infelizmente, mais de um exemplo do pouco aviso e inconstância ministerial vinha importunar a sua memória e justificar as suas tristes previsões (p. 166).

Anastácio divide-se entre a segurança e inflexibilidade que pretendia demonstrar através de atos firmes e duros (e a análise da passagem inteira apresentaria como a construção frásica, entre alternativas de força e ênfase expressional conseguida pela duplicação de nomes, de verbos e adjetivos apreende verbalmente o conteúdo acima enunciado) e os suores frios das noites de palácio.

Mas como o tempo passava sem novidades, Anastácio espantava os presságios e já se mostrava "aguerrido contra os sustos, começava a respirar na demora, e a cobrar ânimo e esperanças" (p. 167). Animando-se a si próprio, o presidente já se via constrangido à "violência moral da imposição". Pois que como a muitos outros presidentes de então e de depois, Anastácio só continuaria no poder se os amigos e os fatos tramassem contra a sua própria vontade! Mas afinal a Anastácio chega o fim, destruído pelo tiro de canhão que anuncia vapor à barra. Para as suas pretensões a chegada é desastrosa, pois não seria um simples barco do reino aquele que aportava em tão pressago momento. E Timon, na sua onisciência de narrador fictício, descobre nas reações do personagem aquilo que escapava aos desatentos e perplexos cortesãos:

> Posto que ele já se tivesse por algumas vezes repetido, sem que todavia viesse alguma catástrofe justificar os receios que alimentava o seu coração pressago, nem por isso esse grande e generoso coração deixou de pular-lhe no largo peito, respondendo-lhe o pulso, primeiro com cento e vinte pancadas em um minuto, e logo depois com uma pausa considerável, e caindo-lhe por fim entre os dedos inteiriçados a pena que manejava com tanta elegância (p. 168).

A habitual candidez irônica de Timon rasga de golpe o real significado dos "nobres motivos" do presidente, assim como o real interesse dos seus privados. Estes nem entendem o mortal desânimo de Anastácio, nem sabem como o atribulam os seus comentários, que se cifram a esta alta voz: "Bandeira imperial no tope grande!" (p. 169).

Sua Excelência arranca um binóculo e vê cumprido o triste fado. Era substituto o que lhe chegava. Lisboa, no instante decisivo do nosso presidente, mais uma vez exemplifica o seu domínio da palavra que corre como a agulha de um sismógrafo sobre as reações da ilustre autoridade. Os seus olhos que sempre haviam sido tão claros, estão "turvos e encandeados" e como que se eximem ou se demoram em declarar a sua demissão. Ainda supõem na bandeira vapor cores que, fossem isentas. Mas as ilusões não se demoram diante da razão dos fatos e um raio de sol se combina a uma lufada de vento para estadear o que já então deposto presidente obstinava-se em não ver:

> (...) eis que sem muita tardança um indiscreto raio de sol, iluminando a tela auriverde naquele instante desferida por inteiro ao vento, lhe tirou todas as dúvidas, fazendo-lhe efetivamente ver o pavilhão imperial (pp. 169-70).

Lisboa continua nesta minuciosa análise íntima — que se é psicológica é por desdobramento de um método de abordagem realista — dos transes passados pelo nosso Anastácio. Tão pontual e solene, o homem agora esquece seus deveres. Já o barco estava parado e nenhuma providência para receber-se o sucessor. Mas a tudo Timon atende. Ele vê o ajudante de ordens que se apresta em socorrer o ex-senhor. Nenhuma nota emotiva cabe neste drama a seco. A frase corre medida, pausada, irônica e cortês. É a ela que calha expressar o entrecruzado de interesses próprios de que vive o palácio. Nenhuma manifestação mais viva, fosse de euforia ou de desagrado. O momento é de mudança e, portanto, de cautela.

Mas como se comportaria a cidade? Timon sai dos corredores palacianos e investiga, entre sério e zombeteiro, a movimentação das ruas. E a acumulação cria outra vez dentro da frase um correlato ao aglomerado que seria visto na realidade de fora da ficção:

> Acudiam pretas, negros, moleques, estudantes, o grosso e miúdo comércio da praça vizinha, os militares avulsos, os empregados que suspendiam os trabalhos, os políticos interessados nas novidades, e até os possuidores de bilhetes de loteria que do mesmo lance iam saber do presidente e da sorte grande (p. 171).

Saltemos da sequência minuciosa que nos oferece Timon e passemos aos últimos momentos do presidente. Já o sucessor está no palácio, já a oposição se assanha pelas cercanias, já a unanimidade das folhas e pasquins aclama com força e cupidez o novo magistrado. Entre paredes, está Anastácio cercado pelos mais "fiéis" colaboradores. Será que o consolam, que o animam e prestam votos de apoio? Pelo menos parecerá a Anastácio. Não a Timon, ladino e experimentado. Os membros do partido até então palaciano aprestam as últimas e importantes decisões. Consegue-se que Anastácio adie a posse do sucessor por três dias. Enquanto dura a "trégua", limpam-se os resíduos dos "anárquicos", premiam-se os amigos não recompensados, e se "dissolveram-se algumas legiões, batalhões e esquadrões da guarda nacional", em troca "criaram-se outros tantos em seu lugar, e mais alguns novos" e "nomearam-se os competentes chefes, comandantes e oficiais de estado-maior".

Timon volta-se mais uma vez para Anastácio e o descobre nas suas derradeiras hesitações. O costume das fórmulas e justificações sensatas, elegantes e honradas dera-lhe uma capa em que ele próprio acreditaria. Daí suas dúvidas em aceitar tão cruas disposições. Mas aos presidentes nunca faltam conselheiros que lhes dissipem tais temores. O de Anastácio chama-se Dr. Afrânio e a ele cabe a função de abrandar-lhe a consciência:

> Mas a isso acudiu o Dr. Afrânio que se o reparo era natural nem por isso se podiam escusar as medidas... (p. 178).

Depois do que ainda importariam os ataques dos jornalecos da oposição?! Em troca dos bons serviços, Anastácio sentia mais segura a sua eleição... Ilusão que Timon, ainda que sem pressa, se põe a desmanchar, observando, sem tirar conclusões definitivas, a pobreza de amigos que foram levar o saudoso Anastácio a bordo do seu transporte.

A este ponto, embora tenhamos discutido apenas o primeiro capítulo dos seis de que se compõe este verdadeiro romance histórico, podemos discutir mais seguramente questões e ângulos atrás levantados.

Em primeiro lugar, que estamos diante de um texto de ficção, e não de simples trechos incrustados em um corpo de análise histórica, parece evidente. Sem maior perspicácia, nota-se que Anastácio Pedro é um personagem fictício não porque não tenha sido presidente de fato, mas sim pelo modo como foi enfocado. Pois, como distingue Anatol Rosenfeld, a diferença entre o historiador e o "narrador fictício" está em que aquele "narra de pessoas" e este "narra pessoas".[24] Por este narrar pessoas, o ficcionista coloca-se de dentro do personagem, cuja veracidade advirá de ser plausível a sua complexidade proposta.

Se esta é uma questão pouco passível de dúvida, mais difícil será indagar da necessidade sentida pelo autor no sentido de mudar, chegando à história das eleições no Maranhão, a perspectiva que lhe orientara até então. Por que teria Lisboa passado do campo historiográfico, dentro da mesma obra e não tendo mudado a sua intenção, para um campo que nunca explorara? A compreensão é mais fácil se de início observarmos que João Lisboa não é sempre Timon nas suas obras. É verdade que o nome *Jornal de Timon* aparece nos quatro volumes, sem exceção. Entretanto uma coisa é Timon enquanto referência ao jornal em que foram publicados os trabalhos do autor em folhetos e outra coisa, bem diversa, é Timon "narrador fictício". Timon, como tal, está circunscrito ao "romance histórico" de Anastácio Pedro, da "Festa dos Remédios" e da "Procissão dos Ossos". Nem mesmo nos casos anteriormente abordados de Albuquerque e Beckmann podemos com propriedade nos referir a um narrador fictício. A importância então de se delimitarem estas fronteiras está em que Timon recebe, transferida pelo autor, a "responsabilidade" pelo que "escreve".

A primeira razão para esta transferência é bastante clara e vem exposta no "Proêmio". João Lisboa percebe que alusões diretas a situações e fatos teriam consequências imprevisíveis contra si, pois logo certas pessoas se levantariam como vítimas, em breve convertidas em perseguidoras. Dentro desta observação, poderemos concluir que o seu romance histórico teve por embrião a necessidade de utilizar uma linguagem esópica,[25] descobrindo-a para a prática brasileira.

Esta explicação, contudo, teria no máximo um sentimento psicológico. Ela poderia fazer entender a razão do procedimento, mas não a razão da sua relevância. Cumpre, portanto, maiores precisões.

Originado de uma cautela pessoal, a linguagem esópica daria oportunidade a João Lisboa de ingressar em um momento de *agon*, em um momento agônico (entendendo-se a palavra dentro do sentido da sua raiz), em que seriam postos à prova os elementos constitutivos de sua "consciência real". E, como diferencia Lucien Goldmann, esta não se confunde com a "consciência possível".[26] Se ambas são condicionadas pela situação e/ou consciência de classe do escritor, na "consciência possível" depuram-se elementos residuais recebidos sob o peso da repetição do passado e transmitidos "impensadamente", amplia-se a consciência da realidade e assim se anulam expressionalmente contradições, vinca-se uma cosmovisão, antecipam-se elementos de outras, leva-se ao máximo limite possível, dentro dos condicionamentos temporais, a consciência antes não formulada da época. A depuração daqueles resíduos, portanto, leva ao aparecimento de um estado de coerência interna e de radicalidade. Assim se explica que o escritor genial, sendo um homem de seu tempo, ultrapasse a visão média do mesmo e por sua obra refaça e atinja "um momento de humanidade".

Aplicando a Lisboa, podemos compreender a fecundidade destes conceitos. Como ficcionista ele ultrapassa o seu moralismo e vai além da simples desmistificação. Mais do que isso, ele realiza uma verdadeira obra de interpretação social do Brasil, que *não estaria ao seu alcance* dentro da forma historiográfica onde a "consciência real" lhe faria mais vulnerável às exigências e pressões da sua comunidade histórica. Daí que ainda tivesse Veríssimo aberto esta pista importante de indagação do autor: "O tom é em parte do romance" — diz referindo-se à parte que estudamos — "e por mais de um toque João Lisboa precedeu os nossos realistas e naturalistas".[27] E à vista da análise acima ensaiada podemos acrescentar que João Francisco Lisboa tem oferecido um veio à novelística brasileira até hoje nem reconhecido nem suficientemente explorado: o veio do romance de dimensões coletiva, de sopro mais realista que épico. Não parece mesmo exagero dizer-se, dentro desta linha de raciocínio, que João Lisboa nos oferecia e oferece em português um modelo de leitura abreviada de Balzac. Pois é no modelo de uma *Comédia humana* rústica — rústica mesmo porque era romance que se escrevia sem se saber que era romance — que se desenrolam os capítulos seguintes do nosso ignorado romance.

Se este é o texto mais desenvolvido e fecundo, não é, entretanto, o melhor. Mesmo deixando de lado um texto importante como "A festa dos mortos ou a procissão dos ossos", onde em um crescendo se passa da reportagem para a transposição visionária,[28] não se há de deixar sem referência a "A festa de N. S. dos Remédios". Nela se condensam as qualidades estilísticas de Lisboa. Ademais, ausente qualquer seriedade com que se empertigava muitas vezes o historiador, do conteúdo se afasta todo moralismo e na frase há certa empostação que, se não chega a ser retórica e verbalista, a partir da organização do texto entre jogos antinômicos, algumas vezes a espartilha e noutras a faz recair mesmo no mau-gosto. Na descrição da festa popular, o autor está livre das pressões e cânones da época, e, por isso, pode condensar o que lhe mais preserva ao desgaste do tempo: o ficcionista de apreensão social, o estilista que flexibiliza o torneio clássico da frase, dando a sua mais legítima expressão brasileira.

Ambas as características aparecem nos textos aparentemente mais privados — aqueles que Lukacs chamaria de mais integrados na categoria do singular.[29] É o que se pode verificar até na descrição dos doces da festa e disposição das barraquinhas e quituteiras:

> Para aviar a enorme massa de consumidores de massas, uma extensa fila de doceiras circula o largo em todas as suas direções, sentadas em cadeiras, costas ao mar, a face para a multidão, e adiante de si, sobre pequenas bancas, os tabuleiros atestados de doces de toda a espécie, quartinhas d'água, e a competente lanterna acesa (p. 41).

O acordo não se perde ao passarmos ao interior da igreja:

> Entremos na igreja. É pequenina, e está principalmente atulhada de pretas e mulatas; as brancas, as senhoras, a gente do grande tom, essa ocupa as tribunas, as janelas, e até os púlpitos que das salinhas assobradadas, que estão ao lado da igreja, deitam para o interior delas. Nestas salinhas, há mais fresco, e melhor companhia, e o espírito mais bem-disposto, pode melhor entregar-se à devoção e às meditações religiosas... No interior, a luz das lâmpadas, das placas, e de infindos círios do trono do altíssimo inundam o templo de luz e de calor; o hálito de tanta gente ali opressa e apertada o centuplica, e torna insuportável (p. 545).

Por um lado, há o quadro visual que descobre as diferenças de hierarquia social, guardadas mesmo no templo religioso. Por outro, temos uma expressão da ciência da linguagem, com as suas palavras destacadas, claras e discretas, que tendem no interior do trecho a se organizar pela dominância quase absoluta de dissílabos e trissílabos. Desta organizada contenção, o trecho só escapa para o final, onde parece mesmo agora haver uma vontade expressiva de alargamento — denunciado pela arte do sintagma que começa em "opressa e apertada". Mas, atentando especialmente para o interior do trecho — a partir de "nestas salinhas, há mais fresco..." — ainda percebemos serem omissas ou parciais estas observações, pois elas não dão lugar a ver como estas palavras curtas entretecem entre si um sistema de ressonâncias, fundado sobre a base escolhida — não haveria de se pensar que conscientemente — das linguodentais (t, d, l). A frequência destas e do p estabelece uma rede de explosões intervocabulares que se liga à clareza tímbrica das palavras (com o predomínio do a, e, i sobre os raros u, acentuada pela ausência de o grave) e ao manifesto sistema de pausas rítmicas.

Uma preocupação com os elementos microestéticos em Lisboa não pode, todavia, deixar de ressaltar pelo menos mais um recurso seu para a flexibilização do torneio clássico, a que acima nos referimos. Este recurso é o emprego do coloquial. Tenhamos um só exemplo:

> Enquanto a novena se canta, vamos nós divertir-nos, e passear... passear não, dar e receber encontrões, rodear, saltar, e romper as densas e enredadas filas de bancos e cadeiras que por ali estão (p. 552).

Uma gramática escolar identificaria a conhecida figura da *correção* ("e passear... passear não"). Seria uma maneira de nada dizer, porquanto tal identificação abstrata deixaria de perceber a função real do recurso. Nele se exprime uma vontade expressiva do gesto coloquial. Já a acumulação com que o texto continua terá importância mais profunda:

> A luz das lâmpadas e candelabros ofuscou-me a princípio; aos poucos me fui recobrando, vendo, e admirando as salas, já calçadas de mármore, ao gosto da loja do Mr. Ory, já forradas de esteiras da Índia, e tapetes da Turquia. Os aparadores vergavam ao peso das iguarias, dos vinhos, dos cristais e porcelanas. As toalhas de linho adamascado cegavam de alvura. O xerez, o madeira, o champanhe de ouro e de púrpura (vulgo *encarnadinho*), o *tokai*, o *lacrima-christi*, a ambrosia, as capelas, trouxas d'ovos, o leite creme, *hatchis* oriental à Monte Cristo, etc. etc. (p. 552).

Este outro recurso, que se acrescenta ao padrão de base do coloquial, servirá de antecipação à exploração interna da linguagem, entre nós praticada por um Guimarães Rosa. Há trechos na "Festa dos Remédios" de impressionante semelhança:

> A rua que guia ao largo, começou a encher-se e a entornar as suas ondas incessantes e perenes. Toda aquela multidão, forma como uma só veia, ou serpente de mil cores que se arrasta sem cessar, surucucu, jararaca, ou cobra-coral, sem rabo nem cabeça, mosqueada, rajada, sarapintada de negro, branco, vermelho, azul, verde, amarelo, pardo e cinzento. Vista por partes, são brancos, pretos, mulatos, cafuzos, cabras, caboclos, mamelucos, quartões, oitões, e outras infindas variedades que escaparam à classificação de Gaioso. São casacas, paletós, jaquetas, etc. etc. (p. 557).

> Agora não, a confusão é completa, e tudo redemoinha confundido, subindo, descendo, encontrando, abalroando, pretos, brancos, homens, mulheres, grandes e pequenos; rindo, falando, assobiando, grunhindo, balando, miando, exprimindo, e denunciando enfim por todos os sons e por todos os gestos o prazer e satisfação (p. 568).

Estas passagens são raras, é verdade. Mas por que são raras e em sua excepcionalidade chegam a antecipar a mais aguda experiência da nossa moderna prosa ficcional? Não se há de reconhecer a existência de uma pressão comunitária sobre o autor — não importa que inexpressa e só latente — que o faria absorver elementos quer de ordem temática — o moralismo — quer de ordem estilística? A possibilidade então de brechar esta pressão inconsciente mas real através do estabelecimento de uma "consciência possível" não seria a chave para compreendermos a sua antecipação?

Foi brechando a "consciência real" de sua época que Lisboa, principalmente como ficcionista, brechou o sistema frásico dominante — de um lado, a propensão retórica ou mesmo a verborragia encontradas em um Mont'Alverne, do outro, a sentimentalização romântica. E. por esta violentação, estranho paradoxo, foi que ele conseguiu que o seu tempo coubesse com profundidade na sua palavra.

Chegados a esta conclusão, será menos de estranhar ser possível aproximarmos Lisboa da "Festa dos Remédios" do Joaquim de Sousândrade do *Inferno de Wall Street*. Em ambos, o investigador encontrará o tom satírico sustentando-se sobre a enumeração de *personae* individualizadas (de âmbito internacional em Sousândrade, de âmbito municipal em Lisboa), a gozação reservada a figuras importantes (Gonçalves Dias, Carlos Gomes, etc. no *Inferno*, as de Lisboa por serem locais não nos são reconhecíveis senão como fazendeiros, coronéis, matronas da sociedade, músicos e padres). Fôssemos mais além e encontraríamos uma derradeira aproximação em "A procissão dos ossos": os dois autores em comum se libertando do que fosse resíduo de uma mentação conservadora. Estas aproximações, entretanto, não são absolutas. O *Inferno* na obra de Sousândrade é, com outras passagens, um salto, enquanto há uma relação natural entre "A festa de N.S. dos Remédios" e o restante das obras de Lisboa. Há, sem dúvida, uma depuração do moralismo, dentro da ordem do conteúdo, há uma intensificação da linguagem, mas não se pode falar do que ficasse do lado de lá, tendo uma ruptura como separação.

Estas diferenças, contudo; tornam-se insignificantes ante a verdade básica que se extrai da investigação de ambos: a de que a forma está correlacionada à visão do mundo e que, por consequência, uma modificação formal não poderá ser esteticamente relevante caso não haja uma modificação paralela e simultânea da mentação da realidade. É o que demonstra, no caso presente, a obra do João Lisboa ficcional.

NOTAS

1 É o que é confirmado por José Honório Rodrigues em *Conciliação e Reforma*. Rio de Janeiro, Civilização Brasileira, 1965. Ele mostra que, ao contrário do que é afirmado, somos uma nação institucionalmente estável, pois malgrado golpes, quarteladas e algumas revoluções, eles passam e se apagam deixando intacta a estrutura econômica do país.
2 Ver "A experiência republicana", de Paulo Pereira Castro, in *História geral da civilização brasileira. O Brasil monárquico*. vol. II, tomo 2, São Paulo, Difusão Europeia do Livro, 1964.
3 *Formação da literatura brasileira*. São Paulo, vol. 1, pp. 258-9. Martins, 1959.
4 In "Considerações gerais", vol. I das *Obras completas*. São Luís, 1864.
5 Carlos Rizzini. *Hipólito da Costa e o Correio Brasiliense*. São Paulo, Cia. Editora Nacional, 1957, p. 24.
6 Idem.
7 Op. cit., em especial cap. VI, "Formação da rotina".
8 Trata-se da comédia *Amor d'estranja*, comentada por Rizzini, op. cit., p. 45.
9 "Antes da vinda do rei consistia o total da população do Rio numas cinquenta mil almas, superando em importância, na verdade, o número de habitantes pretos e de cor sobre os brancos. No ano de 1817, em compensação, contava a cidade, segundo supunham, mais de cento e dez mil habitantes." Spix e Martius. Viagem pelo Brasil. Tradução de Lúcia Furquim Lahmeyer, revista por Ramiz Galvão e Basílio de Magalhães. 2. ed. São Paulo, Melhoramentos, [s.d.], tomo I, p. 51.
10 Que se tratava apenas de uma moderação pode ser compreendido pela proibição das obras de um Descartes, alegando-se a imaturidade do povo português em lê-la. A respeito ver "A educação e seus métodos", de Laerte Ramos de Carvalho. São Paulo, in *História geral da civilização brasileira. A época colonial*. São Paulo, Difusão Europeia do Livro, 1960, vol. I, tomo 2, p. 87.
11 Op. cit., p. 58.
12 Rizzini, op. cit., p. 19.
13 Antônio Pedro de Figueiredo nasceu em Igaraçu, Pernambuco, em 22 de maio de 1814, falecendo no dia 21 de agosto de 1859. Mulato, autodidata, funda em julho de 1846 o jornal O Progresso, que perduraria até setembro de 1848. Amaro Quintas, o seu principal estudioso e que publicou a coleção do seu jornal, estuda o seu socialismo que avançaria sobre o utópico da época, antecipando-se ao socialismo científico. A este respeito, Antônio Pero muito deveria ao engenheiro Vauthier, fato apontado por Gilberto Freyre em *Um engenheiro no Brasil*.
A edição de *O Progresso*, que traz em subtítulo a indicação de "revista social, literária e científica", foi empreendida no Recife, a cargo de Amaro Quintas, que a fez preceder de um levantamento biográfico e crítico. Recife, Imprensa Oficial, 1950.
14 O conceito de formatividade tem sido desenvolvido e aplicado pelo crítico de arte italiana Gillo Dorfles. Ver a propósito *Le oscillazione del gusto*, C. M. Lerici editore, 1958, em especial p. 136. A questão vem mais desenvolvida no seu mais recente *El devenir de las artes*. Tradução espanhola de R. Fernández Balbuena. México, Fondo de Cultura, 1963.

15 As citações são tomadas da 1. ed. das *Obras oratórias*.
16 "As Ideias Novas", cap. II de *O Brasil monárquico*, vol. II, tomo I, da *História geral da civilização brasileira*, direção de Sérgio Buarque de Holanda, São Paulo, Difusão Europeia do Livro, 1962, p. 182.
17 A 1. ed. das obras completas foi editada por Antônio Henriques Leal; a 2. ed. por Teófilo Braga. Posteriormente, João Lisboa só apareceu em excertos de antologias. A única publicação de data recente que pode ser consultada com proveito é a das *Obras escolhidas*, seleção e prefácio de Otávio Tarquínio de Sousa. Rio de Janeiro, Americ-Edit., 1946.
As citações aqui incluídas referem-se sempre à edição de 1865. Para facilidade de consulta, acrescentamos a relação por volume das obras aqui mais citadas:
História das eleições (compreendendo o "romance histórico" de Anastácio Pedro), vol. 1.
História do Maranhão (compreendendo episódios analisados de J. de Albuquerque e M. Beckmann), vols. II e III.
História do Pe. Vieira, "A festa de N.S. dos Remédios" e "A festa dos mortos ou a procissão dos ossos", vol. IV.
18 "João Lisboa, moralista e político" (in *Estudos de literatura*, 2ª, série. Rio de Janeiro, Garnier, 1901. Cap. VII).
19 Ver a excelente obra de José António Maravall. *Velázquez y el espíritu de la modernidad*, Madrid, Ediciones Guadarrama, 1960.
20 E é mesmo porque sabem os homens disso, que é com bons princípios que constroem as maiores mistificações. Ademais, mesmo que não haja esta intenção consciente, um ponto de partida correto pode-se converter em um "bom princípio", consolador e mistificante, quando não o aprofundamos à sua necessária radicalidade. É o que hoje acontece com frequência a propósito de "a razão da história". Todas as fases mais negras da história de um povo tornam-se plausíveis e suportáveis desde que se considere que a "argúcia da razão" trabalhará para convertê-las em positivas. Trata-se de uma mistificação que repetem mesmo muitos dos que passam por discípulos avançados de Hegel e praticamente assim atuam. Como dirá o pensador tcheco Karel Kosik isto é decorrente de que "a própria concepção de Hegel não dialetiza a razão histórica de modo consequente. Uma dialetização consequente da razão histórica exige a abolição da base metafísico-providencial desta razão. A concepção providencial presume que a história seja predeterminada pela razão, e que a razão predeterminada desde o início manifeste-se na história mediante uma realização gradual". Para sairmos desta ilusão alienante haveremos de nos livrar de toda confortável e ingênua esperança, vendo com o mesmo Kosik que "a história não é predeterminada pela razão, mas se torna racional". O que vem a dizer: "na história luta-se por advir à racionalidade, e toda a fase histórica da razão realiza-se em conflito com a irracionalidade histórica" ("La ragione e la Storia", in *Rivista Aut Aut*. n. 83, setembro de 1964. Milano, pp. 11-12).
21 *Os jesuítas no Grão-Pará*. 2. ed., Coimbra, Imprensa da Universidade, 1930, p. 235.
22 *The Philosophy of Literary Form*. N.Y., Vintage Books, 1961, pp. 10-11.
23 Op. cit., p. 186.
24 "Literatura e personagem" (in *A personagem de ficção*. Boletim n. 284 da Faculdade de Filosofia, Ciências e Letras da Universidade de São Paulo, 1963, p. 21).
25 A expressão foi estudada e aplicada por Oto Maria Carpeaux. A respeito, ver o artigo "A linguagem de Esopo" (in *O Estado de S. Paulo*, 16. jan. 1964).
26 Sobre o conceito que é retratado em toda a obra do autor, ver em especial *Recherches dialectiques*. Paris, Gallimard, 1959, p. 100. Antes de nós, referiu-se a este conceito a propósito do autor João Alexandre Barbosa em "Jornal de Timon: Singularidade de

uma resposta" (in *Estudos*. Universitários. Recife, Imprensa da Universidade do Recife, 1962, n. 2, pp. 89-93).
27 Op. cit., p. 190.
28 Empregamos a palavra no sentido em que ultimamente a toma e emprega José Guilherme Merquior no capítulo "Murilo Mendes ou a poética do visionário", do livro *Razão do poema*.
29 Para o estudo da estética lukacsiana na sua aplicação à literatura brasileira ver, de Pierre Furter: "Do valor atual da teoria literária lukacsiana" (in *Tempo Brasileiro*, n. 3, Rio de Janeiro, março de 1963).

BIBLIOGRAFIA DE APOIO

Ref.: Alfieri, V. E. *L'estetica dall'Illuminismo al Romantismo*. Milano, 1957; Becker, C.L. *The Heavenly City of the Eighteenth Century Philosophers*. New Haven, 1932; Braga, T. *História da literatura portuguesa. A Arcádia lusitana*. Porto, 1899; idem. *História da literatura portuguesa. Filinto Elísio e os dissidentes da Arcádia. A Arcádia brasileira*. Porto, 1901; idem. *Recapitulação da história da literatura portuguesa. Os árcades*. Porto, 1918; Caillet, E. *La tradition littéraire des idéologues*. Philadelphia, 1943; Calcaterra, C. *Il Parnaso in rivolta*. Milano, 1940; Cassirer, E. *Filosofía de la Ilustración*. México, 1943; Croce, B. *La letteratura italiana del Settecento*. Bari, 1949; Dieckmann. *Illuminismo e Rococó*. Bologna, Il Mulino, 1979; Ermatinger, E. ed. *Filosofía de la ciencia literaria*. México, 1946; Fonseca, P. J. *Elementos de poética*. Lisboa, 1965; Fubini, M. "Arcádia e Illuminismo" (in Mogliano, A. *Problemi ed orientamenti critici*. Milano, 1942. v.3); Freire, F. J. (Cândido Lusitano). *Arte poética*. Lisboa, 1748-58; Friederich, W.P. *Outline of Comparative Literature*. Chapel Hill, 1954; Green, F. C. *Minuet: French and English Literary Ideas in the Eighteenth Century*. NY, 1935; Green, T. M. *The Arts and the Art of Criticism*. Princeton, 1940; Hatzfeld, H. *Literature through Art*. Oxford, 1952; idem. *Rococo: Erotism, Wit, and Elegance in European Literature*. N.Y., Pegasus, 1972; Hazard, P. *La crise de la conscience européenne (1680-1715)*. Paris, 1946, 3v.; Kimball, Fiske. *The Creation of the Rococo*. NY, Norton, 1943; Laufer, Roger. *Style Rococo, style des Lumières*. Paris, Corti, 1963; Levy, Michel. *Rococo to Revolution*. NY, Praeger, 1966; Menéndez y Pelayo, M. *História de las ideas estéticas en España*. 2. ed. Buenos Aires, 1943, 5v.; Minguet, Philippe. *Esthétique du Rococo*. Paris, Vrin, 1966; Moncallero, G. L. *L'Arcadia*. Firenze, 1953, 4v.; Momet, D. *Les origines intellectuelles de la Révolution Françoise*. Paris, 1933; Natali, G. *Il Settecento*. Milano, 1944; Needham, H. A. *Taste and Criticism in the 18th Century*. Londres, 1952; Piromalli, A. *L'Arcadia*. Palermo, 1963; Réau, L. *L'Europe française au Siècle des Lumières*. Paris, 1938; Rebelo da Silva, L. A. *Arcádia portuguesa*. Lisboa, 1909. 3v.; Sharp, R. L. *From Donne to Dryden*. Chapel Hill, 1940; Sypher, Wylie. *Four Stages of Renaissance Style*. NY, 1955; Tieghem, P. Van. *Le Préromantisme*. Paris, 1948, 3v.; Toffanin, G. *L'Arcadia*. Bologna, 1947; Verney, L. A. *Verdadeiro método de estudar* (1746). Lisboa, 1950, 3v.; Willey, B. *The Eighteenth Century Background*. Londres, 1946. Sobre os pressupostos teóricos do Neoclassicismo, ver: Atkins, J. W. H. *English Literary Criticism. 17th and 18th Centuries*. Londres, Methuen, 1951; Bate, W. J. *From Classic to Romantic*. Cambridge, Harvard Univ. Press, 1946; Bosker, A. *Literary Criticism in the Age of Johnson*. Groningen, 1953; Menéndez y Pelayo, M. *Historia de las ideas estéticas en España*. Buenos Aires, Espasa Calpe, 1943, vol. III; Monk, S. H. *The Sublime*. NY, MLA, 1935; Needham, H. A. *Taste and Criticism in the Eighteenth Century*. Londres, Harrap, 1952; Saintsbury, G. *A History of Criticism and Literary Taste in Europe*. Edimburgh,

1900, vol. II; Wellek, R. *A History of Modern Criticism*. New Haven, Yale Univ. Press, 1955, vol. I; Hipple, W. J. *The Beautiful, the Sublime and the Picturesque in Eighteenth Century British Aesthetic Theory*. Carbondale, 1957.